Die Konstruktion von Fremdheit
Eine interaktionistisch-konstruktivistische Perspektive

Interaktionistischer Konstruktivismus

herausgegeben von
Kersten Reich und Stefan Neubert

Band 12

Waxmann 2013
Münster / New York / München / Berlin

Andrea Wilden

Die Konstruktion von Fremdheit

Eine interaktionistisch-
konstruktivistische Perspektive

Waxmann 2013
Münster / New York / München / Berlin

Bibliografische Informationen der Deutschen Nationalbibliothek
Die Deutsche Nationalbibliothek verzeichnet diese Publikation in
der Deutschen Nationalbibliografie; detaillierte bibliografische
Daten sind im Internet über http://dnb.d-nb.de abrufbar.

Diese Dissertation wurde von der Humanwissenschaftlichen
Fakultät der Universität zu Köln im Dezember 2012 angenommen.

Interaktionistischer Konstruktivismus, Bd. 12

ISSN 1612-6572
ISBN 978-3-8309-2851-5

© Waxmann Verlag GmbH, 2013
Steinfurter Straße 555, 48159 Münster

www.waxmann.com
order@waxmann.com

Umschlaggestaltung: Pleßmann Design, Ascheberg
Umschlagfoto: © Photomorphic – iStockphoto.com
Satz: Stoddart Satz- und Layoutservice, Münster
Gedruckt auf alterungsbeständigem Papier,
säurefrei gemäß ISO 9706

Inhalt

Danksagung

Ich danke meinem Doktorvater Prof. Dr. Kersten Reich dafür, dass er mich als Doktorandin angenommen und mir die Möglichkeit gegeben hat, meine Arbeit zu diesem von mir selbst gewählten Thema schreiben zu dürfen. Ich danke ihm für die kontinuierliche Betreuung.

Weiterhin möchte ich meinem Zweitgutachter Herrn PD Dr. Stefan Neubert danken. Er hat während meines Diplomstudiums mein Interesse für den interaktionistischen Konstruktivismus geweckt und mich meine gesamte Studienzeit über mit seiner stets freundlichen, aufmerksamen, offenen und gesprächsbereiten Haltung sowie seinem Engagement begleitet und mich maßgeblich zu dieser Dissertation ermutigt.

Darüber hinaus möchte ich mich bei all jenen bedanken, die mich mit ihrem Interesse an meiner Arbeit und mit ihrem Feedback begleitet und unterstützt haben.

Mein größter Dank gilt meinem Mann Christian Wilden, der mich in vielerlei Hinsicht mit Rat und Tat unterstützt hat.
Ich danke ihm für seine Hilfe bei manch technischer Frage, für seine Bereitschaft, meine gesamte Arbeit auf Rechtschreibfehler zu überprüfen sowie für seine Geduld und sein Verständnis während der Prüfungsphase.
Ich danke ihm dafür, dass er mir immer ein wertvoller Ratgeber, aber auch ein kritischer Gesprächspartner ist.
Vor allem jedoch danke ich ihm für den Zusammenhalt in einigen schwierigen Zeiten und Widrigkeiten während der Zeit meiner Promotion, die die Fortsetzung bzw. den Abschluss meiner Promotion mehrfach in Frage gestellt haben.
Ich danke ihm für seine liebevolle Unterstützung und Ermutigung und dafür, dass er mich manches Mal bestärkt, aber auch ab und zu für notwendige Pausen gesorgt hat.
Besonders jedoch danke ich ihm für seinen unerschütterlichen Optimismus und seinen Glauben an bzw. sein Vertrauen in mich und meine Fähigkeiten.

Vorwort von Stefan Neubert und Kersten Reich

Fremdheit erschien im Zeitalter der Nationalstaaten noch als eine plausible Zuschreibung, um das Eigene und das Fremde ebenso wie das Profane und Heilige abzugrenzen. Aber so wie die Säkularisierung zumindest in den entwickelten Industrieländern die Dramatisierung des Heiligen minderte, so konnten der Pluralismus und die Bewusstwerdung von Diversität auch das Konstrukt der Fremdheit aus der starren Entgegensetzung zum Eigenen (insbesondere als abgegrenzte Heimat) befreien helfen. Gerade die Fremdheit hatte in ihren Zuschreibungen Dramatisierungen erfahren, die im Holocaust einen Höhepunkt fanden, der bis heute als Anspruch nachwirkt, sich der Fremdheit nicht als vereinfachende Projektion zu nähern, sondern sie umfassend und dabei stets kritisch und dekonstruierend zu behandeln. Es handelt sich um eine Zuschreibung, ein Konstrukt, das nie frei von Besitzständen, Projektionen und Erwartungen ist, und es gehört insbesondere im Feld der Erziehung zur theoretischen und moralischen Grundlagenreflexion, sich mit Fremdheit auseinanderzusetzen. Die Konstruktion von Fremdheit stellt deshalb eine Schlüsselthematik in der kulturtheoretischen Ausrichtung des Kölner Programms des interaktionistischen Konstruktivismus dar. Insbesondere im Zusammenhang mit einem pluralistischen und diversitätsorientierten Verständnis kultureller Viabilitäten war die Auseinandersetzung mit dem Verhältnis von Selbst- und Fremdbeobachterperspektiven von Beginn an ein konstitutiver Bestandteil in der Grundlegung des Ansatzes durch Kersten Reich. Dies gilt gerade auch für die pädagogische und didaktische Theoriebildung des interaktionistischen Konstruktivismus, für die die kritisch-reflexive Beschäftigung mit Verhältnissen des Eigenen und des Fremden ein durchgängiges Anliegen darstellt. Vor diesem Hintergrund erscheint es als die besondere Leistung der hier vorgelegten Arbeit, die interaktionistisch-konstruktivistische Perspektive auf Fremdheit im Kontext anderer relevanter sozial- und humanwissenschaftlicher Diskurse systematisch verortet und in der Gegenüberstellung unter anderem mit ausgewählten phänomenologischen, soziologischen, kulturtheoretischen und existenzialistischen Ansätzen profiliert zu haben. Die Verfasserin verfährt dazu in drei größeren Argumentationsschritten, die von einer kleinen Einleitung zu Beginn und einem Fazit am Ende eingerahmt werden.

1) Zunächst markiert sie mit dem interaktionistischen Konstruktivismus ihren theoretischen Ausgangspunkt, mit dem sie methodologisch das Thema angeht und der ihr helfen soll, eine systematische Struktur zu entwickeln und geeignete Teilnehmer-, Beobachter- und Akteursperspektiven einzunehmen.

2) Dann stellt sie vor diesem Hintergrund ausgewählte theoretische Ansätze zur Fremdheit dar, die sich als besonders geeignet erwiesen haben, die Reflexionen über Fremdheit tiefgehend zu begründen und in den Begründungen gegenseitig zu erweitern.

3) Schließlich geht sie in systematischer Absicht vor allem sieben Dimensionen der Konstruktion von Fremdheit nach, die heute immer wieder erscheinen, wenn

wir hinreichend differenziert über Fremdheit sprechen und diese verstehen wollen.

In der Einleitung führt die Verfasserin zunächst in ihr Forschungsvorhaben ein, erläutert ihre Arbeitshypothese und begründet kurz das methodische Vorgehen. Kapitel 1: *Der interaktionistische Konstruktivismus* bietet dann eine Skizzierung des metatheoretischen Rahmens, den Frau Wilden für ihre Arbeit gewählt hat. Zentrale Grundbegriffe und Theoriegrundlagen des interaktionistischen Konstruktivismus (mit Ausnahme allerdings der Diskurstheorie) werden eingeführt, wobei sich die Verfasserin unter Verweis auf einschlägige Darstellungen in der Literatur bei Reich und Neubert mit einer sehr knappen, aber durchaus prägnanten Präsentation begnügen kann. Der interaktionistische Konstruktivismus eignet sich als Metatheorie, um Fremdheit zu reflektieren, besonders gut, weil er eine Beobachtertheorie enthält, die immer auch auf vorausgesetzte Teilnehmer/innen/rollen wie auch auf Akteursrollen reflektiert. Es handelt sich dabei um eine Kulturtheorie, die die Konstruktionen von Wirklichkeit nicht nur subjektiv artikuliert sieht, sondern die auch betont, dass die je konstruierten Wirklichkeiten in ihren Manifestationen Kontexte und Umgebungen bilden, die zu den Beobachtern und Akteuren in der Teilnahme stets über Praktiken, Routinen und Institutionen zurückkehren. Gerade Fremdheit zeigt uns als Konstrukt immer wieder, dass hier nichts beliebig geschieht, sondern Ausdruck bestimmter Voraussetzungen und Kontexte ist.

Den Hauptteil bildet dann Kapitel 2: *Ausgewählte theoretische Perspektiven auf Fremdheit*, in dem die Autorin in transdisziplinärer Weise fünf einschlägige und bedeutsame theoretische Diskurse zur Fremdheit sehr differenziert sowie begrifflich und theoretisch präzise darstellt und interpretiert. Ausgewählte Perspektiven zur Fremdheit stehen in diesem Teil im Vordergrund:

a) Die Phänomenologie, wobei in diesen Teil auch die Theorie von Lévinas mit integriert wurde.

b) Soziologische Ansätze, wobei hier eine Vielzahl von Theorien eingeführt werden (Schütz, Simmel, Elias, aber auch Bauman, Nassehi), ohne einen Anspruch auf Vollständigkeit zu bezeichnen (Foucault wird in anderen Teilen behandelt).

c) Die Cultural Studies als ein zentraler Ansatz, Fremdheit vor dem Hintergrund einer postkolonialistischen Kritik und Machttheorie zu reflektieren.

d) Der Existenzialismus, der heute gelegentlich bei der Bestimmung von Fremdheit vergessen wird, obwohl gerade er den Blick des Anderen in sehr weiter Weise philosophisch begründet hat.

e) Die Theorie Agambens, die mit dem *homo sacer* eine aktuelle Debatte zur Fremdheit ausgelöst hat.

Die gegebene Auswahl ist begründet und vermag Diskurse um Fremdheit heute sehr gut in ihren Reichweiten zu beschreiben, aber Frau Wilden ist sich auch bewusst, dass diese Beschreibung weder vollständig sein kann noch hinreichend systematisch ausfällt, sondern zunächst nur wesentliche Bezugspunkte von wichtigen Theorien markiert, auf die in den pluralen Auseinandersetzungen um Fremdheit heute immer wieder zurückgegriffen wird. Insoweit ist die Darstellung dieser Ansätze sehr hilfreich und die Autorin beschreibt jeweils auch ergänzend, was ihre Darstellung in Bezug auf ihren methodologischen Ansatz bedeutet und inwieweit ihre konstruktivistische Sicht dadurch eine Bereicherung erfährt. Das Vorgehen und die Argumentationsweise sind hier überwiegend rekonstruktiv ausgerichtet, beinhalten aber in den jeweils vorgenommenen Reflexionen und Deutungen aus der Sicht der konstruktivistischen Metatheorie auch dekonstruktive und konstruktive Züge. Die Auswahl erweist sich als sehr gut durchdacht und im Text auch überzeugend begründet, und sie bietet der Leserin bzw. dem Leser eine sehr übersichtliche und gut strukturierte Einführung in Grundlagen aktueller sozialwissenschaftlicher, kulturwissenschaftlicher und philosophischer Diskussionen zum Thema Fremdheit. Am Schluss jedes Kapitels wird dabei eine kurze Verortung und Würdigung der untersuchten Perspektive aus der Sicht des interaktionistischen Konstruktivismus vorgenommen. Dies weist zugleich auf die im nachfolgenden Kapitel intendierte Ausarbeitung einer interaktionistisch-konstruktivistischen Systematik zur Re-/De-/Konstruktion von Fremdheit voraus, insofern die Resultate der Rekonstruktionsarbeit von Kapitel 2 dort auf einer neuen Ebene wieder aufgegriffen werden sollen.

Kapitel 3: *Dimensionen der (Re-/De-)Konstruktion von Fremdheit* liefert den Versuch einer eigenständigen Systematik in Gestalt von sieben relevanten „Dimensionen" – man hätte an dieser Stelle auch von Beobachterperspektiven sprechen können – einer interaktionistisch-konstruktivistischen Sicht auf Fremdheit. Unter Bezugnahme auf ihren gewählten methodologischen Ansatz (Teil 1) und die wesentlichen Perspektiven (Teil 2) versucht der dritte Teil der Arbeit, eine systematische Sicht auf sieben Dimensionen der Fremdheit zu entfalten. Hier kehren Argumente aus Teil 2 wieder und neue werden hinzugefügt, was für die Leser/innen, die mit den Ansätzen vertraut sind, etwas umständlich und daher mühsam ist, aber für Anfänger in dem Feld sehr hilfreich sein kann. Gerade für den Einstieg in Diskurse über Fremdheit ist es immer wieder notwendig, die Methodologie hinter den Argumenten und ihrer Begründung zu erfassen, was nur dann geschehen kann, wenn die jeweilige Perspektive für jede Dimension rekonstruiert wird. Und hierbei fallen die Perspektiven und Begründungen eben unterschiedlich je nach Ansatz aus, wenngleich sie in der Systematik gemischt erscheinen. Dies spricht für die Aufteilung in eine Rekonstruktion (Kapitel 2) und eine stärkere Konstruktion (Kapitel 3), wobei allerdings bestimmte Wiederholungen unvermeidlich sind. Die Dimensionen werden folgendermaßen entfaltet:

a) Kultur und Ethnizität bilden immer wieder den Fokus, um Fremdheit überhaupt hinreichend zu verorten.
b) Identität und Differenz stellen jeweils Konkretisierungsformen solcher Verortung heraus.

Dabei handelt es sich bei der Beschreibung dieser Dimensionen im Grunde um Perspektiven, die für bestimmte Handlungsfelder angenommen werden. Die Autorin fokussiert als Beobachterin auf Perspektiven, als Akteurin auf Handlungsfelder, als Teilnehmerin auf Strukturen, so dass je unterschiedliche Deutungsebenen entstehen, wenn Fremdheit diskursiv analysiert wird. Die ersten beiden Dimensionen werden sehr ausführlich problematisiert, weil sie sowohl die Kontexte von Fremdheit wie ihre Individualisierungsformen beschreiben lassen. Erweiternd treten zusätzliche Aspekte hinzu:

c) Fremdheit und Andersheit geraten leicht in Verwechslung. Hier benötigen wir in der Sprache eine klare Unterscheidung, wobei bei der Fremdheit eine besondere Form der Beziehung konstituiert wird. Diese Dimension steht quer zu allen anderen.

d) Sprache erzeugt Wirklichkeiten, und dies gilt im besonderen Maße bei der Konstruktion von Fremdheit. Auch diese Dimension steht quer zu allen anderen. Andrea Wilden geht hier insbesondere der symbolischen Re-/De-/Konstruktion von Fremdheit nach, wobei sie Gemeinsamkeiten zwischen interaktionistischem Konstruktivismus und Cultural Studies hervorhebt. In diesem Teil geht sie insbesondere der diskursiven Herstellung von Fremdheit als Problem nach.

e) Eine weitere quer liegende Dimension ist Macht, Hegemonie und mit ihnen verbundene Politik. Eine Analyse von Fremdheit ohne Machtanalyse ist weder sinnvoll noch hinreichend begründbar. Andrea Wilden sammelt hierfür wichtige Ansätze und argumentiert entsprechend neuerer sozialwissenschaftlicher Diskussionen in diesem Feld.

f) Bereits Adorno hatte in seinen Studien über den autoritären Charakter auf die Projektivität als ein wesentliches Merkmal der Fremdheitskonstruktion verwiesen. Das Unbewusste bzw. Projektionen sind immer wieder quer liegende Dimensionen der Konstruktion von Fremdheit, worauf der interaktionistische Konstruktivismus durch seine Theorie des Imaginären besonders aufmerksam macht. Die Autorin nutzt diese Theorieressource, um zu zeigen, dass das Fremde nie nur allein das/der/die Andere ist, sondern immer auch ein ureigenes Fremdes, nicht Verstandenes, Unbewusstes in uns artikuliert und projiziert. Konstruktionen, mit anderen Worten, verlaufen nie nur rational oder bewusst, sondern zeigen zahlreiche irrationale, projektive oder imaginäre Formen an, die uns auf eigene Spiegelungsprozesse im Anderen verweisen.

g) Dies führt auf die Theorie des Realen im interaktionistischen Konstruktivismus, ein Reales, das man auch als *void signifier* bezeichnet hat. Es geht um die Unmöglichkeit eines vollständigen Erfassens des Fremden. Es geht um eine Grenzbestimmung. Das Fremde, so wird argumentiert, kann eben genau das sein, das uns in einer Situation ereilt, auch wenn wir vorher alles für uns Mögliche unternommen haben, damit wir nicht mehr von ihm überrascht werden.

Die Auswahl und Entfaltung der sieben „Dimensionen" bzw. Perspektiven ermöglicht einen vertiefenden Einblick in Fremdheitskonstruktionen. Die Leserin und der Leser, die in Kapitel 2 eine Einführung in wichtige Aspekte der Fremdheit erfahren haben, können hier zwar niemals vollständige, aber wesentlich erscheinende Perspektiven auf Fremdheit in aktuellen Diskursen erhalten. Dabei steht in Kapitel 3 über weite Strecken ein Vergleich zwischen interaktionistischem Konstruktivismus und Cultural Studies bzw. Hegemonietheorie im Vordergrund. Erweiternd hierzu wird es für weitere Forschungen in der Zukunft interessant werden, die interaktionistisch-konstruktivistische Diskurstheorie noch zusätzlich in den Blick zu nehmen, um damit eine Verknüpfung der verschiedenen Aspekte und Perspektiven in einem systematischen Modell herzustellen.

Einleitung

Im Zeitalter des Tourismus bewegen sich Menschen ohne Schutz, Auftrag oder
auch Ziel furchtlos in der Fremde unter Millionen Fremden, und nicht selten
fürchten die gleichen Menschen daheim die wenigen schwachen Fremden.
(Rafik Schami)

Die Frage nach dem Fremden beschäftigt die Menschen seit der Antike durchgängig
zu allen Zeiten. Sie wurde in allen historischen Epochen, in verschiedenen Kulturen
und Gesellschaften aus vielfältigen Perspektiven, Theorien und Motiven heraus jeweils unterschiedlich beantwortet. Aus diesem Grund variieren die überlieferten Erscheinungen des Fremden hinsichtlich der Definition, Bestimmung und Zuschreibung von Fremdheit, hinsichtlich des Status, der dem Fremden gewährt wird, und
auch im Hinblick auf den Umgang mit ihm.[1] Die Thematik der Fremdheit bewegt
die Menschen seit jeher und hat bis heute nichts an Aktualität eingebüßt. In der globalisierten Postmoderne und den mit ihr einhergehenden Veränderungen gewinnt
die Frage der Fremdheit jedoch noch stärker an Bedeutung und sieht sich vor neue
Herausforderungen gestellt.[2]

Weltweite Migrationsbewegungen und Mobilität, globale Beziehungen, Kommunikation und Vernetzung sowie zunehmend multikulturelle plurale Gesellschaften
sind im Zeitalter der Postmoderne gelebte Praxis und Normalität. Vor diesem Hintergrund sind Begegnungen und Interaktionen mit dem Anderen, dem Fremden
selbstverständlicher und integraler Bestandteil des alltäglichen Lebens und Handelns. Das Fremde ist im Zeitalter der Postmoderne allgegenwärtig geworden (vgl.
Bauman; zit. nach: Breckner 2009, 97), es ist ein Grundmerkmal der Postmoderne
und Fremdheit ist die „Grunderfahrung des Lebens in der postmodernen Gesellschaft" (Rommelspacher 2002, 11).

Das, was zuvor, meist auf Grundlage nationalstaatlicher Territorien, im Außen
verortet wurde, findet sich nun zunehmend im Inneren der Gesellschaft wieder;
mehr noch, es ist, wie in dieser Arbeit gezeigt werden soll, konstitutiv für die Bildung der Identität des Eigenen. Das Fremde rückt „ausdrücklich und unwiderruf-
lich in den Kern der Vernunft und in den Kern des Eigenen" (Waldenfels 1997a, 17)
ein und bedingt, „dass es keine Welt gibt, in der wir völlig heimisch sind, und dass
es kein Subjekt gibt, das Herr im eigenen Hause wäre" (ebd.). Hiermit verschwimmen bisherige vermeintlich klare Grenzziehungen und damit verbundene Vorstellungen vom Eigenen und Fremden als binären Gegensätzen.

Die modernen dichotomen Kategorisierungen, die laut Bauman Fremdes erst
produzieren (vgl. Bauman 1999), und die Vorgehensweise der Moderne, dieses

---

1   Einen Überblick über die verschiedenen Formen und Definitionen von Fremdheit im
    Verlauf der Geschichte bietet zum Beispiel Kristeva (1990).
2   Dies erklärt auch die Konjunktur des Begriffs der Fremdheit seit „Anfang der siebziger
    Jahre", die Wierlacher (2001, 19) in seinem Überblick aktuellerer Xenologie konstatiert.

Fremde entweder auszuschließen oder zu assimilieren, werden der gelebten Praxis in multikulturellen Gesellschaften der Postmoderne, die durch Pluralität, Heterogenität und Ambivalenz gekennzeichnet sind, nicht gerecht und sind ebenso unhaltbar wie die Definition des Fremden auf der Basis nationalstaatlicher Grenzen.

Es bedarf demzufolge einer Reflexion und Modifikation des Verständnisses von Fremdheit. Diese Reflexion soll in der vorliegenden Dissertation aus einer interaktionistisch-konstruktivistischen Perspektive erfolgen. Ziel dieser Arbeit ist es, ein Verständnis von Fremdheit als (Re-/De-/)Konstruktion von Beobachtern zu begründen, die in ihren jeweiligen kulturellen, sozialen und historischen Kontexten, Bedeutungszusammenhängen und Machtverhältnissen innerhalb von Verständigungsgemeinschaften auf Zeit verhandelt wird.

Die Vorgehensweise dieser theoretisch angelegten Dissertation basiert auf einer vergleichenden Literaturrecherche und -analyse vor dem Hintergrund des interaktionistischen Konstruktivismus als Metaperspektive. Der von Kersten Reich entwickelte interaktionistische Konstruktivismus betont, ebenso wie andere konstruktivistische Schulen, die Konstruktivität und Beobachterabhängigkeit von Wahrnehmung, Wirklichkeit, Wissen und Erkenntnis und vertritt dabei eine sozial-kulturelle Orientierung, die konstruktivistische Beobachtertheorie mit kulturtheoretischen Aspekten verbindet (vgl. Reich 2004a) und die Situierung des Beobachters in sozial-kulturellen Kontexten und Interaktionen hervorhebt. Insofern bietet er sich besonders für eine Betrachtung der Fremdheit an, die für den (Re-/De-/) Konstruktionscharakter von Fremdheit sensibilisieren und den jeweiligen (auch ethnozentrischen) Beobachterstandpunkt von Beobachtern und ihre kulturelle, gesellschaftliche und historische Eingebundenheit in diesem Zusammenhang reflektieren will. Außerdem hält der interaktionistische Konstruktivismus zur Reflexion viable Perspektiven bereit, die auch gewinnbringend auf die Betrachtung der Konstruktion von Fremdheit hin angewandt werden können.

Vor dem Hintergrund des interaktionistischen Konstruktivismus als neuerer Kultur- und Erkenntnistheorie werden in dieser Arbeit zunächst verschiedene theoretische Positionen der Sozial- und Geisteswissenschaften im Hinblick auf ihr explizites und implizites Verständnis von Fremdheit hin betrachtet und dargestellt. Dies dient der differenzierten Analyse des komplexen Phänomens der Fremdheit und der hierfür relevanten Faktoren. Hierbei handelt es sich um eine Auswahl mir relevant erscheinender Perspektiven, mit denen vor allem die wechselseitige Verwiesenheit von Eigenem und Fremdem sowie der Konstruktionscharakter von Fremdheit aufgezeigt werden soll. Diese transdisziplinären Betrachtungen von Fremdheit werden dann in einem weiteren Schritt vor dem Hintergrund meiner interaktionistisch-konstruktivistischen Perspektive zusammengeführt, indem zentrale Aspekte benannt werden, die (für Beobachter) relevant für die Re-/De-/Konstruktion von Fremdheit sind bzw. in denen (in der Akteurs- und Teilnehmrolle) die Re-/De-/ Konstruktion von Fremdheit zirkuliert.

Eine Kernthese dieser Arbeit ist, dass Fremdheit keine natürliche Gegebenheit, sondern eine Konstruktion von Beobachtern ist. Die Argumentation hierzu wird ausgehend zunächst von einer Einführung in den interaktionistischen Konstruktivismus als theoretischem Rahmen dieser Arbeit in Kapitel 1 entwickelt.

In Kapitel 2 der Dissertation werden verschiedene ausgewählte theoretische Perspektiven, darunter Perspektiven der Phänomenologie, der Cultural Studies und des Postkolonialismus, der Soziologie, des Existentialismus und der politischen Philosophie Giorgio Agambens im Hinblick auf ihre expliziten und impliziten Bezüge und Aussagen zu Andersheit bzw. Fremdheit hin untersucht und beleuchtet. Die ausgewählten theoretischen Perspektiven setzen zwar aufgrund ihrer verschiedenen theoretischen Hintergründe je andere Akzente, betonen jedoch in unterschiedlichen Formen insbesondere die Aspekte der wechselseitigen Abhängigkeit und Verflechtung von Eigenem und Fremdem bei gleichzeitiger Berücksichtigung des Anspruchs des *radikalen Fremden* (Waldenfels) (Kap. 2.1.2) bzw. des *absoluten Anderen* (Lévinas) (Kap. 2.1.3). Sie dekonstruieren (hegemoniale) Narrationen und Grenzziehungen sowie binäre Oppositionen, zum Beispiel vom *Westen und dem Rest* (vgl. Hall 1994), und Vorstellungen eines ursprünglichen und mit sich identischen und in sich homogenen Eigenen in Abgrenzung zu einem ebenso ursprünglichen Anderen. Hiermit sind sie Wegbereiter (und Ausdrucksformen) eines veränderten Verständnisses von Fremdheit; eines Verständnisses von Fremdheit als (Re-/De-/)Konstruktion. Hierbei stellen die Cultural Studies und der Postkolonialismus sowie die Phänomenologie theoretische Schwerpunkte meiner Ausführungen dar. Dies ist dadurch begründet, dass diese zum einen vielfache Bezugspunkte zum interaktionistischen Konstruktivismus aufweisen und von ihm rezipiert werden, und zum anderen außerdem auch über eine Vielzahl von Bezugspunkten und Wechselwirkungen mit den anderen ausgewählten Perspektiven auf Fremdheit verfügen, die in Kapitel 2 vorgestellt werden, denen sie teilweise auch als Grundlage und Ausgangspunkt dienen. Sie bilden die Basis für verschiedene Perspektiven auf Fremdheit, aus denen sich grundlegende Aspekte für eine interaktionistisch-konstruktivistische Perspektive und Interpretation von Fremdheit ableiten lassen.

Die anhand der ausgewählten theoretischen Perspektiven herausgearbeiteten Aspekte werden in Kapitel 3 zusammengeführt, in dem von mir zentrale Dimensionen benannt werden, in denen aus meiner interaktionistisch-konstruktivistischen Sicht die Re-/De-/Konstruktion von Fremdheit erfolgt und zirkuliert, und die somit auch relevant für die Betrachtung und Reflexion von Fremdheit und der hierin eingehenden Faktoren sind.

Hierbei wird im Anschluss an den Hinweis auf den konstruktivistischen „Dreiklang" von Konstruktivität, Methodizität und Praktizität in der Dimension „Kultur und Ethnizität" zunächst auf die Bedeutung der Kultur eingegangen, da die Konstruktionen von (kultureller) Identität und Fremdheit, die Zuschreibungen von Eigenem und Fremdem, Konzepte von Ethnizität, Nation und Differenz, ebenso wie Grenzziehungen jeglicher Art im Rahmen von Kultur und den damit verbundenen rekonstruktiven Voraussetzungen und Machtverhältnissen (diskursiv) konstruiert werden und diese insofern in die Betrachtung von Fremdheit mit einzubeziehen sind. Darauf aufbauend erfolgt in der Dimension „Identität und Differenz und die Bedeutung des Anderen" die Darstellung eines Identitätsverständnisses, das vor allem auf die wechselseitige Abhängigkeit und den Konstruktionscharakter von Identität und Differenz hinweist: In diesem Zusammenhang wird ein Wandel in der Vorstellung von Identität aufgezeigt, der im Kontext mit verschiedenen theoretischen und historischen Dezentrierungen zu sehen ist. Bedeutsam ist hierbei vor allem der Übergang von einer Differenz zur *différance*, der auch maßgeblich zu einer Veränderung des Verständnisses von Fremdheit beiträgt. Auf dieser Grundlage wird auch die Bedeutung des Anderen für die Konstitution des Selbst deutlich. Die hier dargelegte veränderte Sicht auf Kultur, Identität und Differenz erscheint mir als grundlegend für ein Verständnis von Fremdheit als Konstruktion von Beobachtern. Nach einem Exkurs über die Abgrenzung von Fremdem und Anderem wird in Anlehnung an die interaktionistisch-konstruktivistische Unterscheidung von Symbolischem, Imaginärem und Realem in einem weiteren Schritt Fremdheit zunächst als symbolische bzw. diskursive Re-/De-/Konstruktion, als Produktion von spezifischen Bedeutungen diskutiert. Hierin deutet sich bereits die Bedeutung der Aspekte von Macht und Hegemonie an, die in Diskursen zirkulieren und somit auch auf Re-/De-/Konstruktionen von Fremdheit und auf die Produktion von „Wissen" über den Fremden wirken. Dies wird in einem eigenen Kapitel unter Bezug auf die politische Theorie von Laclau/Mouffe und ihr Konzept der radikalen Demokratie, auch im Hinblick auf ihre Wechselwirkungen mit der Ebene der Politik, betrachtet.

Daran anschließend wird der Einfluss des Unbewussten und des Imaginären bei der Re-/De-/Konstruktion von Fremdheit herausgestellt. Die Prozesse des Unbewussten und des Imaginären sind zum einen verantwortlich für die Unmöglichkeit der Schließung von Bedeutungen und Diskursen (des bzw. über den Fremden) und sind zum anderen nicht nur relevant für die Konstitution des Subjekts, in dem der Andere durch Prozesse wechselseitiger Spiegelungen immer schon enthalten ist, sondern finden auch Eingang in die verschiedenen Arten der Konstruktion des Fremden. Hierbei wird aufgezeigt, dass die Konstruktionen des Fremden weniger mit dem Fremden „an sich" zu tun haben, sondern vielmehr immer auch in Zusammenhang mit den Wirkungsweisen des je eigenen Unbewussten und des Imaginären zu sehen sind.

Gleichzeitig, und das ist ein nicht zu vernachlässigender Aspekt, auf den in der letzten Dimension, der Dimension des Realen, hingewiesen wird, soll bei aller Betonung der Konstruktivität von Fremdheit beachtet werden, dass das Fremde immer auch eine Grenzkategorie ist, die nicht in symbolischen oder imaginären Registern aufgeht und sich hierin nie vollständig erfassen lässt.

Abschließend wird in der Schlussbetrachtung auf die Relevanz der hier dargelegten Perspektive auf Fremdheit als (Re-/De-/)Konstruktion eingegangen und es werden einige Beispiele für (praktische) Anschlussmöglichkeiten aufgezeigt.

1. Der interaktionistische Konstruktivismus

Die Theorie bestimmt, was wir beobachten können.
(Albert Einstein)

Zu Beginn dieser Arbeit möchte ich zunächst einführend einige zentrale Aspekte des interaktionistischen Konstruktivismus vorstellen, da dieser als theoretischer Rahmen bzw. als Metaperspektive dient, vor dessen Hintergrund die nachfolgende Argumentation entwickelt wird. Hierbei beschränke ich mich auf die Aspekte, die aus meiner Sicht gewinnbringend auf ein Verständnis von Fremdheit als (Re-/De-/)Konstruktion, das in dieser Arbeit begründet werden soll, sowie auf die Betrachtung der für die (Re-/De-/)Konstruktion relevanten und in diese eingehenden Faktoren angewandt werden können.[3]

Konstruktivistische Ansätze gewinnen seit dem 20. Jahrhundert zunehmend an Bedeutung (vgl. Reich 2001, 356). Allerdings handelt es sich hierbei nicht um eine einheitliche Theorieschule, sondern um ein inter- und transdisziplinär angelegtes und sehr heterogenes Feld. Die zentrale Aussage aller konstruktivistischen Theorien ist die Konstruktivität und Beobachterabhängigkeit von Wahrnehmung, Wirklichkeit und Erkenntnis und daraus folgernd die Ablehnung universalistischer Geltungsansprüche.

Jedoch unterscheiden sich die verschiedenen Ansätze in ihrer Herleitung[4] und in der Definition des Beobachters:

Im Gegensatz zum Beispiel zu eher subjektivistischen, kybernetischen und neurobiologischen konstruktivistischen Ansätzen versteht sich der interaktionistische Konstruktivismus als sozial-kulturelle Orientierung, die eine konstruktivistische Beobachtertheorie mit kulturtheoretischen Aspekten verbindet (vgl. Reich 2004a) und die die Situierung des Beobachters in sozial-kulturellen Kontexten und Interaktionen betont.

Bedeutsam für die interaktionistisch-konstruktivistische Beobachtertheorie ist hierbei zunächst die Unterscheidung der im Konstruktivismus zentralen Beobachterposition in die Positionen als Beobachter, Teilnehmer und Akteur, wobei diese stets untrennbar miteinander verbunden sind bzw. ineinander wirken:

---

3   Eine ausführliche Herleitung, Begründung und Darstellung des interaktionistisch-konstruktivistischen Ansatzes findet sich vor allem in Reich (1998a und b bzw. in der umfassend überarbeiteten Fassung von 2009a und b) sowie in Reich (2000a und 2001).

4   Auf eine ausführliche Darstellung der Herleitung und Begründung verschiedener konstruktivistischer Ansätze wird an dieser Stelle aus Rücksicht auf den Gesamtumfang der vorliegenden Arbeit verzichtet. Gute Einführungen hierzu bieten zum Beispiel Siebert (1999) und von Foerster et al. (Hg.) (2000).

„Beobachter sind aus der Sicht des interaktionistischen Konstruktivismus immer zugleich Akteure, die an spezifischen kulturellen Praktiken partizipieren, ebenso wie Handelnde immer zugleich Beobachter der spezifischen kulturellen Praktiken sind, an denen sie teilnehmen. Die Kategorie des Beobachters impliziert […] daher nicht notwendig ein in besonderem Maße distanziertes oder reflektiertes Verhältnis von Beobachter und Beobachtung. Entscheidend ist vielmehr, dass Beobachtung immer zugleich Bestandteil als auch Ausdruck kultureller Praktiken ist, in denen Beobachter miteinander (oder auch mit sich selbst) interagieren, gleichgültig wie stark distanziert oder reflektiert dies von ihnen beobachtet werden mag." (Neubert 2002, 64 f.)

Ein Beobachter beobachtet demnach also nicht lediglich aus einer distanzierten Position heraus, sondern ist immer gleichzeitig auch Teilnehmer und Akteur in kulturellen Praktiken, Routinen und Institutionen, die der Beobachtung vorgängig sind und in diese mit eingehen. Hiermit wird die Einbettung, die Verbindung und Vermitteltheit des Subjekts mit bzw. in sein kulturelles und diskursives Bezugssystem betont, und die Tatsache, dass „die Beobachterposition […] niemals voraussetzungslos" (Reich 1998a, 34) ist. Angesichts der Eingebundenheit des beobachtenden Subjekts in (ihm vorgängige) soziale und kulturelle Kontexte, die der interaktionistische Konstruktivismus betont, ist, und hiermit komme ich zu einer weiteren Differenzierung, die der interaktionistische Konstruktivismus bezüglich der Position des Beobachters vorschlägt, aus dieser konstruktivistischen Sicht zu beachten, „dass der Beobachter bereits Beobachteter, ein in bestimmter Weise im wechselseitigen Spiel von Beobachtungen erzogener Beobachter ist, dass der Beobachtete zirkulär zugleich dabei Beobachtender ist" (Reich 1998a, 34). Reich (vgl. ebd. und Reich 1998b, 41 ff.) plädiert aus diesem Grund für die Unterscheidung in Selbst- und Fremdbeobachter, wobei Ersterer sich selbst und andere als unmittelbar (als Teilnehmer und Akteure) partizipierend an kulturellen Praktiken beobachtet und Letzterer aus einer distanzierteren Position andere Beobachter, Teilnehmer und Akteure in ihren jeweiligen kulturellen Praktiken beobachtet, an denen er „selbst nicht (oder zumindest nicht unmittelbar) beteiligt" (Neubert 2002, 65) ist. Jeder Beobachter beobachtet sich selbst und andere Selbst- und Fremdbeobachter, von denen er wiederum beobachtet wird. Das bedeutet, „dass die Unterscheidung zwischen Selbst- und Fremdbeobachtern nur eine graduelle ist, insofern beide wechselseitig füreinander Fremd- und Selbstbeobachter sind und daher jeder von ihnen sich selbst im Blick auf andere Beobachter sowohl als Selbst- als auch als Fremdbeobachter sehen und reflektieren kann" (ebd.). Besonders hervorzuheben ist, dass das Subjekt zunächst „eigentlich strikt immer Selbstbeobachter" (Reich 1998b, 42) ist, aber im Laufe der Sozialisation (vgl. Reich 1998a, 206) „durch die Spiegelungserfahrungen mit a/Anderen" (Reich 1998a, 42) die Fähigkeit erlernt, aus der „subjektiven Rolle der bloßen Selbstbeobachtung herauszuschlüpfen und [..] aus den vermeintlichen Augen a/Anderer zu sehen" (Reich 1998b, 42), d.h. als internalisierter oder auch von außen kommender Fremdbeobachter, „der die symbolischen Leistungen und Erwartungen der Verständigungsgemeinschaft" (Reich 1998b, 492), in der das Subjekt situiert ist, enthält und vermittelt.[5]

An diesen Ausführungen und Beschreibungen zum Verständnis der im Konstruktivismus zentralen Beobachterposition wird deutlich, dass, wie eingangs bereits erwähnt wurde, im interaktionistischen Konstruktivismus neben dem Fokus auf dem Beobachter, dem Aspekt der kulturellen, sozialen und lebensweltlichen Eingebundenheit besondere Bedeutung zukommt. Die Beachtung, Analyse und Reflexion der sozialen und kulturellen Kontexte und Interaktionen, in deren Zusammenhang die Konstruktionen von Wirklichkeit zu verorten sind, nimmt im interaktionistischen Konstruktivismus einen zentralen Stellenwert ein. Die Beachtung der *Bedeutung von Kultur* und die vom interaktionistischen Konstruktivismus intendierte *Kulturoffenheit* ist ein zentrales Begründungsmoment des interaktionistischen Konstruktivismus, mit dem sich dieser, wie oben bereits erwähnt, von anderen konstruktivistischen Strömungen und ihren Begründungen unterscheidet (vgl. Reich 1998a, 10).

In Zusammenhang mit der relativierenden (nicht relativistischen) erkenntniskritischen Position ergibt sich daraus die Behauptung, dass Wirklichkeit und Wissen innerhalb von Verständigungsgemeinschaften auf Zeit, die ihrerseits eingebunden in kulturelle und vorgängige Kontexte, Praktiken, Routinen und Institutionen sind, konstruiert werden.

Diese Konstruktionen sind wiederum nicht beliebig, sondern erfolgen unter dem Maßstab kultureller Viabilität[6], die wiederum in den drei Aspekten von *Konstruktivität, Methodizität und Praktizität* bestimmt wird (vgl. Reich 2000b, 94 ff.).[7]

---

5 Dies ist verbunden mit den Fremd- und Selbstzwängen, mit denen laut Reich die Selbst- und Fremdbeobachtung „korrespondieren" (Reich 1998a, 206) und verschränkt sind (vgl. Reich 1998a, 51). Auf diese Fremd- und Selbstzwänge, die Reich in Anlehnung an Norbert Elias vorstellt (vgl. Reich 1998a, 40 ff.), werde ich im weiteren Verlauf näher eingehen.

6 Mit dem Ausdruck der kulturellen Viabilität wird ein weiteres Mal die Bedeutung deutlich, die der interaktionistische Konstruktivismus kulturellen Kontexten bei der Konstruktion von Wirklichkeit beimisst und die hinsichtlich der Viabilität den Anspruch begründet, diese „nicht nur naturbezogen, sondern in ihren sozial-kulturellen Voraussetzungen" (Reich 2002, 174) zu reflektieren. Eine ausführlichere Darstellung zum Verständnis des Begriffs der kulturellen Viabilität im interaktionistischen Konstruktivismus findet sich in Reich (1998b, 54 ff.).

7 Diese drei Aspekte bzw. Analysepunkte der Konstruktivität, Methodizität und Praktizität entlehnt der interaktionistische Konstruktivismus Peter Janich (vgl. Neubert/Reich 2000, 45 und Reich 2000b, 94).

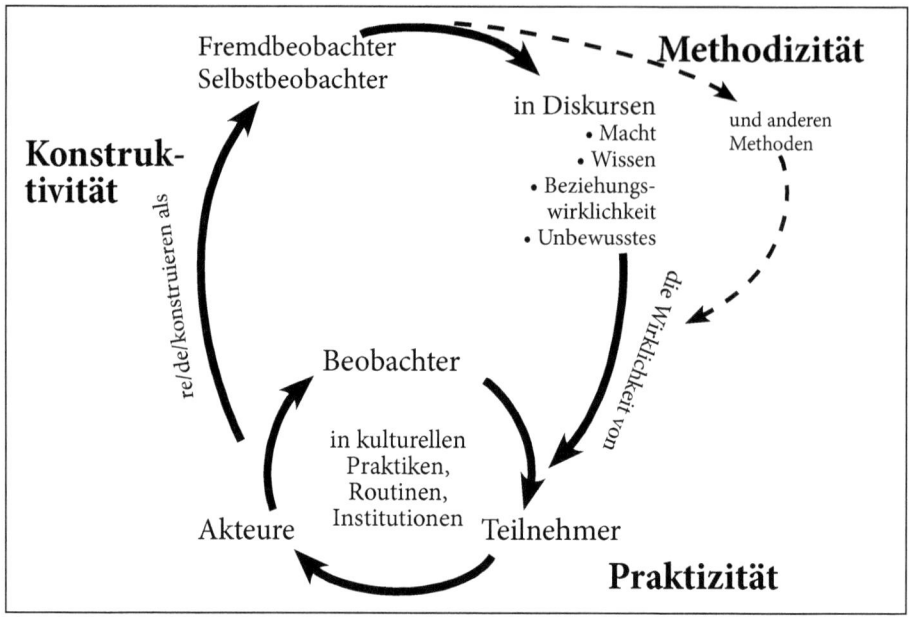

(Quelle: Neubert 2002, 64)

Neben der bereits genannten Konstruktivität thematisiert Methodizität die Rekonstruktion der Voraussetzungen der Konstruktionen und der daraus abgeleiteten Begründungen und Geltungsansprüche. Praktizität verweist einerseits darauf, „dass alle Erkenntnisse aus gesellschaftlichen Praxen herrühren" (Reich 2000b, 97), und andererseits darauf, dass sich Konstruktionen stets am Rahmen des Machbaren zu orientieren haben und durch ihren Bestand in kulturellen Routinen, Institutionen und Praxen wiederum auf die anderen beiden Aspekte zurückwirken. Diese drei Aspekte dürfen also nicht isoliert betrachtet oder einzeln überbetont werden; wichtig ist ihre wechselseitige Beeinflussung.

Anspruch des interaktionistischen Konstruktivismus ist also nicht die ihm von manchen Kritikern vorgeworfene Betonung der Beliebigkeit der Konstruktionen, sondern das Bewusstsein über die Konstruktivität von Wahrnehmung, Wissen und Wirklichkeit sowie die Reflexion der in die Konstruktion und in die Beobachtung eingehenden Aspekte, wie zum Beispiel die Bedeutung kultureller und sozialer (Re-/De-/)Konstruktionen[8] und Kontexte für den Beobachter und seine Interaktion mit Anderen, gesellschaftliche Zwänge sowie Diskurse der Macht, des Wissens, der Unschärfe von Beziehungen und (dem Einfluss) des Unbewussten[9].

---

8   Die Erläuterung zu den Beobachterebenen der Re-/De-/Konstruktion erfolgt auf Seite 18.
9   Diese vier vorgeschlagenen Diskurstypen sind die Basis bzw. der Ausgangspunkt der interaktionistisch-konstruktivistischen Diskursanalyse und werden im Verlauf dieser Arbeit wieder aufgegriffen. Eine ausführliche Erläuterung hierzu bieten Neubert/Reich (2000) und Reich (1998b, 288 ff.).

Diese Reflexion auf Bedingungen kultureller Re-/De-/Konstruktionen gilt auch für den interaktionistischen Konstruktivismus selbst: Dieser konstruktivistische Ansatz sieht sich selbst als Teil der kulturtheoretischen bzw. kulturellen Wende[10] (vgl. Reich 2000a, VII; Neubert 2003, 2 f. und Neubert 2004b, 114) und reflektiert ebenfalls den eigenen Entstehungszusammenhang als Ausdruck einer sich verändernden Kulturentwicklung (vgl. Reich 2000a) im Zeitalter der Postmoderne mit seinen Entwicklungen zunehmender Globalisierung, Pluralität und Multikulturalität.

Das Eingeständnis von Unschärfe, Heterogenität und Pluralität von Perspektiven als Charakteristikum des *Endes der Meta-Erzählungen* (Lyotard[11]) in der Postmoderne bildet den Ausgangspunkt interaktionistisch-konstruktivistischer Betrachtungen und Analysen der Konstruktion von Wahrnehmung und Wirklichkeit in Bezug sowohl auf die subjektive Konstruktivität, als auch auf deren Vermitteltheit durch kulturelle und gesellschaftliche Kontexte und begründet die Notwendigkeit möglichst differenzierter Beobachtung.

Differenzierte Betrachtung meint die Notwendigkeit, sich über die bestimmenden Faktoren des jeweiligen Beobachterfokus' bewusst zu sein und diese kritisch zu reflektieren, bzw. die Notwendigkeit, als Selbst- und Fremdbeobachter aus möglichst verschiedenen Perspektiven zu schauen.

Zur Reflexion der Interaktion innerhalb kultureller Kontexte als Voraussetzung für die Konstruktion von Wirklichkeit unterscheidet der interaktionistische Konstruktivismus folgende, sich in ihrer Komplexität steigernde, aber dennoch immer unabgeschlossene, voneinander untrennbare und in sich selbst notwendigerweise auch wieder Komplexität reduzierende Perspektiven, in denen Ereignisse zirkulieren und durch deren unterschiedliche Gewichtung sich Beobachter situieren.

Diese möchte ich nun einführend vorstellen, da sie auch für die nachfolgende Betrachtung der Fremdheit relevant sind und vor diesem Hintergrund im Verlauf dieser Arbeit von mir wieder aufgegriffen und auf die (Re-/De-/)Konstruktion von Fremdheit angewandt werden.

Das Konzept einer Unterscheidung zwischen Inhalts- und Beziehungsebene von Bateson und Watzlawick (vgl. Reich 2000a, 33 ff.) erweitert Reich unter Bezugnahme auf Mead und Lacan auf einer weiteren Ebene um die Unterscheidung von *Symbolischem, Imaginärem und Realem* (vgl. Reich 2000a, 71 ff.).[12] Diese stellen zentrale Beobachtungsregister des interaktionistischen Konstruktivismus dar, „die eine

---

10 Der sogenannte „cultural turn" ist laut Hall (2002, 106) ein „Paradigmenwechsel in den Human- und Sozialwissenschaften". Dieser bewirkt, dass der Rolle von Kultur und kulturellen Kontexten eine größere Bedeutung bei der Erklärung zum Beispiel von Wirklichkeitskonstruktionen beigemessen wird. Eine genaue Erklärung und Definition hierzu sowie eine Ausdifferenzierung des „Cultural Turn" in seine verschiedenen Entwicklungen und Ausprägungen, wie zum Beispiel „Interpretive Turn", „Translational Turn" oder „Spatial Turn", bietet Bachmann-Medick (2007). Die Bedeutung der Kultur im Hinblick auf die Re-/De-/Konstruktion von Fremdheit wird ausführlich in Kapitel 3.2 behandelt.
11 Eine ausführlichere Darstellung hierzu findet sich zum Beispiel in Münker/Roesler (2000).
12 Die Unterscheidung von Symbolischem, Imaginärem und Realem formuliert Reich vor allem an Anlehnung an Lacan (vgl. Reich 1998a, Kap. II).

mögliche Beschreibung der verschiedensten kulturellen Phänomene und Ereignisse erlauben und sich hierbei wiederholt als besonders umfassende, hilfreiche und kritische theoretische Perspektiven erwiesen haben" (Neubert 1998, 16 f.). Vor diesem Hintergrund sind sie auch anwendbar auf die mit dieser Arbeit beabsichtigte Betrachtung der (Re/De-/) Konstruktion von Fremdheit und werden sich im Verlauf noch als viable theoretische Hilfsmittel zum Beispiel zur Betrachtung des konstruktivistischen Verständnisses von Kultur und hiermit auch zur Konstruktion von Fremdheit erweisen (vgl. Kapitel 3).

Das Symbolische

Unter die „Kategorie" des Symbolischen fallen Zeichen, Begriffe und Regeln mit festgelegten Bedeutungen, auf die sich innerhalb von Verständigungsgemeinschaften auf Zeit geeinigt wurde, wie zum Beispiel Sprache und Verhaltensregeln.[13] Diese sind notwendiges Mittel zur Verständigung und um das Imaginäre – wenn auch in einem begrenzten Rahmen – überhaupt vermitteln zu können. Gleichzeitig wird hiermit, so betont Reich (2000a, 82), immer wenn „Beobachter Zeichen in Verständigungen benutzen, [...] zugleich ein symbolischer Sinn, eine Bedeutung, eine Ordnung oder ein symbolisches Weltbild sichtbar".

Die Bedeutung des Symbolischen verdeutlicht Reich unter anderem mithilfe des folgenden Schaubilds, in dem er die Arbeiten George Herbert Meads, einem Vertreter des symbolischen Interaktionismus, zusammenfasst:

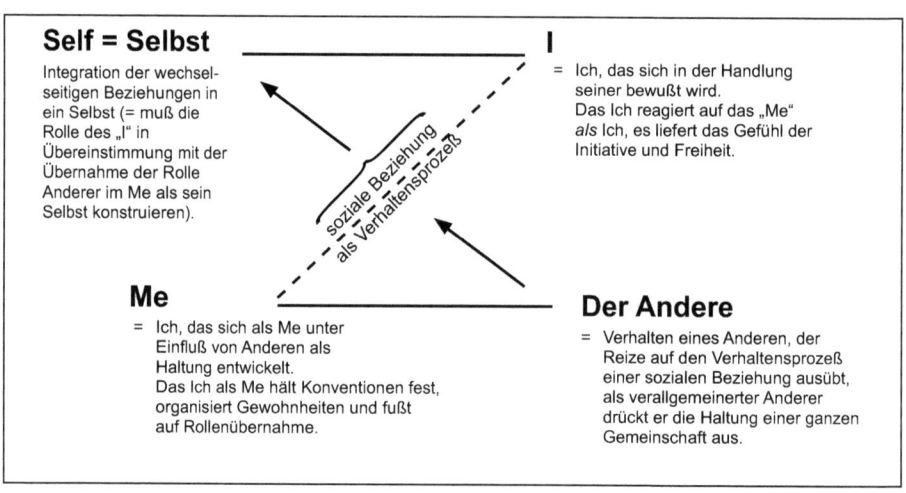

(Quelle: Reich 2000a, 77)

---

13   Eine ausführlichere Darstellung und Herleitung hierzu findet sich zum Beispiel in Reich (2000a, 76 ff.).

In diesem Modell steht ein spontanes, kreatives, selbstbezogenes „I" einem „Me" gegenüber, das sich aufgrund des sozialen Anpassungsdrucks durch den generalisierten Anderen, als Vermittler symbolischer Leistungen, kultureller Normen, Werte und Rollen, formiert hat. Die Spannung zwischen dem spontanen „I" und dem „Me", das die internalisierten Ansprüche der Außenwelt beinhaltet, wird im „Selbst" integriert. Demzufolge bildet sich Identität nur durch die Interaktion mit und die Spiegelung durch den Anderen; erst über diese „soziale Beziehung [kann das Subjekt; Einschub: A.W.] zu sich selbst [...] kommen und mit Anderen gemeinschaftlich kommunizieren" (Reich 2000a, 77), erst „aus der Fülle [...] verinnerlichter Blicke entsteht schließlich nach und nach, was als innerer Blick, bei Mead als integriertes Selbst, als Selbstzwang, zwingend zur Sozialisation gehört" (Reich 2000a, 78).[14] Der Andere, verstanden als eine „übergreifende Position" und als „ein Ort symbolischer Ordnungen" (Reich/Wei 1997, 10), ist dadurch immer schon im Selbst mit enthalten. Gleichzeitig ist dieser Andere, auch dies wird an diesem Modell deutlich, für das Selbst nicht direkt zugänglich und erreichbar, sondern lediglich vermittelt „durch einen gewissen Druck des Anderen auf das Selbst, der [sich; Einschub: A.W.] durch das Spannungsverhältnis von ,I' und ,Me'" (Reich 2000a, 79) äußert. Dieses „Spannungsverhältnis" ist in die „kommunikative Beziehung *zwischen* Menschen geschaltet" (ebd.; Hervorhebungen im Original); nur über diese Spannung vermittelt können Kommunikation und Interaktion stattfinden (vgl. ebd.).

Das Imaginäre

Als weitere „Zugangsform" (Reich 2000a, 84) neben dem Symbolischen nennt Reich das Imaginäre, das auch eine erweiterte Sicht auf Intersubjektivität ermöglicht (vgl. ebd.), die auch im Hinblick auf die Betrachtung von Fremdheit von besonderer Bedeutung ist.

Das Imaginäre bezeichnet alle Begierden, Bedürfnisse und Motive und auch unbewusste Prozesse, die das jeweilige Subjekt antreiben. Es stellt auch den Motor zur Kommunikation[15] dar, weil „nur über das Imaginäre vermittelt Kommunikation stattfinden kann" (Reich 2000a, 93), bei der jedoch aufgrund der „Sprachmauer" (Reich 2000a, 94) der direkte Zugang zum Anderen, und teils auch zum eigenen Imaginären, begrenzt ist. Entscheidend ist vor allem, dass auch der Andere nur vermittelt über das Imaginäre erfahren und wahrgenommen werden kann (vgl. Reich 2000a, 89). Bezogen auf die Interaktion und Kommunikation mit (dem) Anderen

---

14 Reich betont in diesem Zusammenhang, dass diese Sozialisation „keine bloße Nachahmung oder direkt erzwingbare Übernahme" ist, sondern „erst durch die Rückkopplung eines Verhaltens an eigene Beobachtungen" wirkt (Reich/Wei 1997, 10). Hiermit lässt sich wiederum die Verbindung ziehen zu den oben bereits erwähnten Fremd- und Selbstbeobachtungen, zu denen Reich (2009a, 39) bemerkt, dass sich aus diesen Identität „formt bzw. geformt wird".

15 Gleichzeitig ist es nicht nur Motor, sonder auch Grenzbedingung von Kommunikation (vgl. Reich 2000a, 91 und 97 f.), worauf ich im weiteren Verlauf dieser Arbeit noch zurückkommen werde.

und deren (auch) Identität stiftende Funktion (für das Subjekt) entwickelt Reich auf Grundlage der bereits genannten Vorläufermodelle von Bateson/Watzlawick, Mead und Lacan[16] folgendes Modell (vgl. Reich 2000a, 86 und Reich 1998a, 430):

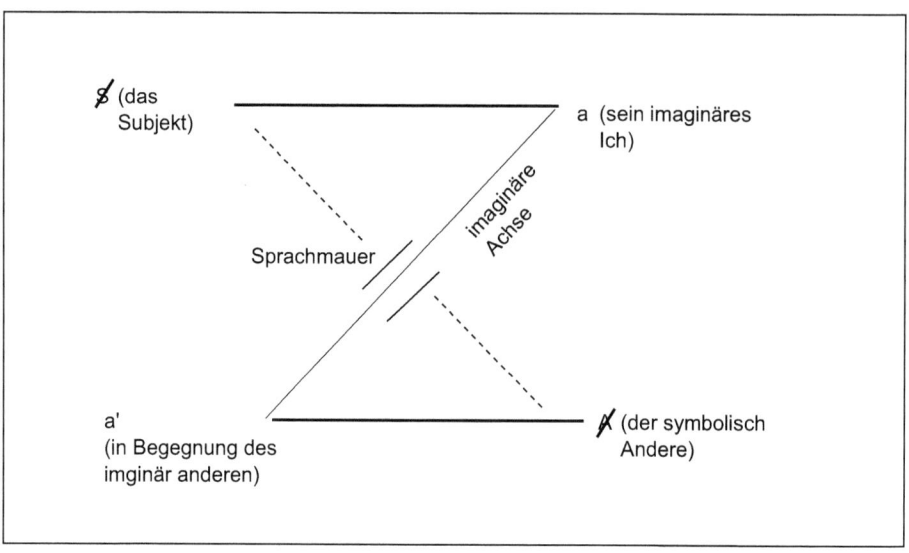

(Quelle: Reich/Wei 1997, 12)

Ähnlich wie im vorangegangenen Modell von Mead „wendet sich auch hier das Subjekt an einen Anderen, aber die Sozialisation erscheint nunmehr als verkompliziert" (Reich/Wei 1997, 12), da hier der Fokus nicht auf dem äußeren Verhalten und dem Prozess der Rollenübernahme im Verhaltensprozess liegt, sondern auf dem Imaginären.

Hiermit soll gezeigt werden, dass zum einen ein Subjekt nicht direkt, sondern nur vermittelt über die imaginäre Achse, mit einem anderen Subjekt (A) kommunizieren kann und dass zum anderen das Subjekt niemals ganz mit sich selbst identisch, sondern immer schon über andere (in einem Prozess) gespiegelt ist, was grafisch durch das Durchstreichen von S und A verdeutlicht werden soll. Der interaktionistische Konstruktivismus differenziert also zwischen dem Anderen (A) als sich selbst unabhängig und relativ klar in der symbolischen Ordnung artikulierend und dem anderen (a) als über die imaginäre Achse bzw. als in der imaginären Begegnung gespiegelt (vgl. Neubert 2004b, 121 f.).

Hierbei unterscheidet Reich weiterhin (a) von (a'): (a) ist das eigene imaginäre Begehren des Subjekts, seine Vorstellung, sein imaginäres „Bild vom anderen (a),

---

16 Auch Lacan betont den interaktiven Charakter bei der Identitätsbildung, sieht allerdings das Spiegel-Stadium, also die imaginäre Identifizierung des Kindes mit seinem Spiegelbild bzw. im Blick des Anderen, als Ursprung der Ich-Bildung (vgl. Reich 2000a, Kap. 4) und Nünning (2004, 372 f.). Vgl. hierzu auch Kapitel 3.3.1.2.

das dem anderen als [..] Wunschvorstellung vorauseilt" (Reich 2000a, 87). Dieses Bild jedoch „kann in der tatsächlichen Begegnung noch korrigiert und an reale Erfahrungen angepasst werden" (Reich 2000a, 87), was Reich in der Position (a') aufgreift.[17]

Hiermit bietet der interaktionistische Konstruktivismus gleichzeitig auch ein anderes, ein erweitertes Bild von *Identität*, das in diesem Modell deutlich wird.

Dies ist für das Thema dieser Arbeit vor allem dahingehend von Bedeutung, dass zum einen das Imaginäre den Wunsch nach Eindeutigkeit und Schließung innerhalb symbolischer Vermittlungen, Bedeutungen und Repräsentationen subvertiert und dass zum anderen der Andere immer schon im eigenen Selbst durch den Prozess der Spiegelung enthalten ist (vgl. hierzu Kap. 3.7 und auch Kap. 3.3).

Das Reale

Das Reale ist ein Grenzbegriff des Symbolischen und Imaginären. Mit dem Realen wird im interaktionistischen Konstruktivismus das Abwesende, werden die Lücken und Grenzen bisheriger Konstruktionen, symbolischer Ordnungen, imaginärer Vorstellungen und Weltbilder bezeichnet. „Dieses Reale ist das Noch-Nicht, das Nichts, das wir nur als Nichts benennen, bis es sich irgendwo geltend macht." (Reich 2000a, 109) Das Reale erscheint in Form eines unvorhersehbaren singulären Ereignisses (Krankheit oder Tod sind Beispiele hierfür), das zunächst nicht in bisherige Ordnungsmuster passt und sich auch nicht hiermit erklären lässt, sondern „erst im nachhinein kodiert oder imaginiert wird" (Reich 2000a, 107). Gemäß Neubert (1998, 40) ist „das Reale gerade dadurch ein Teil unserer Wirklichkeit, dass wir es in unseren Konstruktionen schon verkennen, abwehren und verharmlosen".

Das Register des Realen werde ich im Verlauf dieser Arbeit unter Bezug auf weitere theoretische Perspektiven auf die Thematik der Fremdheit anwenden, da ich hierin einige Parallelen sehe, vor allem hinsichtlich dessen, dass beide als eine Art Grenzerfahrung und Grenzbedingung bisheriger Konstruktionen zu verstehen sind (vgl. Kap. 3.8).

Neubert (1998) veranschaulicht im Anschluss an Reich[18] die Beziehung dieser drei Register in Anlehnung an Lacan mithilfe eines „Borromäischen Knotens".

---

17 Eine ausführliche Erläuterung hierzu ist in Reich (2000a, 87 ff.) zu finden.
18 Vgl. hierzu Reich (1998b bzw. die umfassend überarbeitete Fassung von 2009b).

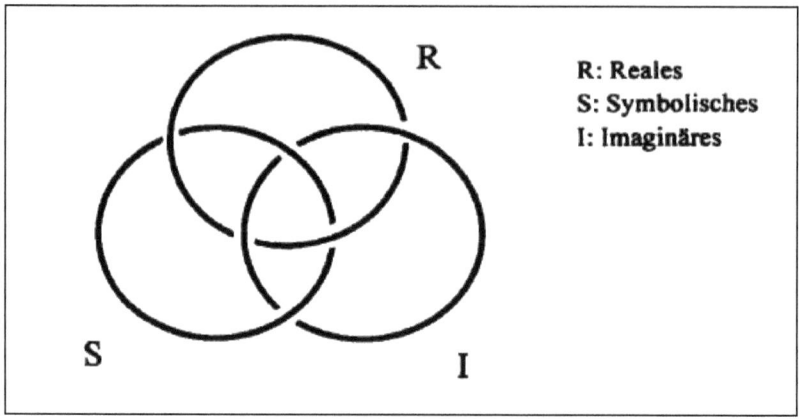

R: Reales
S: Symbolisches
I: Imaginäres

(Quelle: Neubert 1998, 16)

Dieser zeichnet sich dadurch aus, „dass man keinen der Ringe herauslösen kann, ohne damit zugleich auch die beiden anderen freizusetzen"; er bleibt nur in dieser Formation, in diesem Ineinander bestehen. Wichtig aus interaktionistisch-konstruktivistischer Sicht ist außerdem, dass kein Beobachter aus diesem „Geflecht heraustreten" kann (Neubert 1998, 16).[19]

Ähnlich verflochten sind die Beobachtermöglichkeiten der *Konstruktion, Rekonstruktion und Dekonstruktion*, die der interaktionistische Konstruktivismus aufbauend darauf auf einer weiteren Ebene anbietet und aus denen heraus die anderen Positionen neu beleuchtet werden können. Aufgrund der Bezogenheit des Subjekts auf Andere, die grundlegend für Prozesse der Kommunikation, Interaktion und Identitätsbildung ist, betont der interaktionistische Konstruktivismus, dass die ausschließliche Annahme eines subjektiv und unabhängig konstruierenden und erfindenden Subjekts, die in anderen, zum Beispiel radikal-konstruktivistischen, Argumentationen vertreten wird, zu kurz greift. Aus diesem Grund ergänzt der interaktionistische Konstruktivismus den Aspekt der Konstruktion, der vor allem auf die Kreation eigener Erfindungen fokussiert, um die Perspektive der Rekonstruktion, um darauf aufmerksam zu machen, dass jede Konstruktion durch vorgängige rekonstruktive Faktoren, wie zum Beispiel die jeweilige Kultur und die Gesellschaftsform, (zugleich) ermöglicht und begrenzt wird. Die Rekonstruktion beschreibt das Entdecken der Erfindungen Anderer, wie zum Beispiel Sprache, Religion oder kulturelle Praktiken, die als Grenze von Autonomie in jeder Konstruktion bereits enthalten sind. Unter der Perspektive der Dekonstruktion wird im interaktionistischen Konstruktivismus in Anlehnung bzw. in Auseinandersetzung mit dekonstruktivistischen Theorien das Enttarnen bisheriger Lücken, Auslassungen und Fehlstellen vorangehender Überzeugungen beschrieben. Grundmotto ist hier: „Es könnte auch anders sein! Wir sind die Enttarner unserer Wirklichkeit" (Reich 2000a, 121). Hierbei geht

---

19 Diese Zirkularität und Wechselwirkung gilt nach meinem Verständnis auch für die anderen konstruktivistischen Perspektiven untereinander.

es darum, den Blick zu erweitern um „die möglichen anderen Blickwinkel, die sich im Nachentdecken der Erfindungen anderer oder in der Selbstgefälligkeit der eigenen Erfindung so gern verstellen" (Reich 2000a, 121).

Ergänzend sei an dieser Stelle erwähnt, dass bezüglich der rekonstruktiven Voraussetzungen besonderes Augenmerk auf der Bedeutung von Fremd- und Selbstzwängen liegt, die oben bereits im Zusammenhang mit der Unterscheidung von Selbst- und Fremdbeobachter erwähnt wurden. Reich definiert in Anlehnung an Norbert Elias' „Prozess der Zivilisation" (vgl. Elias 1997a und b) die individuellen Zwänge als unterteilt in „allgemein menschliche Zwänge wie Hunger, Selbsterhaltung, Geschlechtstrieb" (Reich 2000a, 159) einerseits und Selbstzwänge in Form von Selbstkontrolle durch Verstand, Gewissen und Vernunft, deren Grad und Stärke abhängig von der jeweiligen Gesellschaft sind (vgl. Reich 2000a, 160), andererseits. Daneben stehen Fremdzwänge als gesellschaftliche Zwänge, die durch den sozialisierten Anpassungsdruck des Anderen vermittelt werden, immer in „komplementären Beziehungen" (Reich 2000a, 160) gegeben sind, symbolisch in „Institutionen und geistig-materiellen Kodifizierungen wie z. B. Recht" (ebd.) auftreten und „nur über unsere imaginären Konstruktionen [..] funktionieren" (Reich 2000a, 160 f.). Interessant sind hierbei die Verschiebungen von Fremdzwängen hin zu einer verstärkten inneren Selbstzwangapparatur im Verlauf des Zivilisationsprozesses (vgl. ebd., 165). Reich betont jedoch, dass Selbstzwänge „mehr als nur internalisierte Fremdzwänge" (Reich 1998a, 51) sind, nämlich „*auch* Ausdruck [...] einer Selbstbewusstwerdung eigener Mächtigkeit, [...] [und; Einschub: A.W.] damit Möglichkeit zu Innovation" (Reich 1998a, 51; Hervorhebung im Original).

Dadurch wird wiederum die Verschränkung von Konstruktion, Rekonstruktion und Dekonstruktion deutlich: Vorgängige kulturelle Konstruktionen gehen als Rekonstruktionen in „neue" Konstruktionen mit ein, die wiederum als rekonstruktive Bedingungen, als Umwelt zirkulieren und nachfolgende Konstruktionen beeinflussen. Hiermit ist der eigene Anteil an der Produktion von Rekonstruktionen enttarnt.

Die Einführung dieser zirkulär ineinander wirkenden Perspektiven verweist, ebenso wie alle anderen, auf die für den interaktionistischen Konstruktivismus so charakteristische Reflexion der Einbindung des Subjekts in kulturelle Kontexte bei allen Wirklichkeitskonstruktionen. Alle genannten Perspektiven, und diese Auflistung ist auch noch unabgeschlossen und erweiterbar, gehen in jede Beobachtung und Konstruktion von Wirklichkeit mit ein. Sie sind Vorschläge zur Reflexion von Beobachterstandpunkten und Beobachtungen, von Wissenschaft und Erkenntnis und werden in dieser Arbeit auf die Konstruktion von Kultur, Identität und Fremdheit hin angewendet.

2.   Ausgewählte theoretische Perspektiven auf Fremdheit

In diesem Kapitel möchte ich verschiedene ausgewählte theoretische Perspektiven vorstellen, die im Hinblick auf ihr explizites und implizites Verständnis von Fremdheit betrachtet und dargestellt werden.[20] Ziel ist hierbei, anhand der verschiedenen theoretischen Zugänge und Ansätze einen differenzierten Blick auf Fremdheit zu (ent-)werfen und zentrale Aspekte von Fremdheit, die wegweisend für ein Verständnis von Fremdheit als Konstruktion sein können, herauszuarbeiten und hervorzuheben.[21]

Beginnen werde ich mit der Perspektive der Phänomenologie. Hier werden, nach einer Einführung in Grundgedanken der Phänomenologie, mit Bernhard Waldenfels und Emmanuel Lévinas zwei phänomenologische Perspektiven auf Fremdheit geworfen. Die Theorie von Waldenfels habe ich ausgewählt, da sich dieser als Vertreter der Phänomenologie explizit mit dem Fremden auseinandersetzt und eine responsive Phänomenologie des Fremden entwickelt. Eine andere Perspektive, die zu großen Teilen in der Tradition der Phänomenologie steht, ist Lévinas' Theorie der absoluten Andersheit des Anderen. Diese ist vor allem deshalb interessant, weil sie eine ganz andere, eine extreme Perspektive auf den Anderen, den Fremden, formuliert und hieraus moralisch-ethische Implikationen für das Verhältnis von Selbst und Anderem ableitet.

Im Anschluss daran werde ich mehrere Perspektiven der Soziologie vorstellen. Hierin wird unter anderem der Aspekt der Konstruktion von Fremdheit als „Systemeffekt" (Bauman 1999) deutlich und als stets in Abhängigkeit und Relation zu einer bestimmten Ordnung bestimmt, die sich wiederum auf den Gegensatz von Eigenem und Fremdem gründet. Auch der Aspekt der Macht bei der Konstruktion von Fremdheit wird hierin erwähnt.

Die Perspektiven der Cultural Studies und des Postkolonialismus werden, nach einigen einführenden Worten zu ihrer Entstehung und ihren Grundgedanken, im Hinblick auf ihr implizites Verständnis von Fremdheit, das in ihren Kernthesen und -konzepten deutlich wird, untersucht. Besonderes Augenmerk liegt hierbei auf dem (kolonialen) Entstehungszusammenhang und der Bedeutung kultureller Machtverhältnisse bei den Repräsentationen und (Re-/De-/)Konstruktionen von Fremdheit und auf der Dekonstruktion hegemonialer Narrationen und Vorstellungen von homogenen Identitäten, Nationen und Kulturen sowie eindeutiger Grenzziehungen und binärer Oppositionen.

Mit der Perspektive des Existenzialismus wird anhand von Sartres Beschreibungen des Blicks des Anderen die Bedeutung der zirkulären Beziehung, der Verwo-

---

20   Es sei bereits an dieser Stelle darauf hingewiesen, dass einige der nachfolgend vorgestellten Theorien sich mit „Andersheit" bzw. dem Anderen beschäftigen, während andere hingegen explizit den/das Fremde bzw. „Fremdheit" thematisieren. Hierauf werde ich in Kapitel 3.4 zurückkommen und ausführlicher eingehen.

21   Diese werden dann in Kapitel 3 wieder aufgegriffen.

benheit von Subjekt und Anderem, der konstitutiv für die Subjektwerdung des Subjekts ist, aufgezeigt. Abschließend wird mit Agamben der Blick auf Fremdheit aus einer weiteren Perspektive eröffnet, bei der die Kernkonzepte seiner politischen Philosophie im Hinblick auf ihren Bezug und ihre Bedeutung für ein Verständnis von Fremdheit hin untersucht werden.

Die Perspektive der Psychoanalyse, die auch von Bedeutung für die Betrachtung der Fremdheit ist, soll in diesem Kapitel aus Rücksicht auf den Gesamtumfang der Arbeit nicht gesondert dargestellt werden, da ich in Kapitel 3.7 explizit den Einfluss des Unbewussten und des Imaginären bei der Re-/De-/Konstruktion des Fremden darstellen werde und hierbei schwerpunktmäßig auf den psychoanalytischen Entwurf des Unbewussten sowie auf das interaktionistisch-konstruktivistische Konzept des Imaginären nach Reich Bezug nehmen werde.

Vorab möchte ich darauf hinweisen, dass ich bei jeder der ausgewählten Perspektiven jeweils das, was notwendig für das Verständnis des jeweiligen Diskurses im Hinblick auf seine mir für die Betrachtung von Fremdheit relevant erscheinenden Aspekte ist, erläutern werde. Die Perspektiven der Phänomenologie und der Cultural Studies sowie des Postkolonialismus werden jedoch ausführlicher vorgestellt, da sie theoretische Schwerpunkte meiner Arbeit darstellen. Diese sind von besonderer Bedeutung für die vorliegende Arbeit, da sie zum einen selbst implizit konstruktivistisch sind, und zum anderen auch zur (Weiter-)Entwicklung explizit konstruktivistischer Ansätze beigetragen haben. Dies begründet die vielfältigen Berührungs- und Bezugspunkte, die Verbindungen und Wechselwirkungen, die jeweils zum interaktionistischen Konstruktivismus bestehen (vgl. hierzu Kap. 2.1.4 und 2.3.4).[22] Darüber hinaus weisen die Ansätze der Cultural Studies und der Phänomenologie auch eine Vielzahl von Bezugspunkten und Wechselwirkungen mit einigen der anderen ausgewählten Perspektiven auf Fremdheit auf, die in diesem Kapitel betrachtet werden. Sie dienen vielen dieser ausgewählten Perspektiven auf Fremdheit als Grundlage und Ausgangspunkt und sind somit von besonderer Bedeutung für eine Betrachtung grundlegender Aspekte (der Re-/De-/Konstruktion) von Fremdheit, welche in Kapitel 3 vorgenommen wird.

2.1 Die Perspektive der Phänomenologie

2.1.1 Die Phänomenologie

Die Phänomenologie gehört zu den bedeutendsten philosophischen Strömungen des 20. Jahrhunderts (vgl. Zahavi 2007, 7; Waldenfels 1992, 9; Fellmann 2006, 11). Zu ihren bekanntesten Vertretern zählen neben ihrem Begründer Edmund Husserl unter anderem Martin Heidegger und Max Scheler im deutschsprachigen Raum, Jean-Paul Sartre und Maurice Merleau-Ponty als Mitbegründer der französischen

---

22 Vgl. hierzu auch Reich (2009a und b).

Existenzialphänomenologie, Alfred Schütz als Begründer der phänomenologischen Soziologie im angelsächsischen Raum sowie auch Emmanuel Lévinas und Jacques Dérrida an den „Rändern der Phänomenologie" (Waldenfels 1992, 131).

Ausgehend von den *Logischen Untersuchungen* Edmund Husserls entwickelte sich eine – erst nachträglich als „phänomenologisch" bezeichnete (vgl. Waldenfels 1992, 9) – philosophische Bewegung, die durch zahlreiche Weiterentwicklungen, Varianten, unterschiedliche Schwerpunktsetzungen und Überschneidungen sowohl innerhalb der Bandbreite der unterschiedlichen phänomenologischen Richtungen und ihrer jeweiligen Vertreter wie auch innerhalb des Entwicklungs- und Forschungsprozesses einzelner Forscher, so insbesondere bei Husserl selbst, gekennzeichnet ist. Letzteres zeigt sich unter anderem im Vergleich der Hauptwerke Husserls, den „Logischen Untersuchungen" (Erstveröffentlichung 1900/1901), den „Ideen zu einer reinen Phänomenologie und phänomenologischen Philosophie" (Erstveröffentlichung 1913), bis hin zu den „Cartesianischen Meditationen" (Erstveröffentlichung in französischer Sprache 1931; in deutscher Sprache 1950) und dem Werk „Die Krisis der europäischen Wissenschaften und die transzendentale Phänomenologie" (Erstveröffentlichung 1954), die die Wandlungen in Husserls Denken und die Entwicklung von der deskriptiven hin zur transzendentalen Phänomenologie dokumentieren.[23]

Dieser Entwicklungsprozess innerhalb des Denkens des Gründervaters Husserl und die daraus resultierenden Veränderungen und Verschiebungen innerhalb seiner Theorie begründet auch die Tatsache, „dass sich unterschiedliche phänomenologische Gruppen auf Husserl berufen können bzw. sich aus seiner Phänomenologie heraus entwickelt haben" (Prechtl 2006, 8). So nehmen die verschiedenen phänomenologischen Vertreter auf je unterschiedliche Aspekte von Husserls Denken Bezug und rücken diesen jeweils in den Mittelpunkt ihres Forschungsinteresses als Ausgangspunkt ihrer theoretischen Überlegungen und (Weiter-)Entwicklungen, die zum Beispiel den Fokus auf die Bedeutung der Lebenswelt, auf Analysen des Raumes und der Leiblichkeit oder auf die Transzendenz des Anderen legen.[24] Nennenswert in diesem Zusammenhang ist auch die Übertragung des phänomenologischen Ansatzes in zahlreiche Einzelwissenschaften (vgl. Vetter, 2004, 424), so zum Beispiel in soziologische und psychologische Theorien, die wiederum wichtige Impulse für eine Erweiterung phänomenologischer Theorien und Analysen lieferten.

Auf diese Weise entwickelte sich eine große Vielfalt phänomenologischer Ansätze unterschiedlichster Ausprägungen, mit einer Vielzahl von (geografischen) „Wirkungszentren" (Waldenfels 1992, 10)[25], die durch zahlreiche Auseinandersetzungen und Wechselwirkungen mit anderen Denkrichtungen und Einzeldisziplinen,

---

23 Vgl. hierzu Ströker/Janssen (1989); Störig (2003, 661); Danner (2006, 136); Prechtl (2006, 15 ff.).

24 Ebenso wie Prechtl (2006, 8) möchte auch ich betonen, dass eine genaue Untersuchung und Darstellung der einzelnen Verbindungslinien und Entwicklungsschritte von Husserl zu Scheler, Merleau-Ponty, Sartre, Heidegger und anderen im Rahmen dieser Arbeit aus Rücksicht auf ihren Gesamtumfang leider nicht möglich ist. Genaueres hierzu findet sich zum Beispiel in Ströker/Janssen (1989).

25 Einen guten Überblick hierzu bietet Waldenfels (1992).

wie zum Beispiel mit dem „Frühpositivismus, mit dem westlichen und östlichen Marxismus, mit der sprachanalytischen Philosophie sowie mit dem französischen Strukturalismus" (ebd., 10) ebenso wie mit Existenzialismus und Dekonstruktivismus (vgl. ebd., 10), gekennzeichnet sind, die wiederum in eine Vielzahl von Anwendungsformen[26] münden. Aus diesem Grund unterscheidet beispielsweise Danner (2006, 135) zwischen einer „Phänomenologie im strengeren Sinn" im Sinne einer „strengen philosophischen Methode", die sich als „Begründung jeder anderen Philosophie und Wissenschaft" versteht, einerseits, und einer „angewandten Phänomenologie" andererseits, bei der „bestimmte *Elemente* eben dieser Phänomenologie als *Methode* in bestimmten Geisteswissenschaften oder philosophischen Richtungen übernommen [werden; Einschub: A.W.], wie in der philosophischen Anthropologie oder der sogenannten Existenzphilosophie" (Hervorhebungen im Original).

Auch andere Autoren, wie zum Beispiel Diemer (1967, 241 f., zit. nach: Danner 2006, 247) unterscheiden zwischen „deskriptiver, eidetischer, transzendentaler und absoluter Phänomenologie", ebenso wie Wuchterl (1977, 208 ff., zit. nach: Danner 2006, 247), der von „deskriptiver, transzendentaler, existenzialer und operativer Phänomenologie" spricht.

Insofern ist die Phänomenologie ähnlich heterogen wie beispielsweise das breite und sich beständig weiter ausweitende Spektrum der Cultural Studies, was auch hier eine umfassende Darstellung aller phänomenologischen Richtungen und ihrer jeweiligen Verbindungslinien (insbesondere zu Husserl) und Überschneidungen, wie auch eine allgemeingültige Definition *der* Phänomenologie und ihrer Charakteristika im Rahmen der vorliegenden Arbeit unmöglich macht.

Das liegt auch darin begründet, dass, gleichsam der Cultural Studies (vgl. Kap. 2.3.1), die Phänomenologie eher als „Bewegung", als „Manier oder Stil", als „auf dem Weg" (Merleau-Ponty 1974, 4) bzw. als „Arbeitsphilosophie" (Husserl) existiert und verstanden werden muss, denn als eine in sich geschlossene, fixierte Lehre (vgl. auch Prechtl 2006, 9).

Dennoch möchte ich nun im Anschluss einige zentrale Grundgedanken der Phänomenologie herausgreifen und einführend vorstellen. Diese Darstellung kann jedoch im Rahmen dieser Arbeit der umfangreichen Phänomenologie Husserls ebenso wenig wie der oben angedeuteten Breite und Vielfalt der phänomenologischen Bewegung im Ganzen gerecht werden; sie ist insofern stark vereinfacht und verkürzt und erhebt keinerlei Anspruch auf Vollständigkeit.[27] Diese sind insbesondere relevant für das Verständnis der nachfolgenden Betrachtungen von Fremdheit aus Perspektiven, die teilweise in der phänomenologischen Tradition stehen bzw. zahlreiche Wechselwirkungen mit dieser aufweisen.

---

26   Eine Einführung zur Anwendung der phänomenologischen Methode in der Pädagogik bietet zum Beispiel Danner (2006, 158 ff.).
27   Eine detaillierte Einführung in die Phänomenologie Husserls bietet zum Beispiel Prechtl (2006) und Janssen (1976).

2.1.1.1 Grundgedanken der Phänomenologie (Husserls)

Ursprünglich ausgehend von einer Widerlegung des zu dieser Zeit in der Philosophie vorherrschenden Psychologismus[28] (vgl. Held, in: Husserl 1985, 18 ff.; Prechtl 2006, 29 ff.) entwickelte Husserl zunächst seine phänomenologische Neubegründung der Logik und daran anschließend seine phänomenologische Erkenntnistheorie und Philosophie. Diese ist von dem Bestreben und dem Anspruch getragen, Philosophie als strenge Wissenschaft zu betreiben und diese als Grundlegung aller anderen Wissenschaften zu verstehen. Insofern wendet sich die Phänomenologie einem universalen Gegenstandsgebiet zu: Dieses erstreckt sich auf alle Phänomene der erscheinenden „Welt", auf „alles Seiende, sofern und wie es dem Bewusstsein gegeben ist" (Danner 2006, 141). Die Phänomenologie versteht sich als Lehre von den Erscheinungen und stellt die „Wesensschau" von gegebenen und vorfindbaren Phänomenen aller Art ins Zentrum. Hierbei ist der Begriff des Phänomens nicht zu verstehen im Sinne eines von der Wirklichkeit zu unterscheidenden Scheins oder im Sinne einer Differenz von Erscheinung und dem Ding „an sich", wie zum Beispiel im Verständnis Kants, ebenso wenig wie als eine – die Realität des Gegenstandes verbergende – Erscheinung (vgl. Danner 2006, 132 f.), sondern gemeint sind alle wahrnehmbaren Erscheinungen, unabhängig davon, ob diese sinnlich erfahren, vorgestellt, gedacht, fantasiert, erinnert oder auch im naturwissenschaftlichen Sinne beobacht- und beschreibbar sind.[29] Damit verbunden ist die „Auffassung, dass die Welt, wie sie uns erscheint […] die einzig wirkliche Welt sei" (Zahavi 2007, 14 f.), und somit die Ablehnung einer „Zwei-Welten-Lehre", die „zwischen der Welt, wie sie uns erscheint, und der Welt, wie sie an sich ist" (ebd., 15), unterscheidet, als Grundcharakteristikum der Phänomenologie.[30] Des Weiteren beinhaltet dies aber auch, dass jedes Phänomen immer „ein Erscheinen von etwas für jemanden" ist (Zahavi 2007, 18). Wirklichkeit und das Erscheinen von Welt existieren nicht unabhängig vom erkennenden bzw. erfahrenden Subjekt, sondern bedürfen des Bewusstseins des Subjekts, um überhaupt erkennbar, sinnhaft, verstehbar zu werden:

> Das Subjekt lässt sich nur in seinem Verhältnis zur Welt verstehen, und umgekehrt können wir der Welt nur Sinn geben, insofern sie einem Subjekt erscheint und von ihm verstanden wird. (Zahavi 2007, 20)

---

28 Der Psychologismus leitet die wissenschaftliche Grundlegung der normativen Logik und der Mathematik, wie auch Ethik, Ästhetik und Religion aus psychischen Vorgängen ab. Somit wird die Psychologie anstelle der Philosophie zur Grundwissenschaft erhoben, aus der heraus sich in diesem Verständnis Denken und Erkennen ausschließlich erklären lassen.

29 Zu einer ausführlichen Darstellung der Definition des Phänomen-Begriffs bei Husserl und seiner diesbezüglichen Änderungen und Entwicklungen eignet sich zum Beispiel Hoffmann (2005, 45 ff.).

30 In dieser Vorgehensweise, wissenschaftlich bei den tatsächlich gegebenen Dingen, Phänomenen, Erfahrungen anzusetzen, liegt – nebenbei bemerkt – laut Danner (2006, 133) „ein Moment der *Befreiung* durch die phänomenologische Methode" (Hervorhebung im Original).

Insofern ist der Ausgangspunkt der Phänomenologie die Erforschung des Bewusstseins im Hinblick auf die erkenntnistheoretische Fragestellung, wie „Welt" im Bewusstsein entsteht und gegeben ist und damit auch die Untersuchung der Korrelation zwischen „Erkenntnisphänomen und Erkenntnisobjekt" (Husserl, zit. nach: Fellmann 2006, 27), zwischen „Erfahrungsgegenstand und Gegebenheitsweisen" (Husserl; zit. nach: Held, in: Husserl 1985, 16).

Durch die damit verbundene Überwindung der Dichotomie zwischen Subjekt und Objekt legt Husserl nebenbei bemerkt übrigens auch den Grundstein für eine Verbindung von Erkenntnistheorie und Ontologie.

Die Vielfalt der verschiedenen Gegebenheits-, Erscheinungs- und Erfahrungsweisen (Noesis) eines Gegenstands in seinem „An-sich-Sein" (Noema)[31] ist wiederum begründet im jeweils subjektiv-situativen Bewusstsein des Subjekts.

> „Der Gegenstand *ist* nicht einfach ein und derselbe, er *erweist* sich als derselbe im Wechsel von Gegebenheits- und Intentionsweisen, in denen er aus der Nähe oder aus der Ferne, von dieser oder von jener Seite erschaut, in denen er wahrgenommen, erinnert, erwartet oder phantasiert, in denen er beurteilt, behandelt oder erstrebt, in denen er als wirklich behauptet, als möglich oder zweifelhaft hingestellt oder negiert wird." (Waldenfels, 1992, 15; Hervorhebungen im Original)

So ist die Art und Weise, das „Wie" einer Erscheinung immer abhängig von dem Bewusstsein, dem es erscheint.[32] Gleichzeitig ist Bewusstsein immer auf etwas bezogen, ist stets auf etwas gerichtet; Bewusstsein ist immer Bewusstsein von etwas. Dies wird, um einen weiteren Grundpfeiler der Husserl'schen Phänomenologie einzuführen, mit dem Begriff der Intentionalität bezeichnet. Dieser Gedanke geht zurück auf die deskriptive Psychologie nach Franz Brentano[33], einem der einflussreichsten philosophischen Lehrer Husserls, an die dieser zunächst anknüpfte, um sein Gegenmodell zu einer psychologistischen Begründungsstrategie (von Logik und daran anschließend von Erkenntnis im Allgemeinen) zu entwerfen, um dies im weiteren Verlauf zu seiner transzendentalen Phänomenologie auszuweiten. Intentionalität

---

31 Dieses Verhältnis beschreibt Husserl erstmalig in seinem Werk „Ideen zu einer reinen Phänomenologie und phänomenologischen Philosophie" (1980; Erstveröffentlichung 1913) mit den Begriffen Noesis und Noema. Hierauf sei an dieser Stelle nur kurz hingewiesen, da eine ausführlichere Darstellung dieses Husserl'schen Gedankenganges hier zu weit führen würde, zumal diese Begrifflichkeiten bei Husserl selbst vielfach verwischt sind. Eine Kurzdarstellung zur Bestimmung und zum Verhältnis von Noesis und Noema im Sinne Husserls bieten zum Beispiel Vetter (2004, 387 f.), Janssen (1976, 76 ff.) oder Prechtl (1998, 72 ff.).

32 Damit einher geht die Annahme, dass alles Gegenständliche der Realisierung in subjektiven Gegebenheitsweisen bedarf, womit Husserl ein Konstitutionsverhältnis beschreibt (Husserl; zit. nach: Vetter 2004, 292).

33 Brentano beschreibt psychische Phänomene als immer auf ein Objekt gerichtet, als immer in Beziehung zu einem Inhalt stehend, und somit als intentional. Dies bildet den Grundstein für Husserls phänomenologisches Verständnis von Bewusstsein und seinem Konzept von Intentionalität.

ist demnach ein Grundcharakteristikum des Bewusstseins[34] und die „erscheinenden" Phänomene/Gegenstände sind stets bezogen auf die „Vorstellungs-, Perzeptions-, Urteils- und Wertakte" (Zahavi 2007, 18) dieses Bewusstseins des Subjekts in seiner natürlichen, das heißt unreflektierten Einstellung. Zahavi (2007, 18 ff.) veranschaulicht dies am Bild eines Koffers, der einem Subjekt beim Betreten eines Zimmers auffällt. Dieser erscheint in einer bestimmten Perspektive (zum Beispiel Vorder- oder Rückseite), vor einem bestimmten Hintergrund, in einem bestimmten Kontext und in Abhängigkeit von den Erfahrungswerten, Erinnerungen und Interessen, die das Subjekt hiermit verbindet und durch die es sich mit dem Gegenstand in eine je subjektive Beziehung zum Gegenstand setzt. Anhand der vorangegangenen Argumentation wird deutlich, dass das Bewusstsein dementsprechend nicht im Sinne eines leeren Behältnisses zu verstehen ist, das beliebig mit „Gegenständen" der „Außenwelt" befüllt wird, sondern deren Erscheinung, Gegebenheitsweise bzw. Konstitution, dies möchte ich an dieser Stelle nochmals betonen, immer im Zusammenhang mit der Intentionalität des Bewusstseins steht. Janssen (1976) verdeutlicht denselben Sachverhalt anhand eines Beispiels über die Wahrnehmung eines Baumes:

> „Nimmt man einen Baum wahr, so ist das Baum-Wahrgenommene ein
> Bestandstück des Wahrnehmungserlebnisses. Dem Wahrnehmen eignet
> sein gegenständlicher Wahrnehmungssinn: das Wahrgenommene als sol
> ches. Entsprechendes läßt sich für viele Erlebnistypen aufzeigen. Im Erin
> nern wird etwas erinnert, im Denken etwas gedacht, im Wünschen etwas
> gewünscht, usw. In dieser Kennzeichnung des Erlebens liegt, wohlgemerkt,
> noch keinerlei Behauptung über das Sein dessen, was vermeint, bewußt,
> erlebt ist, vor. Sie bezieht sich zunächst nur auf eine Eigenart des Vermei
> nens, Bewußthabens, Erlebens. Kurz gesagt: Das Bewußtsein ist Bewußt
> sein von etwas. Es ist von intentionaler Art." (Janssen 1976, 21)

Durch den Aspekt der Intentionalität wird die bis dahin behauptete Spaltung zwischen Subjekt und Objekt aufgehoben und das Verhältnis zwischen Welt und Bewusstsein neu gedacht und erklärt: Bewusstsein und Welt sind wechselseitig aufeinander bezogen, Welt ist nur über das Bewusstsein „erschaubar", und Bewusstsein ist erst Bewusstsein durch sein intentionales Gerichtet-Sein auf etwas. Zentrales Thema der Phänomenologie ist somit die Konstitution von Welt im intentionalen Bewusstsein des Subjekts, auch in ihren Strukturen und Zusammenhängen. In dieser Annahme von der „erkennenden Subjektivität als Urstätte aller objektiven Sinnbildungen und Seinsgeltungen" (Husserl, 1996, 110) findet sich das Subjektive in der Phänomenologie. Doch ausgehend von diesem Blick auf das subjektive Bewusstsein, Erkennen und intentionale Erleben geht es der Phänomenologie, vor allem im Sinne Husserls, um objektive, radikal vorurteilsfreie Erkenntnis und Wahrheit, die eben

---

34 Eine Darstellung der drei Bewusstseinsbegriffe Husserls – Bewusstsein als phänomenologischen Bestand des Ich, als inneres Gewahrwerden und als intentionales Erlebnis – findet sich in Hoffmann (2001, 16 ff.) und in Janssen (1976, 41 ff.).

dauerhaft und unabhängig von subjektivem, intentionalem und situationsgebundenem Erleben und Erkennen gültig sein soll. Ansatzpunkt für diesen *„Rückgang auf die Sachen selbst"* (vgl. zum Beispiel Waldenfels 1992, 17; Hervorhebungen im Original), auf das *„Wesen"* (Held; in: Husserl 1985, 25; Hervorhebung im Original) der intentionalen Gegenstände in ihren variierenden Erscheinungsweisen, ist, wie anhand der vorangegangenen Argumentation bereits deutlich wurde, gemäß dem *Prinzip der Prinzipien* der Phänomenologie, das originär Gegebene. Hierin postuliert Husserl, dass

> „jede originär gebende Anschauung eine Rechtsquelle der Erkenntnis sei, dass alles, was sich uns in der ‚Intuition' originär (sozusagen in seiner leibhaften Wirklichkeit) darbietet, einfach hinzunehmen sei, als was es sich gibt, aber auch nur in den Schranken, in denen es sich da gibt." (Husserl 1980, 43)

2.1.1.2 Die phänomenologische Methode

Davon ausgehend soll dann mithilfe der phänomenologischen Methode der *Epoché* und der *Reduktion*[35] die „Wesensschau" bzw. die Erkenntnis des Wesens und der Wesensstrukturen des Phänomens, und wiederum daran anschließend letztlich der Rückgang auf die transzendentale Subjektivität, ermöglicht werden. Letzterer Aspekt ist Husserls eigentliches Ziel, mit dem durch die Annahme vom transzendentalen Ich als Urstätte der Konstitution von Welt die „Wesensphänomenologie" in den Rahmen einer „Bewusstseinsphänomenologie" eingebettet wird (Waldenfels 1992, 30). Diese phänomenologische Methode soll an dieser Stelle lediglich knapp skizziert werden:

Ausgangspunkt hierbei sind zunächst die Ebenen der theoretischen Welt und der natürlichen Einstellung. Der Begriff der natürlichen Einstellung meint das ursprüngliche, naive und spontane Existieren und Hinnehmen von Welt und Lebensweise in ihrem Gegebensein. Dahingegen bezeichnet der Begriff der theoretischen Einstellung eine „sekundäre Welt" (Danner 2006, 144), die geprägt ist von Traditionen, Vorwissen, Vorurteilen wissenschaftlichen Anschauungen und Interpretationen, von Vorgegebenem verschiedenster Art.

Diese „theoretische, ideale und zufällige Welt" „kann nicht der Ausgang für eine sichere Wissenschaft sein" (ebd., 145). Darum soll in einer ersten Epoché ein Rückgang von der theoretischen zur natürlichen Einstellung erfolgen, in der in vorurteilsfreier, vorwissenschaftlicher und unbefangener Weise eine Anschauung des originär evident Gegebenen ermöglicht wird. In einem weiteren Schritt erfolgt dann eine Reduktion von der natürlichen zur phänomenologischen Einstellung. Erst durch die damit verbundene Reflexion aus der Distanz heraus wird laut Danner

---

35 Laut Zahavi (2007, 23) ist „die Epoché [...] Bezeichnung für unsere Suspension der naiven metaphysischen Einstellung".

(2006, 146) „die Naivität und Ursprünglichkeit der natürlichen Einstellung aufgedeckt". Hierbei enthält sich das Subjekt des naiven Hinnehmens und beobachtet als „unbeteiligter *Zuschauer*" (ebd.; Hervorhebung im Original) aus der besagten Distanz heraus das eigene Verhältnis zur Welt sowie die eigenen Denk- und Bewusstseinsabläufe in ihrer intentionalen Ausrichtung auf Gegenstände in ihrem Gegebensein. Von hier aus erfolgt dann mittels der eidetischen Reduktion ein Rückgang der Phänomene auf ihr Wesen, auf ihre eidetische Bestimmtheit, die ihnen zugrunde liegt und die wiederum gemäß dem Korrelationsapriori den Charakter der Bewusstseinsvollzüge, den Aufbau der intentionalen Akte bzw. die Art der Gegebenheitsweisen des Gegenstandes bestimmt. Dieses Wesen soll durch ein freies Variieren des gegebenen Phänomens als intentionalem Gegenstand in all seinen möglichen Formen und Erscheinungsweisen herausgefiltert werden. Das, was sich in allen möglichen gedachten und fantasierten Variationsmöglichkeiten als invariant, als stets konstant herausstellt, wird dann als das Wesen angenommen. Davon ausgehend entwickelte Husserl, dies sei an dieser Stelle erwähnt, eine Katalogisierung von Allgemeinheitsgraden von Wesensheiten (vgl. Janssen 1976, 98) und von verschiedenen Phänomentypen, die zum Beispiel in Kategorien wie „physisches Ding", Gebrauchsgegenstand, Kunstwerk, Zahl, animalisches Wesen, Mensch, Sozialität und soziale Relation etc. (vgl. Zahavi 2007, 13) bezeichnet werden, was Zahavi (ebd.) zu den wichtigsten Verdiensten der Phänomenologie zählt. Es geht also bei der eidetischen Reduktion darum, durch die Anschauung von einzelnen Phänomenen und die Bestimmung des ihnen zugrunde liegenden Wesens wesensmäßige Allgemeinheiten herauszuarbeiten.[36]

Diese Methode, die Husserl „zunächst auf die Formen der sinnlichen Anschauung" und „später auf [..] Wissensformen und Lebensformen" anwandte (Fellmann 2006, 29), fand nachfolgend insbesondere Beachtung und Anwendung in der Soziologie und Ethnologie. Der letzte und entscheidende Schritt der Husserl'schen Phänomenologie besteht dann im Vollzug der Reduktion auf die transzendentale Subjektivität. Diese beinhaltet einen Rückgang auf ein Ich, „das noch *vor* dem Bewusstsein (im psychologischen Sinn) liegt" (Danner 2006, 150; Hervorhebung im Original), den Rückgang auf ein reines, im Gegensatz zu einem empirischen, Bewusstsein. Alle Aspekte des physisch und psychisch in der Welt existierenden Subjekts sind hierbei auszuklammern, um einerseits das reine Bewusstsein selbst zum Gegenstand einer (eidetischen) Reflexion zu machen und gleichzeitig die Konstituierung, das Erscheinen, den Ursprung von Welt in eben diesem reinen Bewusstsein zu verorten, auf das jedes Sein letztlich zurückzuführen ist. Insofern ist Husserls Phänomenologie zunächst ein radikal subjekt- bzw. bewusstseinsphilosophischer Ansatz. Insbesondere die letztgenannte Hauptintention der transzendentalen Reduktion wurde jedoch vielfach auch aus phänomenologischen Kreisen kritisiert und als Rückfall in den Subjektivismus abgelehnt. Dennoch ist Husserls Phänomenologie und die beschriebene phänomenologische Methode der Grundstein und Aus-

---

36   Hierin sehe ich einen Bezug zu Schütz/Luckmann und ihren Untersuchungen zu den Strukturen der Lebenswelt (vgl. hierzu Kap. 2.2.2).

gangspunkt für alle danach folgenden Phänomenologen und Weiterentwicklungen bzw. Varianten der Phänomenologie, unabhängig davon, ob diese Husserls transzendentale Subjektivität und seine dorthin leitende Methode verworfen, abgewandelt oder als gegeben vorausgesetzt haben.

2.1.1.3 Lebenswelt

Diesen und ähnlichen, den Subjektivismus bzw. den Vorwurf des Solipsismus betreffenden, Kritikpunkten setzte Husserl in der Spätphase seines Schaffens den Aspekt der Lebenswelt entgegen, der insbesondere von nachfolgenden Phänomenologen, wie zum Beispiel Merleau-Ponty, Alfred Schütz und daran anschließend von den sozialen Konstruktivisten Berger/Luckmann, aufgegriffen und weiter ausgearbeitet wurde.[37] Mit Lebenswelt bezeichnet Husserl die vorgegebene „raumzeitliche Welt der Dinge, wie wir sie in unserem vor- und außerwissenschaftlichen Leben erfahren und über die erfahrenen hinaus als erfahrbar wissen" (Husserl; zit. nach: Hartmann 1999, 128); Lebenswelt ist der „Gesamthorizont menschlicher Erfahrung" (Danner 2006, 153).[38] Diese sinnlich anschauliche und erfahrbare alltägliche Lebenswelt ist einerseits (Sinn-)Fundament und Horizont nicht nur des alltäglichen Denkens, Handelns und Erfahrens, sondern ebenso aller objektiven Wissenschaften, in dessen Kontext Letztere stets zu verorten sind. Die Lebenswelt ist somit die „Ursprungsstätte wissenschaftlicher Sinnstiftung", während gleichzeitig die „Resultate solcher Sinnstiftungen" auf die Lebenswelt zurückwirken (Ströker/Janssen 1989, 111). Das Vergessen dieser Lebenswelt als Fundament der Wissenschaften begründet laut Husserl die „Krisis der modernen Wissenschaften" (vgl. Husserl 1996). Zusätzlich dazu kommt der Lebenswelt eine weitere Funktion zu: Sie bildet nun den Leitfaden für den Rückgang auf die sinnstiftende transzendentale Subjektivität, in der letztlich auch der „Seinssinn" (Ströker, zit. nach: Danner 2006, 154) der (Lebens-)Welt konstituiert wird.[39] Indem nun Lebenswelt selbst zum zu erforschenden Phänomen wird, wird auch die Relativität, der Wandel, die Vielfalt und das Nebeneinander verschiedener geschichtlich-kultureller Lebenswelten sichtbar.[40] Daraus

---

37 Alle in diesem Kapitel aufgeführten Ansätze und Theorien werden an dieser Stelle nur kurz einführend vorgestellt, und, sofern sie für die Betrachtung der Konstruktion von Fremdheit relevant sind, an späterer Stelle nochmals aufgegriffen und im Hinblick darauf näher expliziert.

38 Eine ausführliche Herleitung und Begründung der Lebenswelt im Verständnis Husserls findet sich zum Beispiel in Husserl (2002).

39 Hartmann (1999, 128) verweist hierzu auf Orth, der „Husserls Lebensweltbegriff dementsprechend als eine späte Vertiefung und Konkretisierung der ‚Generalthesis der natürlichen Einstellung' aus den ‚Ideen I'" deutet.

40 Diese Geschichtlichkeit gilt auch für die vermeintliche Objektivität von Wissenschaften. In diesem Sinne erweist sich die Phänomenologie als anschlussfähig für ein interaktionistisch-konstruktivistisches Verständnis von Wissenschaft.
    Zahavi (2007, 35) bezeichnet übrigens diese „Erörterung der Frage, wie die theoretische Einstellung, die wir einnehmen, wenn wir Wissenschaft betreiben, aus unserem In-der-Welt-Sein entsteht, wie sie es beeinflusst und verändert" als einen der Hauptverdienste der Phänomenologie.

ergibt sich wiederum im Anschluss an Husserls Versuch einer „Ontologie der Lebenswelt" sein Bestreben nach der „Gewinnung einer geschichtlichen Gesamtperspektive, die dem Zerfall der Welt in eine Vielfalt von Sonderwelten Einhalt gebietet" (Waldenfels 1992, 37) und die eine Grundlage und die Voraussetzung(en) für alle anderen Lebens- bzw. Sonderwelten im Sinne eines Lebensweltkerns darstellt. Waldenfels (1992, 37) bezeichnet dies als „Einigungsfunktion".[41] Husserl versucht also, den historisch-situativen Charakter von Lebenswelt zu thematisieren und gleichzeitig eine universal gültige, ahistorische Grundlage für alle Lebenswelten herauszustellen.

Auch Merleau-Ponty bezieht sich auf Husserls Entwurf der Lebenswelt, allerdings steht bei ihm nicht das transzendentale Bewusstsein im Vordergrund seines Interesses an der Lebenswelt, sondern er geht von der Annahme aus, dass eben jene Lebenswelt Ausgangspunkt und Basis des Bewusstseins und somit diesem vorgängig ist. Das Subjekt *ist* somit erst durch sein Verhältnis, seinen Bezug zur Welt.[42] Somit ist ein Heraustreten, eine (vorurteilsfreie) Distanz zu diesem Bezug zur Welt nicht möglich; wohl aber eine Reflexion. Dies ist ein entscheidender Gedanke für die Betrachtung der Konstruktion von Fremdheit und der hierauf einwirkenden Faktoren, und ein Gedanke, der, teilweise in anderen Begründungszusammenhängen und Auslegungen, auch im interaktionistischen Konstruktivismus und den Cultural Studies von Bedeutung ist, worauf ich im weiteren Verlauf dieser Arbeit nochmals eingehen werde.

Über Schütz findet der Begriff der Lebenswelt auch Eingang in die Soziologie. Ihn beschäftigen weniger die Konstruktionsleistungen des individuellen Bewusstseins als vielmehr die soziale Konstruktion von Wirklichkeit.[43] Bei Schütz liegt somit der Fokus auf der systematischen Untersuchung, Beschreibung und Analyse der Strukturen der alltäglichen Lebenswelt, auf der Erforschung der wechselseitigen Verwiesenheit von subjektiven und objektiven Wirklichkeiten sowie der intersubjektiven Konstruktion von sozialem Sinn und sozialer Wirklichkeit. Mit dem von Schütz angestoßenen Perspektivenwechsel in der Soziologie verbanden sich zunehmend auch Theorien der „Sozialpsychologie im Anschluss an George Herbert Mead, der Symbolische Interaktionismus im Anschluss an Herbert Blumer und die Wissenssoziologie" (Abels 2007, 84). Diese Diskussionen wurden laut Abels (ebd.) von Berger/Luckmann zusammengeführt in ihrem Werk „Die gesellschaftliche Konstruktion von Wirklichkeit" (vgl. Berger/Luckmann 2007). Während Schütz Lebenswelt eher als „dem Individuum als Zwang von außen aufgedrängt" begreift, und die Frage nach der intersubjektiven Konstruktion dieser Lebenswelt in „Prozesse gemeinschaftlicher Assoziation und Kommunikation" vernachlässigt (Münch 2007, 203), betonen Berger/Luckmann gerade den Aspekt der subjektiven und interaktiven Konstruktion von Lebenswelt und ihren Strukturen sowie von intersubjektiv

---

41 Die Begrifflichkeiten der drei Funktionen von Lebenswelt – Boden-, Leitfaden- und Einigungsfunktion – gehen allesamt zurück auf Waldenfels (1992).
42 Leiblichkeit ist hierbei ein zentraler Aspekt, den insbesondere Merleau-Ponty bezüglich des In-der- bzw. Zur-Welt-Seins herausstellt (vgl. Merleau-Ponty 1974).
43 Vgl. hierzu Kapitel 2.2.2.

geteilter Wirklichkeit. Hierbei beziehen sie in ihrer Theorie „Schütz' theoretische Perspektiven auf zentrale soziologische Begriffe wie Identität, Sozialisation, Soziale Rollen, Sprache, Normalität, Anormalität usw." (Zahavi 2007, 96).

> „In einem gewissen Sinn haben Berger und Luckmann ein Element des amerikanischen symbolischen Interaktionismus in die phänomenologische Soziologie eingebracht und sie damit von Schütz' in der deutschen Tradition stehenden Suche nach objektiv sinnvollen Strukturen weg in Richtung einer stärker amerikanischen Sicht von alltäglich sinnvollen Konstruktionen in Alltagssituationen gelenkt. Die deutsche Soziologie der Lebenswelt wurde zur amerikanischen Soziologie des (ausgehandelten) Alltagslebens." (Münch 2007, 204)

Wiederum daran anknüpfend entwickelte Garfinkel, ebenfalls in der Tradition von Husserl, Heidegger, Merleau-Ponty, wie auch Schütz und Gurwitsch stehend, die Ethnomethodologie.[44] Hierin verbindet Garfinkel die phänomenologische Soziologie von Schütz mit Ideen „des amerikanischen Pragmatismus und dem symbolischen Interaktionismus" (Abels 2007, 115), mit dem Ziel, zu untersuchen, wie bzw. mit welchen Methoden Mitglieder unterschiedlicher sozialer Gruppen Sinn, gemeinsame Realität, Alltagshandeln und Gesellschaftsstrukturen ihrer sozialen Welt(en) erzeugen. Dies soll aus der Teilnehmerperspektive betrachtet werden, um nachzuvollziehen, wie sich die Lebensform der jeweiligen Gruppe aus den Interaktionen ihrer Mitglieder entwickelt, ohne diese jedoch als wahr oder falsch zu bewerten (vgl. Zahavi 2007, 98). Zentral ist außerdem in hohem Maße die Bedeutung der Indexikalität, das heißt der Kontextabhängigkeit von Sinn, Sprache und Alltagshandeln, sowie der Reflexivität sozialer Praktiken und ihren Darstellungen.

Diese hier nur kurz angerissenen Merkmale sind sowohl wichtige Vorläufer des interaktionistischen Konstruktivismus als auch relevante Perspektiven für einen (interaktionistisch-konstruktivistischen) Blick auf die (gesellschaftlich-kulturelle) Konstruktion von Fremdheit. Die phänomenologische Perspektive der Lebenswelt bietet hierbei einen vielversprechenden Zugang zur kulturellen/sozialen/gesellschaftlichen Dimension von Welt als Grundlage und Ausgangspunkt der Re-/De-/Konstruktion von Fremdheit, auch wenn teilweise aus interaktionistisch-konstruktivistischer Sicht die dekonstruktiven Prozesse sozialer Strukturen, gesellschaftlicher Wandel und die stets wirkenden Machtmechanismen aus der phänomenologisch(-soziologischen) Perspektive von Lebenswelt nur unzureichend erklärt werden können. Trotz möglicher „blinder Flecke" in den verschiedenen Konzepten von Lebenswelt und den teilweise verkürzten Rezeptionen seitens verschiedener konstruktivistischer Ansätze, die Reich (1998a, 198 ff.) ausdrücklich kritisiert, gibt es Reich zufolge für den interaktionistischen Konstruktivismus dennoch Anknüpfungspunkte an das Husserl'sche Konzept von Lebenswelt (vgl. ebd., 201), von dem aus die Entwicklung einer konst-

---

44   Vgl. hierzu Kapitel 2.2.3.

ruktivistischen Theorie der Lebenswelt entwickelt und präzisiert werden kann (vgl. Reich 1998b, 163 ff.).

Dennoch bietet die Phänomenologie mit ihrem Modell der leiblich-sozial-kulturellen Einbettung des Subjekts erst den „Rahmen für die Entfaltung der Gesellschaftswissenschaften" (Zahavi 2007, 91). In diesen Zusammenhang der Verdienste der Phänomenologie ordnet Fellmann (2006, 149) auch die Entwicklung und das „Aufblühen der Kulturwissenschaften", die wiederum auf die „zukünftige Gestalt der Phänomenologie" (ebd., 150) rückwirken. Aus diesem Grund möchte ich abschließend anmerken, dass die oben genannten Theorien, insbesondere von Berger/ Luckmann sowie der Ethnomethodologie auch in den Cultural Studies (Kap. 2.3) rezipiert wurden und somit zu ihrer Entwicklung beitrugen.[45] Dies geschah vor allem in der 2. Phase der Forschungsarbeit des Centre for Contemporary Cultural Studies in Birmingham (vgl. Winter 2001, 74 ff.). Hierin standen die Beschäftigung mit der Analyse und Erforschung des sozialen Handelns, der sozialen Konstruktion von Alltagswissen und Alltagswirklichkeit sowie dem Verständnis alltäglicher Ereignisse vor dem Hintergrund der stets zu beachtenden Kontextgebundenheit im Fokus des Forschungsinteresses, was die Auseinandersetzung mit den hier genannten Theorien begründet.

2.1.1.4 Intersubjektivität

Eng verbunden mit der Theorie der Lebenswelt, darauf möchte ich an dieser Stelle noch einmal gesondert hinweisen, ist auch der Aspekt der Intersubjektivität in der Phänomenologie. Auch die Thematik der Lebenswelt beschäftigt sich – vereinfacht ausgedrückt – mit der Frage nach dem Zusammenhang bzw. der Verbindung der je subjektiven Konstitution von Welt mit den Konstitutionsleistungen anderer Subjekte. Diese steht in direkter Verbindung zu Husserls Ausführungen zur Intersubjektivität.[46] Letztere ist neben Intentionalität, Leiblichkeit, Zeitlichkeit und Historizität eines der wichtigsten Merkmale, die es bei der Erforschung von Subjektivität zu beachten gilt (vgl. Zahavi 2007, 17). Die Intersubjektivität fand insbesondere im Hinblick auf die Frage nach Objektivität, im Sinne des von „den subjektiven Erfahrungssituationen der verschiedenen Erfahrungssubjekte" (Held, in: Husserl 2002, 31) Unabhängige bzw. als das für eine Vielzahl von Subjekten Gültige, Beachtung, ebenfalls in der Absicht, Vorwürfen des Solipsismus entgegenzuwirken. Hierfür erscheint Intersubjektivität als Grundvoraussetzung. Entgegen dem vielfach erhobenen Einwand gegen die Phänomenologie, diese sei eine reine Subjekttheorie ohne eine „überzeugende Intersubjektivitätstheorie" (Zahavi 2007, 67), betont Husserl die Bedeutsamkeit der Intersubjektivität, wenn er behauptet, „dass das Subjekt nur als Teil einer Gemeinschaft welterfahrend sein kann (Husserl 1973a, 166), und dass das

---

45 Zu einer genaueren Darstellung der Beziehung von Ethnomethodologie und den Cultural Studies empfiehlt Winter (2001, 80) „die ethnomethodologische Version der Cultural Studies" von Toby Miller und Alec McHoul (1998).

46 Vgl. hierzu Husserl (2002, 166 ff.).

Ich nur als *socius*, d.h. als Mitglied einer bestimmten Sozialität ist, was es ist (Husserl 1973d, 193)" (Zahavi 2007, 90; Hervorhebung im Original). Dementsprechend bemerkt Zahavi (2007, 68), dass entgegen aller anderslautenden Kritik, „keine andere philosophische Strömung [..] auch eine solche Mannigfaltigkeit von Analysen der verschiedenen Modalitäten der Intersubjektivität aufzubieten [hat; Einschub: A.W.] wie die Phänomenologie". Auf diese Vielfalt von phänomenologischen Annäherungen an die Intersubjektivität soll an dieser Stelle nicht näher eingegangen werden. Es sei allerdings vorweggenommen, dass der Zugang zur Intersubjektivität verbunden ist mit der Frage, wie das „Ich zu der Annahme eines Fremd-Ich kommt" (Kunzmann/Burkard/Wiedmann/Weiß 1995, 195). Husserl nähert sich dieser Frage der Fremderfahrung – vereinfacht ausgedrückt – im Ausgang einer weiteren, primordial[47] genannten Reduktion, von der aus über die Apperzeption des Leibes eines Anderen auf die Existenz eines anderen Ich, eines Fremd-Ich in diesem (Leib-)Körper rückgeschlossen wird. Auch wenn die Husserl'sche Argumentation in mancher Hinsicht problematisch erscheint, unter anderem weil sie die Möglichkeit der Rückführung des Anderen/des Fremden auf das Selbst impliziert[48], ist die hierin ihren Ausgang nehmende Diskussion über ein Verständnis des Anderen aus verschiedenen phänomenologischen Perspektiven im weiteren Verlauf meiner Arbeit von großer Relevanz, da die Bedeutung des Anderen grundlegend für ein Verständnis der Konstruktion von Fremdheit ist. Einen wichtigen Beitrag hierzu stellt aus meiner Sicht die Perspektive von Bernhard Waldenfels dar, die nachfolgend vorgestellt werden soll.

2.1.2 Responsive Phänomenologie des Fremden

> *Man hört nur die Fragen, auf welche man*
> *imstande ist, eine Antwort zu finden.*
> *(Friedrich Nietzsche)*

Waldenfels entwirft in seiner responsiven Phänomenologie eine neuere phänomenologische Sicht auf Fremdheit. Ausgehend von der Auseinandersetzung mit zahlreichen philosophischen, phänomenologischen, soziologischen wie auch psychoanalytischen Ansätzen, darunter zum Beispiel Husserl, Merleau-Ponty, Heidegger, Lévinas, Derrida, Schütz, Elias u.v.m.[49], begründet Waldenfels sein Verständnis von Fremdheit, das einerseits durch einen topografischen Zugang zu Fremdheit und Fremderfahrung gekennzeichnet ist, sowie andererseits durch eine Auffassung des Fremden als fremder Anspruch auf Antwort als Kernstück seiner responsiven Phä-

---

47 Mit Primordialsphäre bezeichnet Husserls die „Sphäre der absoluten Eigenheit des Subjekts" (Vetter 2004, 436).
48 Auf diesen Punkt werde ich in Kapitel 2.1.3 mit Lévinas zurückkommen.
49 Eine Darstellung zu den Diskursüberkreuzungen von Waldenfels mit anderen Denkern und Theorien bietet zum Beispiel Dallmayr (2001).

nomenologie[50]. Hierbei betrachtet er nicht nur den Aspekt der kulturellen oder ethnischen Fremdheit, sondern rückt das allgegenwärtig vorhandene Fremde in den Fokus seiner Überlegungen. Das Fremde bzw. der Zugang hierzu ist in Anlehnung an Husserl nur bestimmbar in der „Zugänglichkeit des originär Unzugänglichen" (Husserl, zit. nach: Waldenfels 1997a, 25).[51] Dies bedeutet, „dass Fremderfahrung zwar einen Bezug zum Anderen herstellt, dieser jedoch unzugänglich bleibt" (Turki 2009, 91). Husserl betont, dass sich auch Fremdheit durch die Art ihrer Gegebenheits- und Zugangsweise bestimmt, was auch die Einbeziehung der Betrachtung der Örtlichkeit verlangt (vgl. Waldenfels 1997a, 26). Der Ort des Fremden in der Erfahrung jedoch „lässt sich nicht in ein Ortsnetz einzeichnen, in dem wir uns frei bewegen, da er nur über eine Schwelle hinweg, also im vollen Sinne gar nicht zu erreichen ist" (Waldenfels 1997a, 24). Husserl zufolge ist dieser Ort demnach genau genommen ein „Nicht-Ort" (Waldenfels 1997a, 26).

Waldenfels betont hierzu Folgendes:

> „Das Fremde ist nicht einfach anderswo, es *ist* das Anderswo, und zwar eine ‚originäre Form des Anderswo' (Merleau-Ponty, 1964, S. 308, dt. S. 320). Das Nicht des Nicht-Ortes, die Un-zugänglichkeit oder der Entzug entspringen keiner schlichten Negation, die als Modifikation eine entsprechende Position voraussetzen würde. [...] Das Fremde stellt kein *Defizit* dar wie all das, was wir zwar *noch nicht* kennen, was aber auf seine Erkenntnis wartet, und an sich erkennbar ist. Vielmehr haben wir es mit einer Art leibhaftiger Abwesenheit zu tun. Das Fremde gleicht dem Vergangenen, das nirgends anders zu finden ist als in seinen Nachwirkungen oder in der Erinnerung." (Waldenfels 1997a, 26; Hervorhebungen im Original)

Hierin liegt, soviel sei an dieser Stelle bereits vorweggenommen, die Herausforderung und die Gefahr einer Theorie des Fremden, die stets Gefahr läuft, durch Versuche des Erklärens und Be-Greifens, des Verstehens und der Aneignung, das Fremde hierin letztlich aufzuheben, anzueignen, bzw. in das Eigene/das Bekannte einzuordnen und hierauf zu reduzieren. Diesen Nicht-Ort, dieses Anderswo, dieses Außerordentliche gilt es laut Waldenfels dennoch in eine Topografie einzubetten, was er mit der Grundannahme, „dass das Fremde primär von *Orten* des Fremden zu denken ist" (Waldenfels 1997a, 12; Hervorhebung im Original), begründet. Eine weitere Begründung hierfür ergibt sich aus seiner Differenzierung dreier unterschied-

---

50 Diese entwickelt er in mehreren Werken, so unter anderem in „Der Stachel des Fremden" (Waldenfels 1990), in den dreiteiligen „Studien zur Phänomenologie des Fremden", zu denen die „Topographie des Fremden" (ebd., 1997a), „Grenzen der Normalisierung" (ebd. 2008) und „Sinnesschwellen" (ebd., 1999) zählen, sowie auch in seinem Werk „Antwortregister" (ebd. 2007). Im Vergleich dieser Texte finden sich teilweise unterschiedliche Schwerpunktsetzungen und Reihenfolgen in der Herleitung und Systematisierung einer Phänomenologie des Fremden. Die für die vorliegende Arbeit relevanten Kernpunkte sollen nachfolgend dargestellt werden.

51 Waldenfels wendet in seiner Theorie des Fremden die Merkmale der Intersubjektivitätstheorie Husserls auf das Fremde an und erweitert dieses (vgl. Turki 2009, 91).

licher sprachlicher Bedeutungen der deutschen Wörter „fremd" bzw. „Fremdheit" (vgl. Waldenfels 1997a, 20 und 146): Die erste Bedeutung bezeichnet den Ortsaspekt des Fremden als etwas, das außerhalb des eigenen Bereiches liegt. Der zweite Aspekt betont die Bedeutung des Besitzes als etwas, das einem anderen gehört, und der dritte Aspekt bezeichnet die Art und Weise, in dem Sinne, dass etwas fremdartig ist. Ausgehend von diesen drei Aspekten „des *Ortes*, des *Besitzes* und der *Art*, die das Fremde gegenüber dem Eigenen auszeichnen" (Waldenfels 1997a, 20; Hervorhebungen im Original), betont er den Vorrang des Ortsaspektes bzw. der Ortsbestimmung des Fremden (vgl. ebd., 20 und 146). In seiner Topografie des Fremden denkt Waldenfels den Zugang bzw. die Annäherung an diese Orte des Fremden als Nicht-Ort vor allem über die Beschreibung von Grenzlinien und Schwellen, von Ein- und Ausschließungen, Überschneidungen und Verbindungen, von Raumbewegungen und Ortsverschiebungen: Demnach ist „der Um-gang mit dem Fremden" vergleichbar einem „Gehen, das den Raum durchmisst, das sich bestimmten Orten annähert, indem es sich von anderen entfernt, das auf Hindernisse stößt, das Einlass findet oder Einlass verwehrt, das Schwellen überquert oder an ihnen verweilt." (ebd., 186). Aufgrund der oben genannten „leibhaftigen Abwesenheit" ist das Fremde somit einerseits als Atopie zu verstehen, insofern es „nirgendwo seinen Platz findet", und andererseits als Heterotopie, „da es andere Möglichkeiten der Verortung andeutet" (Waldenfels 1997a, 187). Atopie und Heterotopie sind hierbei nicht im Sinne einer binären Differenz zu verstehen, sondern im Sinne einer untrennbar miteinander verbundenen Vorder- und Rückseite ein und desselben Blattes (vgl. ebd.). Bezogen auf das Verhältnis von Eigenem und Fremden deutet sich hierin bereits auch die (räumliche) Verflechtung und Verschränkung dieser beiden (scheinbaren) Gegensätze an. Die damit verbundene Unmöglichkeit der (räumlichen) Bestimmung, der Verortung und des Zugangs zum Fremden sowie die „gleichzeitige Überlagerung von Eigenheit und Fremdheit" (ebd., 198) thematisiert Waldenfels in seiner Konzeption einer Zeit- und Ortsverschiebung: Diese entwickelt er zunächst ausgehend vom Blick auf den „Möglichkeitsspielraum" (Waldenfels 2006, 31), auf den das Fremde bzw. der Fremdort ein Seiendes in seinen jeweiligen (Ordnungs-) Grenzen hinweist. Davon ausgehend denkt er eine Ortsverschiebung, die den Fremdort nicht von einem klar umrissenen „Hier" aus umreißt, sondern die (räumliche) Bestimmung von hier/dort sowie eigen/fremd hinterfragt, und diese letztlich nicht als fixierte Ortsbestimmungen begreift, sondern eben von einer spezifischen Bewegung im Raum her:

> „Die Alternative von Hiersein oder Dortsein, die sich darauf beschränkt, Eigenorte zu vervielfältigen, wird überwunden in einer Ortsverschiebung, die im *Aufschub,* in der *Verzögerung* einen zeitlichen, genauer gesagt einen diachronen und heterochronen Charakter annimmt." (Waldenfels 1997a, 203; Hervorhebungen im Original)

Dennoch betont Waldenfels die Bedeutung des „Hier", das er unter Bezugnahme auf Husserl als „den ‚Nullpunkt', an dem eine Raumordnung mit ihren Richtungsunterschieden und Bewegungsspielräumen entspringt" (Waldenfels 1997a, 195), beschreibt.[52] Breckner (2009, 111) deutet dies so, „dass in der Annäherung an einen (fremden) Ort dieser niemals ganz erreicht werden kann, weil das Herkommen von einem anderen Ort in der Annäherung nicht verschwindet, sich vielmehr mit dem Dort in der Bewegung auf es zu verbindet". Diese besagte Verschiebung, die hierbei nicht zwischen Eigen- und Fremdbewegung differenziert, ist nebenbei bemerkt übrigens eine Voraussetzung für ein Verständnis von einem Antworten auf das Fremde im Sinne einer „Eigenbewegung, die selbst anderswo beginnt" (Waldenfels 1997a, 203), worauf ich an späterer Stelle näher eingehen werde. Zentral in dieser Theorie des Fremden ist darüber hinaus vor allem, dass die unterschiedlichen Zugänge zum Fremden bestimmten Bedingungen unterliegen (vgl. ebd., 187). Hervorheben möchte ich hierbei nachfolgend die zentrale Dimension der Ein- und Ausgrenzung sowie der Ordnung:

Die bereits erwähnte primäre Bedeutung des Ortsaspektes ist unter anderem darin begründet, dass dieser eine entscheidende Rolle bei der Ein-/Ausgrenzung des Fremden bzw. der Erfahrung des Fremden spielt:

> „Wie wir gesehen haben, muss ein Wesen sich im Raume befinden und bewegen, damit dieser sich in Drinnen und Draußen zerteilt". (Waldenfels 1990, 34)

Über den geografischen Aspekt hinaus ist dieser Ortsaspekt auch im Sinne historischer, sprachlicher und kultureller (Ver-)Ortung verstehbar (vgl. Turki 2009, 93 und Waldenfels 1997a, 146). Hierbei gilt es zu beachten, dass laut Waldenfels Fremdes nicht im Sinne eines Anderen zu verstehen ist, das in Abgrenzung zu einem Selben entsteht, so wie beispielsweise bei Früchten zwischen Apfel und Birne, bei Möbelstücken zwischen Tisch und Bett oder bei Körperteilen zwischen rechter und linker Hand unterschieden werden kann. Hierbei wird das eine vom anderen unterschieden aufgrund „einer ‚spezifischen Differenz', nicht aber weil es *sich selbst* von einem anderen *unterscheidet*" (Waldenfels 1997b, 69; Hervorhebungen im Original). Fremdes hingegen geht hervor aus einem Prozess der gleichzeitigen Ein- und Ausgrenzung (vgl. Waldenfels 1997a, 21 und 146; Waldenfels 2007, 202 ff., Waldenfels 1990, 32 ff.). Somit gehört die „Diastase, das Auseinandertreten von *Eigenem* und *Fremdem*, das durch kein Drittes vermittelt ist [..] einer anderen Dimension an als die Distinktion vom *Selben* und *Anderen*, die ihren Rückhalt in einem dialektisch zu vermittelnden Ganzen findet" (Waldenfels 2006, 20; Hervorhebungen im Original). Zentral bei dieser doppelten Art der Grenzziehung, der gleichzeitigen Ein- und

---

52 Auch das Intersubjektivitätskonzept der Phänomenologie im Ausgang von Husserl, das unter anderem den Bezug eines Ich zu einem Anderen beleuchtet, nimmt seinen Ausgang vom räumlichen „Hier", vom räumlichen Nullpunkt des Egos. Hierbei setzt das Ich „die Verkörperungen des Ich und des Anderen an ein Hier und ein Dort und es ist sich dabei bewusst, dass mein Hier das Dort des Anderen ist" (Hasenfratz 2003, 263; Hervorhebungen im Original). Darüber hinaus möchte ich darauf hinweisen, dass dies meiner Ansicht nach in einem über die bloße Räumlichkeit hinausgehenden Verständnis vergleichbar ist mit dem Konzept der Positionierung, das die Cultural Studies in ihrer Betrachtung betonen. Vgl. hierzu Kapitel 2.3.

Ausgrenzung, durch die das Fremde (wie auch das Eigene) hervorgebracht wird, ist der Aspekt der Selbstbezüglichkeit dieses Abgrenzungsgeschehens. Hierbei wird deutlich, dass die Unterscheidung nicht durch ein neutrales, kulturell und historisch unabhängiges, geschlechts- und altersloses Drittes erfolgt, sondern dass vielmehr beispielsweise Europäer *sich* von Asiaten und Asiaten *sich* von Europäern, Deutsche *sich* von Franzosen und Franzosen *sich* von Deutschen, ebenso wie *sich* Männer von Frauen und umgekehrt unterscheiden (vgl. Waldenfels 1997b, 69; Waldenfels 1997a, 21; Waldenfels 2006, 27; Hervorhebungen im Original). Waldenfels (2006, 27) betont, dass derjenige, der sich unterscheidet, erst durch diese Unterscheidung zu dem wird, der er ist.[53] Ein Beispiel für dieses Sich-Unterscheiden, welches in der Konsequenz darüber hinaus einen Aneignungsversuch des Fremden darstellt, zeigt sich in der abendländischen Rationalität mit ihrer Monopolisierung des Logos. Hierbei wird die eurozentrische Idee der Rationalität als Ausgangspunkt für die Begegnung und Subordination des Fremden angenommen. Verbunden mit dieser Kombination von Ego- und Logozentrismus ist die Annahme der Vereinigung unterschiedlicher kontingenter Ordnungen in einer Einheit stiftenden Gesamtordnung, in der der eine Logos Eigenes und Fremdes integriert (vgl. hierzu Waldenfels 1997a, 22 f. und 80 ff.; Waldenfels 1990, 60 ff.).[54] In dieser eurozentrischen Narration der Rationalität und der logozentrischen Bewältigung und Aneignung des Fremden sehe ich Parallelen zum durch den Postkolonialismus thematisierten und dekonstruierten westlichen hegemonialen Narrativ des Kolonialismus und der westlichen Moderne sowie eurozentrischer Wissens- und Repräsentationssysteme, die die Marginalisierung des sogenannten „Rests" im Gegensatz zum „Westen" bedingen (vgl. hierzu ausführlicher Kap. 2.3.2). Die damit einhergehende (Macht-)Asymmetrie wird auch in folgendem Zitat von Waldenfels deutlich:

> „Der Europäer darf, solange er sein griechisches Erbe wahrt, getrost darauf bauen, als Kosmopolit *bei sich zu Hause in der Welt und in der Welt bei sich zu Hause zu sein.* Wer es ihm gleichtun will, wird sich europäisieren, während der Europäer keinen Grund sieht, sich anderen Kulturen zu assimilieren." (Waldenfels 1997a, 80; Hervorhebungen im Original)

---

53 Vergleichbare Ansichten und Formulierungen finden sich in den Cultural Studies und im Postkolonialismus (vgl. Kap. 2.3.1 und 2.3.2).

54 Diese eurozentrische Vorstellung der Logik und der Rationalität wird, neben anderen thematischen Schwerpunkten, zum Beispiel im Bereich der Philosophie seit 1992 durch die Gesellschaft für interkulturelle Philosophie aufgegriffen und mit dem Ziel der (interkulturellen) Perspektivenerweiterung, Öffnung und Erweiterung im Austausch mit Wissenschaftlern und Vertretern anderer Weltphilosophien und Kulturen thematisiert. Interessant ist in diesem Zusammenhang auch die Position von Waldenfels, der für eine „responsive Rationalität" plädiert, die ein Sich-Einlassen auf ein Anderes ermöglicht. Diese ist jedoch „weder herzuleiten aus der Präferenz einer sinnlichen noch aus der Indifferenz einer rationalen ‚Subjektivität', sie realisiert sich als Differenz in einem Zwischenbereich, das allen gehört und keinem" (Waldenfels 1990, 77). Sie geht hervor aus einem antwortenden Reden und Handeln und übersteigt jede bestehende Ordnung „ohne sie durch eine umfassendere Ordnung zu ersetzen" (ebd., 27). Das Fremde bzw. den Umgang mit dem Fremden begreift Waldenfels als „Prüfstein dieser Rationalität" (ebd.).

Die Zuschreibungen „fremd" bzw. „eigen" haben also relationalen Charakter und stehen in wechselseitiger Abhängigkeit. Demnach gibt es ebenso wenig eine allgemeingültige unabhängige Bestimmung des Fremden *an sich*, wie beispielsweise ein „Außen" *an sich* oder ein „Links" *an sich* existiert. Fremdes wie auch Eigenes, Drinnen und Draußen bestimmen sich demnach okkasionell und sind stets abhängig vom Hier und Jetzt bzw. vom Ort des Sprechers und lassen sich somit nicht eingliedern in eine universale Vernunft. Fremdes ebenso wie Eigenes sind Ergebnis von Differenzierungen (vgl. Waldenfels 1997a, 74; Waldenfels 1990, 65). Die Differenz von Eigenem und Fremden ist unweigerlich immer mit einer Präferenz des Eigenen verbunden, insofern im Sich-Unterscheiden, im Selbstbezug in der Beziehung immer eine Asymmetrie mitschwingt (Waldenfels 1997a, 74; Waldenfels 1993, 56; Waldenfels, 1990, 33 f.). Dies liegt darin begründet, dass das Eigene, die eigene Welt, die eigene Kultur, die eigene Muttersprache stets unweigerlich den Ausgangspunkt für den Bezug zum Selbst, zur Welt, zu/zum Anderen und Fremden darstellt (vgl. Waldenfels, 1997a, 114).[55] Aufgrund dessen ist übrigens auch der Vergleich von eigener und fremder Welt bzw. Kultur erschwert bzw. nur partiell möglich, weil jeder Vergleich die je eigene Welt als Ausgangspunkt nimmt, unabhängig davon, ob das Subjekt mit dieser „Welt" einverstanden oder sich dieser Verortung und diesen rekonstruktiven Voraussetzungen überhaupt bewusst ist:

> „Unsere jeweilige Welt oder Kultur ist bevorzugt, nicht weil sie besondere Vorzüge hat, die anderen Welten oder Kulturen fehlen, sondern weil wir unweigerlich von ihr ausgehen, gleichgültig ob wir diesen Herkünften unsere Zustimmung geben oder versagen." (Waldenfels 1997a, 114)

Zentrales Anliegen von Waldenfels ist es, soviel sei an dieser Stelle vorweggenommen, sich diesem Fremden, das sich *jedem Vergleich und jedem Ausgleich entzieht und widersetzt* und das uns im Entzug rückstoßartig Eigenes entdecken lässt" auszusetzen (Waldenfels 1997a, 114; Hervorhebungen im Original) und die jeweiligen Grenzen bzw. Schwellen zum Fremden, zur fremden Ordnung o. Ä. zu überschreiten, ohne sie aufzuheben oder zu überwinden (vgl. Waldenfels 1990, 26 und 39):

> „Man richtet sich niemals in einer Überschreitung ein, man wohnt niemals anderswo. Die Überschreitung impliziert, dass die Grenze immerzu am Werk ist." (Derrida; zit. nach: Waldenfels 1990, 39)

Diese Präferenz impliziert auch, dass die Grenze dieses Geschehens der Selbstein- bzw. -abgrenzung nicht als etwas vorab Gegebenes oder Fixiertes zu verstehen ist, sondern als etwas, dass durch diesen Abgrenzungsprozess erst hervorgebracht, konstruiert wird. Das Ziehen dieser Grenze jedoch „entzieht sich dem Blick und dem Zugriff; es ist nur fassbar als Spur der Grenzziehung." (Waldenfels 2006, 26). Aus-

---

55 Ähnliches betont der interaktionistische Konstruktivismus mit seinem Hinweis auf den Aspekt des ethnozentrischen Blicks und die Cultural Studies mit ihrem Konzept der Positionierung.

gangspunkt dieser Grenzziehung ist hierbei, ähnlich wie bereits bezogen auf den Ortsaspekt des Fremden erläutert, ein Nullpunkt, „der weder diesseits noch jenseits der Grenze angesiedelt ist" (ebd). Verbunden hiermit ist weiterhin, dass, wer sich unterscheidet, auf einer Seite steht, während das Fremde, als das *Wovon* der Unterscheidung (vgl. ebd., 27), auf der anderen Seite bleibt.[56] Das Fremde ist demnach, ähnlich wie Geschlecht von Geschlecht, Gesundheit von Krankheit oder Wachen von Schlafen, durch eine Schwelle vom Eigenen getrennt. Hierbei ist es unmöglich, auf beiden Seiten der Schwelle zugleich zu stehen. Waldenfels (1990, 31) definiert Schwellen in Abgrenzung zu Grenzen, die sich im Rahmen und Zugriff eigener Möglichkeiten bewegen und die „als Grenzlinien unserer Horizonte" mitwandern, als

> „[…] Grenzzonen, in denen wir uns aufhalten, an denen wir zögern, vor denen wir zurückschrecken oder die wir überschreiten. Die Ausgrenzung führt zu einer Differenz von *Diesseits* und *Jenseits. Was jenseits der Schwelle lockt und erschreckt, gehört nicht mehr zum Spiel der eigenen Möglichkeiten, sondern bedeutet eine Herausforderung der eigenen Freiheit durch Fremdartiges, das in der jeweils bestehenden Ordnung keinen Platz findet."* (Waldenfels, 1990, 31; Hervorhebungen im Original*)*

Hierin deutet sich nun ein weiterer wesentlicher Faktor für die Betrachtung von Fremdheit an:

Dies ist die Annäherung an das „Hyperphänomen"[57] (Waldenfels 1998b, 39 und 1997a, 18) der Fremdheit und der Erfahrung der Fremdheit als Erscheinungsweise des Fremden als Ausgangspunkt phänomenologischer Forschung[58] über den Begriff der Ordnung und den damit verbundenen Grenzen: Der Zugang zum Fremden ist demnach abhängig von der jeweiligen Ordnung, die bestimmte Zugangs-, Wahrnehmungs- und Erfahrungsmöglichkeiten zulässt, andere dagegen ausschließt (vgl. Waldenfels 1997a, 33).[59] In Anlehnung an Foucault zerteilt sich laut Waldenfels der Dialog in verschiedene Diskurse und schlussfolgert: „So viele Ordnungen, so viele Fremdheiten" (ebd). Ordnungen sind hierbei zu begreifen als Ergebnis von Ordnungsstiftungen, die wiederum mit Grenzziehungen einhergehen (vgl. Waldenfels 1990, 36; Waldenfels 2006, 15 f.). Jede Ordnung hat jedoch ihre blinden Flecke in Form eines „Ungeordneten, das kein bloßes Defizit darstellt" (Waldenfels 2006,

---

56 Waldenfels betont, dass in diesem Fremdentzug der Fremdbezug liege, und sieht darüber hinaus im Zusammenspiel von Selbsteingrenzung und Fremdausgrenzung einen „Fremdbezug im Selbstbezug" (Waldenfels 2006, 27 f.).

57 Waldenfels charakterisiert das Phänomen des Fremden als „Hyperphänomen […], das über die Bedingungen seines Erscheinens hinausgeht" (Waldenfels 1997a, 18).

58 Wie bereits in Bezug auf die Örtlichkeit des Fremden angedeutet wurde, liegt dies darin begründet, dass laut Waldenfels (1997a, 19) in der Phänomenologie „Sachverhalt und Zugangsart nicht voneinander zu trennen sind", und die Reflexion von Erscheinungen/Phänomenen „die Art und Weise, wie etwas erscheint, und die Grenzen, in denen es erscheint" (Quindeau 1999, 176), mit einbeziehen muss (vgl. hierzu Kap. 2.1.1).

59 Hierin sehe ich eine Ähnlichkeit zu Bauman (1999), der Fremdheit als Resultat bzw. als Effekt der Klassifizierungen (moderner) Ordnungssysteme begreift (vgl. hierzu Kap. 2.2.5).

23) bzw. in Form eines Außer-Ordentlichen, „das aber als Ausgeschlossenes, nicht nichts ist" (Waldenfels 2006, 9). Fremdes ist demnach kein Mangel, kein Defizit im Sinne von etwas, das „noch nicht oder nicht mehr bekannt, aber an sich und in sich selbst erkennbar ist" (Waldenfels 1997b, 70) und auf seine Erkennung und Aneignung wartet. Es ist vielmehr, wie weiter oben bereits gesagt wurde, eine „Art leibhaftiger Abwesenheit" (Waldenfels 1997a, 26). Das Fremde zeigt sich also entlang dieser Ordnungen und ihren jeweiligen Grenzen, an ihren Rändern, Schwellen und Lücken als das Außer-Ordentliche. Dies ist meiner Ansicht nach vergleichbar mit dem Begriff des Realen im interaktionistischen Konstruktivismus, worauf ich an späterer Stelle nochmals zurückkommen werde.[60] Dieses Verständnis ist zum einen begründet durch die Kontingenz von Ordnungen und die Fraglichkeit ihrer Grenzen, die stets auch anders sein könnten (vgl. Waldenfels 1990, 15 ff., 26 und 38 f.; Waldenfels 2006, 19 f.):

> „Die Kontingenz begrenzter Ordnungen bildet die Vorbedingung dafür, dass es Fremdes gibt, und zwar in dem präzisen Sinne, dass etwas sich dem Zugriff der Ordnung entzieht." (Waldenfels 1997a, 20)

In diesem Zusammenhang ist anzumerken, dass die verschiedenen Formen der Grenz- bzw. Schwellenerfahrungen, zu denen das Fremde zu zählen ist, über verschiedene, auch kulturspezifische, Symbolregister erlebt werden, jedoch durch ihren Entzug von den jeweiligen Ordnungen, durch ihre Außer-Ordentlichkeit, überdeterminiert sind (vgl. Waldenfels 1990, 38). Zum anderen ist dieses Bild vom Fremden als Außer-Ordentlichem auch verbunden mit der Dezentrierung des Subjekts[61], die wiederum in Zusammenhang mit der Infragestellung großer europäisch/eurozentrischer Ordnungen zu sehen ist, die auch Waldenfels als ursächlich für ein verändertes Verständnis von Fremdheit und dem Fremdem ansieht (vgl. Waldenfels 1997a, 11; Waldenfels 1998b, 36 f.). Bevor ich hierauf näher eingehe, möchte ich zuvor eine weitere Unterscheidung anführen, die Waldenfels vor diesem Hintergrund einführt. Hierbei handelt es sich um verschiedene (Steigerungs-)Grade des Fremdseins, die jedes Ordnungsgeschehen durchziehen:

Demnach kann Fremdheit einerseits als alltägliche bzw. normale Fremdheit auftreten, die innerhalb der eigenen gemeinsamen vertrauten Ordnung verbleibt, wie beispielsweise in der Begegnung mit unbekannten Nachbarn, Kunden in einem Geschäft oder Passanten auf der Straße, mit denen eine Verständigung grundsätzlich möglich wäre (vgl. Waldenfels 1997a, 35 f.). Eine Steigerungsform, die strukturelle Fremdheit, tritt dort auf, wo etwas außerhalb einer bestimmten Ordnung liegt und von fremdartigem/befremdlichem Charakter ist, so zum Beispiel in Form „einer Fachsprache, die der Laie nicht beherrscht, als Fremdsprache, die der Einheimische nicht spricht, als fremde Sitte oder Kultur, an der er nicht teilhat" (Waldenfels 1997a, 148), oder auch in Form differenter Ausdrucksformen von Mimik oder

---

60 Vgl. hierzu Kapitel 3.8.
61 Hierauf werde ich in Kapitel 3.3.1 ausführlicher eingehen.

Körpersprache, Riten o. Ä. Diese strukturelle Fremdheit resultiert aus der Unterscheidung der Lebenswelt in Heim- und Fremdwelt, die Waldenfels in Anlehnung an Husserl annimmt (vgl. Waldenfels 1993). Verbunden hiermit ist, wiederum ausgehend vom Husserl'schen Konzept der Lebenswelt[62], die Annahme bzw. Erkenntnis, dass das Fremde die jeweils eigene Welt durchdringt und niemand völlig bei sich selbst „zu Hause" (vgl. Waldenfels 1997a, 11 und 148) ist. Die hierin bereits angedeutete Verschränkung bzw. Verflechtung von Eigenem und Fremdem werde ich im weiteren Argumentationsverlauf nochmals aufgreifen und ausführen. Darüber hinaus möchte ich an dieser Stelle kurz darauf hinweisen, dass auch diese phänomenologischen Überlegungen zur Heim- und Fremdwelt ihren Ausgang von einer bestimmten, nämlich der europäischen „Heimwelt", nehmen. Hiermit möchte ich einen Bezug zum Aspekt der Positionierung, wie er in den Cultural Studies thematisiert wird, bzw. zum Beobachterstandpunkt, wie er im interaktionistischen Konstruktivismus reflektiert wird, herstellen.

Die höchste Steigerungsform stellt für Waldenfels die radikale Fremdheit dar:

> „Diese bezeichnet all das, was außerhalb jeder Ordnung bleibt und uns mit Ereignissen konfrontiert, die nicht nur eine bestimmte Interpretation, sondern die bloße ‚Interpretationsmöglichkeit' in Frage stellen (Geertz, 1987, S. 61)". (Waldenfels 1997a, 37)

Dies äußert sich beispielsweise in Grenzphänomenen wie Schlaf, Eros, Rausch oder Tod (vgl. Waldenfels 1997b, 72; Waldenfels 1997a, 37) oder in Umbruchphänomenen wie „Revolution, Sezession oder Konversion, wo Lebensformen aufeinanderprallen oder sich abspalten, ohne dass eine übergreifende Ordnung den Übergang regelt" (Waldenfels 1997a, 37). Diese Phänomene werden zwar stets (im Nachhinein) kulturell gedeutet, können aber in diesen (kulturellen, symbolischen, imaginären) Deutungen niemals völlig aufgehen, erklärt oder gebändigt werden. In dieser Beschreibung sehe ich deutliche Ähnlichkeiten zur Ebene des Realen im interaktionistischen Konstruktivismus, das weiter oben bereits als ein Grenzbegriff des Symbolischen und Imaginären, als das Abwesende, als die Lücken und Grenzen bisheriger Konstruktionen, symbolischer Ordnungen, imaginärer Vorstellungen und Weltbilder vorgestellt wurde (vgl. Kap.1). Dieses Reale zeigt sich in Form singulärer Ereignisse wie beispielsweise Krankheit oder Tod als Extremfälle. Es bricht als Riss, als Mangel an Sinn und Bedeutung in bisherige Konstruktionen und Ordnungsmuster ein und ist aus diesen heraus zunächst nicht erklärbar. Insofern kann meiner Ansicht nach aus interaktionistisch-konstruktivistischer Perspektive das Fremde als solcher Einbruch des Realen verstanden werden.[63] Bezogen auf den Begriff der radikalen Fremdheit nach Waldenfels ist jedoch zu betonen, dass diese radika-

---

62 Eine kritische Würdigung des Husserl'schen Lebensweltkonzepts findet sich zum Beispiel in Waldenfels (2005c) und in Waldenfels (1997a, 78 ff.).
63 Auf diesen Punkt werde ich in Kapitel 3.8 nochmals ausführlich zurückkommen.

le Fremdheit nicht gleichzusetzen ist mit „absoluter und totaler Fremdheit"[64] (Waldenfels 1997a, 37). Letztere wäre vergleichbar mit einer der eigenen absolut fremden Sprache, die nicht mehr als Sprache identifiziert, und lediglich als bloßes Geräusch wahrgenommen und aus dem Horizont möglicher Verständigung ausgeschlossen würde (vgl. Waldenfels 1997a, 37). Das radikal Fremde erscheint demgegenüber „als Überschuss, als Exzess, der einen bestehenden Sinnhorizont überschreitet" (ebd., 37). Das Fremde als das Außer-Ordentliche beinhaltet, so lässt sich zusammenfassen, somit immer das Vorhandensein bzw. den Bezug zu einer bestimmten begrenzten/begrenzenden Ordnung als Grundvoraussetzung. Eine weitere Voraussetzung für (radikale) Fremdheit ist weiter oben bereits schon angeklungen und liegt in der Annahme, dass das Subjekt nicht „Herr im eigenen Hause" (Waldenfels 1997a, 11) ist.[65] Unter Bezugnahme auf die Psychoanalyse, die – nebenbei bemerkt – eine der Dezentrierungen des Subjekts darstellt (vgl. hierzu Kap. 3.3.1.1), begründet Waldenfels, dass Fremdheit nicht nur außerhalb des Selbst zu verorten ist, sondern stets im eigenen Selbst in Form einer intrasubjektiven bzw. bezogen auf die (Eigen-)Kultur auch mit einer intrakulturellen Fremdheit beginnt.[66] Anhand Rimbauds' Satz „Je est un autre" (Ich ist ein anderer) verdeutlicht Waldenfels, dass es „nicht nur ein anderes, zweites Ich" (Waldenfels 1997b, 70), „ein *alter ego*, sondern auch eine *Alterität des Ego* gibt, die der Fremdheit erst ihr eigentliches Siegel aufdrückt" (Waldenfels 1997a, 28; Hervorhebungen im Original). Daraus folgert Waldenfels, dass das Ich nicht einfach als erste Person bezeichnet werden kann, sondern sich in I und Me, je und moi verdoppelt (vgl. Waldenfels 1997a, 28; Waldenfels 1997b, 70; Waldenfels 1998b, 39). Die hierin angedeutete Tatsache, dass das Ich niemals völlig mit sich selbst identisch ist, verdeutlicht Waldenfels unter anderem am Beispiel der Geburt, die ein Wesen in eine bereits vorgängige Welt hineinbringt, wobei es das Geburtserlebnis selbst nicht mit vollem Bewusstsein erlebt hat und dies auch aufgrund

---

64 Auch wenn Waldenfels die Begriffe der „absoluten" bzw. „totalen" Fremdheit lediglich heranzieht, um sein Verständnis von „radikaler" Fremdheit zu erläutern und davon abzugrenzen, so sei dennoch darauf hingewiesen, dass aus konstruktivistischer Sicht diese Begriffe problematisch sind, insofern sich hierbei die Frage nach dem Beobachter und dem Standpunkt stellt, von dem aus eine solche Bestimmung getroffen werden soll. Da die Annahme einer hiermit verbundenen allgemeingültigen, kontext- bzw. beobachterunabhängigen Definition, einer Meta-Perspektive (eines vermeintlich unbeteiligten objektiven Beobachters) hierzu aus konstruktivistischer Sichtweise abgelehnt und stets die Reflexion des jeweiligen Beobachterstandpunkts gefordert wird, ist ein Verständnis vom Fremden als „Einbruch des Realen" der oben genannten Terminologie vorzuziehen.

65 Hierbei deutet sich bereits an, dass aus interaktionistisch-konstruktivistischer Perspektive das radikal Fremde im Übergang von Imaginärem und Realem zu verorten ist und diese Register somit implizit auch bei Waldenfels enthalten sind.

66 Auf den Bezug von Psychoanalyse und Phänomenologie, insbesondere im Verständnis nach Waldenfels, geht zum Beispiel Quindeau (1999) ein. Hierbei sieht sie (Quindeau) unter anderem einen Bezugspunkt vom phänomenologischen Verständnis von Fremdheit zum Unbewussten in der Psychoanalyse, das in diesem Verständnis in ähnlichem Sinne als Fremdes verstanden werden kann, insofern es sich der Zuschreibung und des Be-Greifens durch das Ich entzieht, und insofern von ihm ebenfalls Ansprüche an das Ich ausgehen, auf die das Ich antwortet (vgl. ebd., 178). Waldenfels (2006, 74) betont bezüglich der Überquerung der Grenze von Phänomenologie und Psychoanalyse insbesondere die „Geburt des Sinnes aus dem Pathos".

seiner Nachträglichkeit[67] uneinholbar ist, am Beispiel der Sprache, die von anderen übernommen und erlernt wird, sowie am Beispiel der Namensgebung des Rufnamens, die von anderen ausgeht bzw. ausgesucht wird, und darüber hinaus im Rückgriff auf das Spiegelphänomen[68], bei dem Identität über die Spiegelung – auch über den fremden Blick[69] – hergestellt wird, und diese Identität somit stets eine (durch den Anderen) gebrochene bleibt (vgl. Waldenfels 1997a, 30 ff. und 147; Waldenfels 1997b, 54 f. und 70 f.; Waldenfels 2006, 118 f.)[70]:

> „Der andere sieht mich dort, wo der eigene Blick nicht hinreicht. Er sieht mich so, wie ich mich selbst nie sehe. Das Gesicht, mit dem wir uns dem Anderen präsentieren, das Gesicht, das wir wahren oder verlieren, bedeutet zugleich einen Blickfang, der uns verraten kann. So markiert auch der blinde Fleck meines Gesichtsfeldes eine unaufhebbare Fremdheit. Das Ich ist nicht Teil, sondern Grenze der Welt wie es bei Wittgenstein heißt (*Tractatus, S. 641*). Das Ich, das in der Welt vorkommt, deckt sich niemals mit dem Ich, das eine Welt hat. Es ist nie völlig bei sich zu Hause *(chez soi)*.“ (Waldenfels 1997a, 147 f.; Hervorhebungen im Original)

Dieses Un-Heimliche im „eigenen Heim“, im eigenen Selbst, in der eigenen Kultur, auf das auch Bhabha (2000) in Anlehnung an Freud verweist, begründet, dass es keinen reinen ursprünglichen Kern des Eigenen gibt, sondern dass das Eigene immer schon vom Fremden durchzogen ist bzw. aus dem Bezug zum Fremden, so unter anderem aus seiner Absonderung und Ausgrenzung, erst hervorgeht.[71] Diese Verwobenheit von Eigenem und Fremdem, die Fremdes im Eigenen und Eigenes im Fremden wiederfinden lässt, bezeichnet Waldenfels in Anlehnung an Norbert Elias und Maurice Merleau-Ponty als „Verflechtung“ oder „Chiasmus“, mit R.A. Mall als „Überlappung“ und mit Helmut Plessner und Viktor von Weizsäcker als „Verschränkung“ (Waldenfels 1997a, 67). Diese Verflechtung ist weder im Sinne einer vollständigen Kongruenz oder Verschmelzung von Eigenem und Fremdem zu verstehen noch als eine vollständige Inkongruenz oder Disparatheit (vgl. Waldenfels 2006, 118), sondern im Sinne eines Netzes, das mehr oder weniger locker und dicht sein kann. Dies wiederum beinhaltet, dass zwischen Eigenem und Fremdem stets nur „unscharfe Grenzen bestehen, die mehr mit Akzentuierung, Gewichtung

---

67 Aus dieser „originären Nachträglichkeit“ die jedes Dasein kennzeichnet, entsteht laut Waldenfels (2006, 82) eine „unaufhebbare Fremdheit“, die er „ekstatische Fremdheit“ nennt.

68 Vgl. hierzu auch die Erläuterungen zum Spiegelstadium im Ausgang von Lacan in Kapitel 3.3 und 3.7.

69 Vgl. hierzu auch die existenzialistische Perspektive nach Sartre in Kapitel 2.4.

70 Vgl. hierzu auch Kapitel 3.3 und 3.7.

71 An dieser Stelle sei darauf hingewiesen, dass „die Fremdheit, die uns im Anderen begegnet, um so tiefere Spuren bei uns hinterlässt, je mehr dieses Fremde an verkannte, verdrängte, geopferte Eigenheiten rührt“ (Waldenfels 2006, 120). Eben jene un-heimliche, fremde, „wilde Region“ – um mit Merleau-Ponty zu sprechen – im eigenen „Heim“ bzw. auch in der eigenen Kultur bietet jedoch gleichzeitig auch (bisher ausgeschlossene oder verdrängte) Möglichkeiten des Zugangs zum Fremden. Vgl. hierzu auch Kapitel 3.7.

und statistischer Häufung zu tun haben, als mit säuberlicher Trennung" (Waldenfels 1997a, 67).[72] Die Verflechtung von Eigenem und Fremdem durchkreuzt somit jede Vorstellung eines mit sich selbst völlig identischen Subjekts, wie bereits ausgeführt wurde, aber auch die Vorstellung eines „familiäre[n], nationale[n], rassische[n] oder kulturelle[n] Reinheitsideal[s]" (Waldenfels 2006, 118). Am Anfang steht somit nicht ein ursprüngliches, mit sich selbst einheitliches und in sich abgeschlossenes Eigenes einem ebensolchen Fremden gegenüber. Eigenes und Fremdes sind demnach – so möchte ich an dieser Stelle nochmals betonen – Ergebnis von Differenzierungen bzw. Differenzierungsprozessen (vgl. Waldenfels 2006, 117; Waldenfels 1990, 65). Diese Differenzierungen in ihren unterschiedlichen Graden und Ausprägungen, aus denen die Verflechtung von Eigenem und Fremdem hervorgeht, bzw. die damit verbundenen Grenzlinien, unterliegen – so möchte ich nochmals hervorheben – jedoch immer einer Kontingenz. Das bedeutet, dass diese Grenzlinien „zwar nicht beliebig gezogen" werden, diese jedoch immer auch anders sein könnten" (Waldenfels 1997a, 157). Demzufolge, so lässt sich zusammenfassen, steht am Anfang *nicht eine Einheit, sondern eine Differenz"* (Waldenfels 1997a, 156; Hervorhebungen im Original), nicht die Reinheit, sondern eine Mischung (vgl. ebd., 157). Fremdes und Eigenes sind demzufolge nicht unabhängig voneinander und durch ihren gegenseitigen Ausschluss zu betrachten, sondern stets in ihrer Relation, ihrer Verflechtung miteinander. Aus diesem Grund ist auch die Rückkehr zu einem reinen Eigenen oder zu einer „reinen" Eigenkultur unmöglich, wie Waldenfels (1990, 63 f.) unter anderem unter Bezugnahme auf die Ethnologie Lévi-Strauss' betont: „Ich *bleibe* ein anderer. Was sich von daher empfiehlt, ist ein Agieren und Denken *auf der Grenze"* (Hervorhebungen im Original).[73] Insofern kann auch laut Waldenfels (2006, 118) „im interpersonalen wie im interkulturellen Bereich von einem absolut oder total Fremden nicht die Rede sein".[74] Dies ist einerseits dadurch begründet, dass so viele Sprachen wie auch Kulturen „verschiedene Formen der Verwandtschaft aufweisen" (Waldenfels 2006, 118) (müssen), um überhaupt als solche identifiziert zu werden, und verweist andererseits wiederum darauf, dass aufgrund der Verwobenheit von Eigenem und Fremdem auch niemand jemals seiner eigenen Kultur, Sprache und auch Identität voll und ganz zugehörig ist.

---

72 Als ein literarisches Beispiel für die Verflechtung von Eigenem und Fremden verweist Waldenfels (1990, 54) auf Michail Bachtins Theorie der inneren Dialogizität des Wortes, die besagt, dass das „eigene" Wort stets durchsetzt und somit überbesetzt ist von „fremden" Intentionen, Akzentuierungen, Wertungen und Interpretationen. Das Wort bewegt sich somit „auf der Grenze zwischen dem Eigenen und dem Fremden" (Bachtin; zit. nach: Waldenfels 1990, 56). Darauf sei an dieser Stelle hingewiesen, da Bachtin auch in den Cultural Studies rezipiert wird und insofern für das Thema dieser Arbeit von Bedeutung ist.

73 Eine Konsequenz aus der Verschränkung von Eigenem und Fremdem „im Bereich von Sozialität und Kulturalität" ist, dass Ethnologen nicht nur „Ethnologen einer fremden, sondern auch Ethnologen [..] [der; Einschub: A.W.] eigenen Kultur werden können" (Waldenfels 1997a, 74). Dies ist im Gefolge von Lévi-Strauss tatsächlich so angedacht und praktiziert worden (ebd.).

74 Vgl. bezüglich der Begrifflichkeit der „absoluten" bzw. „totalen" Fremdheit bei Waldenfels meine Anmerkung in Fußnote 64.

„Wer diese Fremdheit seiner Selbst verkennt, findet überall nur dasselbe und sich selbst wieder, so viele Länder und Meere er auch bereist." (Waldenfels 1998b, 39)

Die vorangegangenen Ausführungen lassen sich zusammenfassen in einer weiteren Unterscheidung, die Waldenfels einführt: Hierbei unterscheidet er die Fremdheit/Andersheit der Anderen, die Fremdheit/Andersheit des Selbst und die Fremdheit/Andersheit der fremden Ordnung (vgl. Waldenfels 1990, 65 ff.). Ersteres betrifft den Bereich der Intersubjektivität und die „Kluft" von Eigenem und Fremdem (ebd.). Dies findet sich wiederum, wie anhand der Erläuterungen zur Verflechtung von Eigenem und Fremdem deutlich wurde, wieder in einer Fremdheit des Selbst, da „Eigenes sich im Zusammenspiel mit Fremden herausbildet" und es somit keinen „originären Eigenbereich" (ebd., 67) gibt. Hiermit ist auch der Spalt bezeichnet, „der das Subjekt durchzieht und seine Integrität und Ganzheit unterminiert" (ebd., 67). Die Andersheit der fremden Ordnung besagt, dass sich diese beiden Dimensionen der Intersubjektivität und der Intrasubjektivität stets im Rahmen der Bedingungen, Normen und Diskurse der jeweiligen Ordnungen bewegen, die „Reden und Handeln ermöglichen und begrenzen" (ebd., 68). Waldenfels bezeichnet diese Form der Andersheit als „Interdiskursivität" (ebd.). Das Fremde bzw. die Definition des Fremden setzt also jene Ordnung voraus, die es durchbricht und übersteigt (vgl. Waldenfels 2006, 125). Diese Erkenntnis bedingt wiederum die Frage nach der Art der Erfahrung, in der sich solch ein Einbruch des Fremden vollzieht. Dieser Herausforderung durch das Fremde begegnet Waldenfels mit seinem Konzept einer „pathisch grundierten und responsiv ausgerichteten Form von Phänomenologie" (Waldenfels 2006, 34).

Hierfür greift er auf den Begriff „Pathos" aus dem Griechischen zurück, der im Sinne eines „Widerfahrnisses" zu verstehen ist, das all jenes bezeichnet, „was einem Seienden zukommt bzw. zustößt" (Böhme/Matussek/Müller; zit. nach: Busch/Därmann 2007, 7), das „jede Form des Erleidens im Gegensatz zum Tun" (ebd.) beinhaltet und den „gesamten Bereich der Leidenschaften und Affekte" mit einschließt (Busch/Därmann 2007, 7).[75] Mit dem Begriff des Pathos ergänzt Waldenfels das Moment der Intentionalität als Grundzug der Phänomenologie. Diese besagt, dass „etwas als etwas erscheint" und dass dieses etwas zu etwas wird, „indem es einen Sinn empfängt und damit sagbar, traktierbar, wiederholbar wird" (Waldenfels 2006, 38). Am Beispiel einer Szene eines Verkehrsunfalls in Musils Roman „Mann ohne Eigenschaften" zeigt Waldenfels, wie ein unvorhergesehener, überraschender Unglücksfall, der prototypisch für all das steht, „was uns einfällt, auffällt, was sich aufdrängt, uns anlockt, abschreckt, auffordert, was uns verletzt, uns zu denken gibt" (Waldenfels 2006, 41) durch Sinnzuschreibungen und Erklärungen zu einem „ordnungsgemäßen" und sinnhaften Ereignis, zu einem „statistischen Normalfall" verwandelt

---

75 Die Berücksichtigung des Pathos in den Kulturwissenschaften wurde zwar bisher vernachlässigt, ist jedoch von großer Bedeutung insbesondere für das Schlüsselkonzept der Repräsentation. Vgl. hierzu zum Beispiel Busch/Därmann (2007).

wird (ebd., 40). Bezogen auf das Fremde verdeutlicht Waldenfels anhand dessen, dass das Prinzip der Intentionalität für sich genommen nicht dazu in der Lage ist, dem Fremden gerecht zu werden, da es auf diese Weise „vorweg schon in einem bestimmten Sinn vorverstanden" und zum „*Teil eines Sinnganzen*" würde (Waldenfels 1998b, 40; Hervorhebungen im Original), das die Bruchstellen der Erfahrung des Fremden verschwinden ließe. Das Pathos hingegen bezeichnet ein Ereignis, das jemandem zustößt, und „daß wir *von etwas* getroffen sind, und zwar derart, dass dieses Wovon weder in einem vorgängigen Was fundiert, noch in einem nachträglich erzielten Wozu aufgehoben ist" (Waldenfels 2006, 43; Hervorhebungen im Original). „Dieses Wovon des Getroffenseins verwandelt sich in das Worauf des Antwortens, indem jemand sich redend und handelnd darauf bezieht, es abwehrt, begrüßt und zur Sprache bringt" (ebd., 44).[76] Das Fremde verlöre allerdings seine Fremdheit, „wenn die responsive Differenz zwischen dem, worauf wir antworten, und dem, was wir antworten, eingeebnet wird zugunsten eines intentionalen oder regelgeleiteten Sinngeschehens" (Waldenfels 1998b, 42 f.). Dies bedeutet auch, dass das Subjekt zunächst Patient ist, dem etwas widerfährt, etwas zustößt, auf ihn einwirkt, und das erst nachträglich hierauf eingehen und antworten kann und somit zum Respondent wird (vgl. Waldenfels 2002). Dies bedeutet bezogen auf das Fremde weiterhin, dass das Subjekt zwar Beteiligter, aber nicht Initiator von (Fremd-)Erfahrung und dem Antworten auf die Ansprüche des Fremden ist, insofern sein Reden und Tun nicht bei ihm selbst, sondern anderswo ihren Ausgang nimmt. Auch „die Eigenheit, ohne die niemand er oder sie selbst wäre, verdankt sich dem Eingehen auf Fremdes, das sich uns entzieht." (Waldenfels 2006, 45). Eigenes entsteht demnach erst in der Antwort auf Fremdes, Fremdartiges bzw. fremde Ansprüche (vgl. Waldenfels 1997a, 81 ff.), worauf ich nachfolgend noch näher eingehen werde. Insofern also das Widerfahrnis „nachträglich eine Geschichte erzeugt, indem es auf das Vergangene zurückstrahlt" (Waldenfels 2006, 50) und demzufolge die Wirkung ihrer Ursache vorausgeht, deutet sich bezogen auf das Verhältnis von Pathos und Response eine Infragestellung des linearen Zeitschemas an. Dieses Verhältnis ist durch eine zeitliche Verschiebung gekennzeichnet, die durch die Vorgängigkeit des Pathos und die Nachträglichkeit der Response begründet ist. Hierdurch wird der „homogene Dialog in einen heterogenen Dia-log zerteilt" (ebd., 49). Dieses zeitliche Auseinandertreten bezeichnet Waldenfels (2006, 50) als „Diastase", die zwar einen Zusammenhang von vorgängigem Pathos und nachträglicher Response[77] erzeugt, „aber nur einen gebrochenen", der im Sinne eines Spalts zu denken ist und im Sinne einer „einzige[n] gegenüber sich selbst verschobene[n] Erfahrung" (ebd.):

---

76 Das Pathos ist also gewissermaßen der Motor, der das Antworten erst in Bewegung setzt (vgl. Waldenfels 2007, 336).

77 Zur Herleitung der Begriffe Response und Responsivität vergleiche zum Beispiel Waldenfels (2007, 457 ff.).

„Eben deshalb begegnet uns das Pathos zunächst nicht als *etwas,* das wir meinen, verstehen, beurteilen, abwehren oder begrüßen, sondern es bildet den Zeit-Ort, *von dem aus* wir all dies tun, indem wir darauf antworten." (Waldenfels 2006, 50; Hervorhebungen im Original)

Dieses Pathische, das als Überschuss ereignishaft die jeweils gegebenen Sinnvorgaben, Regelwerke und Ordnungen durchbricht – und in dieser Beschreibung sehe ich eine deutliche Parallele zum Realen im interaktionistischen Konstruktivismus – tritt eben durch diesen Einbruch in eine Ordnung ein, die versucht, es zu benennen und zu erklären.[78] Um diese Einbrüche des Pathischen zu thematisieren, bedarf es laut Waldenfels (2006, 51) „einer responsiven Epoché bzw. einer responsiven Reduktion, mittels derer sinnhafte, regelgeleitete und geltungsrelevante Äußerungen zurückgeführt werden auf das, worauf sie antworten".[79] Bei diesen Einbrüchen des Pathischen beginnt die responsive Phänomenologie (des Fremden); dort, wo bisherige Ordnungen und Möglichkeiten herausgefordert und infrage gestellt werden:

„Die Debatte um das Fremde hat nur dann Aussicht, sich aus dem Hin und Her von Aneignung und Enteignung, von Vereinnahmung des Fremden und Auslieferung an das Fremde zu befreien, wenn das Fremde vom Pathos her gedacht wird als Beunruhigung, als Störung, als Getroffensein von etwas, das sich niemals dingfest und sinnfest machen lässt." (Waldenfels 2006, 54)

Abschließend ist zum Verhältnis von Pathos, Response und Intentionalität noch zu ergänzen, dass laut Waldenfels (2006, 45) das Pathos „diesseits der Intentionalität" und die Response „jenseits der Intentionalität" anzusetzen ist.[80] Hierbei geht die Responsivität „über jede Intentionalität hinaus, da das Eingehen auf das, was uns zustößt, sich nicht in der Sinnhaftigkeit, Verständlichkeit oder Wahrheit dessen erschöpft, was wir zur Antwort geben" (Waldenfels 2006, 45). Auf der Ebene der Responsivität als Grundzug allen Redens, Tuns und leiblichen Verhaltens (vgl. Wal-

---

78 Eine weitere interessante Verbindung sehe ich in einem Vergleich des Begriffs des Pathos/ Widerfahrnis mit dem für Deweys Pragmatismus zentralem Konzept des „experience". Dies kann an dieser Stelle leider nicht ausführlich erläutert werden, da dieser Vergleich wohl Gegenstand einer gesonderten Arbeit werden könnte. Folgendes Zitat von Dewey in Neubert (1998, 72) soll dies jedoch exemplarisch verdeutlichen: „(...) es [„experience", S.N.] schließt ein, *was* Menschen tun und erleiden, *was* sie erstreben, lieben, glauben und ertragen und ebenso, *wie* sie etwas tun und erleiden, wünschen und genießen, sehen, glauben sich vorstellen – kurz die Prozesse des *Erfahrens* („experiencing"). (...)Es ist ‚doppel-läufig', insofern es in seiner *primären Ganzheit keine Spaltung zwischen Akt und Material, Subjekt und Objekt kennt („recognizes"), sondern beide in einer unanalysierten Totalität enthält.*" (Hervorhebungen im Original). Davon ausgehend schließt sich meines Erachtens zum Beispiel auch ein Vergleich von (pragmatistischem) *primary experience* mit (phänomenologischem) *Pathos* und *secondary experience* (im Pragmatismus) beispielsweise mit den in der Phänomenologie angeführten Registern zur Reflexion und Sinnumsetzung des Widerfahrnisses (so zum Beispiel der Intentionalität) an.
79 Vgl. hierzu auch Waldenfels (2007, 195 ff.).
80 Zum Verhältnis von Responsivität, Intentionalität und Kommunikativität vergleiche auch Waldenfels (2007, 327 ff.).

denfels 2007, 336) erfolgt also das Überschreiten der „Sphäre eines intentional oder regelhaft konstituierten Sinnes" (Waldenfels 1998b, 42). Dieses Überschreiten ist dadurch charakterisiert, dass es „sich im Antworten auf einen *fremden Anspruch, der weder Sinn hat noch einer Regel folgt*", vollzieht (ebd.; Hervorhebungen im Original). Dieses Antworten beinhaltet in diesem Verständnis einen Blickwechsel, der nicht mehr von der Frage ausgeht, sondern von der Antwort im Sinne eines Eingehens auf einen Anspruch, „der sich erhebt und von anderswoher kommt" (Waldenfels 2007, 188), „der nicht von mir ausgeht und auch nicht geradewegs von einem Dritten" (ebd., 192). In diesem fremden Anspruch zeigt sich das Fremde selbst:

> „Dialogisch gesprochen erscheint das Fremde als jenes, *worauf* wir antworten, wenn wir etwas sagen oder tun. Es wirkt mit als Anspruch, Anruf, Anreiz, Anforderung oder Herausforderung, als Provokation im vielfältigsten Sinne dieses Wortes." (Waldenfels 1997a, 77; Hervorhebung im Original)

> „Der Anspruch erscheint wie ein toter Punkt der Abwesenheit und Fremdheit in jeder Äußerung, die ich vernehme." (Waldenfels 2007, 193) „Das Antworten auf den Anspruch beginnt […] mit dem Hinsehen und Hinhören: Den Imperativ ,Höre!' kann ich nicht hören, ohne auf ihn zu hören. […] Selbst das Weghören setzt ein Hören, das Wegsehen ein Sehen voraus." (Waldenfels 1998b, 44 und Waldenfels 1997a, 119)

Der Anspruch tritt demzufolge mit einer derartigen Unausweichlichkeit auf, dass es unmöglich ist, auf diesen Anspruch nicht zu antworten. Das Antworten ist hierbei im Sinne einer *response* zu verstehen, die über eine Antwort im Sinne einer *answer,* die mit einem passenden Antwortgehalt den in einer Frage ausgedrückten Mangel behebt, hinausgeht (vgl. ebd.). Antworten im Sinne einer *response* geht auf den fremden Anspruch ein, findet und erfindet sich im Antwortereignis selbst und behebt nicht automatisch einen Mangel. Diese Verdoppelung der Antwort in Antwortereignis und Antwortgehalt verdeutlicht, dass das Geben einer Antwort über die gegebene Antwort hinausgeht (vgl. Waldenfels 2006, 60 f.). Die gegebene Antwort kann, so erklärt Waldenfels (1998b, 44), zum Beispiel von einem Antwortautomaten gegeben werden, während das Geben einer Antwort sich auch im Stellen einer Gegenfrage oder im Verweigern der Antwort, im Nicht-Antworten, äußern kann. Der Anspruch ist, ähnlich wie das Antworten, in einem doppelten Sinn zu verstehen: Er bedeutet einerseits „einen Appell, der sich an *jemanden* richtet, und eine Prätention, die sich auf *etwas* erstreckt" (Waldenfels 1998b, 43; Hervorhebungen im Original). Beides ist stets untrennbar miteinander verbunden. Darüber hinaus geht der Anspruch jeder moralischen oder rechtlichen Beurteilung voraus (vgl. Waldenfels 1998b, 43) und entzieht sich den Bestimmungen und Regeln eines von gemeinsamen Regeln und Zielen geprägten Dialogs (vgl. Waldenfels 1997a, 120).[81] Dass

---

81 Bezogen zum Beispiel auf den interkulturellen Dialog zeigt sich hierin auch ein ethisch-politischer Aspekt, wenn näher beleuchtet und hinterfragt wird, wer unter welchen

Anspruch und Antwort jedoch nicht von einem gemeinsamen „Ziel-, Sinn- oder Kausalkontinuum" (Waldenfels 2007, 194) geleitet sind, begründet, dass zwischen Anspruch und Antwort immer ein Riss, eine Kluft, ein Hiatus existiert.

Daraus ergibt sich darüber hinaus auch eine zeitliche Verschiebung zwischen Anspruch und Antwort: Das Verhältnis von Anspruch und Antwort ist durch eine unaufhebbare Nachträglichkeit gekennzeichnet, da das Antworten in seinem Ursprung, wie bereits erläutert, anderswo beginnt. Diese Nachträglichkeit der Antwort „untergräbt den Primat einer ursprünglichen Gegenwart" (Waldenfels 2006, 65). Diese Diachronie, die auch Lévinas[82] im Verhältnis zum Anderen konstatiert, kann auch auf den Austausch von Kulturen bzw. den Vertretern unterschiedlicher Kulturen bezogen werden (vgl. Waldenfels 1997a, 122). Ähnliches betont auch Bhabha als Vertreter des Postkolonialismus, wenn er auf den „time lag", die Ungleichzeitigkeit, Verzögerung und Verspätung als zentraler Erfahrung und Situation diskriminierter bzw. marginalisierter Subjekte und Gruppen aufmerksam macht (vgl. Bhabha 1996, 56). Darüber hinaus existiert zwischen Anspruch und Antwort eine unaufhebbare Asymmetrie, die nicht allein durch eine ungleiche Rollenverteilung innerhalb eines Dialogs begründet ist, sondern auch dadurch, „dass Anspruch und Antwort nicht auf ein Gemeinsames hin konvergieren" (Waldenfels 1998b, 48 und Waldenfels 1997a, 122):

> „Zwischen Frage und Antwort gibt es ebenso wenig einen Konsens wie zwischen Bitte und Erfüllung. Das Eingehen auf einen fremden Anspruch und das Geschenk einer Antwort geraten erst dann auf die Bahnen eines wechselseitigen Gebens und Nehmens, wenn Eigenes und Fremdes [nachträglich; Anm.: A.W.] im Lichte eines Dritten betrachtet werden. Der Versuch, zwischen Eigenem und Fremdem eine endgültige Symmetrie herzustellen, gliche dem Versuch, Gegenwart und Vergangenheit, Wachen und Schlafen oder Leben und Tod in ein Gleichgewicht zu bringen, als könnte man die Schwelle, die eines vom anderen trennt, nach Belieben in beiden Richtungen überqueren." (Waldenfels 1997a, 122 f.)

Aus dieser Sphäre des *Zwischen* von Anspruch und Antwort, aus diesem Riss, erwächst eine Form der Inter-Subjektivität, die wiederum ein verändertes Verständnis der Subjektivität erfordert. Diese Zwischensphäre begründet, wie weiter oben bereits angeklungen ist, dass es kein der sozialen Interaktion vorgängiges, unabhängiges, reines Subjekt gibt. Vielmehr entstammt es einem Prozess der Differenzierung und ist dadurch charakterisiert, dass es „sich selbst in zeitlicher Diastase immer schon vorweg ist und niemals in reiner Gegenwart mit sich selbst koinzidiert" (Waldenfels

---

Bedingungen Redechancen, Gehör und Aufmerksamkeit erhält, was geäußert (werden darf), was verschwiegen und an den Rand gedrängt wird. In dieser Überlegung, dass auch der interkulturelle Dialog bzw. der Dialog mit dem Fremden/Anderen einer Diskursanalyse im Sinne Foucaults und der Betrachtung der Machtverteilung und -asymmetrie bedarf (vgl. Waldenfels 1997a, 119 f.), sehe ich eine weitere Parallele zu den Schwerpunkt- und Zielsetzungen der Cultural Studies (vgl. Kap. 2.3).

82   Vgl. hierzu das folgende Kapitel 2.1.3.

1990, 77). Alle diese beschriebenen verschiedenen Dimensionen des Antwortens, darunter „Hiatus, Irreziprozität, Asymmetrie, Diastase, Nachträglichkeit und Überschuss" (Waldenfels 2007, 16), sind die Grundzüge einer eigenen Antwortlogik[83], die Waldenfels entwirft und „die sich von der Logik intentionaler Akte, von der Logik des Verstehens oder von der Logik kommunikativen Handelns beträchtlich unterscheidet" (Waldenfels 1998b, 45). Diese führt wiederum zu einer eigenen Form von Rationalität, die weiter oben bereits erwähnt wurde[84], einer responsiven Rationalität, die im Antworten ihren Ausgang nimmt (vgl. Waldenfels 2007, 333 ff.). Die Phänomenologie des Fremden nach Waldenfels ist also – so möchte ich abschließend nochmals hervorheben – nur zu denken im Zusammenhang mit einem neuen Verständnis von (dezentrierter) Subjektivität und (responsiver) Rationalität und damit auch verbunden mit einem „Überdenken der Geschichte" (Dallmayr 2001, 136). Ansätze für den Beginn dieser Transformation des Verständnisses von Subjektivität und Rationalität sieht Waldenfels unter anderem in der französischen Philosophie seit den 30er Jahren des vergangenen Jahrhunderts (vgl. Dallmayr 2001, 135 und Waldenfels 1995). Viele dieser Ansätze versteht Waldenfels (1995, 20) als „mehr oder weniger eng mit der Phänomenologie verbunden [..], selbst dort noch, wo sie die Phänomenologie bekämpfen und sie zu ‚verwinden‘ trachten" (Dallmayr 2001, 135). Viele nehmen ihren Ausgang im Denken Husserls und den in seinen Werken angedeuteten Fragen bezüglich der Subjektivität, der Intersubjektivität, zum Anderen und zum Fremden und entwickeln dies vielfach weiter „in Richtung auf eine Dezentrierung der Intentionalität zugunsten eines ‚logos der Andersheit‘" (Dallmayr 2001, 138; Hervorhebung im Original). In der kritischen Auseinandersetzung mit Denkern wie Lyotard, Laplanche, Foucault und Derrida aus der besagten französischen Philosophie entwickelte Waldenfels seine hier dargelegte Theorie einer Phänomenologie des Fremden. Besonderer Einfluss kommt hierbei vor allem Maurice Merleau-Ponty und Emmanuel Lévinas zu (vgl. Dallmayr 2001; Waldenfels 1995; Waldenfels 2005b). Letzterer soll nun nachfolgend eingehender vorgestellt werden.

2.1.3 Die absolute Andersheit des Anderen

Lévinas vertritt eine andere, „extremere" Perspektive auf das Andere, auf das Fremde. Er betont die absolute Andersheit des anderen Menschen, vertritt einen (extremen) „Humanismus des anderen Menschen" (Lévinas 2005a) und beleuchtet die ethische Dimension und deren Implikationen, die sich aus seiner Sicht hieraus in Bezug auf den Anderen ergeben. Davon ausgehend entwickelt und vertritt er eine Ethik, die vom Anderen ausgeht.

---

83 Vgl. hierzu ausführlicher Waldenfels (2007).
84 Vgl. hierzu Fußnote 54.

Lévinas entwickelt seine Position unter anderem ausgehend sowohl von der jüdischen Religion wie auch von der kritischen Auseinandersetzung mit der Phänomenologie, insbesondere im Ausgang von Husserl und Heidegger. Obwohl er sich, wie nachfolgend noch näher zu erläutern ist, von einigen Grundgedanken der Phänomenologie distanziert bzw. diese modifiziert und erweitert[85], bleibt er in vielerlei Hinsicht der Phänomenologie verbunden und setzt mit seiner Theorie wichtige Impulse für weitere Diskussionen und Auseinandersetzungen[86], unter anderem über das Verständnis des Anderen bzw. des Fremden und des Verhältnisses und des Umgangs zu und mit ihm. Aus diesem Grunde ist seine Philosophie – so möchte ich bereits an dieser Stelle anmerken – nicht eindeutig bzw. ausschließlich der Phänomenologie zuzuordnen, sondern bewegt sich zwischen verschiedenen philosophischen Feldern, darunter unter anderem neben der Phänomenologie auch der Existenzphilosophie und dem Poststrukturalismus (vgl. Moebius, 2003, 28).[87] Seine Gedanken wurden weitreichend rezipiert und diskutiert, so unter anderem auch, wie oben bereits erwähnt, mit besonderem Augenmerk auf die Thematik des Fremden/des Anderen von Waldenfels (2005b; 1995; 1998a) wie auch von Reich (1998a), der Lévinas zur Begründung seiner zweiten Kränkungsbewegung von Selbst und Anderem heranzieht.[88] Die Philosophie Lévinas' ist insofern relevant für die in die-

---

85 Ein Vergleich der Lehre Lévinas' mit den Leitideen der Phänomenologie, mit der Darstellung der Parallelen, Weiterentwicklungen und Unterschiede zwischen beidem findet sich zum Beispiel bei Strasser (1998, 254 ff.). Hieraus ergibt sich auch die Begründung, warum Lévinas' Denken trotz mancher Gegensätze zwischen seiner Theorie und der klassischen Phänomenologie als phänomenologisch bezeichnet wird.

86 Taureck (2006, 11) betont, dass „Denker wie der späte Sartre, Lyotard, Irigaray, Derrida, Blanchot und auch Baudrillard" durch Lévinas beeinflusst wurden. Besondere Beachtung verdient meiner Ansicht nach insbesondere die Auseinandersetzung bzw. der Austausch zwischen Lévinas und Derrida (vgl. hierzu zum Beispiel Derrida 1985 und Critchley 1997). Die Verbindung der Ethik Lévinas' und der Dekonstruktion Derridas und die hieraus entwickelte „Ethik der Dekonstruktion" ist besonders fruchtbar für die Beleuchtung der Frage „nach dem Anderen" (vgl. hierzu zum Beispiel Askani 2006) bzw. nach der sozialen Konstituierung des Anderen, die im Zentrum einer poststrukturalistischen Sozialwissenschaft steht, wie sie Moebius (2003) vorstellt. Eine Zusammenfassung der Einwände und Bestätigungen aus der idealistischen Tradition nach Renaut und Ricoeur sowie aus der poststrukturalistischen Richtung nach Lyotard und Derrida bietet Taureck (2006, 91 ff.). Ebenso interessant erscheint mir der Vergleich von Merleau-Ponty und Lévinas (vgl. hierzu zum Beispiel Waldenfels 1995, 346 ff. und Métraux/Waldenfels 1986).

87 Waldenfels (1998a) zeigt in seinem Werk „Phänomenologie in Frankreich" die Schnittpunkte zum Beispiel von Existenzphilosophie und Poststrukturalismus zur Phänomenologie auf, ebenso wie die Wechselwirkungen zwischen Phänomenologie und Human- und Sozialwissenschaften. Vor diesem Hintergrund beschreibt er auch den Strukturalismus als „kritische Transformation der Phänomenologie". Auch Taureck (2006, 11) betont, dass Lévinas ist, was sich eigentlich „gegenseitig auszuschließen scheint", Existenzphilosoph und Poststrukturalist, „er ist beides: Mit Sartre verbindet ihn ein Humanismus der Verantwortung, den er jedoch auf eine vorgängige Verpflichtung gründet. Mit den Denkern nach dem Strukturalismus verbindet ihn die Kritik an der Präsenz einer autonomen Subjektivität, die er jedoch in eine ursprüngliche Sprachdimension einschreibt".

88 Einige Aspekte der Philosophie Lévinas' sind, auch aus konstruktivistischer Perspektive, in mancher Hinsicht problematisch und werden diskutiert und kritisiert (vgl. hierzu die Ausführungen von Reich 1998a, 250 ff. und auch Waldenfels 2005b, 186 ff.). Im Rahmen dieser Einführung in die Theorie Lévinas' werde ich mich aus Gründen der Verständlichkeit auf einige Anmerkungen hierzu beschränken.

ser Arbeit entwickelte Perspektive auf Fremdheit da hierdurch deutlich wird, dass der Fremde, der Andere, als eine „Grenzerfahrung", als ein „reales Ereignis" zu verstehen ist, das „weder symbolisch noch imaginär vermittelt" oder (be-)greifbar ist, da es sowohl „über das Denken hinausgeht" als auch „keine bloße Projektion eines Selbst oder seiner Bedürfnisse auf ein Anderes" darstellt (Reich 1998a, 260).

Einige Grundzüge der Philosophie Lévinas', die bedeutsam sind für ein Verständnis seiner Perspektive auf den Anderen/den Fremden, sollen demzufolge nun nachfolgend auszugsweise vorgestellt werden:

Das Denken und die Ethik Lévinas' werden jedoch erst vor dem Hintergrund seines lebensgeschichtlichen Kontextes und den damit verbundenen existenziellen Erfahrungen, darunter insbesondere des Nationalsozialismus, verständlich. Darum sollen vorab zunächst dieser lebensgeschichtliche Hintergrund und diese Erfahrungen kurz erläutert werden, ebenso wie der Zusammenhang und der Einfluss dieser Erfahrungen auf das Denken von Lévinas. Daran anschließend werde ich in Anlehnung an Strasser (1998) einen Überblick über die Entwicklung des Lévinas'schen Denkens und seiner verschiedenen Phasen geben, wobei ich mit dem Hinweis auf die jeweiligen Hauptwerke bereits einige zentrale Themen anreißen und zusammenfassen werde. Davon ausgehend werde ich dann einige Kernpunkte seiner Theorie und Ethik herausgreifen und ausführlicher erläutern.

Geboren im Jahre 1906[89] als Sohn einer strenggläubigen Familie in Litauen, studierte er Philosophie in Straßburg, Freiburg im Breisgau und Paris, wo er im Jahre 1930 auch die französische Staatsbürgerschaft erhielt. Zu den wichtigsten intellektuellen Einflüssen zählen neben der hebräischen Bibel und russischen Klassikern wie Tolstoi, Dostojewski und Puschkin als Ausgangspunkt auch die Begegnungen mit Maurice Blanchot[90], Henri Bergson und Maurice Halbwachs sowie vor allem die oben bereits erwähnten Phänomenologen Husserl und Heidegger. Hierbei ist zu betonen, dass Lévinas entscheidend zur Aufmerksamkeit und Bedeutung vor allem von Heidegger in Frankreich beigetragen hat (vgl. Strasser 1998, 220). Der Bezug zu Husserl zeigt sich zunächst an seiner später preisgekrönten Dissertation zur „Theorie des l'intuition dans la phénoménologie de Husserl" im Jahre 1930. In den darauffolgenden Jahren distanziert sich Lévinas „in zunehmendem Maße von Husserls phänomenologischem Idealismus, aber auch von dem Denken, das Heidegger vorübergehend ‚Fundamentalontologie' genannt hat" (Strasser 1998, 220). Bevor nun die Entwicklung des Lévinas'schen Denkens und seiner Philosophie skizziert werden soll, sei noch auf Folgendes hingewiesen, das die Entwicklung Lévinas' und seiner Ethik maßgeblich beeinflusst haben dürfte:

Im Jahre 1939 wird Lévinas als Franzose zum Militärdienst eingezogen. Strasser (1998, 218 f.) bemerkt hierzu:

---

89   „Nach dem damals im russischen Zarenreich gültigen Julianischen Kalender" (Lévinas 1989, 93) das Jahr 1905.
90   Zur Verbindung von Blanchot und Lévinas vergleiche Taureck (2006, 23 ff.).

„Die militärische Niederlage Frankreichs und die eigene Kriegsgefangenschaft [in Deutschland; Anm.: A.W.] dürften ihn weniger schmerzlich getroffen haben als die Tatsache, dass das Regime des Marschalls Pétain und seine Anhänger mit der totalitären ‚neuen‘ Ordnung sympathisierten. So lernt der junge Lévinas die Gewalt und die Verführungskünste des Totalitarismus in verschiedenen Formen kennen; als den allmächtigen zaristischen Beamtenapparat, als faschistische und nationalsozialistische Staatsgewalt, als totale Mobilisation, totalen Krieg und totalen Ausrottungsfeldzug. Den Verfolgungen fallen Millionen Juden zum Opfer, unter ihnen Lévinas' gesamte litauische Familie.“

Diese existenziellen Erfahrungen sind grundlegend für die Ethik und Philosophie, die Lévinas entwirft, wobei die oben beschriebenen Ereignisse insbesondere Eingang in eines der Hauptwerke Lévinas' finden: „Totalität und Unendlichkeit“ (1987). Bevor ich hierauf zurückkomme, soll in Anlehnung an Strasser (1998, 219 f.) zuvor zusammenfassend begründet werden, inwiefern die oben beschriebenen Erfahrungen, insbesondere der Weltkriege und der Shoa, Lévinas' Denken beeinflusst haben: Hierbei sei zunächst darauf hingewiesen, dass Lévinas, wie oben bereits erwähnt, ursprünglich aufgewachsen mit der hebräischen Bibel und russischen Klassikern, während seines Studiums die philosophischen und geistigen Traditionen des Westens kennenlernt. Diese sind allerdings für ihn nicht verinnerlicht, „sie sind [..] für ihn nicht die Luft, in der man selbstverständlich atmet“ (ebd.). Eben dies ermöglicht es ihm, jene Traditionen zu kritisieren. Hinzu kommt die persönliche Erfahrung Lévinas' von Krieg und Frieden. Ihm zufolge ist der Friedenserhalt „nicht eine militärisch-politische oder wirtschaftliche, sondern eine ethische Frage“ (ebd.). Vor diesem Hintergrund hinterfragt Lévinas den Zusammenhang zwischen der abendländischen Philosophie und Tradition und der Entstehung verschiedener Formen des Totalitarismus. In Verbindung hiermit behauptet er ein „Versagen der alten humanistischen und idealistischen Traditionen“ (ebd.).[91] Ausgehend von dieser Kritik der okzidentalen Philosophie ist es Lévinas' erklärtes Ziel, hierzu eine fundierte Alternative zu bieten. Diese sieht er in der von ihm entwickelten Version eines „Humanismus des anderen Menschen“ (vgl. hierzu Lévinas 2005a). Dieser „extreme Humanismus“ (Taureck 2006, 41) zeichnet sich, soviel sei vorweggenommen, dadurch aus, dass er zwar der humanistischen Idee folgt, aber nur auf der Basis der gleichzeitigen Betonung der absoluten Andersartigkeit des anderen Menschen und der Verpflichtung zur Verantwortung für ihn (vgl. Taureck 2006, 26 ff.). Dieser Humanismus nimmt seinen Ausgang nicht vom Ego, sondern ist stets „vom Anderen her“ zu denken. Dieser „extreme Humanismus“ und seine Begründung ist laut Taureck Grundthema und Leitmotiv aller Entwicklungsphasen des Lévinas'schen Denkens (vgl. Taureck 2006, 41). Die-

---

91 In einem Gespräch mit François Poirié im Jahre 1987 behauptet Lévinas explizit einen „Wirkungszusammenhang zwischen dem deutschen Idealismus, Nietzsche und Auschwitz“ (Taureck 2006, 43): „Und noch heute sage ich mir, dass Auschwitz von der Zivilisation des transzendentalen Idealismus begangen wurde. Und Hitler selbst wird man bei Nietzsche wiederfinden“ (Poirié; zit. nach: Taureck 2006, 43).

se Entwicklung unterteilt Strasser (1998, 221 f.) in drei Stadien: Sie beginnt mit einer „Kritik der Ontologie", führt weiter über die zweite Phase, die Strasser mit den Worten „Metaphysik statt Fundamentalontologie" beschreibt, und mündet in eine dritte Phase, die mit dem Schlagwort „Ethik als Erste Philosophie" benannt wird. Die erste Phase der „Kritik der Ontologie" wird bereits in den Werken „De l'évasion"[92], „De l'éxistence à l'existant"[93] und „Le temps et l'autre"[94] umrissen. In all diesen Schriften beschäftigt sich Lévinas mit dem Verhältnis vom Sein zum Seienden und vom Seienden zum Anderen. Zentral ist hierbei, dass sich jedes menschliche Dasein, jedes Subjekt stets zum Sein verhält. Dieses wiederum ist charakterisiert durch eine endlose Folge von an sich sinnlosen, monotonen, unpersönlichen Momenten von „Es gibt" (Il y a)[95], „die kein Telos, kein Wertrelief aufweisen" (Strasser 1998, 221 und ebd., 240), und die „im Modus des Horrors (‚horreur') erfahren" werden (Strasser 1998, 221).[96] Erst in der Beziehung und Hinwendung zum Anderen, im „Für-den-Anderen-Sein" und der Übernahme der Verantwortung für ihn kann nach Lévinas ein Heraustreten aus der Gefangenschaft des anonymen Seins ermöglicht werden und das Sinnvolle und Gute entstehen.

Konkretisiert wird dies in der zweiten Phase „Metaphysik statt Fundamentalontologie": Charakteristisch für diese Phase ist das oben bereits erwähnte Hauptwerk „Totalité et Infini"[97]. Hierin ist Lévinas' Kritik an den abendländischen ontologischen Philosophien anders motiviert: Diese geht nun nicht mehr von dem „Übel des Seins" (Strasser 1998, 221) aus, sondern davon, dass in diesen Philosophien das Sein immer als eine Totalität aufgefasst wird und diese letztlich auf einer Egologie basieren, wie anhand des folgenden, längeren Zitats verdeutlicht werden soll:

„Die abendländische Philosophie war meistens eine Ontologie: Indem sie einen mittleren und neutralen Terminus, der das Seinsverständnis gewährleistet, einschiebt, reduziert sie das Andere auf das Selbe. Dieser Primat des Selben war die Lektion des Sokrates. Vom Anderen nur annehmen, was in mir ist, als ob ich von der Ewigkeit her besäße, was mir von außen zukommt! [ ] Die Vernunft ist letzten Endes die Erscheinung einer Freiheit, die das Andere neutralisiert und einnimmt [ ]. Die Neutralisierung des Anderen, das Thema oder Gegenstand wird, das erscheint, d.h. seinen Platz im Licht einnimmt, ist nichts anderes als seine Reduktion auf das Selbe. Erkennen läuft darauf hinaus, das Seiende von nichts her zu packen oder es auf nichts zurückzuführen, ihm seine Andersheit zu nehmen. [ ] Was den Menschen betrifft, so kann der Terror, der einen

---

92 In der französisch-deutschen Übersetzung: „Ausweg aus dem Sein" (Lévinas 2005b).
93 In der deutschen Übersetzung: „Vom Sein zum Seienden" (Lévinas 1997).
94 In der deutschen Übersetzung: „Die Zeit und der Andere" (Lévinas 1989).
95 Moebius (2003, 31) weist in Anlehnung an Gondek darauf hin, dass das „il y a" zur Vermeidung einer Verwechslung mit dem „es gibt" im Sinne Heideggers besser mit dem süddeutschen Ausdruck „es hat da" übersetzt würde.
96 Lévinas erläutert dies anhand von Analysen zum Beispiel zum Ekel (vgl. Lévinas 2005b) und zur Schlaflosigkeit (vgl. Lévinas 1989).
97 In der deutschen Übersetzung: Totalität und Unendlichkeit (Lévinas 1987).

freien Menschen unter die Herrschaft eines anderen bringt, zur Auslieferung führen. Für die Dinge besteht das Werk der Ontologie darin, das Individuum – nur das Individuum existiert – nicht in seiner Individualität, sondern in seiner Allgemeinheit – von der allein es Wissenschaft gibt – zu ergreifen. Hier vollzieht sich die Beziehung zum Anderen nur durch einen dritten Terminus hindurch, den ich in mir finde. Das Ideal der sokratischen Wahrheit beruht also auf der essentiellen Genügsamkeit des Selben, auf seiner Identität als Selbst, auf seinem Egoismus. Die Philosophie ist eine Egologie." (Lévinas 1987, 51 ff.)[98]

Diese Ontologie, die „von dem Einen ausgeht und zu dem Einen zurückkehrt" (Strasser 1998, 224), vernachlässigt laut Lévinas einerseits die Unendlichkeit und die radikale Exteriorität des Anderen. Zudem sieht er diese Theorie monadischer Subjektivität[99] in diesem Zusammenhang darüber hinaus als Entstehungsgrundlage für Totalität und Gewalt. Letzteres verdeutlicht er zunächst anhand seiner Meditationen über den Krieg als Ausgangspunkt seiner Überlegungen zur Totalität:

„Der Krieg errichtet eine Ordnung, zu der niemand Abstand wahren kann. So gibt es nichts Äußeres. Der Krieg zeigt nicht die Exteriorität und das Andere als anders; er zerstört die Identität des Selben. Das Gesicht des Seins, das sich im Krieg zeigt, konkretisiert sich im Begriff der Totalität. Dieser Begriff beherrscht die abendländische Philosophie. In der Totalität reduzieren sich die Individuen darauf, Träger von Kräften zu sein, die die Individuen ohne ihr Wissen steuern. Ihren Sinn, der außerhalb dieser Totalität unsichtbar ist, erhalten die Individuen von dieser Totalität." (Lévinas 1987, 20)

Dies bezieht Lévinas nicht nur auf den Krieg im Sinne eines militärischen Konflikts, sondern weitet dies auch auf andere Bereiche aus, so unter anderem auf einen „latenten Krieg, bei dem die Egoismen aufeinanderprallen, ohne dass Blut vergossen wird: das *Kommerzium*" (Strasser 1998, 223; Hervorhebung im Original). Die Gemeinsamkeit zwischen militärischem Krieg und dem Krieg des Marktes und Handels besteht demnach vor allem in den Mechanismen der Verfremdung und der Anonymisierung sowie der Abhängigkeit der Bedeutung und des Wertes des Einzelnen „von der Zukunft einer unpersönlichen Totalität" (ebd.).[100] Totalität im Sinne Lévinas' meint demnach „ein Reich des Selben, in dem alles und jedes und so auch jedermann als Teil eines Ganzen oder als Fall eines Gesetzes vorkommt", wobei dieses Ganze zum Beispiel auch durch „archaische Formen einer religiösen oder mythischen Teilhabe" oder auch „durch moderne Formen einer rationalen Vermittlung,

---

98 Eine Zusammenfassung des Gegensatzes von Sokratismus und Messianismus bei Lévinas findet sich bei Taureck (2006, 41 ff.).
99 Dies ist auch Lévinas' Kritik an Husserl.
100 Auf die Anwendung von Lévinas' unpersönlicher Totalität, bezogen auf den globalen Kapitalismus bei Richard Sennet, weist Moebius (2003, 33) hin.

die in Ökonomie, Politik und Kultur ihre Ausgestaltung finden" (Waldenfels 2005b, 190), repräsentiert wird. Totalität ist somit „eine Gesamtordnung, die dem Einzelnen Gewalt antut, indem sie ihn an seiner Leistung für das Ganze misst" (Waldenfels 1992, 64). Die Konsequenz ist, dass der „Egoismus des Einzelnen so nicht durchbrochen [wird; Einschub: A.W.], sondern erweitert und vervielfältigt zum Krieg aller gegen alle" (ebd.). Dieser Totalität steht jedoch die Unendlichkeit des Anderen gegenüber, „dessen Andersheit die Grenzen einer jeglichen Ordnung überschreitet" (Waldenfels 2005b, 190), und der sich aufgrund dieser Unendlichkeit dem Zugriff der Totalität entzieht. Zusätzlich zu Militär, Staat und Wirtschaft als Träger totalisierender Kräfte macht Lévinas darauf aufmerksam, dass auch die Geschichte aus der „Totalisierung aller Ereignisse im Universum" (Strasser 1998, 223) besteht und somit auch die Geschichte geschichtlich ist. Lévinas' Ziel ist es nun, „jenseits des Krieges eine neuartige Beziehung zum Sein zu entdecken" (ebd.). Zu diesem Zweck bedarf es nach Lévinas einerseits eines Eschatons[101], um das „Sein von einem Punkt aus" zu erfassen, „der nicht der Totalität der Geschichte angehört" (ebd.).[102] Andererseits stellt Lévinas der von ihm, wie oben beschrieben, kritisierten ontologischen Sichtweise, die den Anderen auf ein Selbes zurückführt, seine metaphysische[103] Perspektive entgegen: Hiermit will er die Andersheit, die Unendlichkeit (des Anders-Seins), die Transzendenz und die Exteriorität des Anderen betonen und in den Mittelpunkt seiner Philosophie rücken. Verbunden hiermit ist auch eine Kritik der Intentionalität im Sinne Husserls (vgl. Kap. 2.1.1), die diesem „Außerhalb" nicht gerecht werden kann. Hierauf sowie auf Lévinas Auffassung von Intentionalität werde ich an späterer Stelle näher eingehen. Wichtig bei Lévinas' metaphysischer Perspektive ist vor allem ein Verständnis der veränderten Bedeutung von Metaphysik in seinem Verständnis: Metaphysik als Ontologie, die, wie oben beschrieben, das Andere stets auf das Selbe reduziert, das im monadischen Ich seinen Ursprung nimmt, wird bei Lévinas zu einer Metaphysik als Ethik, die vom Anderen und der Beziehung zu ihm in der Begegnung mit ihm ihren Ausgang nimmt. Hiermit verbunden

---

101 Hierbei handelt es sich laut Strasser (1998, 235) um eine „Metaphysik der Temporalität, sofern Lévinas auch auf dem Gebiet der Zeitlichkeit den Vorrang der Unendlichkeit gegenüber der Totalität betont". So ist die Zukunft des Eschaton „eine metaphysische Zukunft, weil sie durch ein unendliches Intervall von unserer Zeit […] getrennt ist" (ebd., 238).

102 Hierzu bedarf es wiederum des Begriffs einer „unendlichen Zeit", „um die eschatologische Zukunft als Zukunft von Subjekten denken zu können" (Strasser 1998, 235). In der Zukunft des Eschaton sieht Lévinas auch die absolute Zukunft, die losgelöst ist von der Totalität der Geschichte und sich nicht antizipieren lässt. Das Eschaton ist bei Lévinas gedacht als zukünftiger sozialer und ethischer Zustand der Menschheit, den er auch „Zustand des ,Friedens'" nennt (Strasser 1998, 238).

103 Lévinas vergleicht die abendländische Ontologie, die „von dem Einen ausgeht und zu dem Einen zurückkehrt" (Strasser 1998, 224), mit dem Bild des Odysseus, der nach jedem seiner Abenteuer in das heimatliche Ithaka, seine vertraute Heimat, heimkehrt. Dem stellt er zur Verdeutlichung seines Verständnisses von Metaphysik Abraham gegenüber, der im Gegensatz zu Odysseus auf göttliches Geheiß sein Vaterland in dem Wissen verlässt, niemals mehr dorthin zurückzukehren, um ein unbekanntes Land aufzusuchen (vgl. Lévinas 1983, 215 f.). Moebius (2003) zieht in Bezug auf das Bild des Abraham den Vergleich mit dem Begriff der rückkehrlosen *Dissemination* nach Derrida.

ist vor diesem Hintergrund Lévinas' Annahme, dass „eine Begrifflichkeit der Ontologie zum Begreifen ethischer Bezüge der Andersheit des anderen Menschen" (Taureck 2006, 53) ungeeignet ist. Ein Einwand gegen Lévinas richtet sich genau gegen sein Verständnis der traditionellen Metaphysik als einer Ontologie, die Ethik ausschließt, und weist darauf hin, dass zum Beispiel Platons „Ideenlehre stets mit ethisch-moralischen Motiven" (Taureck 2006, 54) gepaart war. Diese war jedoch immer verbunden mit dem Blick auf den Anderen als Alter Ego, wohingegen Lévinas' Ethik – wie bereits dargelegt – auf der Beziehung des Subjekts mit dem als absolut gedachten Anderen basiert und auch davon ausgeht, dass das Subjekt erst über den Anderen zu denken ist.[104] Diese Andersheit und Exteriorität des Anderen sowie die damit einhergehende absolute Trennung von Selbst und Anderem verdeutlicht Lévinas unter anderem am Beispiel des Unterschiedes von Bedürfnis (*besoin*) und (metaphysischem) Verlangen/Begehren (*désir*): Das (angeborene) Bedürfnis bezeichnet einen Zustand eines Selbst, in dem diesem etwas fehlt, es ihm an etwas mangelt, es etwas braucht und es dies zu befriedigen und erfüllen versucht, indem es etwas braucht, benutzt, sich zu eigen macht, sich einverleibt o. ä. Es ist dies ein Zustand, in dem das Selbst auf sich selbst gerichtet ist und nach Ergänzung und Bedürfnisbefriedigung durch etwas anderes strebt und durch die Bemächtigung, Benutzung und Einverleibung dieses Anderen eben dieses Anderssein aufhebt. Demgegenüber steht das metaphysische Begehren, bei dem das Selbst auf das (völlig) Andere gerichtet ist und über den Mechanismus, die Wiederholung und Selbstzentrierung des Bedürfnisses hinausgeht.[105] Als solches muss der Andere gedacht werden, als absolute Transzendenz. Im Gegensatz zum Bedürfnis ist das Begehren nicht zu stillen, nicht zu sättigen und der Abstand zum Anderen sowie seine Exteriorität und Unendlichkeit nicht durch Einverleibung aufhebbar. Nur hierbei ist und bleibt der Andere der absolut, der transzendent Andere, ohne mit dem Selben zu einer Ganzheit zu verschmelzen (vgl. Strasser 1998, 225 ff. und Lévinas 1983, 218 ff.).

Zentral für die dritte Phase ist das Werk „Autrement qu'être ou au delà l'essence"[106]. Hierin präzisiert Lévinas zum einen die oben bereits angeklungene Idee der Unendlichkeit und greift andererseits die Thematik und den Versuch der ersten Phase auf, das Andere in Bezug auf das Sein zu denken, insofern „das Andere in Bezug auf das Sein sich als das jenseits des sinnlosen ‚es gibt' angesiedelte Gute entpuppt" (Strasser 1998, 222). Dennoch deutet sich in diesem Werk ein Umdenken, eine Wende in Lévinas' Denken an (vgl. Waldenfels 2005b, 199 ff.; Strasser 1998, 239 ff.). Bezogen auf das Sein der Seienden zum Beispiel thematisiert Lévinas das „Interesse" der Seienden, das er im Sinne eines Sich-Durchsetzens und der eige-

---

104 Der Unterschied dieser beiden Ethiken wird „als Gegensatz von existenzphilosophischem und extremem Humanismus bzw. als Gegensatz von Sokratismus und Messianismus" (Taureck 2006, 55) bezeichnet.

105 Reich (1998a, 259) bezeichnet Lévinas' Begriff des Begehrens als problematisch, insofern er bei diesem Konstrukt die „Bedürfnis- und Triebstruktur" des Subjekts ausblendet. Reich betont dagegen gerade die interaktionistische Vermitteltheit des Begehrens zwischen Selbst und Anderem (vgl. ebd.).

106 In der deutschen Übersetzung: „Jenseits des Seins oder anders als Sein geschieht" (Lévinas 1998).

nen Selbsterhaltung versteht, was teilweise nur auf Kosten anderer Seiender erreicht werden kann. Hieraus ergeben sich Konsequenzen im Hinblick auf die ethische Beziehung zum Anderen und der Verantwortung für ihn. Lévinas konzentriert sich hierin also nicht mehr auf Aspekte der Metaphysik, sondern auf die Entwicklung seiner Ethik und ethischer Schlussfolgerungen, die er als Grundlage jeglicher Philosophie erachtet, insofern die (ethische) Beziehung zum Anderen Voraussetzung für jeglichen (philosophischen) Diskurs ist. In diesem zweiten Hauptwerk jedoch thematisiert er die Probleme und Widersprüche, die sich bei dem Versuch ergeben, mithilfe einer „ontologisch respektive eidetisch" (Askani 2006, 116) geprägten Sprache die Ontologie zu überschreiten und seine Ethik zu begründen.[107]

Darüber hinaus vollzieht er in „Jenseits des Seins" einen linguistic turn[108]: Während in „Totalität und Unendlichkeit" die Sprache noch „intermonadisch" (Taureck 2006, 65), das heißt als Vermittlungsfunktion zwischen zwei getrennten Subjekten gedacht wird und dem Beweis der ethischen Andersheit des Anderen dient (vgl. ebd.), wird in „Jenseits des Seins" thematisiert, dass sich die Andersheit nicht nur *in*, sondern *als* Sprache zeigt. Lévinas betont in Bezug auf Sprache vor allem die Unterscheidung von Sagen und Gesagtem sowie Aspekte des Sich-Öffnens, der Hinwendung zum Anderen und der Passivität des Sagens und dem damit verbundenen Antwortcharakter auf eine Anrufung/ einen Appell des Anderen und den Aspekt der Spur des Sagens im Gesagten, worauf ich an späterer Stelle wieder zurückkommen werde. Lévinas sieht es als „Aufgabe des Philosophen, das (Aus-)Gesagte auf das Sagen zurückzuführen, auf die sich ausdrückende Zuwendung, die nicht mehr im Sinne ‚esse' und ‚Interesse' steht, sondern in dem der Güte" (Strasser 1998, 242). Diesen Vorgang bezeichnet Lévinas als Reduktion:

> „Auf dieses *Diesseits* gilt es zurückzugehen, von der Spur aus, die das *Gesagte,* in dem sich alles zeigt, von ihm behält. Der Rückgang auf das Sagen ist die *phänomenologische Reduktion*, in der das Unbeschreibbare beschreibbar wird." (Lévinas 1998, 129; Hervorhebungen im Original)

In dieser Hinsicht agiert Lévinas wieder phänomenologisch, „ohne dabei die Intentionalität zu bestätigen" (Taureck 2006, 71). Taureck sieht in dieser Methode eine „Kombination von Skeptizismus und Phänomenologie" (ebd.). Dieser Blick auf Sprache hat sowohl Auswirkungen auf das Lévinas'sche Verständnis von Subjektivität und ihrer Konstitution als auch auf das Verständnis der Beziehung zum Anderen und der damit verbundenen ethischen Implikationen, die er daraus schlussfolgert. Auch das Werk „Die Spur des Anderen" (1983) wird der dritten Phase zugerechnet.

---

107 Darüber hinaus macht Taureck (2006) auf das stilistische Mittel der „Bindestrich-Nominalisierungen (z.B. ‚Sein-des-einen-für-den-Anderen')" (ebd., 68) in „Jenseits des Seins" aufmerksam, und Waldenfels (2005b, 200) bemerkt, dass „Dualismen wie Sein (*existence*) versus Seiendes (*existant*) oder eben Totalität versus Unendliches ersetzt werden durch eine interne Verwicklung (*intrigue*), so dass die Entgegensetzung neuen Formen der Verflechtung weicht" (Hervorhebungen im Original).

108 Eine ausführliche Analyse der sprachbezogenen Wende bei Lévinas findet sich zum Beispiel bei Taureck (2006, 62 ff.).

Hierin konkretisiert sich anhand von Überlegungen zur Unendlichkeit, zur Spur und zum Antlitz des Anderen und der Verantwortung für ihn Lévinas' Verständnis von Ethik als *prima philosphia*.

Nach diesem Überblick über die Phasen der Entwicklung des Lévinas'schen Denkens, mit ihren Hauptwerken und einem Einblick in einige ihrer Hauptthemen, sollen nun einige Kernpunkte dieses Denkens und seiner Ethik herausgegriffen und ausführlicher erläutert werden, die eine andere, eine weitere Perspektive auf das Andere, das Fremde bieten und somit bedeutsam sind für die Betrachtung der Fremdheit.

Zentral in Lévinas' Ethik ist, wie bereits deutlich wurde, der Andere, zu verstehen als absolut Anderer und die Beziehung zu ihm. Dieser radikalen, irreduziblen Andersartigkeit des Anderen kann nur Rechnung getragen werden, wenn dieser nicht, wie im oben beschriebenen sokratischen Denken, auf das Selbe bzw. auf eine Einheit des Selben, reduziert und als ein dem Selben analoges und gleichartiges Ego, ein Alter Ego verstanden wird, das nur auf das Selbe verweist und von ihm ausgeht. Ein derartiges Verständnis beraubt laut Lévinas den Anderen seiner Andersheit. Dem entgegen stellt Lévinas seine metaphysische Andersartigkeitsbehauptung:

> „Das metaphysische Andere ist anders in einer Andersheit, die nicht formal ist, in einer Andersheit, die weder die bloße Umkehr der Identität noch das Ergebnis des Widerstands gegen das Selbe ist, es ist vielmehr von einer Andersheit, die aller Initiative, aller Herrschaft des Selben vorausgeht. Anders in einer Andersheit, die den eigentlichen Inhalt des Anderen ausmacht. Anders in einer Andersheit, die das Selbe nicht begrenzt; denn in der Begrenzung des Selben wäre das Andere nicht streng anders: Im Inneren des Systems wäre es dank der Gemeinsamkeit der Grenze noch das Selbe." (Lévinas 1987, 43 f.)

Vor diesem Hintergrund entwickelt er folgende zentrale These:

> „Das absolut Andere ist *der* Andere. Er bildet keine Mehrzahl mit mir. Die Gemeinsamkeit, in der ich ‚Du' oder ‚Wir' sage, ist nicht Plural von ‚Ich'. Ich, Du sind nicht Individuen eines gemeinsamen Begriffs. An den Anderen bindet mich weder der Besitz noch die Einheit der Zahl noch auch die Einheit des Begriffs." (Lévinas 1987, 44; Hervorhebung im Original)

Hierbei geht es Lévinas nicht darum, eine gattungsmäßige oder soziale Gleichartigkeit oder Gleichwertigkeit von Menschen infrage zu stellen (vgl. Taureck 2006, 52), sondern vielmehr um die Betonung der absoluten Andersartigkeit des anderen Menschen und um die Ablehnung der Möglichkeit, diesen in den Bereich des Ich einzuholen bzw. zu begreifen (vgl. Moebius 2003, 54). Demnach ist der Andere im Sinne Lévinas' „weder ein konstituierter Gegenstand in mir, noch eine Grenze außer mir; er ist für mich der vollkommene Fremde, der absolut Getrennte" (Strasser

1998, 228). Verbunden mit diesem Verständnis des Anderen als radikal Anderem ist auch Lévinas' Kritik an Husserls Konzept der Intentionalität und Intersubjektivität. Während Husserl den Anderen zusammengefasst als Spiegelung, als Analogon des Selbst und als von ihm konstituiertes Alter Ego versteht (vgl. Husserl 1995, 96) und so lediglich wieder auf das Selbst verweist, so bestreitet Lévinas, dass mit dieser Vorgehensweise der Andere in seiner absoluten Andersheit erfasst werden kann. Zwar ist mit Husserls Denken des Anderen, des Fremden als „Analogon von Eigenheitlichem", das als „intentionale Modifikation" des Selbst auftritt, das wiederum erst durch die „kontrastierende Paarung" den „Charakter ‚mein' […] erhält" (Husserl 1995, 118), durch diese Appräsentation[109] einer Monade *in* einer Monade (vgl. ebd.) ansatzweise „die monadische Ich-Isolation aufgebrochen" (Taureck 2006, 54). Dennoch erscheint der Andere hierbei nur als Ergebnis von Erkenntnisleistungen der transzendentalen Subjektivität. Diese Erkenntnis- und Bewusstseinsleistungen sind wiederum in Verbindung mit dem Husserl'schen Prinzip der Intentionalität zu sehen. Dieses bezeichnet, wie oben bereits beschrieben, das Gerichtet-Sein des Bewusstseins auf Phänomene/Sachverhalte und die Korrelation von Gegenstand und seiner Gegebenheitsweise im Bewusstsein. Hierbei unterteilt Husserl Intentionalität in Noema und Noesis, wobei Ersteres die Art und Weise des Gerichtet-Seins des Bewusstseins auf Phänomene, zum Beispiel „in Gestalt von Festhalten, Erfassen, Erblicken" (Taureck 2006, 46), beschreibt und Letzteres die „Bewusstseinsaktivitäten des Denkens, Wahrnehmens, Urteilens" (ebd.), die die Formung der „an sich sinn- und formlosen Empfindungsinhalte zu ‚intentionalen Erlebnissen'" (Vetter 2004, 388) vornehmen. Vor diesem Hintergrund erscheint auch Intersubjektivität dann als nach diesem Prinzip erkenntnismäßig konzipiert, als „ein Korrelat intentionaler Bewusstseinsleistungen der transzendentalen Subjektivität" (Moebius 2003, 39), und stellt somit „eine Ausweitung monadischer Subjektivität" (Taureck 2006, 54) dar, die Husserl (1995, 131 f.) als „intermonadologische Gemeinschaft" bezeichnet. Lévinas kritisiert an diesem Konzept von Intentionalität einerseits, dass hierbei „das Denken *Adäquation* an das Objekt" (Lévinas 1987, 29; Hervorhebung im Original) bleibt, und bestreitet andererseits, dass die Noesis-Noema-Struktur als „primäre Struktur der Intentionalität" dem (Phänomen des) Anderen gerecht werden kann (vgl. Lévinas 1987, 426 ff. und 32).[110] Dem stellt Lévinas sein Konzept von Intentionalität entgegen, „die ganz anderer Art ist" (Lévinas 1987, 23), und mit der er das Husserl'sche Konzept zu überschreiten und zu erweitern versucht. Wichtig ist hierbei, dass diese Intentionalität, wie auch der Bezug zum Anderen, ihren Ausgang nicht von einem zentralen (den Anderen) „erkennenden" Subjekt aus nimmt und stets auf das Selbe zurückführt, sondern den Anderen in seiner Andersartigkeit und Exteriorität belässt. Zentral für Lévinas' „andersartige Intentionalität" ist die Idee der Unendlichkeit, die er Descartes entlehnt (vgl. Lévinas 1987 und Lévinas 1983, 196 ff.), und auf der auch sein Ver-

---

109 Zum Begriff der Appräsentation vergleiche zusammenfassend zum Beispiel Vetter (2004, 39 f.).

110 Dies liegt wiederum in der absoluten Andersartigkeit des anderen Menschen und der Art der Begegnung und Beziehung mit bzw. zu ihm begründet, wie nachfolgend noch näher ausgeführt wird.

ständnis von Subjektivität begründet ist (Lévinas 1987, 27). Ausgangspunkt ist hierbei Descartes' Beschreibung der Idee des Unendlichen, die besagt, dass „das Ich, das denkt, eine Beziehung zum Unendlichen" unterhält (Lévinas 1983, 196):

> „Diese Beziehung ist nicht die Beziehung zwischen dem Enthaltenden und dem Inhalt – denn das Ich kann das Unendliche nicht enthalten – noch die Beziehung, die den Inhalt an das Enthaltende bindet – denn das Ich ist vom Unendlichen getrennt. Diese also negativ beschriebene Relation ist die Idee des Unendlichen in uns." (Lévinas 1983, 196)

Hierbei geht also das „ideatum" über die „idea" hinaus, insofern „das erstere [..] ja notwendigerweise vollkommener [ist; Einschub: A.W.] als das letztere" (Strasser 1998, 224), das „Gemeinte" entspricht nicht dem „Meinen", da „das cogitatum nicht lediglich Korrelat meines cogito" ist (ebd.). Diese andersartige Intentionalität, „die die Idee des Unendlichen belebt" (Lévinas 1983, 197), ist auf etwas gerichtet, das sie nicht begreifen kann, und „intendiert, was sie nicht umfassen kann" (ebd.): Das Unendliche ist das/der absolut Andere. Hierbei wird die Andersheit des Anderen nicht in das Selbe integriert und nicht in den Gedanken eingeebnet, der sie denkt.

> „Indem es das Unendliche denkt, denkt das Ich von vornherein mehr, als es denkt. […] Die Idee des Unendlichen ist also die einzige, die uns etwas lehrt, was wir nicht schon wissen. Sie ist in uns hinein*gelegt*. Sie ist keine Erinnerung. Hier haben wir eine Erfahrung im einzig radikalen Sinne des Wortes: eine Beziehung mit dem Äußeren, mit dem Anderen, ohne dass dieses Außerhalb dem Selben integriert werden könnte. Der Denker, der die Idee des Unendlichen hat, ist mehr als er selbst, und diese Aufblähung, dieses Mehr, kommt nicht von Innen wie der famose *Entwurf* der modernen Philosophen, in dem das Subjekt sich als schöpferisches übertrifft." (Lévinas 1983, 197; Hervorhebungen im Original)

Die Alterität des Unendlichen bzw. des unendlichen Anderen wird also „infolge des Denkens, das es denkt, nicht aufgehoben" (Lévinas, zit. nach: Strasser 1998, 224). Es wird nicht – wie ein Objekt – in die Identität des Selben integriert und vom Ich „zu seinem Eigentum, seiner Beute, seinem Raub oder seinem Opfer" (Lévinas 1983, 198) gemacht, sondern es behält die Distanz, die Trennung vom Ich, vom Selben. Gerade dies ist eins der Hauptmerkmale des Unendlichen (vgl. Lévinas, zit. nach: Strasser 1998, 224). Diese Unendlichkeit des Anderen begründet und erhält somit die Exteriorität des Anderen (in der sozialen Beziehung). Bezogen auf die Vorstellung von Intentionalität im Sinne Husserls als Adäquation, Angleichung und Herstellung von Übereinstimmung von Bewusstsein und Phänomen bedeutet dies, dass Intentionalität in der Vorstellung Lévinas' erst durch die „Idee des Unendlichen", die „Inadäquation par ecxellence" (Lévinas 1987, 29), als Grundvoraussetzung ermöglicht wird. Darüber hinaus kann laut Lévinas auch Subjektivität nur in Zusammenhang mit der Idee des Unendlichen gedacht und ermöglicht werden:

„Das Unendliche ist nicht zuerst, um sich *anschließend* zu offenbaren. Seine Unendlichung geschieht als Offenbarung, als Versenkung seiner Idee in *mich*. Die Unendlichung ereignet sich in dem unwahrscheinlichen Geschehen, in dem das Selbe, das Ich – nämlich ein getrenntes, in seiner Identität fixiertes Seiendes – dennoch in sich enthält, was es durch die bloße Kraft seiner Identität weder zu enthalten noch zu empfangen vermag. Eben diese unmöglichen Forderungen erfüllt die Subjektivität: nämlich die erstaunliche Tatsache, mehr zu enthalten, als zu enthalten möglich ist. Dieses Buch stellt die Subjektivität als etwas dar, das den Anderen empfängt, es stellt sie als Gastlichkeit dar. In der Gastlichkeit erfüllt sich die Idee des Unendlichen." (Lévinas 1987, 28 f.; Hervorhebungen im Original)

Voraussetzung für Subjektivität ist nach diesem Verständnis die Begegnung und Beziehung mit dem absolut Anderen und die daraus resultierende Verantwortung für ihn. Die Begegnung mit dem Anderen geschieht laut Lévinas durch das Antlitz des Anderen, mit dem er sich zeigt, darstellt und ausdrückt[111]; es ist eine Begegnung von Angesicht zu Angesicht.[112] Durch das Antlitz überschreitet der Andere die Idee, die sein Gegenüber von ihm als dem Anderen hat (vgl. Lévinas 1987, 63); hierin wird die Unendlichkeit und Kontingenz des Anderen deutlich. Dieser Moment des „Erstrahlen[s] der Exteriorität oder der Transzendenz im Antlitz des Anderen" (ebd., 25) ist ein Moment, in dem „die Totalität zerbricht" (ebd.). Das Antlitz (des Anderen) widersetzt sich der Besitz- und Machtergreifung, der Objektivierung durch das Subjekt. Lévinas bezeichnet dies als Epiphanie des Antlitzes (vgl. Lévinas 1983 und 1987). Hierdurch widersetzt es sich gegen jede Form von Inbesitznahme, auch in Form theoretischer Einordnung, Kategorisierung oder Typisierung durch das Selbe bzw. in die Ordnung des Selben. Verbunden mit dieser Epiphanie des Antlitzes ist sowohl ein ethischer Widerstand als auch ein Appell; das Antlitz spricht (Lévinas 1983, 221):

„Das Außensein des unendlichen Wesens wird manifest in dem absoluten Widerstand, den es durch seine Erscheinung selbst – durch seine Epiphanie – allen meinen Vermögen entgegensetzt. Seine Epiphanie ist nicht nur Erscheinung einer sinnlichen oder intelligiblen Form im Licht, sondern schon dieses *Nein*, das den Vermögen entgegengeschleudert wird. Sein *Logos* ist: ‚Du wirst nicht töten.'" (Lévinas 1983, 198; Hervorhebungen im Original)

---

111 Hierbei ist „das Sehen des Antlitzes ethischer Art und damit weder ein Erscheinen im phänomenologischen Sinn noch ein Akt der Wahrnehmung, denn dieser würde der Funktion der Erkenntnis entspringen" (Keller 2000, 84).

112 In Bezug auf Lévinas Theorie des Antlitzes fragt Waldenfels (2005b, 192), wieso hierbei beispielsweise „Tiere und Pflanzen außer acht gelassen werden", und erinnert daran, dass Martin Bubers Dialogphilosophie „die Rolle des Du allen Kreaturen zubilligt". Darüber hinaus kritisieren sowohl Waldenfels als auch Reich Lévinas' geschlechtliche Differenzierung des Antlitzes und die darin enthaltenen Imaginationen des Weiblichen (vgl. hierzu Waldenfels 2005b, 197 und Reich 1998a, 257).

Durch das Antlitz offenbart sich der Andere einem Selben ganz direkt und unmittelbar in seiner absoluten Nacktheit[113] und Blöße, in seiner Schutzlosigkeit bzw. Schutzbedürftigkeit, Wehrlosigkeit und Verwundbarkeit (vgl. zum Beispiel Lévinas 1987, 102 f. und Lévinas 1983, 198); jenseits sozialer Rollen und Kontexte, durch die heraus es verständlich wird (vgl. Reich 1998a, 254), spricht das Antlitz durch sich selbst, ist durch sich selbst bedeutsam, unabhängig von einer Einordnung durch und Integration in das Selbe. In dieser absoluten Unmittelbarkeit, Offenheit und Blöße, mit der sich der Andere offenbart, liegt der Ausdruck, der Appell „Du wirst keinen Mord begehen" (Lévinas 1987, 285). Damit ist gemeint, dass die Besitzergreifung des Anderen bzw. seine Negation nur durch den Mord an ihm möglich ist: „Der Andere ist das einzige Wesen, das ich töten wollen kann" (Lévinas 1983, 116). Dem Willen zu Töten stellt Lévinas jedoch die Unmöglichkeit des Töten-Könnens gegenüber: „Dem Anderen von Angesicht zu Angesicht gegenüberzustehen – das bedeutet, nicht töten zu können" (Lévinas 1983, 117), weil das Unendliche dieses Vermögen „durch seinen unendlichen Widerstand gegen den Mord" paralysiert (Lévinas 1987, 285). Damit bestreitet Lévinas nicht die Möglichkeit, den Anderen physisch töten zu können, betont jedoch, dass die Unendlichkeit und die Transzendenz des Anderen stärker als der (physische) Mord sind (vgl. Lévinas 1983, 116 und 285). Es ist dies also nicht ein physischer, sondern ein ethischer Widerstand (vgl. Lévinas 1983, 199). Hierbei widersteht der Andere „der Gewalt nicht als jemand, der zur Totalität alles Seienden gehört, sondern als ein Unendliches, das jenseits alles dessen ist, was wir dem Anderen antun können" (Waldenfels 2005b, 195). Dieser ethische Widerstand, der aus dem Antlitz spricht, öffnet die „Dimension des Unendlichen", „den Bereich dessen, was dem unwiderstehlichen Imperialismus des Selben und des Ich Einhalt tut" (Lévinas 1983, 199). Der ethische Widerstand des Anderen als „Anwesenheit des Unendlichen" (ebd.) basiert also nicht „auf der Schwäche meiner Vermögen, sondern meinem Vermögen zu können" (Lévinas 1987, 283). Die Unendlichkeit des Anderen, die aus seinem Antlitz spricht, „lähmt meine Macht nicht trotz, sondern infolge der Schutzlosigkeit des Antlitzes" (Strasser 1998, 229). Der Widerstand zu Töten entspringt also, so ist hervorzuheben, der Beziehung zum Anderen und nicht einem formalen Gebot (vgl. ebd.). Die Fremdheit und Andersheit des Anderen, die aus seinem Antlitz spricht, konfrontiert das Selbe, das Ich, mit der Unmöglichkeit seiner eigenen Möglichkeiten (vgl. Waldenfels 2005b, 195). Dieses Sprechen aus dem Antlitz des Anderen ist ein Sprechen, „das zu mir spricht, bevor es über etwas spricht" (Waldenfels 2005b, 193); es liegt vor jeder verbalen Ansprache, Aussage und Kommunikation. Das Antlitz „ist die erste Rede" (Lévinas 2005a, 41). Es ist ein Anruf in der unmittelbaren Begegnung von Angesicht zu Angesicht, der das Ich, das Selbe, zum Eingehen auf den Anspruch, den Appell des Anderen, zu Antwort und Verantwortung für ihn auffordert (vgl. Lévinas, 1983, 224). Zentraler Punkt ist hierbei, dass der Andere in seinem Antlitz und seiner Anrufung unvermittelt, unerwartet und ereignishaft von außen, von Anderswo

---

113 Die Nacktheit des Antlitzes wird von Lévinas weiterhin ausgedehnt auf die Nacktheit des Leibes (vgl. hierzu Lévinas 1987, 102 f.).

(vgl. Lévinas 1983, 199 und 227), von einer „absolut fremden Sphäre", „von einem Ab-soluten" (Lévinas 2005a, 41), in die „Welt" des Selben eintritt und erscheint, mit einem Appell, einer Anrufung, der das Subjekt sich nicht verweigern, sie nicht ablehnen kann.[114] Auch ein Nicht-Antworten wäre eine Antwort. Aus dieser Situation des vom Antlitz des unendlichen, absoluten Anderen initiierten Anrufs, der jeder Eigeninitiative des Subjekts vorausgeht, ergibt sich laut Lévinas die Asymmetrie (vgl. Lévinas 1987, 120) in der Beziehung von Subjekt und Anderem.[115] Das Subjekt, das vom Antlitz des Anderen angerufen und heimgesucht (vgl. Lévinas 2005a, 40 und Lévinas 1983, 222) wird, ist also in der Begegnung zunächst passiv; in seinem Empfangen des Anderen, in der Öffnung zu und für ihn und seine Anrufung. Erst diese Asymmetrie und Passivität in der Begegnung mit dem Anderen durch das Ereignis der Anrufung durch sein Antlitz ermöglicht laut Lévinas (verantwortliche) Subjektivität. Dies liegt darin begründet, dass durch die Begegnung mit dem Antlitz des unendlichen Anderen, das Selbst, die Freiheit und das Bewusstsein des Selben, des Subjekts, infrage gestellt werden, wie das folgende längere Zitat exemplarisch verdeutlichen soll (vgl. Lévinas 1983, 219, 223 und 202):

> „Das Bewusstsein wird durch das Antlitz in Frage gestellt. Diese Infragestellung läuft nicht auf das Bewusstsein dieser Infragestellung hinaus. Das absolut Andere spiegelt sich nicht im Bewusstsein. Es widersteht dem Bewusstsein so sehr, dass nicht einmal sein Widerstand sich in Bewusstseinsinhalt verwandelt. Die Heimsuchung besteht darin, sogar die Ichbezogenheit des Ich umzustürzen, das Antlitz entwaffnet die Intentionalität, die es anzielt. […] Das Ich verliert die unumschränkte Koinzidenz mit sich, seine Identifikation, durch die das Bewusstsein siegreich auf sich zurückkommt, um in sich selbst zu ruhen. […] Die Infragestellung des Selbst ist nichts anderes als das Empfangen des absolut Anderen. Die Epiphanie des absolut Anderen ist Antlitz, in dem der Andere mich anruft und mir durch seine Nacktheit, durch seine Not eine Anordnung zu verstehen gibt. Seine Gegenwart ist eine Aufforderung zur Antwort. Das Ich wird sich nicht nur

---

114 Waldenfels (2005b, 215) bemerkt hierzu: „Käme der fremde Anspruch ganz und gar von außen, von ‚etwas absolut Fremdem', […] so würde er uns innerlich nicht berühren". Er plädiert davon ausgehend dafür, den Fokus auch auf das Ineinander, auf die Verflechtung von Subjekt und dem Anderen, auf das *„Einer-im-Anderen"*, statt nur auf das *„Einer-für-den-Anderen"* zu legen (vgl. Waldenfels 2005b, 215 und 217 f.; Hervorhebungen im Original). Darüber hinaus gibt er Lévinas zwar recht mit seiner Behauptung, „dass wir das, *worauf* wir antworten, nicht selber erfinden", findet jedoch, dass Lévinas die Tatsache vernachlässigt, „daß wir bis zu einem gewissen Grad erfinden, *was* wir zur Antwort geben" (Waldenfels 2005b, 223; Hervorhebungen im Original). Hiermit weist er auch auf den „kreativen Aspekt" hin, der mit der „Kontingenz jeglicher Ordnung" zusammenhängt (vgl. ebd.). Ähnlich argumentiert auch Ricoeur, der einwendet, dass „die Möglichkeit, auf den Aufruf des Anderen zu antworten, nämlich Verantwortung zu zeigen, die Fähigkeit des Selbst voraussetzt, die Stimme des Anderen zu empfangen und sie in ihrer Andersheit anzuerkennen" (Aydin 2009, 66). Vor diesem Hintergrund schlägt er vor, „die Lévinas'sche Hinwendung des Fremden zum Selben […] durch eine Bewegung des Selben auf den Fremden zu ergänzen" (ebd.).

115 Allerdings betont Lévinas hierbei die Doppelseitigkeit dieser Asymmetrie (vgl. Lévinas 1987, 308).

der Notwendigkeit zu antworten bewusst, so als handle es sich um eine Schuldigkeit oder eine Verpflichtung, über die es zu entscheiden hätte. In seiner Stellung selbst ist es durch und durch Verantwortlichkeit oder Diakonie, wie im 53. Kapitel des Buches Jesaja." (Lévinas 1983, 223 f.)

Dies weist einerseits auf einen Bruch innerhalb der Identität und Subjektivität des Subjekts hin und andererseits darauf, dass die Verantwortung für den Anderen dem Bewusstsein und der Freiheit des Subjekts vorgängig ist. Diese Verantwortung für den Anderen, so möchte ich an dieser Stelle einschieben, ist einer der Kernpunkte in der Ethik Lévinas'. Diese Ethik nimmt ihren Ausgang stets von der jeweiligen (nicht-symmetrischen) Begegnung und Beziehung von Angesicht zu Angesicht und propagiert nicht kontextunabhängige universelle moralische Normen, Regeln, Gesetze oder Forderungen (vgl. Derrida; zit. nach: Moebius 2003, 29). Zentral an diesem Verständnis von Ethik in der Beziehung zum Anderen ist weiterhin, dass dieses Verhältnis nicht reziprok ist (Lévinas 2005a, 134); der ethische Vorrang des anderen Menschen und die nachfolgend ausgeführte Verpflichtung des Subjekts zur Verantwortung für diesen Anderen kann weder delegiert werden noch umgekehrt vom Anderem in gleicher Weise eingefordert werden. Darüber hinaus wird durch diese Verantwortung, durch das damit einhergehende *Für-den-Anderen-Sein* die Differenz zum Anderen zu einer ethischen Nicht-Indifferenz:

„Diese Differenz in der Nähe zwischen dem Einen und dem Anderen – zwischen mir und dem Nächsten – schlägt um in *Nicht*-Indifferenz, in gerade *meine Verantwortung*. Nicht-Indifferenz, Menschlichkeit, der-Eine-für-den-Anderen – eben Bedeutsamkeit der Bedeutung, Verstehbarkeit des Verstehbaren und so, auch hier noch, Vernunft. Nicht-Indifferenz der Verantwortung *bis hin zur Stellvertretung für den Nächsten*." (Lévinas 1998, 361; Hervorhebungen im Original)

Darüber hinaus ist, wie oben bereits erwähnt, erst durch diese Verantwortung für den Anderen, die aus der Öffnung für ihn resultiert, Subjektivität überhaupt möglich. Erst durch die Begegnung und die Anrufung des Anderen kann sich das Selbe, das Ich, zu einem verantwortlichen Subjekt entwickeln, erst aus der Verantwortung für den Anderen kann seine Identität entstehen. In diesem Sinne sieht Lévinas, mit dem Hinweis auf die Etymologie des Wortes „Subjekt", das Subjekt als dem Anderen unterworfen (vgl. Lévinas 1998, 188). Aufgrund der Vorgängigkeit des Anrufs und des Anspruchs auf Verantwortung des Anderen, den das Subjekt empfängt und hiermit in die Rolle des Antwortenden versetzt wird, aus dem heraus erst die Subjektivität des Subjekts entstehen kann, aufgrund der Asymmetrie in der Begegnung und Beziehung mit der Unendlichkeit des Anderen, aufgrund der Tatsache, dass das Subjekt des Anderen zur Ich-Werdung bedarf und das Sein des Subjekts sich als *Für-den-Anderen-Sein*[116] vollzieht, ist das Subjekt laut Lévinas also zunächst

---

116 Vgl. hierzu auch Lévinas (1998, 325).

passiv. Vor diesem Hintergrund wird der Eintritt des Anderen in die Interiorität des Subjekts deutlich (vgl. Klun 2007, 261). Diese Passivität zeigt sich auch in der oben bereits erwähnten Verantwortung für den Anderen, die Lévinas als „anarchische Verantwortung" bezeichnet: „Gerade von einer radikalen Passivität der Subjektivität stieß man auf den Begriff ‚einer Verantwortung, die die Freiheit übersteigt'" (Lévinas 2005a, 76). Dies ist eine Verantwortung, „die nicht auf das freie Engagement für den Anderen gewartet" hat (Lévinas 1983, 316), die also „jedem freien Engagement vorausgeht" (Lévinas 2005a, 73); eine vor-ursprüngliche Verantwortung, der sich das Subjekt nicht entziehen kann aufgrund seiner „vorursprüngliche[n] Empfänglichkeit" (ebd.) hierfür, eine Verantwortung, die vor jeder Intentionalität, vor jedem Bewusstsein, vor jeder „Konfrontation mit dem Logos" (ebd.) liegt, „die sich der Gegenwart und der Vorstellung verweigert, [als; Einschub: A.W.] Spur einer unvordenklichen Vergangenheit" (ebd., 77). Lévinas (1998, 223) beschreibt das Subjekt als von dieser Verantwortung besessen: „Die passivste Subjektivität, das Untragbare – die Subjektivität oder eben die Unterworfenheit des Subjekts – beruht auf meiner Besessenheit durch die Verantwortung für den Unterdrückten, der nicht ich selbst bin, sondern der der Andere ist" (Lévinas 1998, 132). Diese Besessenheit ist für Lévinas nebenbei bemerkt „die Nicht-Reziprozität schlechthin" (Lévinas 1998, 189).[117] Hierdurch wird das verantwortliche Subjekt „als Geisel für den *Anderen* zu seinem Stellvertreter" (Lévinas 1998, 42; Hervorhebung im Original) gemacht.[118] Durch diese Stellvertretung für den Anderen als Grundmotiv Lévinas'scher Ethik sieht Lévinas begründet, „dass es in der Welt [überhaupt; Anm.: A.W.] Mitleid, Teilnahme, Verzeihen und Nähe zu geben vermag" (Lévinas 1983, 320). Die Stellvertretung für den Anderen, das Hineinversetzen in den Anderen und das Einstehen für ihn, wie auch der „Zustand der Geisel", sind nicht „extremer Grenzfall", sondern „Vorbedingung für jedwede Solidarität und Sozialität" (Strasser 1998, 245). Strasser fasst Lévinas' Vorstellung von Verantwortung und Stellvertretung wie folgt zusammen:

> „Das Subjekt kommt in eine Welt, die bereits aus den Fugen geraten ist; und es bezichtigt sich all dessen, was die Anderen verbrochen haben. Seine Einzigartigkeit erwächst aus dem Umstand, dass es die Vergehen der Anderen trägt! Sein Beschuldigt- und Verfolgtwerden nimmt den Charakter einer *Abbüßung* an. […] Ich habe nichts verbrochen und werde doch zur Verantwortung gerufen. Ich bin ausschließlich Leibbürge, Geisel für die Anderen. Das kleine Wörtchen ‚Ich' bedeutet dann nichts anderes als: ‚Hier bin ich; ich nehme die Verantwortung für alle und alles.' So stört die Verantwortung das berühmte und berüchtigte In-sich-ruhen der Substanz." (Strasser 1998, 245; Hervorhebung im Original)

---

117 Eine ausführlichere Darstellung der Besessenheit von der Verantwortung und des Geisel-Seins findet sich in Lévinas (1983, 288 ff.).
118 Zu Lévinas' Verständnis der Substitution vergleiche ausführlicher Lévinas (1983, 315-323).

In Bezug auf diesen „unterwerfenden[n] Charakter der Verantwortung" (Lévinas 2005a, 75) betont Lévinas, dass eben jener „unterwerfende Charakter des Gehorsams, der früher ist als die Vorstellung oder als die Vorstellung des zur Verantwortung verpflichtenden Befehls", annulliert wird „durch das Gutsein des Guten, das gebietet" (ebd.), und dass der Gehorchende durch diese Unterwerfung seine Integrität findet. Vor diesem Hintergrund erscheint die besagte Passivität des Subjekts als ein Erleiden des Guten, als ein vom Guten Beherrscht-Werden. Wichtig hierbei ist, dass das Gute nicht frei wählbar ist, sondern dass das Subjekt vom Guten erwählt wird. Durch dieses Gute, das das Subjekt erwählt, „ist die Verpflichtung zur unaufhebbaren, unumkehrbaren, unwiderlegbaren, auf keine Wahl zurückgehenden Verantwortung keine Gewalt, [im Sinne einer; Anm.: A.W.] Gewalt, die einer Wahl zuwiderlaufen würde" (Lévinas 2005a, 77). Darüber hinaus begründet Lévinas mit dieser Ansicht auch ein verändertes Verständnis von Freiheit, insofern ihm zufolge die besagte Verantwortung die Freiheit übersteigt und die Passivität der Freiheit vorangeht (vgl. Lévinas 2005a, 76 ff.). Die Freiheit versteht Lévinas im Sinne einer „Freiheit des Antwortens" (Lévinas 2005a, XV). Die Passivität ist also demnach der Ausgangspunkt, der Ort bzw. der Nicht-Ort des Guten (Lévinas 2005a, 77). Diese Passivität zeigt sich darüber hinaus auch im Sagen, in der Hinwendung des Subjekts an den Anderen. Lévinas (1998, 115) betont, dass der „Akt des Sagens" mit der „höchste[n] Passivität der Ausgesetztheit dem Anderen gegenüber" einhergeht, insofern sich in der Hinwendung zum Anderen, die nicht auf das Selbe zurückverweist, ausdrückt, dass dieser dem Subjekt nicht gleichgültig ist, dass das Subjekt sich ihm öffnet, sich ihm aussetzt.[119] Dieser Andere, den das Subjekt anruft, „ist nicht Gegenstand meines Verstehens: *Er steht unter keiner Kategorie.* Er ist der, mit dem ich spreche – er hat Bezug nur auf sich selbst" (Lévinas 1987, 93; Hervorhebungen im Original). Gleichzeitig tritt das Selbe in der Rede aus seiner Selbstheit heraus (vgl. Lévinas, 1987, 44) und besitzt in seinem vorbehaltlosen Ausdruck und seiner Öffnung dem Anderen gegenüber „keine Innerlichkeit mehr" (Strasser 1998, 242): „Sein Innerstes befindet sich jetzt draußen, da es *für den Anderen ist.*" (ebd.; Hervorhebungen im Original). Die Begegnung mit dem Anderen geschieht nach Lévinas' Verständnis also – wie oben erläutert – durch das Antlitz als Begegnung von Angesicht zu Angesicht, was ein Ausdruck und *ein* Teil der Öffnung und der Hinwendung des Subjekts zum Anderen ist; die Beziehung zum Anderen vollzieht sich laut Lévinas in der Sprache, der Rede zum Anderen, als weiterem Teil der Öffnung für und der Annäherung an ihn (vgl. Lévinas 1987, 44 und Lévinas 1998, 115). Dabei betont Lévinas, dass sich in der Rede zwar die Beziehung, die Annäherung zum Anderen vollzieht, dies jedoch nicht zur Aufhebung des Abstands bzw. der Trennung zwischen Selbem und Anderem führt (vgl. Lévinas 1987, 44 und 427 f.). Diese Rede bzw. Sprache unterteilt Lévinas wiederum in Sagen (*le dire*) und Gesagtes (*le dit*) (vgl. hierzu ausführlicher Lévinas 1998, 29 ff. und Waldenfels 2005b, 208 ff.). Mit dem Sagen ist das *Zum-Anderen-Sprechen* und *Für-den-Anderen-Sprechen* gemeint, das über den bloßen Inhalt des Gesagten hinausgeht, das Gesagte überschreitet. Lé-

---

119 Zur Passivität des Sagens vergleiche ausführlicher Lévinas (1998, 130 ff.).

vinas kritisiert diesbezüglich die „Unterordnung des Sagens unter das Gesagte, unter das linguistische System und die Ontologie"[120], und plädiert für die Rückführung des Gesagten auf das Sagen, „auf die sich ausdrückende Zuwendung, die nicht mehr im Sinne von ‚esse' und ‚Interesse' steht, sondern in dem der Güte" (Strasser 1998, 242). Hierzu führt Lévinas eine phänomenologische Reduktion ein:

> „Auf dieses *Diesseits* gilt es zurückzugehen, von der Spur aus, die das *Gesagte*, in dem sich alles zeigt, von ihm behält. Der Rückgang auf das Sagen ist die *phänomenologische Reduktion*, in der das Unbeschreibbare beschreibbar wird. Das Subjekt wird beschreibbar als *Sich*, von vornherein im Akkusativ (oder unter Anklage!) und als solches bereits Voraussetzung der ‚unendlichen Freiheit des Gleichen' (durch die Hegel die Rückkehr des Bewusstseins und der Zeit zu sich selbst charakterisiert). Diese Freiheit ereignet sich bereits im Erzählzusammenhang, im Gesagten. Das Subjekt wird zu beschreiben sein, als entblößt und mittellos, als *Einer* oder *Jemand*, hinausgetrieben aus dem Sein, diesseits des Seins, verwundbar, das genau heißt sensibel, und so, das ihm, wie dem *Einen* in Platons *Parmenides*, Sein nicht zugeschrieben werden kann." (Lévinas 1998, 129 f.; Hervorhebungen im Original)

Vor diesem Hintergrund wird der Zusammenhang von der Passivität des Sagens, der Passivität, in der das Subjekt dem Anderen ausgesetzt ist, der Abhängigkeit der Subjektwerdung des Subjekts vom Anderen und dessen Anruf und Anspruch auf Antwort und Verantwortung deutlich. Erst die Öffnung und Hinwendung zum Anderen, durch das Geben einer Antwort, durch die (asymmetrische) Beziehung zum Anderen, die auf der Besessenheit von der irreduziblen, anarchischen Verantwortung des Einen für den Anderen basiert, ermöglicht Subjektivität. Ein Problem, das die Idee und der Ausdruck der vorursprünglichen bzw. anarchischen Verantwortung aus phänomenologischer Sicht mit sich bringt, thematisiert und integriert Lévinas mit seinem Begriff der Spur. Aus Sicht der Phänomenologie verlangen diese Begriffe eine Thematisierung, einen Rückgang auf gerade diese hiermit angedeutete Vorvergangenheit. Können diese Phänomene nicht zum Gegenstand intentionaler Analysen gemacht werden, „dann existiert diese Vorvergangenheit nicht […]; dann kann sie auch nicht in einem philosophischen Diskurs zur Sprache gebracht werden" (Strasser 1998, 246). Lévinas begegnet diesem Einwand, indem er „dem Phänomen, das im strahlenden Licht der Erkenntnis erscheint", und dem „Nicht-Sein" (ebd.) die Spur hinzufügt. Merkmal der Spur, im Gegensatz zu den Zeichen, die das Abwesende erschließen und in die Immanenz überführen (vgl. Lévinas, 1983, 229), ist, dass sie etwas bedeutet, ohne etwas erscheinen zu lassen bzw. „in die Erscheinung zu rufen" (Lévinas 1983, 230). Ihre Bedeutung ist unabhängig von der Inten-

---

120 Waldenfels betont hierbei jedoch, dass die „Absorption des Sagens unter das Gesagte" weniger auf ein „Versagen der Linguistik" zurückzuführen ist, als vielmehr auf „Praktiken und Techniken des Sprechens und Schreibens, die ‚für wahres Sein nehmen, was eine Methode ist'" (Waldenfels 2005b, 211).

tion etwas mitzuteilen und lässt sich nicht in die mundane Ordnung integrieren (vgl. ebd.). Die Spur zeugt von einer „absolut vollendete[n] Vergangenheit" (Lévinas 1983, 232), von etwas, das absolut unumkehrbar und uneinholbar vorübergezogen, vergangen, entschwunden ist. Die Spur führt jedoch „nicht nur zur Vergangenheit, sondern ist das *Übergehen* selbst zu einer Vergangenheit, die entfernter ist als alle Vergangenheit und als alle Zukunft" (Lévinas 1983, 234; Hervorhebung im Original). Bezogen auf das Sein bzw. auf den Anderen bedeutet dieses Bild der Spur zunächst, dass die Spur nicht eine Verbindung zu etwas herstellt, „das geringer wäre als das Sein", sondern eine Verbindung zum Unendlichen, zum absolut Anderen (vgl. ebd.): Es bedarf des Einen (dem absolut Anderen), um die Spur zu erzeugen; „die Spur des Einen lässt das Wesen entstehen, und das Sein ist nur die Spur des Einen" (Plotin; zit. nach: Lévinas 1983, 233). Eine Spur kann jedoch nur von einem Wesen hinterlassen werden, „das die Welt transzendiert" (Lévinas 1983, 233). Der Andere, der in seiner absoluten Andersheit und seiner Unendlichkeit die Idee des Subjekts, des Ich, die dieses von ihm hat, übersteigt und niemals von dessen Bewusstsein und Intentionen erfasst und begriffen werden kann, hinterlässt also in seiner Uneinholbarkeit, seiner unüberbrückbaren Distanz, seiner Unendlichkeit und Abwesenheit eine Spur. Diese Jenseitigkeit des Anderen, die in seinem Antlitz aufleuchtet (vgl. Lévinas 1983, 229 und 234), beschreibt Lévinas mit dem Begriff der Illeität. Diesen Begriff leitet Lévinas aus dem Wort „Ille" als Übersetzung des französischen Ausdrucks „Il" ab. Dies ist zu verstehen als ein „Jener".[121] Das Pronomen „Ille" ist hierbei Ausdruck und Bedingung der Unumkehrbarkeit, der Transzendenz und der absoluten Vergangenheit (vgl. ebd.). Mit dem Begriff der Illeität beschreibt er den „Ursprung der Andersheit des Seins" (Lévinas 1983, 235) und das Jenseits des Seins, das „Jenseits, aus dem das Antlitz kommt" (Lévinas 1983, 229), als eine dritte Person:

> „Diese dritte Person, die sich im Antlitz bereits aus aller Entbergung und aller Verbergung zurückgezogen hat, die vorübergegangen ist – diese Illeität ist nicht ein „Weniger als das Sein" im Verhältnis zur Welt, in die das Antlitz vordringt; sie ist die ganze Unendlichkeit des absolut Anderen, die der Ontologie entgeht. Die höchste Anwesenheit des Antlitzes ist untrennbar von jener höchsten und unumkehrbaren Abwesenheit, die die eigentliche Erhabenheit der Heimsuchung begründet." (Lévinas 1983, 230)[122]

Das Jenseits leuchtet im Antlitz des Anderen auf und „bedeutet als Spur" (Lévinas 1983, 228). Durch diesen Ausdruck, dieses Sprechen des Antlitzes, erfolgt dann, wie oben ausführlich dargelegt, der Aufruf zu Verantwortung als Grundlage von Subjektivität und Ethik, dem sich das Subjekt nicht entziehen kann. Hieraus ergibt sich jedoch noch ein weiterer zentraler Punkt: In der Begegnung mit dem Ande-

---

121 „Die Übersetzung von ‚illéité' durch ‚Illeität' verbietet es, ‚Il' mit ‚Er' zu übersetzen." (Lévinas 1983, 229)
122 In dieser Beschreibung von Illeität zeigt sich ein Unterschied zur Philosophie Martin Bubers und Gabriel Marcels. Vgl. hierzu Lévinas (1983, 235).

ren, mit dem Anspruch seines Antlitzes, ist „kein Urteil vonnöten", „der Andere, Einzige, erträgt kein Urteil" (Lévinas 1995, 259); der Andere und die Verantwortung für ihn haben absoluten Vorrang vor dem Ich, dem Subjekt.[123] In dem Moment jedoch, wo ein bzw. mehrere weitere Andere, Dritte, die ebenfalls absolut Anderer für das Ich sind, denen es gerecht werden muss, hinzutreten, stellt sich die Notwendigkeit des Vergleichs, der Reziprozität, des Urteils und die Frage der Gerechtigkeit: „Während die Nähe des fremden Gesichts Quelle der Gerechtigkeit ist, ist die Beziehung mit dem Dritten […] eine unablässige Korrektur dieser Asymmetrie der Nähe, in der das Gesicht, indem es angestarrt wird, sein Gesicht verliert (se dé-visage)" (Waldenfels 2005b, 207). Hieraus ergibt sich wiederum das Dilemma, dass es einerseits des Vergleichs bedarf, um Recht, Gleichheit und (gesellschaftliche) Gerechtigkeit zu ermöglichen, dass aber hierbei andererseits der singuläre absolute Andere und die Beziehung zu ihm in der Allgemeinheit und im System untergehen und die (von Lévinas postulierte) Verpflichtung und die Verantwortung des Ich, des Subjekts dem Anderen gegenüber nur eingeschränkt möglich sind.[124] Dies begründet Lévinas' Forderung, stets den absoluten Anderen in seiner Singularität, die Verantwortung für ihn und alle damit verbundenen ethischen Implikationen wieder in den Fokus zu rücken, was wiederum die Unabgeschlossenheit von Staat und Politik, gesellschaftlichen Regeln, sozialen Ordnungen, Institutionen und Rechtssystemen begründet (vgl. Moebius 2003, 61 ff.). Dieses Spannungsverhältnis zwischen der „Achtung vor der Fremdheit des Anderen und den Erfordernissen des rechtlichen Ausgleichs" kennzeichnet genau die Verquickung von Ethik und Politik (Waldenfels 2005b, 207). Über die Beziehung zu den Dritten, zu den weiteren Anderen in einer Gesellschaft, ergibt sich somit einerseits der Eingang der Ethik in die Politik[125] und aus diesem Politikverständnis resultierend wiederum ein dynamischer Gesellschaftsbegriff, der durch die „Dynamik der Beziehung von Angesicht-zu-Angesicht" (Moebius 2003, 62) begründet ist.[126] Auch gesellschaftliche Probleme wie Exklusion und Marginalisierung (von Anderen, Fremden) sieht Moebius (2003, 70) bei Lévinas mit den Begriffen der „Thematisierung" und „Objektivierung" umschrieben: „Ausgehend von diskursiven Identifikationsoberflächen werden die Anderen anhand abweichender oder als zweitrangig erachteter (geschlechtlicher, sexueller oder kultureller) Identitäten objektiviert und identifiziert" (ebd.). Hierbei zeigt

---

123 Hierzu bemerkt Reich (1998a, 258) übrigens, dass diese „Selbstaufgabe des Ichs bloß imaginär bleibt und sich illusionär ins Symbolische wandelt".

124 Waldenfels (2005b, 241) weist auf die Aspekte der Macht, Machtkonflikte und Machtkonstellationen hin, die durch den „Ruf nach Gerechtigkeit" und das „Eingreifen des Dritten" entstehen, und sieht diesen Machtaspekt bei Lévinas als in nur „untergeordneter Rolle" thematisiert.

125 Aus Rücksicht auf den Gesamtumfang der Arbeit kann auf Lévinas' Verständnis von Politik an dieser Stelle nicht näher eingegangen werden. Eine zusammenfassende Darstellung hierzu und zum Vergleich mit Derrida findet sich zum Beispiel in Moebius (2003).

126 Waldenfels (2005b, 207) weist in diesem Zusammenhang darauf hin, „dass politische, juridische, sprachliche oder kulturelle Ordnungen weder durch den Anspruch des Anderen noch durch dessen Korrektur hervorgebracht werden". Er betont, dass Lévinas „solche Ordnungen lediglich voraussetzt, ohne ihre Herkunft zu erörtern", und sieht an dieser Stelle „Lücken" in Lévinas' Ethik des Anderen.

sich die Relevanz des Lévinas'schen Ansatzes auch für die Sozialwissenschaften, der dazu beitragen kann, auf die Unendlichkeit und absolute Andersartigkeit des Anderen aufmerksam zu machen und damit die Kategorisierung, Typisierung, Objektivierung und Fixierung des Anderen zu dekonstruieren. Tatsächlich hat die Philosophie von Lévinas in vielerlei Hinsicht Eingang in die Sozialwissenschaften gefunden: Exemplarisch sind hier die poststrukturalistische Sozialwissenschaft nach Moebius, die er auf Basis der Kombination der Philosophie Lévinas' mit der Dekonstruktion Derridas begründet (vgl. Moebius 2003), die postmoderne Ethik des Soziologen Zygmunt Baumans (vgl. Bauman 1995)[127] und die phänomenologische Soziologie zu nennen (vgl. Bühl 2002).[128] Zu Letzterer sind auch weitere Ansätze, wie zum Beispiel die Soziologie Alfred Schütz' und die Ethnomethodologie, zu zählen, die ebenfalls auf der Phänomenologie basieren[129], auf die nachfolgend eingegangen werden soll. Zuvor bleibt abschließend festzuhalten, dass sich, trotz aller Kritik, die verschiedenste Theorien und Autoren an Lévinas üben, zeigt, dass mithilfe der Philosophie Lévinas' im Hinblick auf die Thematik des Fremden etwas bleibt: Lévinas' Theorie verdeutlicht ein Verständnis vom Fremden als „Grenzerfahrung", als einem „realen Ereignis", das „weder symbolisch noch imaginär vermittelt" oder (be-)greifbar ist, da es sowohl „über das Denken hinausgeht" als auch „keine bloße Projektion eines Selbst oder seiner Bedürfnisse auf ein Anderes" darstellt (Reich 1998a, 260). Seine Position ist aus konstruktivistischer Sicht insbesondere wertvoll im Hinblick darauf, dass sie durch ihren „radikalen" Fokus auf dem Anderen und seiner Andersartigkeit zur Aufmerksamkeit gegenüber dem Realen, der Lücke, der Verunsicherung bei der Grenzerfahrung des Fremden mahnt, das letztlich nie vollständig verstehbar, begreifbar, einholbar, (in das Selbe, die Ordnung die Kultur o. Ä.) integrierbar oder vorhersehbar ist. Aus diesem Grund ist Lévinas Bezugspunkt und ausschlaggebend für viele andere Diskurse und Positionen, die sich mit der Thematik des Fremden oder des Anderen auseinandersetzen, sowohl in Bezug auf die Auseinandersetzung mit den Gefahren, die Lévinas' metaphysische Perspektive impliziert, als auch im Hinblick auf den bereits erwähnten Hinweis auf das Reale als Grenzbedingung des Symbolischen und Imaginären bei der Betrachtung des Fremden, was wiederum zur Enttarnung „blinder Flecke", Grenzen und Auslassungen und zur Relativierung der jeweiligen Sicht auf Fremdheit beitragen kann. Alle diese Diskurse beziehen und positionieren sich in der einen oder anderen Weise auf bzw. zu Lévinas.

---

127 Zur Verknüpfung der Ethik Lévinas' und der postmodernen Ethik Baumans vergleiche Moebius (2001).

128 Den konkreten Einfluss und Bezug von Lévinas auf die phänomenologische Soziologie erläutert Bühl (2002, 74 ff.).

129 Zu den Verbindungen von Soziologie und Phänomenologie und zur phänomenologischen Soziologie vergleiche ausführlicher Raab/Dreher/Pfadenhauer et al. (2008) und Bühl (2002).

2.1.4 Die Bedeutung der Perspektive der Phänomenologie für die Betrachtung der Fremdheit aus interaktionistisch-konstruktivistischer Sicht

Die Phänomenologie stellt, wie eingangs bereits erwähnt, in meiner Arbeit neben dem interaktionistischen Konstruktivismus als Metatheorie und den Cultural Studies sowie dem Postkolonialismus einen der theoretischen Schwerpunkte bei der Betrachtung von Fremdheit dar.

Dies ist zum einen dadurch begründet, dass die Phänomenologie vielfache Bezugspunkte zum interaktionistischen Konstruktivismus aufweist und von ihm rezipiert wird.[130] Zum anderen verfügt sie außerdem über eine Vielzahl von Bezugspunkten, Verbindungen und Wechselwirkungen mit anderen ausgewählten Perspektiven auf Fremdheit, die nachfolgend in diesem 2. Kapitel vorgestellt werden. Diesen dient sie teilweise als Grundlage und Ausgangspunkt und stellt hiermit die Basis für verschiedene Perspektiven auf Fremdheit dar, aus denen sich wiederum grundlegende Aspekte (der Re-/De-/Konstruktion) von Fremdheit ableiten lassen (vgl. Kap. 3).

Bevor ich auf die Bedeutung der Phänomenologie für die Betrachtung der Fremdheit zurückkomme, möchte ich zunächst auf den erstgenannten Punkt eingehen und einige Verbindungslinien zwischen interaktionistischem Konstruktivismus und der Phänomenologie aufzeigen. Im Verlauf der obigen Darstellung der Grundgedanken der Phänomenologie (vgl. Kap. 2.1 – 2.1.1.4) sind einige Parallelen zum interaktionistischen Konstruktivismus bereits deutlich geworden. Dennoch ist ein ausführlicher Vergleich von interaktionistischem Konstruktivismus und Phänomenologie aufgrund der angesprochenen Komplexität der phänomenologischen Theorie(n) (vgl. Kap. 2.1.1) an dieser Stelle nicht möglich und bedürfte wohl einer gesonderten Arbeit.[131]

Dennoch sollen nun nachfolgend einige Verbindungslinien kurz angedeutet werden:

Reich (2004b, 35) zählt die Phänomenologie zu den „Quellen […] konstruktivistischen Denkens", die dieses teilweise „indirekt […] vorbereitet" haben oder auch direkt Eingang in konstruktivistische Ansätze, wie zum Beispiel den methodischen und den sozialen Konstruktivismus, gefunden haben. Der Methodische Konstruktivismus geht Reich (2004a, 36 f.) zufolge direkt aus der Phänomenologie hervor und wird heute unter mehr kulturalistischen Gesichtspunkten insbesondere von Janich weiterentwickelt. Auch sozial-konstruktivistische Ansätze, wie zum Beispiel der bereits erwähnte Ansatz nach Berger/Luckmann, sind stark von der Phänomenologie beeinflusst (vgl. Reich 2001, 369). Da der interaktionistische Konstruktivismus ursprünglich aus dem methodischen Konstruktivismus hervorging und hieraus

---

130 Vgl. hierzu auch Reich (2009a und b).
131 Eine Darstellung der Wechselwirkungen zwischen Kulturalismus, Phänomenologie und Konstruktivismus, allerdings nicht explizit bezogen auf den interaktionistischen Konstruktivismus, findet sich in Janich (1999).

entwickelt wurde und auch Aspekte des sozialen Konstruktivismus und des Kulturalismus mit einbindet, sind auch hier noch eindeutige Bezugspunkte zur phänomenologischen Theorie sichtbar. Berührungspunkte sehe ich persönlich zum Beispiel in der Reflexion des Entstehungszusammenhangs von Wissenschaft und ihrer Herleitung, Einbettung sowie ihrem Rückbezug in bzw. auf die natürliche „Lebenswelt" und der damit verbundenen bzw. daraus resultierenden Relativierung ihres universalen Geltungsanspruchs bzw. ihrer Objektivität, in der Betonung der Bedeutung der Ersten-Person-Perspektive, in ihrem Ansatz zur leiblich-sozial-kulturellen-Einbettung des Subjekts, ihrem Anspruch der Reflexion der „natürlichen Einstellung" sowie in der Berücksichtigung der Intentionalität des Subjekts. Vieles hiervon verstehe ich als „Vorreiter" für spätere interaktionistisch-konstruktivistische Perspektiven, auch wenn der interaktionistische Konstruktivismus diese Perspektiven erweitert und weiterentwickelt, unter anderem durch den Bezug auf eine Vielfalt weiterer theoretischer Perspektiven, und auch weitere wesentliche Aspekte in die Betrachtung mit einbezieht. Hierzu zählen wie zum Beispiel die Frage nach den Machtverhältnissen, die Perspektiven des Imaginären (das in der Phänomenologie hauptsächlich im Aspekt der Intentionalität aufgegriffen wird) und Realen (zusätzlich zum Symbolischen), dekonstruktive Prozesse und ihre Wechselwirkungen mit Konstruktionen und Rekonstruktionen sowie ein differenzierter Blick auf die kulturelle Einbettung und den interaktionistischen Charakter jeder Art von Konstruktion. Darüber hinaus verfolgt der interaktionistische Konstruktivismus keinen ontologischen Anspruch und basiert – im Gegensatz zur Phänomenologie – auf einer differenzierten Beobachtertheorie.

Dennoch kann aus meiner Sicht die Phänomenologie als Anstoß und Wegbereiter eines veränderten Verständnisses von Fremdheit verstanden werden. Nicht nur die phänomenologischen Ansätze und Überlegungen zur Intentionalität, Lebenswelt und Intersubjektivität als zentrale Grundgedanken der Phänomenologie sind – trotz möglicher Kritikpunkte und Modifizierungen bzw. Erweiterungen aus interaktionistisch-konstruktivistischer Sicht – beachtenswerte und anschlussfähige Konzepte für die Betrachtung der (Re-/De-/)Konstruktion von Fremdheit und der hierin eingehenden Faktoren, sondern insbesondere auch die oben vorgestellten konkreten Analysen der Fremdheit aus phänomenologischer Perspektive (bzw. Tradition) nach Waldenfels und Lévinas machen mit ihrer jeweiligen Sicht auf Fremdheit auf bestimmte Deutungen und Aspekte von Fremdheit aufmerksam, die eine interaktionistisch-konstruktivistische Betrachtung von Fremdheit (als Konstruktion) bereichern und in diese mit aufgenommen werden können. Hierzu zählen vor allem die Aspekte der wechselseitigen Abhängigkeit und Verflechtung von Eigenem und Fremdem sowie das Verständnis von Fremdheit als Ergebnis von Differenzierungen (vgl. Waldenfels 1997a, 74; Waldenfels 1990, 65) und als Bestimmung, die jeweils in Abhängigkeit vom jeweiligen Sprecher und in Bezug zu einer bestimmten Ordnung und ihren Grenzziehungen getroffen wird. Auch Waldenfels' Beschreibungen des (*radikalen*) Fremden als das Außer-Ordentliche, als *Pathos*, das in die (bestehende) Ordnung einbricht (vgl. Kap. 2.1.2), ebenso wie Lévinas' Verständnis des *absoluten Anderen* bieten für mich dahingehend Anschlussmöglichkeiten, dass ich hierin Parallelen zum interaktionistisch-konstruktivistischen Register des Realen sehe. Dies stellt für mich eine Möglichkeit zur Perspektivenerweiterung dar, die ich insbesondere in der *Dimension des Realen bei der Re-/De-/Konstruktion von Fremdheit* (vgl. Kap. 3.8) aufgreifen werde.

Darüber hinaus ist die Phänomenologie auch aus dem Grund von besonderer Bedeutung für die Betrachtung von Fremdheit, da sie, wie bereits erwähnt, bedeutenden Einfluss auf einige der nachfolgend ausgeführten Perspektiven hat, die teilweise im Anschluss an sie entwickelt wurden oder in bedeutsamer Wechselwirkung mit ihr stehen. Diesbezügliche Hauptbezugspunkte finden sich in dieser Arbeit insbesondere in den folgenden Ausführungen zur Lebenswelt und zur Etablierung sozialer Strukturen nach Berger/Luckmann und Schütz (vgl. Kap. 2.2.2) als Ausgangspunkt gesellschaftlicher Konstruktionen, ebenso wie in der Darstellung der Ethnomethodologie (vgl. Kap. 2.2.3), die wiederum in den Cultural Studies (vgl. Kap. 2.3) rezipiert wurden und zu ihrer Entwicklung beitrugen (vgl. Winter 2001, 74 ff.).

2.2 Die Perspektive der Soziologie

Die Thematik des Fremden ist auch Gegenstand der Sozialwissenschaften. Aus diesem Grund soll an dieser Stelle ein kurzer Einblick in einige ausgewählte soziologische Perspektiven auf Fremdheit gegeben werden, die jeweils unterschiedliche Hintergründe, Kontexte und Herangehensweisen aufweisen. Ziel dieser Perspektivenerweiterung ist es, die Bedeutung der Gesellschaft und Lebenswelt für die Re-/De-/Konstruktion gesellschaftlich geteilter Wirklichkeit, geteilten Sinns und geteilten Wissens, und in diesem Zusammenhang auch Fremdheit, aufzuzeigen. Bei diesen ausgesuchten Perspektiven handelt es sich sowohl um Klassiker der Soziologie, wie die Theorien und Untersuchungen von Alfred Schütz, Georg Simmel und Norbert Elias, die die Thematik der Fremdheit in die Soziologie einführten und weiterentwickelten (vgl. Aydin 2009, 84), als auch um weitere nachfolgende soziologische Theorien und Betrachtungen von Fremdheit, wie die von Zygmunt Bauman und Armin Nassehi, die, ebenso wie auch die Ethnomethodologie, an die genannten Klassiker anschließen bzw. sich hierauf beziehen.[132] Der Schwerpunkt soll hierbei auf der Perspektive von Alfred Schütz liegen, da sein soziologischer Ansatz einerseits an die oben beschriebene Phänomenologie Husserls anknüpft, und andererseits

---

132 Aydin (2009, 84) gibt zu bedenken, dass die besagten Klassiker der Soziologie und ihre Betrachtungen der Fremdheit in der „Erfahrungssituation des späten 19. und frühen 20. Jahrhunderts" und der durch die „Entstehung des industriellen Kapitalismus" und der „Entwicklung der bürgerlichen Gesellschaft" hervorgerufenen Krise und damit verbundener Transformationsprozesse zu verorten sind. In diesem Kontext ist das „Irritationspotenzial" der „Fremdheitsproblematik" zu verorten (Aydin 2009, 84 ff.).

Grundlage der nachfolgend vorgestellten Ethnomethodologie ist. Darüber hinaus ist dieser Ansatz Vorläufer des sozial-konstruktivistischen Ansatzes nach Berger/Luckmann, der wiederum – wie oben bereits erläutert – Bezugspunkte zum interaktionistischen Konstruktivismus aufweist.[133] Beginnen möchte ich jedoch vorab mit einem Klassiker der soziologischen Betrachtungen von Fremdheit.

2.2.1 Der Fremde im Spannungsverhältnis von Nähe und Entferntheit

Simmels „Exkurs über den Fremden" ist ein bis heute vielfach zitierter Klassiker und Ausgangspunkt soziologischer Betrachtungen über den Fremden. Seine Überlegungen zum Fremden thematisiert Simmel aus einer raumtheoretischen Perspektive heraus.[134] Der Fremde ist bei Simmel charakterisiert durch seine räumliche Mobilität als potenziell Wandernder; durch seine Gelöstheit von räumlichen Fixierungen im Gegensatz bzw. in Relation zu den Einheimischen. Der Fremde ist demnach nicht zu verstehen im Sinne eines Wandernden, „der heute kommt und morgen geht, sondern als der, der heute kommt und morgen bleibt" (Simmel 1992, 764). Das Verhältnis und die Position des Fremden als potenziell Wanderndem ist dadurch bestimmt, dass er einerseits „die Gelöstheit des Kommens und Gehens noch nicht überwunden hat", und andererseits dadurch, dass er in einen bestimmten räumlichen Umkreis, dem er nicht ursprünglich angehört, „Qualitäten, die aus ihm nicht stammen und stammen können, in ihn hineinträgt" (ebd., 764 f.).[135] Aus dieser Gegebenheit, dass der Fremde aus der Ferne kommt, was seine Loslösung und Ungebundenheit an soziale Zusammenhänge zeigt, jedoch „hier" am neuen Ort bleiben und sich niederlassen will, und in dieser Hinsicht ein Teil der Gruppe ist, während er gleichzeitig Repräsentant des „Woanders" ist, ergibt sich ein Spannungsverhältnis von Nähe und Entferntheit, das den Fremden auszeichnet:

> „Die Einheit von Nähe und Entferntheit, die jegliches Verhältnis zwischen Menschen enthält, ist hier zu einer, am kürzesten so zu formulierenden Konstellation gelangt: die Distanz innerhalb des Verhältnisses bedeutet, dass der Nahe fern ist, das Fremdsein aber, dass der Ferne nah ist. Denn das Fremdsein ist natürlich eine ganz positive Beziehung, eine Wechselwirkungsform; die Bewohner des Sirius sind uns nicht eigentlich fremd – dies wenigstens nicht im soziologisch in Betracht kommenden Sinne des Wortes –, sondern sie existieren überhaupt nicht für uns, sie stehen jenseits von Fern und Nah. Der Fremde ist ein Element der Gruppe selbst [...], ein Element, dessen immanente und Gliedstellung zugleich ein Außerhalb und ein Gegenüber einschließt. [...] Mit all seiner unorganischen

---

133 Vgl. hierzu auch Kapitel 2.1.1.3.

134 Simmels Exkurs über den Fremden ist Teil des Kapitels „Der Raum und die räumliche Ordnung der Gesellschaft" (vgl. Simmel 1992).

135 Erst durch die Bleibeabsicht wird der Fremde für die Gruppe der Einheimischen zum Fremden, nur der Fremde in diesem Verständnis und mit dieser Absicht ist relevant für Simmels Ausführungen über den Fremden.

Angefügtheit ist der Fremde doch ein organisches Mitglied der Gruppe, deren einheitliches Leben die besondere Bedingtheit dieses Elementes einschließt; nur daß wir die eigenartige Einheit dieser Stellung nicht anders zu bezeichnen wissen, als daß sie aus einem gewissen Maß von Nähe und gewissen von Ferne zusammengesetzt ist, die, in irgendwelchen Quanten jedes Verhältnis charakterisieren, in einer besonderen Proportion und gegenseitigen Spannung das spezifische, formale Verhältnis zum ‚Fremden' ergeben." (Simmel 1992, 765 ff.)

Dieses besondere Verhältnis von Nähe und Distanz, das den Fremden auszeichnet, begründet laut Simmel die Objektivität des Fremden, die ihm als unbefangenen und unparteiischen Beobachter und Gruppenfremden die Funktion eines „Richters" und „eine positive Art der Teilnahme" ermöglicht und eine besondere Art von „Freiheit" bedeutet (Simmel 1992, 767): Der Fremde „ist der Freiere, praktisch und theoretisch, er übersieht die Verhältnisse vorurteilsloser, misst sie an allgemeineren, objektiveren Idealen und ist in seiner Aktion nicht durch Gewöhnung, Pietät, Antezedentien gebunden" (ebd.). Simmel betrachtet die Definition und Situation des Fremden also vor dem Hintergrund räumlicher Aspekte und seiner räumlichen Positionierung und nicht anhand von kulturellen oder ethnischen Differenzen. Die Bedeutung dieser Differenzen und ihrer Zuschreibungen bleibt bei Simmel ausgeblendet. Dennoch ist der Ansatz Simmels richtungsweisend, insofern hierbei zum einen deutlich wird, dass die Zuschreibungen von Fremdheit vonseiten der Einheimischen bzw. der Aufnahmegesellschaft vorgenommen werden, auch wenn bei Simmel die diesbezüglichen Machtmechanismen nicht thematisiert werden, und zum anderen insofern, dass Simmel darauf hinweist, dass sich die Thematik bzw. Problematik des Fremden erst durch dessen Bleibeabsicht stellt. Laut Breckner (2009, 90) macht Simmel auf „die ambivalente Position von Fremden in Relation zu Einheimischen in einem Spannungsverhältnis von Nähe und Distanz" und auf die Bedeutung der „Fragen nach dem gesellschaftlichen und sozialen Ort, von dem aus Erfahrungen als Fremder bzw. mit Fremden gemacht werden", aufmerksam.

2.2.2 Die Erfahrung der Fremdheit als Krisis

Alfred Schütz bezieht sich – wie oben bereits erwähnt – in seiner phänomenologischen Soziologie ebenso auf Husserl wie Lévinas, wobei Letzterer jedoch mehr die ethische Dimension fokussiert, während Schütz dies auf die gesellschaftliche Dimension hin anwendet. Schütz entwickelt seine Position zunächst in seinem Buch „Der sinnhafte Aufbau der sozialen Welt", seinem einzigen zu Lebzeiten veröffentlichten Werk. Darüber hinaus stellte Thomas Luckmann in jahrelanger Arbeit aus den von Schütz hinterlassenen Vorarbeiten das Buch „Strukturen der Lebenswelt" (2003) zusammen. Schütz' Ausgangspunkt war zunächst die Wissenssoziologie Max Webers. Hiervon ausgehend suchte Alfred Schütz nach einer philosophischen Begründung der Soziologie. Er erkennt Webers Postulat einer handlungstheoretischen Begründung der Sozialwissenschaften und die Bedeutung des Verstehens des subjektiven (Handlungs-)Sinns hierfür an. An diesem Punkt setzt Schütz an und erweitert die seiner Ansicht nach bei Webers *Verstehenden Soziologie* unzureichenden Analysen und Definitionen des Sinns und fokussiert hierbei auf die Konstitution des (subjektiven) Sinns. Durch eine philosophische Grundlegung und Analyse will Schütz die Probleme, Unstimmigkeiten und Ungenauigkeiten, die sich aufgrund der ungenügenden Klärung des Begriffs des Handlungssinns bei Weber ergeben haben, ausräumen (vgl. hierzu Eberle 1984, 17 ff.). Hierzu greift er neben der Lebensphilosophie Bergsons vor allem auf die Phänomenologie Husserls zurück, um sowohl die Konstitution des subjektiven Erlebnis-, Verhaltens- und Handlungssinns sowie den „Prozess der Sinndeutung in Selbst- und Fremdauslegung" (Eberle 1984, 32) nachzuvollziehen[136] als auch um davon ausgehend eine Analyse der Methoden, Bedingungen und Strukturen der Konstitution und Konstruktion intersubjektiv geteilten Sinns und Wissens und des sinnhaften Aufbaus der sozialen Welt zu entwickeln. Schütz' Ziel ist hierbei nicht eine „naive Wesensschau sozialer Phänomene" (Eberle 1984, 31), sondern vielmehr die Klärung der „Methode der Sinndeutung" in der Form, „dass sie als wissenschaftlich geklärtes Verfahren gelten darf" (ebd.). Ausgangspunkt hierfür ist unter anderem Husserls Konzept der Lebenswelt, das Schütz somit in die Soziologie einführt und mit dem „Anspruch der verstehenden Soziologie nach Weber" verbindet (Abels 2007, 64), dessen methodologischen Rahmen er beibehält. Die Bedeutung der Lebenswelt ist dadurch begründet, dass diese die alltägliche, unhinterfragte, selbstverständlich (vor-) gegebene, dem Einzelnen vorgängige Grundlage „für den – in der natürlichen Einstellung verharrenden – Menschen" (Schütz/Luckmann 2003, 29) darstellt, deren Grundstrukturen die Wissenschaften, „die menschliches Handeln und Denken deuten und erklären wollen" (ebd.), rekonstruieren und reflektieren müssen. Zentrales Merkmal der Lebenswelt ist, dass diese eine intersubjektiv geteilte ist (vgl. Schütz/Luckmann 2003, 30, 44 und 98); in ihr findet die Kommunikation und Interaktion mit anderen statt.[137] Die Basis für Schütz' Untersuchungen zum Prozess der (gemeinsamen) Realitätskonstruktion sozialer Akteure sind also seine „Konstitutionsanalysen der lebensweltlichen Strukturen in mundaner Einstellung" (Eberle 1984, 80) mit besonderem Fokus auf die „Gegebenheitsweisen der Intersubjektivität" (ebd.) in den Aufschichtungen der Lebenswelt. Letztere untersucht Schütz im Hinblick auf die räumlichen, zeitlichen und sozialen Aspekte (vgl. Schütz/Luckmann 2003). Darüber hinaus thematisiert Schütz die Lebenswelt im Hinblick auf die Strukturen des (subjektiven) Vorrats und Er-

---

136 Hierin liegt laut Eberle (1984, 45) der Verdienst Schütz', dass dieser „die Phänomenologie in einer ganz spezifischen Weise für die Sozialwissenschaften fruchtbar gemacht" hat und mit Husserl und Webers Handlungstheorie die „meist verborgen bleibenden Bewusstseinsleistungen beschrieb, durch die der Sinn von Erlebnissen, Verhaltensweisen und Handlungen erst zustande kommt".

137 Schütz unterscheidet hierbei zwischen Umwelt, Mitwelt, Vorwelt und Folgewelt (vgl. hierzu Schütz/Luckmann 2003).

werbs von Wissen in Verbindung mit seiner gesellschaftlichen Bedingtheit[138], das wiederum als Grundlage für die Bildung von Relevanzsystemen dient, die Schütz in eine Theorie der Typik und der Relevanz fasst. Herausgreifen und hervorheben möchte ich an dieser Stelle die Idealisierungen und Typisierungen, auf deren Basis laut Schütz die Auslegung der Lebenswelt erfolgt:

> „Jeder Schritt meiner Auslegung der Welt beruht jeweils auf einem Vorrat früherer Erfahrungen; sowohl meiner eigenen unmittelbaren Erfahrungen als auch solcher Erfahrungen, die mir von meinen Mitmenschen, vor allem meinen Eltern, Lehrern usw. übermittelt wurden. All diese mitgeteilten und unmittelbaren Erfahrungen schließen sich zu einer gewissen Einheit in der Form eines Wissensvorrats zusammen, der mir als Bezugsschema für den jeweiligen Schritt meiner Weltauslegung dient. Alle meine Erfahrungen in der Lebenswelt sind auf dieses Schema bezogen, so dass mir die Gegenstände und Ereignisse in der Lebenswelt von vornherein in ihrer Typenhaftigkeit entgegentreten [...]. Jedes lebensweltliche Auslegen ist ein Auslegen innerhalb eines Rahmens von bereits Ausgelegtem, innerhalb einer grundsätzlich und dem Typus nach vertrauten Wirklichkeit. Ich vertraue darauf, dass die Welt, so wie sie mir bisher bekannt ist, weiter so bleiben wird und dass folglich der aus meinen eigenen Erfahrungen gebildete und der von Mitmenschen übernommene Wissensvorrat weiterhin seine grundsätzliche Gültigkeit behalten wird." (Schütz/Luckmann 2003, 33 f.)

Die darin anklingenden Idealisierungen lassen sich mit Husserl als die Annahme des „Und-so-weiter" und des „Ich-kann-immer-wieder" (Schütz/Luckmann 2003, 34) beschreiben, womit die Annahme der grundsätzlichen Gültigkeit des Wissensvorrats und der hierin enthaltenen typischen Erfahrungen und der Wiederholbarkeit von Handlungen bezeichnet wird. Auch Intersubjektivität, in der die „gemeinsame Lebenswelt erst konstituiert wird" (Abels 2007, 79), geschieht auf Basis von Idealisierungen, die die „Voraussetzungen für das Leben in der Gemeinschaft" (ebd.) bilden. Diese fasst Schütz in der *„Generalthese der wechselseitigen Perspektiven"* zusammen, die zum einen die Idealisierung der *Vertauschbarkeit der Standpunkte* umfasst und zum anderen auch die Idealisierung der *Kongruenz der Relevanzsysteme* (Schütz/Luckmann 2003, 99; Hervorhebungen im Original). Die Annahme der Kongruenz der Relevanzsysteme ist stets in Verbindung mit dem jeweiligen subjektiven Wissensvorrat zu sehen. Hierbei enthält „mein Wissensvorrat [..] nicht nur das Wissen um meine eigenen Erfahrungen und Relevanzstrukturen sowie über meine eigene einzigartige Individualität, sondern auch typisches Wissen um Biographie, Wissensstock und Relevanzstrukturen meines Interaktionspartners"

---

138 Der Wissensvorrat ist somit sowohl „kulturspezifisch" als auch subjektiv- „biographiespezifisch" (Eberle 1984, 62).

(Eberle 1984, 72).[139] Die Kongruenz der Relevanzstrukturen, im Zusammenspiel mit den anderen genannten Idealisierungen, muss also stets zu einem Minimum gegeben sein, um Interaktion zu ermöglichen, auch wenn einzelne Relevanzen oder die subjektiven Auslegungen divergieren. Auf dieser Grundlage entwickelt Schütz auch eine Typik und Struktur der Erfahrung des Fremden.[140] In seinem Aufsatz „Der Fremde" (1972) untersucht Schütz „die typische Situation [..], in der sich ein Fremder befindet, der versucht, sein Verhältnis zur Zivilisation und Kultur einer sozialen Gruppe zu bestimmen und sich in ihr neu zurechtzufinden" (Schütz 1972, 53). Als „Fremden" bezeichnet Schütz hierbei „einen Erwachsenen unserer Zeit und Zivilisation [..], der von der Gruppe, welcher er sich nähert, dauerhaft akzeptiert oder zumindest geduldet werden möchte" (ebd.). Der Immigrant dient hierfür als Exempel; Besucher oder Gäste, Kinder und Primitive sowie Beziehungen zwischen Vertretern „verschiedener Zivilisationsstufen" (ebd.) werden von dieser Untersuchung explizit ausgeschlossen. Schütz behandelt in seiner Untersuchung des Fremden nicht die „Prozesse der sozialen Assimilation und der sozialen Anpassung" (ebd., 54), sondern beschränkt sich auf die „Situation der Annäherung (approaching), die jeder möglichen sozialen Anpassung vorhergeht und deren Voraussetzungen enthält" (ebd.). Charakteristisch für diese Erfahrung, für den Wechsel in ein anderes Kultur- und Zivilisationsmuster, ist die Erfahrung der Krisis (ebd., 59).[141] Dieses Kultur- und Zivilisationsmuster ist Ausgangspunkt der Schütz'schen Betrachtungen: Unter dem Begriff „Zivilisationsmuster des Gruppenlebens" versteht Schütz „Wertungen, Institutionen, sowie Orientierungs- und Führungssysteme [..] (z.B. Volksweisen, Sitten, Gesetze, Gewohnheiten, Bräuche, gesellschaftliches Benehmen, Mode)", die die jeweilige soziale Gruppe „charakterisieren, wenn nicht gar konstituieren" (Schütz 1972, 54). Der Alltagshandelnde strukturiert nun darüber hinaus dieses kulturelle Wissen gemäß situationsspezifischen Handlungsrelevanzen (vgl. Schütz 1972, 55). Aus diesem Grund ist das Wissen des Alltagshandelnden zwar inkohärent, „nur teilweise klar" (Schütz 1972, 56) und geprägt von inneren Widersprüchen (vgl. ebd.), hat jedoch „für die Mitglieder der In-Group den Schein *genügender* Kohärenz, Klarheit und Konsistenz, um jedermann eine vernünftige Chance zu geben, zu verstehen und selbst verstanden zu werden" (Schütz 1972, 57; Hervorhebung im Original):

> „Jedes Mitglied, das in der Gruppe geboren oder erzogen wurde, akzeptiert dieses fix-fertige standardisierte Schema kultureller und zivilisatorischer Muster, das ihm seine Vorfahren, Lehrer und Autoritäten als eine

---

139 Dies und die Bedeutung der verwendeten Typisierungen ist wiederum abhängig von der Nähe bzw. Anonymität der Beziehung zum Interaktionspartner in der Um-, Mit-, Vor- oder Nachwelt sowie der Mittel- oder Unmittelbarkeit der Erfahrung.

140 Dies stellt insofern eine Weiterführung der Ansätze Simmels und Parks dar, „als er auf den Faktor ‚Wissen' und verstärkt auf die psychologische Dimension des Fremdseins hinweist" (Aydin 2009, 101).

141 Die Erfahrung der Krisis ist übertragbar auch auf andere Situationen, in denen eine Annäherung an etwas Neues, etwa ein neues Milieu, neue Gruppen, Umfeld, Familie o. Ä. stattfindet (vgl. Schütz 1972, 53), auch wenn die Intensität der Krisis hierbei vermindert sein kann.

unbefragte Anleitung für alle Situationen übermittelt haben, die normalerweise in der sozialen Welt vorkommen. Das Wissen, das diesen kulturellen und zivilisatorischen Mustern entspricht, hat seine Evidenz in sich selbst – oder es wird vielmehr aus Mangel an gegenteiliger Evidenz fraglos hingenommen. Es ist ein Wissen von vertrauenswerten *Rezepten*, um damit die soziale Welt auszulegen und um mit Dingen und Menschen umzugehen, damit die besten Resultate in jeder Situation […] erlangt werden können." (Schütz 1972, 57 f.; Hervorhebung im Original)

Dieses sozialisierte (Rezept-)Wissen dient dem Alltagshandelnden somit sowohl als „Anweisungsschema" für die Durchführung von Handlungen als auch als „Auslegungsschema" (Schütz 1972, 58). Daher ist es die Aufgabe der Kultur- und Zivilisationsmuster, „ermüdende Untersuchungen auszuschließen, indem es fertige Gebrauchsanweisungen anbietet, um die schwer zu erreichende Wahrheit durch bequeme Wahrheiten zu ersetzen und um das Selbstverständliche mit dem Fragwürdigen zu vertauschen" (ebd.). Dieses Rezeptwissen bildet somit die Grundlage des „Denkens-wie-üblich" in der natürlichen Weltanschauung im Sinne Schelers und „enthält die ,natürlich'-Annahmen, die für eine bestimmte soziale Gruppe relevant sind" (ebd.). Dieses durch Sozialisation erworbene, intersubjektiv geteilte Orientierungs- und Wissenssystem einer bestimmten Gruppe, dieses „Denken-wie-üblich", basiert auf folgenden Voraussetzungen: Erste Voraussetzung ist, „dass das Leben und insbesondere das soziale Leben weiterhin immer so sein wird, wie es gewesen ist" (ebd.) und frühere Erfahrungen zur Bewältigung zukünftiger Situationen beitragen. Zweitens ist es erforderlich, dass das tradierte sozialisierte Wissen verlässlich ist, und drittens, „dass in dem normalen Ablauf der Dinge es genügt, etwas *über* den allgemeinen Typus oder Stil der Ereignisse zu wissen, die uns in unserer Lebenswelt begegnen" (ebd., 59; Hervorhebung im Original), um diese handhaben zu können. Vierter und letzter zentraler Faktor ist, dass das Relevanzsystem und das Rezeptwissen als Auslegungs- und Anweisungsschema und die diesem zugrunde liegenden Grundannahmen auch von den Mitmenschen geteilt, akzeptiert und angewendet werden (vgl. Schütz 1972, 59). Ist nur eine dieser Grundannahmen nicht erfüllt, sind das „Denken-wie-üblich", das aktuelle Relevanzsystem und die Kultur- und Zivilisationsmuster der jeweiligen Gruppe infrage gestellt und die Beschränkung ihrer Gültigkeit und Viabilität auf spezifische Situationen, Kontexte und Gruppen offenbart. Die hierdurch hervorgerufene Krisis ist Hauptmerkmal der Situation des Fremden bei Schütz:

Der Fremde ist der, der die „Kultur- und Zivilisationsmuster der Gruppe, welcher er sich nähert" (ebd., 59), die damit verbundenen Grundannahmen und das sozialisierte Rezeptwissen und Relevanzsystem nicht teilt, sondern „fast alles, das den Mitgliedern der Gruppe, der er sich nähert, unfraglich erscheint, in Frage stellt" (ebd.), da er nicht „an der lebendigen geschichtlichen Tradition teilnimmt, durch die diese Muster gebildet wurden" und diese „niemals ein integraler Bestandteil seiner eigenen Biographie" waren (ebd.):

„Der Fremde nähert sich deshalb der anderen Gruppe wie ein Neuankömmling im wahrsten Sinne des Wortes. Bestenfalls ist er willens und fähig, die Gegenwart und die Zukunft der Gruppe, welcher er sich nähert, in lebendiger und unmittelbarer Erfahrung zu teilen. Er bleibt jedoch unter allen Umständen von den Erfahrungen ihrer Vergangenheit ausgeschlossen. Vom Standpunkt der Gruppe aus, welcher er sich nähert, ist er ein Mensch ohne Geschichte." (Schütz 1972, 60)[142]

Der Fremde befindet sich insofern in einer Krisis, da für ihn noch die Kultur- und Zivilisationsmuster, die Relevanzsysteme und das Rezeptwissen seiner Herkunftsgruppe Bezugspunkte seiner natürlichen Weltanschauung und seines „Denkens-wie-üblich" sind, die jedoch in Bezug auf die Orientierung, Interpretation, Interaktion und Handlung in der neuen Gruppe ungeeignet sind (vgl. Schütz 1972, 61 f.).[143] Auch eine Übersetzung bzw. das Aufstellen einer „allgemeinen Transformationsformel für beide Zivilisationsmustersysteme" (ebd., 62) ist nicht ohne Weiteres möglich, da sich einerseits die Position des Fremden innerhalb der sozialen Gruppe verändert hat, und hiermit auch die von dieser sozialen Position abhängigen Relevanzstrukturen, und da andererseits für den Fremden die für die Mitglieder der In-Group gegebene Einheit von „koinzidierenden Auslegungs- und Ausdrucksschemen" der Zivilisationsmuster und deren Rezepten (ebd., 63) auseinanderfällt. Auch bei der Übersetzung bzw. Auslegung einzelner Ausdrücke und Aspekte der neuen Gruppe mithilfe der Zivilisationsmuster der Herkunftsgruppe ist nicht sichergestellt, dass dies mit der Auslegung und dem Verständnis der Mitglieder der In-Group zusammenfällt. Stattdessen muss der Fremde stets „mit fundamentalen Brüchen rechnen, wie man Dinge sieht und Situationen behandelt" (Schütz 1972, 63). Schütz veranschaulicht dies exemplarisch anhand der Sprache als einem der Auslegungs- und Ausdrucksschemata bzw. mit dem Erlernen einer Fremdsprache, um den Unterschied zwischen „dem passiven Verstehen einer Sprache und ihrer aktiven Beherrschung" (Eberle 1984, 137) zu verdeutlichen:

„Um eine Sprache frei als Ausdrucksschema zu beherrschen, muss man in ihr Liebesbriefe geschrieben haben; man muss in ihr beten und fluchen und die Dinge mit jeder möglichen Schattierung ausdrücken können, so wie es der Adressat und die Situation verlangen. Nur Mitglieder der in-

---

142 Augenfällig ist die wiederholte Betonung des Faktors, dass der Fremde sich der neuen Gruppe nähert. Dieser Aspekt der Nähe, der erforderlich ist, um etwas bzw. jemanden überhaupt erst als fremd wahrzunehmen, wird in vielen Betrachtungen zur Fremdheit aus unterschiedlichsten theoretischen Schulen hervorgehoben, so unter anderem zum Beispiel von Waldenfels und Lévinas, wie auch von Rommelspacher und in den Cultural Studies ebenso wie hier bei Simmel und Schütz.

143 Ich möchte anmerken, dass ich in der Schütz'schen Beschreibung der Krisis, ihres Effekts und ihrer Auswirkungen Parallelen zum Aspekt des Realen im interaktionistischen Konstruktivismus sehe. Es stellt sich demzufolge die Frage, inwiefern sich in jedem Erscheinen des Realen ein Moment des Fremden bzw. des Befremdens findet. Diese Frage wird im weiteren Verlauf der Arbeit aufgegriffen und ausführlicher diskutiert.

group haben das Ausdrucksschema echt in der Hand und beherrschen es frei innerhalb ihres ‚Denkens-wie-üblich". (Schütz 1972, 65)

Bezogen auf die Kultur- und Zivilisationsmuster im Gesamten bedeutet das laut Schütz, dass das Mitglied der In-Group normale Situationen automatisch erfasst und das entsprechende (situations-)typische lösungs- und handlungsrelevante Rezeptwissen zur Hand hat, wohingegen der Fremde jede Situation aktiv subjektiv definieren muss und nicht mit derselben Selbstverständlichkeit auf die Kultur- und Zivilisationsmuster bzw. Rezepte zurückgreifen kann um die Typik der Situation zu erkennen und die gewünschte situationsadäquate Lösung und Wirkung herbeizuführen. Während das Mitglied der In-Group also in bestimmten „typischen" Situationen wie zum Beispiel beim Bahnfahren mithilfe standardisierter Rezepte standardisierte Ergebnisse (vgl. Schütz 1972, 65) herbeiführen kann, ohne „explizites Vertrautheitswissen" (ebd., 66) besitzen zu müssen, muss der Fremde jede Situation und jedes Kultur- und Zivilisationsmuster im Hinblick auf die je situationsspezifische Anwendbarkeit und Erfolgschance Schritt für Schritt prüfen; er braucht somit „ein explizites Wissen *von* dessen Element, indem er nicht nur ihr *daß* sondern auch ihr *warum* untersucht" (Schütz 1972, 67; Hervorhebungen im Original). Hieraus ergibt sich, dass der Fremde „ein anderes Maß für die Anonymität und Typizität der sozialen Handlungen benützt als die Mitglieder der in-group" (ebd., 67); er versteht „rein individuelle Züge als typische" (ebd.) und umgekehrt. Die Kultur- und Zivilisationsmuster der In-Group sind demzufolge für den Fremden „kein Schutz, sondern ein Feld des Abenteuers, keine Selbstverständlichkeit, sondern ein fragwürdiges Untersuchungsthema, kein Mittel um problematische Situationen zu analysieren, sondern eine problematische Situation selbst" (ebd., 67). Dies alles begründet laut Schütz folgende zwei Grundhaltungen des Fremden gegenüber der neuen, fremden Gruppe: Die Objektivität und die „zweifelhafte Loyalität" des Fremden (Schütz 1972, 689). Die Objektivität im Sinne der Fähigkeit zur Relativierung von Normen sieht Schütz zum einen darin begründet, dass der Fremde die Zivilisationsmuster der In-Group vollständig zu untersuchen und zu verstehen versucht, und zum anderen vor allem durch die Erfahrung der Begrenztheit und Relativierung seines bisherigen „Denkens-wie-üblich" in der neuen Gruppe. Diese Erfahrung verdeutlicht dem Fremden, „dass ein Mensch seinen Status, seine leitende Rolle und sogar seine Geschichte verlieren kann und dass der normale Gang des Lebens stets viel weniger gesichert ist, als es scheint" (Schütz 1972, 68). Hierin unterscheidet sich Schütz von Simmel, der die Objektivität eher als Folge der Ungebundenheit und Unabhängigkeit, als Freiheit von den Gruppenbindungen sieht. Ein weiterer Unterschied besteht darin, dass Simmel diese Objektivität insofern als etwas Positives interpretiert, dass sie dem Fremden die Funktion eines „Richters" ermöglicht und er somit eine bestimmte Aufgabe innerhalb der Gruppe innehat, wohingegen Schütz das Augenmerk auf die mit dieser Objektivität verbundenen „Nachteile" im Entstehungszusammenhang der Krisis und auf das Dilemma des Fremden als Außenstehender der Gruppe lenkt. Die besagte „zweifelhafte Loyalität" des Fremden erklärt

Schütz mit der Unfähigkeit bzw. Unwilligkeit, die Kultur- und Zivilisationsmuster der neuen Gruppe als den „natürlichen und angemessenen Lebensstil" (ebd., 68) zu akzeptieren und in ihrer Gesamtheit anstelle jener seiner Herkunftsgruppe zu setzen. In diesem Fall „bleibt der Fremde das, was Park und Stonequist treffend einen ‚marginal man' genannt haben, ein kultureller Bastard an der Grenze von zwei verschiedenen Mustern des Gruppenlebens, der nicht weiß, wohin er gehört" (ebd.).[144] An dieser Stelle möchte ich kurz anmerken, dass diese Formulierung meiner Ansicht nach – trotz des zeitlichen Abstands zwischen diesen Ansätzen und trotz des in gewisser Hinsicht gespannten Verhältnisses zwischen ihnen (vgl. hierzu Keller 2008, 167) – zum Beispiel an die Beschreibung der Hybridität in den Cultural Studies und dem Postkolonialismus (vgl. Kap. 2.3) sowie an andere Beschreibungen, mit denen die Situation und die Mechanismen der Repräsentation und Machtasymmetrien zwischen Angehörigen des „Westens" und dem „Rest" thematisiert und reflektiert werden, erinnert, auch wenn bei Schütz der Machtaspekt nicht näher thematisiert wird.[145] Dies liegt laut Schütz aber auch an dem Unverständnis der Mitglieder der In-Group für die Situation des Fremden, der ihre „Muster nicht als schützendes Obdach betrachtet, sondern als Labyrinth, in welchem er allen Sinn für seine Verhältnisse verloren hat" (Schütz 1972, 69). Ein wenig anders stellt sich die (typische) Situation des „Heimkehrers" dar, den Schütz als weiteren Grundtyp des Fremden analysiert: Den Unterschied zwischen dem Fremden als Immigranten und dem Heimkehrer sieht Schütz (1972, 70 f.) darin, dass der Fremde versucht, Mitglied einer ihm unvertrauten Gruppe mit ihm unvertrauten „Mustern" zu werden, wohingegen der Heimkehrer in eine Gruppe zurückkehrt, von der er bereits „intime Kenntnisse besitzt" (ebd., 71).

Mit Waldenfels (2003, 176 ff.) lässt sich zusammenfassend sagen, dass sich das Fremde in Schütz' Ansatz in unterschiedlicher Weise zeigt: Es beginnt mit der *Generalthesis des Alter Ego*, mit der Schütz die Gegebenheit des Anderen und damit auch die „*Andersheit*" eines *alter ego*" (ebd., 176; Hervorhebungen im Original) thematisiert. Eine zweite zentrale Bestimmung des Fremden erfolgt über das Konzept des Sinnkontinuums (vgl. ebd., 177), das wir mit anderen teilen. Demzufolge bestimmt sich Fremdheit nicht nur über den „Gegensatz von *ego* und *alter ego*" (ebd.; Hervorhebungen im Original), sondern auch über den Gegensatz von Fremdheit und Vertrautheit. Letztere ist wiederum, und hierin zeigt sich eine weitere Bestimmung, unter anderem auch abhängig von der Zugehörigkeit zu bzw. auch Ausschluss von einer bestimmten Gruppe (vgl. ebd., 181). Waldenfels kritisiert an diesen Analysen zum Fremden eine „Normalisierung des Fremden" (Waldenfels 2003, 182) und die Vernachlässigung des Aspekts des Fremden als Außer-ordentlichem (vgl. ebd.).

---

144 Das Konzept des *marginal man* von Robert E. Park schließt an Simmel an, der den Fremden vor allem als Beobachter der neuen fremden Kultur und Gesellschaft darstellt. Park erweitert und problematisiert diese Betrachtung mit seiner Figur des *marginal man*, den er zwischen zwei verschiedenen Gruppen positioniert, und der, sich befindend „auf der Grenze zweier Kulturen […] persönliche Ressourcen entwickeln muss, um den sozialen Kulturkonflikt individuell zu lösen" (Nassehi 1997, 136).

145 Vgl. hierzu auch das Zitat von Rushdie in Kapitel 2.3.3.4.

Darüber hinaus lässt sich am Schütz'schen Konzept von Fremdheit kritisieren, dass dieser von vorgegebenen und klar voneinander abgegrenzten, in sich homogenen Gruppen, Gesellschaften und Kulturen mit ihren jeweiligen Zivilisations- und Kulturmustern ausgeht. Dies vernachlässigt einerseits die internen Differenzen innerhalb der jeweiligen Gruppe selbst und erscheint andererseits im Hinblick auf die (zunehmende) Verflechtung von Gruppen, Kulturen und Gesellschaften fragwürdig, insbesondere im Hinblick auf die behauptete Eindeutigkeit dieser Muster als vermeintlich klare Orientierungsschemata. Aus diesem Verständnis Schütz' ergibt sich auch das Dilemma des Fremden, sich einerseits an die neue Gruppe zu assimilieren, um dazuzugehören und sich zu integrieren – dies ist ja das Hauptaugenmerk der Schütz'schen Betrachtungen –, aber andererseits mit einer unaufhebbaren Differenz konfrontiert zu sein, die sich aus der nicht geteilten Vergangenheit und Sozialisierung dieser Kultur- und Zivilisationsmuster der neuen Gruppe ergibt. Hieran schließt sich die Frage an, inwieweit diese Kultur- und Zivilisationsmuster, wie auch die Strukturen der Lebenswelt, als lediglich vorgegeben und dem Individuum von außen zugewiesen bzw. durch Sozialisation erworben betrachtet werden, wie in der Schütz'schen Darstellung, oder auch als Ergebnis wechselseitiger Verständigungs-, Interaktions-, und Aushandlungsprozesse.

Diesen Punkt greifen insbesondere Berger/Luckmann auf. In ihrem Werk „Die gesellschaftliche Konstruktion der Wirklichkeit" führen sie den von Schütz initiierten Perspektivenwechsel in der Soziologie mit Theorien der „Sozialpsychologie im Anschluss an George Herbert Mead" sowie dem „Symbolischen Interaktionismus im Anschluss an Herbert Blumer und die Wissenssoziologie" zusammen (Abels 2007, 84). Hierbei entfernen sie sich von Schütz' „Konzentration auf die Rekonstruktion der sozialen Welt als objektivem Phänomen" und von seiner Ansicht der Lebenswelt als „dem Individuum als Zwang von außen aufgedrängt" (Münch 2007, 203). Stattdessen fokussieren sie vor allem auf die subjektive und intersubjektive Konstruktion von Lebenswelt und ihren Strukturen sowie intersubjektiv geteilter Wirklichkeit und erweitern in dieser Hinsicht den Blickwinkel Schütz'. Die Theorie von Berger/Luckmann ist wiederum, wie oben bereits erwähnt (vgl. Kap. 2.1.4), Ausgangspunkt für die Entwicklung der nachfolgend noch vorzustellenden Ethnomethodologie, die wiederum auch in den Cultural Studies rezipiert wurde und zu ihrer Entwicklung beitrug (vgl. Kap. 2.3), als auch Bezugspunkt für den interaktionistischen Konstruktivismus. Insofern sind die Analysen Schütz' trotz aller Kritikpunkte, die sicherlich auch durch den historischen Entstehungszusammenhang dieser Theorie begründet sind (vgl. Breckner 2009, 75), bedeutsam für die Betrachtung der Fremdheit, da viele nachfolgende Theorien an seine Theorie anschließen. Auch wenn er aus interaktionistisch-konstruktivistischer Sicht vor allem auf rekonstruktive Faktoren und weniger auf konstruktive und dekonstruktive Prozesse (inter-)subjektiver Wirklichkeit eingeht und außerdem fast ausschließlich auf den Faktor der Assimilierung fokussiert, um den Status des Fremden „aufzuheben", so sehe ich in Schütz' Ausführungen zum Fremden vor allem insofern Potenzial, dass seine Untersuchungen der sozialen Konstruktion von Wirklichkeit und Sinn und seine Erforschung der wechselseitigen Verwiesenheit von subjektiven und objektiven Wirklichkeiten auch auf die Konstruktion von Fremdheit bezogen werden können. Des Weiteren macht er in seinen Analysen darauf aufmerksam, dass der Fremde die Selbstverständlichkeit, mit der Mitglieder der „anderen Gruppe", wie auch er selbst vor Eintritt der eigenen Erfahrung der Krisis, beispielsweise symbolische Praktiken und Routinen oder Auslegungsmechanismen anwenden, verstört und hierdurch auf ihre Kontingenz und Inkohärenz, auf ihr Auch-Anders-Sein-Können aufmerksam macht. Auch eine Betrachtung der Parallelen der von Schütz beschriebenen Erfahrung der Krisis mit dem Aspekt des Realen im interaktionistischen Konstruktivismus im Hinblick auf die Frage, inwieweit in jedem Erscheinen des Realen ein Moment der Fremdheit bzw. des Befremdens mitschwingt, erscheint mir vielversprechend und wird im weiteren Verlauf der Arbeit wieder aufgegriffen (vgl. Fußnote 143).

2.2.3 Die Ethnomethodologie

Ausgehend von der soziologischen Phänomenologie Alfred Schütz' entwickelte Harold Garfinkel in Verbindung mit dem amerikanischen Pragmatismus und dem Symbolischen Interaktionismus die soziologische Richtung der Ethnomethodologie.[146] Auch diese steht somit in der phänomenologischen Tradition[147], ist jedoch im Gegensatz zur Theorie Alfred Schütz' nicht an der Soziologie Max Webers orientiert, sondern nimmt ihren Ausgang vom theoretischen Rahmen Talcott Parsons, dessen Schüler Garfinkel war. Im Anschluss an Garfinkel entwickelte sich die Ethnomethodologie zu einer Forschungsrichtung mit zahlreichen namhaften Vertretern, wie zum Beispiel Aaron Cicourel, Harvey Sacks, D. Lawrence Wieder und Don H. Zimmermann, und einer Vielzahl von theoretischen und empirischen Forschungen, Richtungen und Weiterentwicklungen.[148] Auf die Vielzahl der ethnomethodologischen Richtungen soll in dieser Einführung nicht ausführlich eingegangen werden[149]; demzufolge sollen die nachfolgenden Ausführungen auch nur einen Einblick in die Grundzüge der Ethnomethodologie im Sinne Garfinkels bieten, auf deren Basis dann der Bezug zur bzw. die Bedeutung für die Thematik der Fremdheit verständlich wird. Vorab möchte ich auch an dieser Stelle nochmals darauf hinweisen, dass die Ethnomethodologie, ebenso wie die Theorien von Schütz und Berger/Luckmann, auch in den Cultural Studies, die im Verlauf dieser Arbeit ebenfalls im Hinblick auf ihre Bedeutung für die Thematik der Fremdheit hin untersucht werden, re-

---

146 Die Einordnung der Ethnomethodologie in das Kapitel der Soziologie ist durch ihre Verbindung zur Soziologie Alfred Schütz' begründet, allerdings gibt es einige Differenzen zur traditionellen Soziologie hinsichtlich der Zielsetzung und einiger grundsätzlicher Überzeugungen, die nachfolgend näher erläutert werden.
147 Eine gute zusammenfassende Darstellung des Verhältnisses von Phänomenologie und Ethnomethodologie bietet zum Beispiel Eberle (2008).
148 Ein bedeutsamer Forschungsbereich der Ethnomethodologie ist übrigens die Konversationsanalyse.
149 Einen guten Überblick hierzu bieten zum Beispiel die Arbeiten der Arbeitsgruppe Bielefelder Soziologen und der Sammelband von Weingarten/Sack/Schenkein (1976).

zipiert wurde, und dabei zu ihrer (Weiter-)Entwicklung beigetragen hat (vgl. Kap. 2.3.1 und 2.1.1.3; vgl. hierzu auch Winter 2001, 74 ff.).

Zentrales Ziel der Ethnomethodologie ist die Untersuchung bzw. die Beschreibung der Methoden, mit denen Mitglieder einer Gesellschaft bzw. Gemeinschaft Alltagshandlungen durchführen und darstellen und so soziale Wirklichkeit und Sinn konstruieren. Den Ethnomethodologen interessieren also weder unbewusste (Handlungs-)Motive noch Ursachenforschungen; er verfolgt mit seinen Untersuchungen nicht das Ziel der Einsicht in allgemeine kausale Erklärungszusammenhänge; es interessiert ihn nicht *warum* die Menschen bestimmte Handlungen durchführen, sondern *wie* sie sie durchführen" (Weingarten/Sack 1976, 13; Hervorhebungen im Original). Die Nähe zum Begriff der Ethnowissenschaft, deren Fokus auf der „Erforschung des Wissens, welches die Mitglieder einer primitiven Kultur zur Hand haben und verwenden, um sich der Erscheinungen innerhalb der sie umgebenden Natur zu bemächtigen" (Weingarten/Sack 1976, 10), liegt, ist hierbei von Garfinkel bewusst gewählt. Die Ethnomethodologie untersucht dementsprechend die methodische Verwendung von Alltagswissen zum Zweck der Erzeugung von Sinn und Rationalität innerhalb einer bestimmten Gesellschaft und ihrer Mitglieder. Damit verbunden ist die Überzeugung, dass es keine objektive Realität gibt, die – und hierin liegt ein Unterschied zur bzw. ein Kritikpunkt der Ethnomethodologie an der Soziologie – zum Beispiel soziologisch erfasst und abgebildet werden kann, sondern dass soziale Realität aus (situativen) sozialen Praktiken sowie aus Prozessen der (Sinn-)Zuordnung und Darstellung dieser Handlungen durch die jeweiligen Gesellschaftsmitglieder konstruiert wird und in diesem Sinne immer kontextabhängig ist. Demnach ist die „objektive Realität der sozialen Fakten [..] ein fortlaufend erzeugtes Ergebnis der konzentrierten Aktivitäten des täglichen Lebens" (Garfinkel; zit. nach Münch 2007, 235):

> „Die soziale Wirklichkeit wird durch die Handlungen der Mitglieder einer Gesellschaft fortlaufend produziert. Sie hat keine eigene Objektivität, sondern ist eine *Konstruktion*, die laufend in Interaktionen ausgehandelt wird. Die Erklärung, warum wir die soziale Wirklichkeit dennoch für objektiv halten, hängt damit zusammen, dass sich die Routine bewährt, mit der wir im Alltag handeln." (Abels 2007, 126; Hervorhebung im Original)

In diesem Zusammenhang ist zu betonen, dass zum Beispiel der Soziologe als Wissenschaftler durch seine Darstellungsprozesse von Realität ebenso an deren Konstruktion beteiligt und involviert ist wie der Laie. Der Soziologe, ebenso wie der Laie, handeln methodisch, indem sie „zwischen dem Handeln an sich, und dem methodischen Einsatz dieses Handelns zur Vollziehung des Handelns" trennen und bestimmte Methoden verwenden, um „Handlungen und soziales Handeln beobachtbar" (Weingarten/Sack 1976, 11) zu machen und (sinnhaft) einzuordnen; beide betreiben demnach „Soziologie in diesem Sinne" (ebd.). Darüber hinaus beziehen sich hierbei beide auf das *Common-Sense-Knowledge* im Sinne des alltäglichen (Rezept-)Wissens nach Schütz, das hiermit die Grundlage und Bestandteil auch (soziologisch-)wissenschaftlichen Wissens ist; demzufolge bringen sich beide – Alltagswissen und Wissenschaft – wechselseitig hervor. An diesem Punkt setzt die Ethnomethodologie mit der Aufdeckung der Methoden an, mit denen soziale Realität, Ordnung und Fakten konstituiert werden, und versteht sich in diesem Sinne als Alternative sowohl zu Parsons Strukturfunktionalismus als auch zur „gesamten konventionellen Soziologie", die „in ihren Erklärungen gerade das voraus[setzt; Einschub: A.W.], was sie eigentlich erklären sollte" (Eberle 2008, 158). Die Kontextabhängigkeit und Partikularität sozialer Realität, sozialen Handelns und sozialer Ereignisse betont Garfinkel auch mit dem der Linguistik entlehnten Begriff der Indexikalität als einem der zentralen Begriffe und Konzepte der Ethnomethodologie: Hiermit sind Äußerungen gemeint, deren Bedeutung, Sinnfestlegung und Verständnis abhängig vom jeweiligen Kontext sind, wie zum Beispiel verbale Aussagen wie „ich", „er", „sie", „hier", „dort", „aber", „dann", „natürlich" ebenso wie auch nonverbale Signale. Das Sprechen und Handeln im Alltag ist durchzogen von solch indexikalen Ausdrücken, die wiederum, über die Beschreibung von Darstellungsprozessen, auch Eingang in die Erzeugung sozialer Realität finden. Wichtig hierbei sind vor allem zwei Aspekte: Erstens richtet die Ethnomethodologie ihren Blick auf die Entschlüsselung dieser indexikalen Ausdrücke. Der Paradoxie, dass zwischen Interaktionspartnern nicht immer ausreichende Nähe und Vertrautheit(swissen), sondern teilweise unterschiedliches Kontextwissen besteht, das die eindeutige Entschlüsselung dieser Äußerungen erschwert, sie jedoch gemeinsam handeln und einen gemeinsamen Sinn erhalten bzw. herstellen müssen, begegnen diese mit dem Versuch der Entindexikalisierung, mit der „Vagheit der Sprache" (Abels 2007, 136 ff.), die Raum für Interpretationsmöglichkeiten lässt, und mit „praktischen Erklärungen" (ebd., 140) als Methode zur Wiederherstellung von Normalität und Sinn. Hierbei ist zu betonen, dass beispielsweise die letztgenannten praktischen Erklärungen nicht wirklich etwas erklären müssen, sondern lediglich eine Erklärung *versprechen* müssen (Abels 2007, 144; Hervorhebung im Original), also anschlussfähig für eine je eigene „dokumentarische Interpretation" (ebd.) sein müssen. Diese dokumentarische Methode der Interpretation ist „die grundlegende Methode, mit der wir Wirklichkeit konstituieren und unser Handeln strukturieren" (Abels 2007, 129) und Sinn herstellen, indem wir in der „rückschauend-vorausschauenden Auslegung" (Garfinkel; zit. nach: Abels 2007, 129) versuchen, hierbei ein typisches Muster in den jeweiligen Vorkommnissen auszumachen und diese dementsprechend einzuordnen. Demnach, so lässt sich schlussfolgern, „verstehen wir uns auch gar nicht ganz, aber wir meinen, dass wir uns verstehen" (Abels 2007, 118). Die für die Interaktion und demnach auch für die soziale Konstruktion von Wirklichkeit grundlegende Annahme, dass verschiedene Interaktionspartner einander verstehen können, basiert auf der wechselseitigen Unterstellung von (kontext- und handlungsgebundener) Rationalität, auf der Typisierung der Lebenswelt im Sinne Schütz' und den oben beschriebenen Idealisierungen der Kontinuität und Wiederholbarkeit (vgl. Natanson; zit. nach: Abels 2007, 122), der *Vertauschbarkeit der Standpunkte* und der *Kongruenz der Relevanzsysteme.* Dem fügt Garfinkel noch den Aspekt des *Common-*

Sense-Knowledge[150] hinzu, welches er in zwei weiteren Idealisierungen beschreibt, der „Erwartung, dass das Wissen um die gerade eingegangene Interaktionsbeziehung ein gemeinsam übernommenes Kommunikationsschema ist", und „die Entscheidung, dass das, was jeder weiß, eine rechte Grundlage des Handelns in einer wirklichen sozialen Welt ist" (Garfinkel; zit. nach: Abels 2007, 124).[151] Gleichzeitig, und hiermit komme ich zum zweiten Aspekt, ist die Methode der „dokumentarischen Interpretation" (Abels 2007, 144) auch die Methode, mit der die Ethnomethodologie und „die Soziologie das Handeln der Menschen im Alltag rekonstruiert" (Abels 2007, 130). Aus Sicht der Ethnomethodologie ist eine einzelne Erscheinung ein indexikaler Ausdruck, hinter dem sich ein zugrunde liegendes Muster verbirgt, dessen Struktur es zu untersuchen gilt:

> „Das, was für die traditionelle Soziologie die Objektivität der sozialen Realität ausmacht, sind für den Ethnomethodologen nur die Konstruktionen von objektiven Ausdrücken durch Verallgemeinerung und Verabsolutierung ihrer gemeinsamen Merkmale. Indexikalität beschreibt also den Sachverhalt, dass die Erscheinungen Zeichen für dahinter liegende Strukturmuster sind, die vom Laienmitglied wie vom Soziologen zu enkodieren sind. Wenn der Soziologe sich an diesem Ersetzungsprozess von indexikalischen durch objektive Ausdrücke beteiligt, geht ihm die Subjektivität des jeweiligen Handelns in der konkreten Situation verloren." (Weingarten/Sack 1976, 16 f.)

Die Ethnomethodologie hat es sich, wie oben bereits erläutert, zur Aufgabe gemacht, die Methoden zu untersuchen, mit denen Mitglieder einer Gesellschaft bzw. Gemeinschaft Alltagshandeln sinnhaft, rational, verfügbar, beobachtbar, berichtbar und darstellbar machen. Neben der Indexikalität als grundlegendem Element und Charakteristikum des Alltagshandelns und ihrer Darstellungen durch die Mitglieder, ist als weiterer Aspekt ihre Reflexivität zu nennen: Diese besagt, dass die im Begriff der Indexikalität zum Ausdruck gebrachte Kontext- und Situationsabhängigkeit von Äußerungen, Darstellungen und Sinnherstellung auch auf die soziale Praxis, auf den Kontext selbst bezogen werden muss, der ebenfalls nicht als (vor-)gegeben zu betrachten ist, sondern der sich in Wechselwirkung bzw. rückgebunden an jene situativen, indexikalen Darstellungen und Äußerungen konstituiert, wie folgendes Zitat verdeutlichen soll:

---

150 Münch (2007, 247) merkt diesbezüglich an, dass Garfinkels Thesen und Darstellungen der sozialen Realität „stark beeinflusst durch die Common-Sense-Darstellung dieser Realität, die im partikularen Kontext der amerikanischen Gesellschaft vorherrscht", sind und fordert, „diese Mängel des ethnomethodologischen Ansatzes" mithilfe „universellerer Kontexte der Kommunikation und daher auch universeller gültiger soziologischer Ansätze" (ebd.) zu überwinden.

151 Dies erinnert an Schütz' Beschreibung des gesellschaftlich geteilten (Rezept-)Wissens (vgl. Abels 2007, 124 und vgl. Kap. 2.2.2).

„Sie [die Reflexivität; Anm.: A.W.] bedingt einerseits eine gewisse soziale Realität und wird in dieser sozialen Realität so reflektiert, wie sie in dokumentierten Darstellungen erscheint. Diese dokumentierten Darstellungen sind andererseits Ausgangspunkte für weitere soziale Praktiken. Auf diese Weise werden sie in der sozialen Praxis reflektiert, allerdings in jener einzigartigen Weise, in der die soziale Praxis Darstellungen sozialer Realität neu interpretiert und zusammenstellt. Die soziale Praxis wird in Darstellungen sozialer Realität reflektiert, Darstellungen der sozialen Realität werden in der sozialen Praxis reflektiert." (Münch 2007, 239)

Die so erzeugte soziale Realität gewinnt so den Anschein einer von den Akteuren unabhängigen, objektiven Realität, die sich in der unhinterfragten natürlichen Einstellung, Routinen und Überzeugungen, dem *Common-Sense-Knowledge*, manifestiert und so den Mitgliedern in ihrer Reflexivität und ihrem Konstruktionscharakter nicht bewusst ist. Um diese Methoden der Herstellung von sozialer Realität und sozialem Sinn mithilfe von Darstellungsprozessen, Normalisierungen, Typisierungen und Verständnis- bzw. Kommunikationserwartungen aufzudecken und zu untersuchen, verwendet Garfinkel unter anderem sogenannte *Krisenexperimente*, um die vertraute Ordnung, die Normalitäts- und Hintergrunderwartungen, die als gegeben vorausgesetzten Grundlagen zur Herstellung von sozialer Wirklichkeit und sozialem Sinn zu verstören und hierdurch deutlich zu machen.[152] Beispiele für solche „Inkongruitätsexperimente" (Eberle 2008, 158) sind unter anderem die Aufforderungen, in Alltagsgesprächen zum Beispiel Begrüßungsformen genau zu präzisieren, indexikale Äußerungen komplett zu objektivieren, den Sinn von Alltagsäußerungen zu explizieren oder wiederzugeben oder auch beispielsweise auf gängige Begrüßungs- und Höflichkeitsrituale oder gesellschaftliche Regeln unkonventionell zu reagieren, indem Floskeln wörtlich genommen werden. Ein Beispiel hierfür ist der folgende Auszug aus einem Bericht Garfinkels:

„Opfer: ‚Wie steht's?'
Nachfrager: ‚Wie steht es mit was? Meiner Gesundheit, meinen Geldangelegenheiten, meinen Aufgaben für die Hochschule, meinem Seelenfrieden, meinem…?'
Opfer (rot im Gesicht und plötzlich außer Kontrolle): ‚Hör mal zu. Ich wollte einfach höflich sein. Offen gesagt, es kümmert mich einen Dreck, wie es mit Dir steht!'" (Garfinkel; zit. nach: Abels 2007, 137)

---

152 An dieser Stelle möchte ich darauf hinweisen, dass die Ethnomethodologie eine große Bandbreite ausführlicher Beschreibungen von Darstellungsprozessen bietet. Ich möchte jedoch vor allem auf die *Krisenexperimente* und die Methoden der Normalisierung fokussieren, da diese für die Betrachtung von Fremdheit besonders interessant sind. Bedeutsam sind in diesem Zusammenhang auch die Arbeiten Erving Goffmans zu den Interaktionsmustern und (Selbst-)Darstellungsprozessen, auf die ich hiermit hinweisen möchte (vgl. z.B. Goffmann 2010).

Mit solchen und ähnlichen Experimenten, die „jeweils eine spezifische konstitutive Erwartung außer Kraft setzen" (Eberle 1984, 445), ebenso wie die Möglichkeit der alltäglichen gewohnten Methoden zur Normalisierung, demonstriert Garfinkel die Bedeutung von Hintergrunderwartungen für die Konstitution sozialer Ordnung.[153] Indem den Mitgliedern mit solchen Experimenten die „vertraute Wirklichkeit *unvertraut gemacht wurde*" (Abels 2007, 148; Hervorhebungen im Original), verstört dies zum einen die bis dahin angenommene Selbstverständlichkeit und macht zum anderen anhand ihrer Reaktionen die Methoden, mit denen sie versuchen, Normalität, Ordnung und Sinn wiederherzustellen, deutlich. Hervorzuheben ist hierbei die Forderung bzw. Annahme, dass der Ethnomethodologe bei seinen Untersuchungen und Analysen „künstlich den Blick eines Fremden", eines Unbeteiligten einnimmt, „dem der normale Alltag nicht selbstverständlich ist" (Abels 2007, 148).[154] Damit verbunden ist auch die ethnomethodologische Indifferenz als erforderliche Grundhaltung des Ethnomethodologen, die die Neutralität des Forschers sowohl bezüglich der Auswahl der Untersuchungsgegenstände, die alle als gleichwertig bzw. als gleich wichtig betrachtet werden, als auch die Neutralität bzw. Enthaltung in Bezug auf die Beurteilung der von den Mitgliedern verwendeten Darstellungen und Methoden bezeichnet (vgl. Abels 2007, 116). Zusammenfassend bleibt festzuhalten, dass die Begriffe und Konzepte der Indexikalität, Reflexivität und Methoden „die Grundlage jeder ethnomethodologischen Untersuchung" (Eberle 1984, 455) bilden, die, wie im Verlauf der Argumentation deutlich wurde, ihren Ausgangspunkt stets in der realen sozialen Praxis nehmen.

Die Ethnomethodologie ist für eine interaktionistisch-konstruktivistische Betrachtung von Fremdheit in vielerlei Hinsicht interessant:

Grundlegend ist zunächst, und hierin sehe ich eine Parallele zum interaktionistischen Konstruktivismus, dass aus Sicht der Ethnomethodologie soziale Wirklichkeit, Rationalität und Sinn situativ und kontextabhängig interaktiv von den Mitgliedern einer Gesellschaft bzw. Gemeinschaft in ihren Handlungen und Darstellungen sozialer Realität wechselseitig konstruiert werden. Hiermit macht sie einerseits auf die Kontingenz, Konstruiertheit und Kontextabhängigkeit von sozialer Wirklichkeit und Rationalität aufmerksam und betont andererseits in Verbindung hiermit, dass soziale Akteure keine „urteilsunfähigen Trottel" (Münch 2007, 242) (im Original:

---

153 Trotz dieser von Garfinkel benannten Absicht bzw. dem Ziel dieser Demonstrationen, die nicht verändern, sondern aufdecken wollen, wurde Garfinkel aufgrund dieser *Krisenexperimente* von Kritikern mit dem Vorwurf des „Sadismus", und dem Vorwurf, „Soziologie als Happening" zu betreiben, konfrontiert (Gouldner; zit. nach: Eberle 1984, 446).

154 Die Möglichkeit der (vollständigen) Realisierung dieser Forderung bzw. Voraussetzung erscheint mir aus konstruktivistischer Sicht fraglich, da auch der Ethnomethologe, wie Garfinkel an anderer Stelle selbst betont, eingebunden ist in soziale Kontexte, von denen er nicht komplett unabhängig und neutral agieren, beobachten und beurteilen kann; er ist – interaktionistisch-konstruktivistisch gesprochen – nicht nur Beobachter, sondern zugleich auch Teilnehmer an bzw. Akteur in (kulturellen und sozialen) Praktiken und Kontexten, die er beobachten und untersuchen will.

judgemental dopes) sind[155], die ausschließlich vorgegebenen Handlungs- und Interpretationsmustern folgen, sondern kompetent Handelnde, die situationsgebunden entscheiden, interpretieren, Bedeutung zumessen und handeln, mit dem Maßstab der jeweiligen situationsspezifischen Rationalität.

Durch ihre Untersuchungen und Analysen der Herstellung sozialer Wirklichkeit, zum Beispiel mithilfe der beschriebenen *Krisenexperimente*, dekonstruiert die Ethnomethodologie einerseits die Annahme einer (beobachter-)unabhängigen, objektiven Realität und führt hiermit in diesen Experimenten andererseits aus meiner Sicht gleichzeitig einen Moment der Verfremdung, einen Moment des Realen ein, der die gängige soziale Praxis und die der sozialen Realität zugrunde liegenden, in Routinen manifestierten Hintergrund- und Normalitätserwartungen verstört, und diese sowie die Methoden der (Wieder-)Herstellung von sozialem Sinn und sozialer Wirklichkeit offenlegt. Dies öffnet nach meinem Verständnis den Blick für die Möglichkeit, dass alles, die soziale Praxis und Wirklichkeit, die Hintergrund- und Normalitätserwartungen, in Abhängigkeit von der jeweiligen Situation, der (Verständigungs-)Gemeinschaft, der Interpretation, auch anders sein könnten. Dies lässt sich meiner Meinung nach auch übertragen auf die Definition dessen, was als vertraut, als normal, und was als fremd angesehen und definiert wird. Mit Garfinkels Methode, die ich als Einbringen eines Moments des Verfremdens verstehe, macht die Ethnomethodologie meiner Ansicht nach implizit auf das Potenzial des Fremden zur Re-/De-/Konstruktion, zur Reflexion und zur Infragestellung der jeweiligen Sicht aufmerksam. Dies wird auch deutlich, und hierin sehe ich einen weiteren Bezugspunkt zur Thematik des Fremden, in dem Anspruch der Ethnomethodologie, in ihren Untersuchungen „mit dem Blick eines Fremden zu schauen" (Abels 2007, 148), auch wenn aus interaktionistisch-konstruktivistischer Sicht einzuwenden ist, dass dies und die damit angestrebte Neutralität niemals ganz möglich ist, da auch der Ethnomethodologe eingebunden ist in soziale Kontexte (vgl. Reich 1998b, 61) und diese Einbindung und Kenntnis des *Common-Sense-Knowledge*, des Rezeptwissens der beobachteten Gruppe zu einem Mindestmaß nötig ist (vgl. Eberle 1984, 454). Darüber hinaus möchte ich abschließend einen weiteren Aspekt betonen, der relevant für die Betrachtung von Fremdheit ist: Die Ethnomethodologie weist, wie oben beschrieben, auch darauf hin, dass sich soziale Realität und Praxis und die Darstellungen dieser Realität wechselseitig bedingen und hervorbringen. Bezogen auf Fremdheit bedeutet das nach meinem Verständnis, dass, und hiermit verweise ich auf ein zentrales Konzept der Cultural Studies (vgl. Kap. 2.3), die Repräsentationen des Fremden und die (dokumentierten) Darstellungen des Fremden, zum Beispiel in Form von Berichten zur Integration oder Kriminalität von Migranten, die soziale Realität, die Bestimmung und Zuschreibung des Fremden erst miterzeugen.

---

155 Diesen Vorwurf, den Handelnden im Hinblick auf sein Urteilsvermögen als solch einen „urteilsunfähigen Trottel" zu betrachten, „dessen Handlungsweisen als Entsprechungen der von der Gesellschaft gehegten und vom Sozialwissenschaftler konstatierten Verhaltenserwartungen beschrieben werden" (Weingarten/Sack 1976, 20), macht die Ethnomethodologie der Soziologie (vgl. ebd.).

An Letzteres anknüpfend möchte ich betonen, dass zusätzlich zu der beschriebenen Kontingenz und Konstruktion von Ordnungen und Wirklichkeit(en) immer auch der Aspekt der Macht mit bedacht werden muss, der, um wieder in der Terminologie der Cultural Studies zu argumentieren, im Sinne eines *Repräsentationsregimes* bestimmte Deutungen und Sinnproduktionen zulässt und stabil hält, andere hingegen ausschließt. Diesen Aspekt der Macht beleuchtet aus soziologischer Sicht vor allem die nachfolgend vorgestellte Theorie von Norbert Elias.

2.2.4 Fremdheit als Ergebnis machtbasierter Figuration

Mit Elias findet der Machtaspekt, der bei den anderen soziologischen Klassikern zur Thematik der Fremdheit und ihrer Zuschreibung noch unterrepräsentiert war, Eingang in die soziologischen Überlegungen hierzu. Kernpunkt dieses Ansatzes ist die Betrachtung der Interdependenz- und Machtbeziehungen[156] bei der Erklärung sozialer Ungleichheiten und Konflikte sowie ihrer Herstellung und Stabilisierung, und weniger der Fokus auf kulturellen oder ethnischen Differenzen. Anhand einer Fallstudie in einer „Winston Parva" genannten englischen Gemeinde untersuchen Elias und Scotson die Beziehungen zwischen Alteingesessenen, den sogenannten Etablierten und Zugewanderten, den sogenannten Außenseitern. Aus dieser Untersuchung leiten sie „universale Regelmäßigkeiten von Etablierten-Außenseiter-Beziehungen" (Elias/Scotson 1993, 9) ab, die übertragbar auch auf andere derartige Figurationen in anderen Kontexten sind (vgl. ebd., 12). Als Gemeinsamkeiten aller unterschiedlichen Beziehungen zwischen Etablierten und Außenseitern stellen sie die Behauptung der Überlegenheit und menschlichen Höherwertigkeit sowie eines besseren Gruppencharismas der Gruppe der Etablierten und den Ausschluss und die Kontaktvermeidung mit den als minderwertig, als schlecht, anomisch und unrein stigmatisierten Mitgliedern der Außenseitergruppe fest. Als Hauptfaktor dieser Unterscheidung konstatieren Elias und Scotson die Machtasymmetrie zwischen Etablierten und Außenseitern, die sie durch die bestimmte Figuration begründet sehen, und weniger durch die „monopolistische Verfügung über nicht menschliche Objekte, wie Waffen oder Produktionsmittel", ebenso wenig wie durch Unterschiede bezüglich der „sozialen Klasse, Nationalität, ethnischer Herkunft, Religion oder Bildungsniveau" (ebd., 15):

---

156 Diese Verflechtungsordnung, diese Figuration, die Elias in seinem Werk „Über den Prozeß der Zivilisation" (1997) untersucht, bezeichnet Elias als Grundlage des gesamten, noch unabgeschlossenen Zivilisationsprozesses und der damit verbundenen Psycho- und Soziogenese (vgl. Elias 1997b, 325). Die Einflüsse der Zivilisationstheorie Norbert Elias' auf den interaktionistischen Konstruktivismus zeigen sich, so möchte ich hier kurz anmerken, insbesondere auf den Ebenen der Fremd- und Selbstzwänge und der Re-/De-/Konstruktionen (vgl. hierzu Reich 1998a und Reich 2000a). Diese kann dazu beitragen, vor dem Hintergrund der Genese dieser Entwicklungen, die gesellschaftliche Vermitteltheit vermeintlich autonomer Konstruktionen zu thematisieren und zu enttarnen.

„Es scheint, dass Begriffe wie ‚rassisch‘ oder ‚ethnisch‘, die in diesem Zusammenhang sowohl in der Soziologie als auch in der breiteren Gesellschaft weithin gebraucht werden, Symptome einer ideologischen Abwehr sind. Durch ihre Verwendung lenkt man die Aufmerksamkeit auf Nebenaspekte dieser Figuration (z.B. Unterschiede der Hauptfarbe) und zieht sie ab von dem zentralen Aspekt (den Machtunterschieden). [ ] Auch wo daher in solchen Fällen Unterschiede des körperlichen Aussehens und sonstiger biologischer Aspekte, auf die wir mit dem Wort ‚rassisch‘ abzielen, vorhanden sind, wird die Soziodynamik der Beziehung zwischen Gruppen, die als Etablierte und Außenseiter miteinander verflochten sind, durch die Art ihrer Verflechtung bestimmt und nicht durch irgendwelche davon unabhängigen Merkmale ihrer Angehörigen.“ (Elias/Scotson 1993, 27)[157]

Elias und Scotson betonen hiermit die Notwendigkeit, soziale Stigmatisierung nicht nur als individuelles Vorurteil gegenüber anderen Individuen und ihren individuellen Eigenschaften, sondern stets auch als Gruppengeschehen zu verstehen, deren Kern in der „ungleichen Machtbalance“ (ebd., 14) dieser Figuration zu sehen ist. Vor diesem Hintergrund ist das Hauptinteresse von Elias und Scotson, die Techniken der Herstellung und Aufrechterhaltung der Grenzziehung zwischen den Gruppen sowie des Machterhalts und des Gefühls der Höherwertigkeit der Etablierten zu untersuchen. In ihrer Untersuchung beobachteten sie eine „scharfe Trennung“ (Elias/Scotson 1993, 7) zwischen diesen beiden Gruppen sowie eine Exklusion der Außenseiter durch Stigmatisierung und Herabwürdigung. Als Hauptfaktoren hierfür machen Elias und Scotson vor allem die längere Wohndauer und das höhere Alter der Formation der Etablierten aus, die ihnen ein im Vergleich zur Gruppe der Außenseiter höheres Kohäsionspotenzial ermöglicht (vgl. ebd., 11). An dieser Stelle argumentieren Elias und Scotson ähnlich wie Schütz, wenn sie diesen stärkeren Gruppenzusammenhalt der Etablierten mit der Dauer der gemeinsamen Vergangenheit, den geteilten „gemeinsamen Erinnerungen, Sympathien und Antipathien“ (ebd., 37), der „von Ambivalenz und Konkurrenz durchsetzten Intimität“ (ebd.), der „gemeinsame[n] Lebensweise und einem [geteilten; Einschub: A.W.] Normenkanon“ (ebd., 16) und der internen Rangordnung begründen, die den Neuankömmlingen nicht zugänglich und für sie nicht durchschaubar sind; denen sie sozusagen aufgrund ihrer nicht geteilten Vergangenheit vereinzelt gegenüberstehen. Dennoch sehen die Etablierten in den Außenseitern eine Bedrohung ihrer Machtüberlegenheit, ihrer „menschliche[n] Höherwertigkeit“ (ebd., 16) und ihres „Gruppencharismas“ (ebd.), das sie zu erhalten und verteidigen versuchen. Hierzu verwenden die Etablierten Mechanismen der Stigmatisierung, des Klatsches und der Monopolisie-

---

157 Elias und Scotson machen in Bezug auf die Zuordnung eines Menschen zu einer Gruppe, zum Beispiel aufgrund seiner Hautfarbe, darauf aufmerksam, dass der (geschichtliche) (Verflechtungs-)Prozess beachtet und hinterfragt werden muss, durch den dieser aufgrund einer bestimmten Eigenschaft überhaupt einer bestimmten Gruppe zugeordnet wird (vgl. Elias/Scotson 1993, 50 ff.).

rung von Schlüsselpositionen (vgl. ebd., 9, 11 f., 20 f., 32 f.). Voraussetzung hierfür ist die Einhaltung des Kontaktverbots zu den Außenseitern sowie der Gruppennormen und der Gruppenmeinung, die sich in der persönlichen Selbstachtung, dem Gewissen und Mechanismen der Selbstkontrolle manifestiert haben[158], aufseiten der Etablierten, die den Verlust der Teilhabe an der machthabenden, höher geschätzten Gruppe bzw. ein Absinken des eigenen Ranges innerhalb dieser Gruppe vermeiden wollen. Aufseiten der Außenseiter bedingen sich das beschriebene geringe Kohäsionspotenzial in ihren eigenen Reihen und die Undurchsichtigkeit der Grundsätze und Normen, auf denen die Gruppenbindung der Etablierten basiert, wie auch der Grund ihrer Exklusion und ihrer Stigmatisierung wechselseitig, was wiederum die Internalisierung der zugeschriebenen Stigmatisierung und Fremdheit sowie die Verfestigung der Gruppengrenzen und der Machtasymmetrie zur Folge hat.[159] Hiervon ausgehend betonen Elias und Scotson jedoch, dass, abhängig von einer Veränderung des jeweiligen Machtgefälles, auch diese Etablierten-Außenseiter-Beziehungen nicht statisch, sondern dynamisch und dem Wandel unterworfen sind. Mit dieser Lesart sensibilisieren Elias und Scotson für den Machtaspekt bei der (kollektiven) Zuschreibung von Fremdheit und Grenzziehungen und bieten eine Alternative zu ausschließlich individuellen, kulturellen, ethnischen, religiösen oder „rassischen" Begründungen, deren Bedeutung und deren Entstehungszusammenhang innerhalb von Machtkonstellationen sie an dieser Stelle jedoch nicht thematisieren.[160] Dennoch gehen auch Elias und Scotson von zwei klar voneinander abgegrenzten, in sich geschlossenen und kohärenten Gruppen aus und sind insofern laut Breckner (2009, 91) noch den „klassischen Thematisierungen von konflikthaften Relationen zwischen Einheimischen […] und Fremden […]" zuzurechnen. Aus meiner persönlichen Sicht möchte ich an dieser Stelle unter Bezug auf die Cultural Studies (vgl. Kap. 2.3) den Blick von Elias und Scotson noch dahingehend erweitern, dass die Außenseiter für die Etablierten nicht nur als ein Ärgernis, ein Angriff „auf ihr Wir-Bild und ihr Wir-Ideal" (Elias/Scotson 1993, 49) zu verstehen sind, das es zu verteidigen gilt, sondern dass die Etablierten der Außenseiter bedürfen, um dieses „Wir-Bild", dieses „Wir-Ideal" erst zu konstruieren.

---

158 Eine ausführliche Herleitung und Darstellung dieser Zusammenhänge findet sich in Elias (1997a und 1997b).

159 In diesem Zusammenhang möchte ich auf Elias' Aufsatz zu den „Wandlungen der Wir-Ich-Balance" (Elias 2003) in seinem Werk „Die Gesellschaft der Individuen" (Elias 2003) hinweisen, in dem er auf die wechselseitige Bedingtheit der individuellen „Ich-Identität" (Elias 2003, 210) und der „Wir-Identität" (ebd., 211) der Gruppe aufmerksam macht sowie auf die zunehmende Tendenz zur Individualisierung als „Merkmal des Zivilisationsprozesses" (Meleghy/Niedenzu 2001, 201) und in diesem Zusammenhang die Bedeutung der Ich-Wir-Identität als „integralen Bestandteil des sozialen Habitus" (Elias 2003, 245) betont.

160 Dies wird vor allem in den Cultural Studies reflektiert (vgl. Kap. 2.3).

2.2.5 Fremdheit jenseits des Freund-/Feind-Antagonismus

Anknüpfend an die klassischen soziologischen Perspektiven auf Fremdheit erweitert Zygmunt Bauman den Blickwinkel auf Fremdheit, indem er zum einen weniger von einer Zuordnung von Fremden und Nicht-Fremden zu in sich geschlossenen und stabilen Gruppenkonstellationen ausgeht, sondern die Individualisierung und Universalisierung bzw. Allgegenwärtigkeit des Fremden in der Postmoderne[161] und infolgedessen die Ambivalenz der Situation und Position des Fremden thematisiert. Zum anderen richtet er seinen Fokus mehr auf die Konstruktionsbedingungen und die Genese der Fremdheit als seine soziologischen „Vorläufer", die Fremdheit in Bezug auf spezifische Gruppen betrachten und hierbei lediglich die Folgen dieser Konstellationen herausarbeiten, was jedoch „für einen allgemeinen soziologisch-theoretischen Begriff des Fremden [...] zu eng gedacht" ist (Nassehi 1997, 139). Ausgangspunkt Baumans ist zunächst die Feststellung, dass alle Gesellschaften Fremde „produzieren" (Bauman 1999, 35); jeder Gesellschaftstyp in seiner eigenen Art und Weise (vgl. ebd.). Hierbei nimmt er vor allem die Moderne in den Blick, die in dem Bestreben, Ordnung zu schaffen und zu erhalten und Ambivalenz zu beseitigen, Fremde mittels Klassifizierungen und Trennungen bzw. Grenzziehungen überhaupt erst erschafft (vgl. Bauman 1999). Eine der (vermeintlich) Ordnung stiftenden Dichotomien ist die Opposition zwischen Freunden und Feinden als einem „Grundmuster der Vergesellschaftung" (Bauman 1998, 24). Dieses Oppositionsverhältnis zwischen Freunden und Feinden ist laut Bauman (1998, 23) „eine Variation des beherrschenden Gegensatzes von Innen und Außen":

> „Das Außen ist die Verneinung des Positiven der Innenseite. Das Außen ist, was Innen nicht ist. Die Feinde sind die Negativität, der gegenüber die Freunde das Positive darstellen. Die Feinde sind das, was die Freunde nicht sind. Die Feinde sind ‚umgekehrte' Freunde; sie sind der Dschungel, der die vertraute Ordnung der Freunde aufhebt; die Abwesenheit, die die Gegenwart des Freundes leugnet." (Bauman 1998, 23)

Zentral bei diesem Gegensatzverhältnis ist, dass die Definition, Klassifikation und Zuschreibung der Feinde als Feinde von den Freunden ausgeht, und dies wiederum die Grundbedingung für die Selbstbehauptung, die Geschichte und die Herrschaft der Freunde darstellt. Durch diesen Gegensatz werden vermeintliche Klarheiten erzeugt, Unsicherheiten und Zweifel beseitigt, „Wahres von Falschem, Gutes von Bösem, Schönes von Hässlichem", „eigen und uneigen, richtig und falsch, geschmackvoll und unverträglich" (Bauman 1998, 24) voneinander getrennt. Dieser Gegensatz von Freunden und Feinden bildet nach Bauman die „Grundlage sozialen Lebens und aller Differenzen, die es ausmachen und zusammenhalten" (ebd., 25).

---

161 Ich möchte an dieser Stelle anmerken, dass in den frühen Schriften Baumans der Begriff der Postmoderne verwendet wird, dieser jedoch in neueren Schriften durch den Begriff und sein Konzept der „liquid modernity", der „flüssigen Moderne", ersetzt wird (vgl. zum Beispiel Bauman 2008).

Der Fremde verstört diesen „vertrauten Antagonismus" (ebd., 25), der die Basis des sozialen Lebens darstellt, durch seine Unentscheidbarkeit, durch die Unmöglichkeit, ihn dem Einen oder dem Anderen dieser Freund-Feind-Opposition zuzuordnen:

> „Unentscheidbare sind alle ‚weder-noch', und d.h. gleichzeitig ‚dieses und jenes'. Ihre Unterdeterminiertheit ist ihre Potenz: Weil sie nichts sind, könnten sie alles sein. Sie setzen der ordnenden Macht der Gegensätze ein Ende. Gegensätze ermöglichen Wissen und Handlung; Unentscheidbare lähmen. Sie decken brutal die Fragilität höchst sicherer Trennung auf. Sie bringen das Äußere ins Innere und vergiften die Bequemlichkeit der Ordnung mit dem Mißtrauen des Chaos. Genau das tun Fremde." (Bauman 1998, 26)[162]

Hierdurch untergräbt der Fremde die vermeintliche Ordnung, er ist jenes „dritte Element" (Bauman 1998, 29), das das Prinzip binärer Gegensätze und hiermit die Eindeutigkeit von Grenzziehungen infrage stellt. Der Fremde ist Repräsentant von Ambivalenz, die mithilfe dichotomer Unterscheidungen vermieden werden sollte, und von Inkrongruenz: Er implantiert „in den inneren Kreis der Nähe eine Form von Unterschiedlichkeit und Andersartigkeit, die nur auf Distanz antizipiert und toleriert wird" (ebd., 30), und repräsentiert hierdurch, so formuliert Bauman (1998, 30) in Anlehnung an Simmel, eine „inkongruente ‚Einheit aus Nähe und Entferntheit'" (vgl. Kap. 2.2.1). Demnach stört der Fremde die räumliche Ordnung der Welt, „die erkämpfte Koordination zwischen moralischer und topographischer Geschlossenheit, das Zusammenhalten der Freunde und die Ferne der Feinde" (ebd., 30). Verbunden mit diesem Faktor der Nähe des Fremden ist auch sein Anspruch, „Objekt von Verantwortung" zu sein (ebd., 29)[163], und dies, obwohl er sich durch einen zeitlich späteren Eintritt in die Lebenswelt auszeichnet, verbunden mit der Möglichkeit, diese wieder verlassen und aus ihr austreten zu können (vgl. ebd., 29 f.). Zusätzlich zu dem bereits erwähnten räumlichen Faktor und der angedeuteten zeitlichen Komponente, durch die der Fremde zum Träger multipler Inkongruenzen wird, führt Bauman hierzu die Vereinigung weiterer Gegensätze im Fremden an, darunter „Anteilnahme und Gleichgültigkeit, Parteilichkeit und Neutralität, Zurückhaltung und Einmischung" (ebd., 30). Hiervon ausgehend beleuchtet Bauman die Reaktion auf und den Umgang mit dem Fremden im Vergleich von Moderne und Postmoderne: Seit der Moderne erscheinen Fremde im Inneren der jeweiligen

---

162 In ähnlicher Weise machen die Cultural Studies und der Postkolonialismus (vgl. Kap. 2.3) darauf aufmerksam, dass die Zuordnung zu vermeintlich klaren binären Oppositionen als vermeintlich Ordnung stiftender Funktion nicht länger haltbar ist, fokussieren hierbei jedoch vor allem auch auf den Aspekt der Überdeterminiertheit in Diskursen, kulturellen Kontexten und Repräsentationen, in denen auch die Konstruktionen und Zuschreibungen von Fremdheit entstehen (vgl. Kap. 2.3, 2.3.1 und 2.3.2).

163 Im Zusammenhang mit diesem Aspekt der Verantwortung bietet sich an dieser Stelle ein Bezug zur Ethik Lévinas' an (vgl. Kap. 2.1.3) ebenso wie zur Perspektive von Giorgio Agamben, die in einem späteren Kapitel dargestellt werden soll (vgl. Kap. 2.5).

Gemeinschaft und Lebenswelt und beabsichtigen, dort auch zu bleiben.[164] Für den Umgang mit den Fremden gab es keine klaren Regeln, vorherrschend war jedoch das Bemühen, die Begegnung und das Treffen mit ihnen zu vermeiden[165] und ihren Status und Anspruch als moralische Subjekte zu verneinen. Eine besondere Rolle im Umgang mit den Fremden misst Bauman dem Nationalstaat bei, der durch das Durchsetzen von Assimilierungsforderungen an die Fremden[166] als „typisch modernem Phänomen" (ebd., 41) das „Ideal" kultureller, sprachlicher und ideologischer Homogenität beizubehalten und den Erhalt der bestehenden gesellschaftlichen Machtverhältnisse zu sichern, und Differenz, Ambivalenz und Fremdheit einzuebnen bzw. aufzulösen versucht.

Zentral ist auch hierbei der Aspekt der Macht bzw. der Machtasymmetrie:

> „Allein das Aussprechen der Aufforderung etablierte die herrschende Gruppe in der Position einer richtenden Macht, befugt, eine Prüfung durchzuführen und die Ausführung zu bewerten. Einzelne Mitglieder jener Gruppen, die dem Standard nicht genügten, konnten nun nach dem Ausmaß ihrer Anpassung an die herrschenden Werte gemessen und bewertet werden. […] Die ständige Aufforderung wurde als Zeichen der Toleranz dargestellt. Tatsächlich aber erhielt das Assimilationsangebot seinen Sinn durch die Starrheit der diskriminatorischen Normen, durch die Endgültigkeit des Urteils über die untergeordnete Stellung oder nichtkonformen Werte. Die Toleranz […] war nur solange von Bedeutung, wie die Maßstäbe für den Fortschritt nicht überwindbar waren. […] Die Toleranz war in Wirklichkeit ein Hauptinstrument für die erfolgreiche Anwendung der Intoleranz." (Bauman 1998, 40)

Die Aussicht auf die Anerkennung als gleichwertiger Staatsbürger mit gleichwertigen Bürgerrechten bei konformem Verhalten führte in der Folge laut Bauman dazu, dass einige, insbesondere politisch ambitionierte und um Emanzipation bemühte, Teile der als fremd deklarierten Gruppen „Bestätigung gerade durch die Praktizierung der herrschenden kulturellen Muster" und durch Lossagung „von den kulturellen Praktiken der Herkunftskultur" suchten (Bauman 1998, 42). Diese Assimilierungs- bzw. Akkulturationsversuche sind jedoch zum Scheitern verurteilt, wie Bauman anhand folgender Widersprüche aufzeigt: Zum einen ist die Assimilierung eine individuelle Aufgabe jedes einzelnen Fremden, wohingegen die politische Diskriminierung und auch die politische Emanzipation sich auf die „Gemeinschaft der Fremden" (ebd.) in toto mit den je unterschiedlichen Stadien und Ausprägungen der Akkulturation richtet. Zum anderen verstören die im Assimilationsprozess er-

---

164 Diese Formulierung erinnert meiner Meinung nach an Simmels Ausführungen zum Fremden (vgl. Kap. 2.2.1).

165 Dies erinnert wiederum an die Beobachtung von Elias und Scotson, die die Vermeidung der Begegnung und des Umgangs mit den Außenseitern seitens der Etablierten beschreibt (vgl. Kap. 2.2.4).

166 Hierin sehe ich Parallelen zur Thematisierung und Problematisierung des Aspekts der Assimilierung bei Schütz (vgl. Kap. 2.2.2).

worbenen kulturellen Merkmale die Idee und die Narration einer natürlichen, lediglich vererbbaren gemeinsamen Kultur und eines gemeinschaftlichen Ursprungs und die hierauf gründende Berechtigung der Zugehörigkeit:

> „Die Tatsache, dass kulturelle Ähnlichkeit erworben wurde, machte die akkulturierten Fremden anders als den Rest, ‚nicht wirklich wie wir‘, verdächtig der Verdopplung und vielleicht sogar böser Absichten." (Bauman 1998, 42)[167]

Darüber hinaus führt demzufolge auch die Assimilierung und die hierdurch erworbenen Ähnlichkeiten und Wissensbestände nicht zur uneingeschränkten Akzeptanz und Anerkennung durch die Mehrheitsgesellschaft, ein Dilemma, das auch Schütz anspricht und damit begründet, dass das durch Anpassung erworbene Wissen dem sozialisierten und in gemeinsamer Vergangenheit erworbenen Rezeptwissen nicht vergleichbar bzw. gleichwertig ist. Zusammenfassend lässt sich sagen, dass laut Bauman die Moderne mit ihrer Idee der kulturellen Einheit und dem Versuch, (gesellschaftliche) Ordnung auf Basis binärer Gegensätze zu errichten und Ambivalenz und Differenz zu vernichten bzw. zu assimilieren, „die Bedingungen des eigenen Scheiterns" produziert (Bauman 1998, 43) und Fremdheit, Ambivalenz und Chaos erst konstruiert und hervorbringt. In dem Wandel von der Moderne zur Postmoderne sieht Bauman eine Chance und die Möglichkeit eines Wandels dieses Verständnisses von Fremdheit. Dies sieht er einerseits begründet durch die Tendenz zur „Denationalisierung des Staates" (ebd., 47), die er in Verbindung bringt mit einem „Wiederaufleben von Ethnizität" (ebd., 48). Andererseits sieht er die Kultur entbunden von ihrer bisherigen Funktion der „Reproduktion und Unterstützung der sozialen Integration" (ebd.) und als privatisiert im Sinne einer Befreiung von staatlichen Interessen (vgl. ebd.). Vor diesem Hintergrund konstatiert Bauman die Möglichkeit, dass „ethnische Differenzen weniger Antagonismen und Konflikte hervorrufen [könnten; Einschub: A.W.] als in der Vergangenheit", auch aufgrund der staatlichen Indifferenz und Toleranz gegenüber „kulturellem und ethnischem Pluralismus" (ebd.). Die (emanzipatorische) Chance der Postmoderne sieht Bauman demnach darin, die vielfältigen Abwehrstrategien gegen das vermeintlich Fremde einzustellen (vgl. Bauman 1999, 63). Dies sieht er letztlich auch darin begründet, dass durch die Vereinzelung und Entbettung der Individuen und ihre damit verbundene Ortlosigkeit und „Wurzellosigkeit" (Breckner 2009, 96), durch die „fortgeschrittene soziale Differenzierung" und „die potentiell vielfachen Relationen und ambivalenten Verbindungen zu den jeweiligen Subsystemen" (ebd.) Fremdheit allgegenwärtig geworden ist:

---

167 In dieser Beschreibung sehe ich Parallelen zum postkolonialen Konzept der Mimikry (vgl. Kap. 2.3.3.3), wobei hierbei jedoch, insbesondere bei Bhabha, auch der Fokus auf dem positiv interpretierten Widerstandspotenzial dieses „fast dasselbe, aber nicht ganz" (Bhabha 2000, 132), dieses „nicht wirklich wie wir" (Bauman 1998, 42) liegt (vgl. Kap. 2.3.3.3).

„Fremdheit ist universal geworden. Oder eher, sie ist aufgelöst worden, was schließlich auf dasselbe hinausläuft. Wenn jeder ein Fremder ist, ist es keiner." (Bauman; zit. nach: Breckner 2009, 97)[168]

Durch den Verlust der Bedeutungs- und Orientierungsfunktion der sich fragmentierenden Umwelt ist das Selbst in der Konstitution und Wahl seiner Identität und der Strukturierung seiner Lebenswelt und seiner Wahl hierfür auf sich selbst zurückgeworfen, und diese Wahl wiederum ist die „einzige universelle Gemeinsamkeit aller Bürger/Menschen" (Bauman 1999, 63):

„Die Chance [der Postmoderne; Anm.: A.W.] liegt nicht darin, eine wiedergewonnene Ethnizität, eine echte oder erfundene Stammestradition zu bejubeln, sondern in der Vollendung des *Entbettungs*werkes der Moderne – indem man sich auf das Recht, die eigene Identität zu wählen, als die einzige universelle Gemeinsamkeit aller Bürger/Menschen konzentriert, auf die fundamentale, unveräußerliche individuelle Verantwortung für diese Wahl; und indem man die komplexen staatlich- oder stammesgelenkten Mechanismen bloßlegt, die darauf abzielen, das Individuum dieser Wahlfreiheit und dieser Verantwortung zu berauben. Die Chance auf ein menschliches Miteinander hängt allein von den Rechten des Fremden ab, nicht von der Frage, wer – Staat oder Stamm – das Recht habe, darüber zu befinden, wer Fremder sei und wer nicht." (Bauman 1999, 63; Hervorhebung im Original)

Auch wenn sich die Darstellung des Konzepts der Postmoderne nach Bauman vor allem auf Baumans Ausführungen zum Fremden konzentrierte, so möchte ich an dieser Stelle hervorheben, was nur in einigen Passagen angedeutet ist: Aus konstruktivistischer Sicht ist die Theorie Baumans insofern bedeutsam, als sie die Verflüssigung der „Lebensverhältnisse und Lebenswelt" (Reich 2009b, 188) in der Postmoderne, ihre Ursachen, Chancen und Risiken thematisiert, das in der Moderne propagierte Ideal und die Illusion von Reinheit, Ordnung und Klarheit, ebenso wie „nach umfassender Letztbegründung, Universalisierung, nach Sicherheit und […] Auflösung von Widersprüchen bei gleichzeitiger Erhöhung freier, individueller Lebenschancen" (Reich 2009b, 448) dekonstruiert und infrage stellt und hiermit auf die Unschärfen und Ambivalenzen, die in diesem Kontext zutage treten, aufmerksam macht. Bezogen auf die Thematik des Fremden bedeutet das, dass Bauman auf die hiermit verbundenen gesellschaftlichen bzw. Gesellschaft konstituierenden Mechanismen, Bedingungen, Unterscheidungen und Grenzziehungen fokussiert, die das Fremde erst konstruieren und hervorbringen. Auch wenn die Idee frei flot-

---

168 Wichtig ist aus konstruktivistischer Sicht, Baumans Behauptung nicht misszuverstehen im Sinne einer Universalisierung des Fremden und der Annahme der Möglichkeit einer Auflösung der Fremdheit, die das radikal Fremde vernachlässigen würde (Vgl. hierzu Waldenfels in Kapitel 2.1.2). Gemeint ist hiermit vor allem die Allgegenwärtigkeit des Fremden in der Postmoderne.

tierender, bindungsloser und nomadischer Identitäten, die in vielen postmodernen Theorien anklingt bzw. vielfach so interpretiert wird, aus konstruktivistischer Sicht problematisch ist, so liefert Bauman mit seiner Theorie dennoch einige wichtige Impulse für die Betrachtung von Fremdheit. In Bezug auf diese genannte These bzw. Interpretation (als nomadische, bindungslose Identitäten) ist vorab kurz anzumerken, dass dies letztlich ein Verschwinden der (radikalen) Fremdheit zur Folge hätte (vgl. hierzu zum Beispiel meine Ausführungen zu Waldenfels in Kap. 2.1.2), was meiner Ansicht nach letztlich eine Verkürzung des komplexen Phänomens der Fremdheit darstellt, die der (realen) Erfahrung von Fremdheit nicht gerecht werden kann. Zum anderen werden hierbei meiner Meinung nach beispielsweise die Aspekte rekonstruktiver Voraussetzungen, kultureller Eingebundenheit und Positionierung vernachlässigt und somit eine eingeschränkte Sicht auf die vielschichtige Thematik von Identität und Differenz, Selbstheit und Fremdheit geboten, die durch weitere Perspektiven ergänzt werden müssen, wie es auch Absicht dieser Arbeit ist. Baumans Perspektive ist insofern entscheidend, dass er nach den (gesellschaftlichen) Entstehungs- und Konstruktionsbedingungen des Fremden fragt, anstatt sich – wie die klassischen soziologischen Vorläufer – ausschließlich auf die Untersuchung vorhandener Konstellationen und Positionen zwischen Einheimischen und Fremden zu konzentrieren. Entscheidend ist hier sein Fokus und die Hervorhebung der Bedeutung binärer Gegensätze, durch die Differenz und Fremdheit erst konstruiert werden. Dies wird meiner Ansicht nach in ähnlicher Form auch in den Cultural Studies (vgl. Kap. 2.3) thematisiert, zum Beispiel in dem Gegensatzpaar vom *Westen und dem Rest* (vgl. Kap. 2.3.3.1). Auch Nassehi, der im folgenden Kapitel vorgestellt werden soll, greift dies auf und entwickelt dieses Modell weiter.

2.2.6 Fremdheit als Gegensatz des Vertrauten

Nassehi nimmt die Theorie Baumans und seinen Freund-/Feind-Antagonismus zum Ausgangspunkt seiner eigenen modifizierten Sicht auf Fremdheit bzw. den Fremden. Ähnlich wie Bauman betont auch Nassehi die Bedeutung von Unterscheidungen als Lebenswelt und Gesellschaft konstituierend (vgl. Nassehi 1997, 142), kritisiert jedoch Baumans Unterscheidung von Freunden und Feinden als zu vereinfachtes Erklärungsmuster für innergesellschaftliche Differenzen und als zu eng an Carl Schmitts *Begriff des Poltischen* angelehnt (vgl. Nassehi 1997, 141). Nassehi fokussiert mehr auf die auch bei Bauman vorhandene Unterscheidung zwischen den Freunden und Feinden auf der einen Seite und den Fremden auf der anderen Seite (ebd.). Dies ist für Nassehi die zentrale Unterscheidung: die Differenz zwischen dem Vertrauten auf der Innenseite, die nicht notwendigerweise als in sich einheitlich, homogen und differenzlos gedacht werden muss, und – in Relation hierzu – dem Fremden auf der Außenseite der Unterscheidung. Hiermit erinnert er an die phänomenologische Unterscheidung von Fremdem und Vertrautem als konstituierendem Element der Lebenswelt, wobei phänomenologische Theorien, wie zum Beispiel jene nach Waldenfels, auch den Aspekt der Verwobenheit von Fremdem und Vertrautem, bzw. von Fremdem *im* Vertrauten, beleuchten. Hierbei betont Nassehi, dass durch diese (sozialen) Prozesse der Unterscheidung Bereiche des Vertrauten und des Unvertrauten, des Fremden, erst erzeugt werden. Der Fremde wird demnach Nassehi zufolge nicht – wie in den oben dargestellten soziologischen Theorien beschrieben – durch sein Eindringen in eine bestehende Ordnung und seine Bleibeabsicht oder als Träger von Ambivalenz und Inkongruenz charakterisiert, sondern entsteht erst durch bzw. zum Zweck der Herstellung von Vertrautem in einer Ordnung, worauf das Fremde negativ bezogen wird. Das Ziel Nassehis ist es nun, nach den Bedingungen zu fragen, „unter denen gesellschaftliche Strukturen und Prozesse als vertraut gelten" (ebd., 143), und die hiermit korrespondierende Formen von Fremdheit erst entstehen lassen. Bezogen auf die Konstitutionsbedingen des Fremden in der modernen Gesellschaft misst Nassehi der Rolle des Nationalstaats, ähnlich wie auch Bauman, eine entscheidende Rolle bei: Hierbei macht er vor allem auf den Widerspruch aufmerksam, dass der Nationalstaat seit seiner Entstehung in der Französischen Revolution zwar einerseits universale Menschenrechte propagiert und einfordert, andererseits jedoch den Zugang zu bestimmten Menschen- oder Bürgerrechten nur den eigenen Bürgern zuspricht. Prototyp des Fremden in der Moderne ist demnach laut Nassehi (1997, 149) der Nicht-Bürger, der Ausländer, der insbesondere als „negative Identifikationsfolie, als identitätsstiftender Außenhorizont" (ebd., 147) dient:

> „Stimmt die Unterscheidung *vertraut/fremd,* so ergibt sich, dass als fremd diejenigen zu bezeichnen sind, die auf der Außenseite der Unterscheidung stehen – und das sind in der Moderne ausdrücklich und in erster Line Nicht-Bürger, also: der Ausländer, der mit der Befriedung Europas nicht mehr automatisch der Feind ist, an dessen Fremdheit aber kaum gezweifelt wird." (Nassehi 1997, 150; Hervorhebungen im Original)

Darüber hinaus dient der Nationalstaat dazu, mithilfe nationaler Semantiken und der Suggestion einer *Imagined Community* im Sinne Benedict Andersons, Vertrautheit, Stabilität und gesellschaftliche Einheit zu erzeugen und eine Identität stiftende Funktion wahrzunehmen, um der „Dezentralisierung und strukturellen Desintegration" (ebd., 148), dem Verschwinden traditioneller Vertrautheiten und der zunehmenden Individualisierungstendenz als Grundzügen der Moderne[169] entgegenzuwirken. Hierbei vermag es die Idee der Nation, „von der Reflexion darüber zu entlasten, dass in der modernen Gesellschaft die Grenzen zwischen Vertrautheit und Fremdheit erheblich milieuspezifischer, schichtenspezifischer, geschlechtsspezifischer, interessengeleiteter und nicht zuletzt kontextabhängiger und arbiträrer verlaufen, als es

---

169 Das, was Nassehi in diesem Zusammenhang mit dem Begriff der Moderne bezeichnet und als ihre Grundzüge benennt, entspricht nach meinem Verständnis dem, was Baumann mit dem Begriff bzw. in seinem Konzept der Postmoderne fasst.

zunächst den Anschein hat" (Nassehi 1997, 149).[170] Als weiteren Aspekt moderner Gesellschaften betont Nassehi die Bedeutung der strukturellen Fremdheit, die sowohl Folge als auch Bedingung der funktionalen Ausdifferenzierung im politischen, bürokratischen, ökonomischen oder auch rechtlichen Bereich ist. Diese Generalisierung der Fremdheit, wie Nassehi in Anlehnung an Alois Hahn formuliert, durch die Personen in erster Linie als Funktionsträger und nicht in ihrer ganzen individuellen Persönlichkeit wahrgenommen werden, ermöglicht erst die Individualisierung von Lebensformen und „relativ freie persönliche Orientierungen ästhetischer, ethischer, religiöser und sexueller Art" (Nassehi 1997, 152).[171] Die „Konstruktion des Fremden als Differenzfokus" (Nassehi 1997, 152) ist ein Versuch, die sich in Verbindung mit der zunehmenden Individualisierung „Destandardisierung und Desintegration von Lebensformen" (ebd.) ergebenden „Nachteile" und ihre gesellschaftlichen Folgen abzumildern und eine (gemeinschaftliche) Vertrautheit und Identität zu erzeugen, „die es letztlich nicht gibt" (Nassehi 1997, 152). Hierin deuten sich meinem Verständnis nach einige zentrale Aspekte an, die auch andere Perspektiven zur Fremdheit – teilweise expliziter – thematisieren, nämlich den Eingang und das Vorhandensein des Fremden im bzw. in den Bereich des Eigenen und des Vertrauten, die Infragestellung der Vorstellung vom (in sich homogenen) Eigenen und Fremden, die Betonung des Konstruktionscharakters des Eigenen und Fremden und der hiermit verbundenen Grenzziehungen sowie die Funktion des Fremden, ebenso wie die Verwobenheit von Eigenem und Fremdem. Hiervon ausgehend widmet sich Nassehi als weiterem Kernpunkt seiner Perspektive der Frage, wie und wodurch der Fremde zum Feind wird. Fremde, so definiert Nassehi unter Rückgriff auf Bauman, verstören durch ihre Unbestimmtheit bzw. die Unmöglichkeit ihrer Zuordnung zum vertrauten Freund-/Feind-Antagonismus die vertraute soziale Ordnung.

Davon ausgehend schlussfolgert Nassehi, dass Fremde erst zu Feinden (oder auch zu Freunden) werden, „wenn sie in diesen vertrauten Antagonismus von Freund und Feind eingeordnet werden können, d.h. wenn sie letztlich keine Fremden mehr sind" (Nassehi 1997, 153).[172] Durch die Möglichkeit der Einordnung in diesen Antagonismus wechselt der Fremde im Verständnis Nassehis somit sozusa-

---

170 In diesem Zusammenhang kritisiert Nassehi auch die soziologischen Klassiker, die „die Begegnung mit dem Fremden als Folge des Eindringens *von Out-Sidern in In-Groups* beschrieben haben" und hierbei den Grenzverlauf zwischen Außen und Innen, Bürger und Nicht-Bürger anhand nationaler Grenzen nicht ausreichend reflektieren ebenso wenig wie die „Tatsache, dass Gesellschaften keine nationalen In-Groups mit einheitlichen, internen Strukturen sind" (Nassehi 1997, 151).

171 Diesen Aspekt der strukturellen Fremdheit bzw. der Generalisierung von Fremdheit betonen auch andere Soziologen wie beispielsweise Radtke (1998); Yildiz (1999), ebenso wie aus stadtsoziologischer Perspektive auch Karpe/Ottersbach/Yildiz (2001); Bukow/Yildiz (2002) und Bukow/Nikodem/Schulze/Yildiz (2001). In letztgenanntem Band findet sich übrigens auch ein Beitrag von May (2001), der explizit die in Kap. 2.2.4 vorgestellte Etablierten-Außenseiter-Beziehung im Sinne von Elias und Scotson aufgreift und diese aus stadtsoziologischer Perspektive am Beispiel der Dortmunder Nordstadt als „Grammatik des urbanen Zusammenlebens" herausstellt.

172 Diese Formulierung erscheint mir aus konstruktivistischer wie auch aus phänomenologischer Sicht problematisch, da dies ein Verschwinden der (radikalen) Fremdheit (im Sinne Waldenfels') bedeuten würde.

gen auf die Seite der Vertrautheit. Diese Behauptung veranschaulicht er am Beispiel der Nachfolgegeneration der Arbeitsmigranten. Sobald diese mit dem Anspruch „formalrechtlicher Gleichheit" (Nassehi 1997, 155) auf dem „Bildungs-, Arbeits- und Kulturmarkt" (ebd., 154) auftreten, funktioniert das „Deferenz-Modell" (Nassehi 1997, 154 ff.), das den Migranten (ökonomische) Nischen des Arbeitsmarktes zuweist, die durch Autochthone nicht bedient werden können bzw. nicht zur Disposition stehen, und hiermit die vorhandenen Ressourcen eindeutig zuteilt, was wiederum die soziale Ungleichheit manifestiert, nicht mehr. Hierdurch erscheint der Fremde als formal und rechtlich Gleicher im Kontext und im Kampf um den Zugang zu den gesellschaftlich bisher klar zugeteilten knappen Ressourcen und Lebenschancen (vgl. ebd., 157). In diesem Moment wird der Fremde zum potenziellen Feind oder Freund (vgl. ebd.). Zum tatsächlichen Feind wird der Fremde dann, „wenn es einer Gesellschaft nicht gelingt, Positionszuweisungen innerhalb ihrer Sozialstruktur gemäß dem universalistischen Paradigma einer freien und gleichen Konfliktregelung zu organisieren", sondern der Fremden losgelöst vom Kontext ausschließlich als Mitglied einer (imaginierten) (stereotypisierten) Fremdgruppe wahrgenommen wird und wenn die ethnische Zugehörigkeit „zur einzigen Differenzkategorie" wird (ebd., 157). Der Fremde wird dann zum Feind, wenn er als Konkurrent bzw. im Konflikt um knappe Ressourcen als Ursache für die Verknappung von Ressourcen und andere strukturelle Probleme deklariert wird, unabhängig davon, ob dieser hierfür tatsächlich verantwortlich ist oder nicht. Paradox hierbei ist zum einen, dass der Fremde in dem Moment wahrgenommen und sichtbar wird, wenn er als formal Gleicher Ansprüche um Chancen und Ressourcen erhebt, „von denen er zuvor als ‚Fremder' ausgeschlossen war" (ebd., 157), und zum anderen, dass der Fremde – gemäß Nassehis Verständnis – sobald er als Feind deklariert werden kann, hiermit in den Vertrautheitsbereich eintritt und seine Fremdheit „verliert".

2.2.7 Die Bedeutung der Perspektive der Soziologie für die Betrachtung der Fremdheit aus interaktionistisch-konstruktivistischer Sicht

Die hier vorgestellten ausgewählten soziologischen Perspektiven thematisieren, so möchte ich zusammenfassen, aus unterschiedlichen (historischen) Kontexten und Herangehensweisen verschiedene Formen des Erlebens sowie verschiedene Positionen, Funktionen, Zuschreibungen und gesellschaftliche Entstehungsbedingungen und -zusammenhänge von Fremdheit bzw. des Fremden. Die Reflexion der Bedeutung jeder einzelnen dieser soziologischen Perspektiven für eine interaktionistisch-konstruktivistische Betrachtung der Fremdheit erfolgte bereits jeweils gesondert am Ende der betreffenden (Unter-)Kapitel. Auf dieser Basis möchte ich jedoch zusammenfassend hervorheben, dass, und hierin liegt die Bedeutung dieser Theorien für die Betrachtung der Fremdheit aus interaktionistisch-konstruktivistischer Perspektive insgesamt, die Betonung der Unterscheidung von Eigenem und Fremdem als grundlegend für die Herstellung sozialer „Ordnung", sozialen Sinns und sozialer Wirklichkeit ein zentraler Aspekt ist, der in diesen unterschiedlichen soziologischen Perspektiven deutlich wird. Damit verbunden ist die Infragestellung und Dekonstruktion der als selbstverständlich hingenommenen Annahme eines vermeintlich in sich homogenen Eigenen, und die Vorstellung von Fremdheit als einer vorgängigen und „natürlichen" Eigenschaft von Personen und Gruppen wie auch die Infragestellung der hiermit verbundenen (gesellschaftlich konstruierten) Unterscheidungen und Differenzen. Fremdheit wird demzufolge immer in Relation zu einer bestimmten Ordnung bestimmt und erzeugt diese zugleich; sie wird im Rahmen gesellschaftlich geteilten Wissens, Sinns und sozialer Wirklichkeit konstruiert. Die soziologischen Betrachtungen zur Fremdheit sind insofern relevant für eine interaktionistisch-konstruktivistische Perspektive auf Fremdheit, da der Fokus auf der Gesellschaft und Lebenswelt ihre Bedeutung für die Re-/De-/Konstruktion gesellschaftlich geteilten Wissens, Sinns, Wirklichkeit wie auch Fremdheit hervorhebt und somit den Faktor der kulturellen Eingebundenheit und Vermitteltheit betont. Dies ist auch relevant für die nachfolgende Betrachtung der *Dimension der Kultur für die Re-/De-/Konstruktion von Fremdheit* (vgl. Kap. 3.2), da der Begriff der Kultur aus meiner Sicht auch als postmoderner Begriff der Lebenswelt verstanden werden kann. Darüber hinaus werden in diesen vorgestellten soziologischen Theorien viele Aspekte angeführt, die bedeutsam für die Zuschreibung, Bestimmung und Konstruktion des Fremden und demnach auch für eine Betrachtung der Fremdheit sind: So betont Simmel vor allem den räumlichen Aspekt von Fremdheit im Sinne eines Spannungsverhältnisses bzw. einer Gleichzeitigkeit von Nähe und Entferntheit, während Bauman Fremdheit als Ergebnis bzw. Konstruktion im Verhältnis zu einer bestimmten Ordnung[173] mit den in ihr vorherrschenden (binären) Gegensätzen und Differenzen betrachtet und diese Entstehungszusammenhänge und Konstruktionsbedingungen reflektiert. Ähnlich differenztheoretisch argumentiert Nassehi, der in der Konstruktion von Fremdheit jedoch ein Mittel sieht, um innerhalb einer bestimmten Ordnung Vertrautheit und eine (gemeinschaftliche) Identität herzustellen. Elias und Scotson betrachten Fremdheit vor allem im Zusammenhang bzw. als Ergebnis der Machtasymmetrie in der Beziehungsfiguration zwischen Etablierten und Außenseitern, während Schütz Fremdheit bzw. den Fremden vor allem in Hinblick auf sein ambivalentes Verhältnis zum vorherrschenden (Rezept-)Wissen und Relevanzsystem der Dominanz- bzw. Aufnahmekultur beschreibt. Hierbei bietet sich meiner Ansicht nach – so möchte ich abschließend kurz anmerken – die Möglichkeit, einen Bezug zur interaktionistisch-konstruktivistischen Diskurstheorie herzustellen, die als ausgewählte Diskurstypen den „Diskurs der Beziehungswirklichkeit", den „Diskurs des Unbewussten", den „Diskurs des Herrn" und den „Diskurs des Wissens", vorschlägt, um verschiedene Dimensionen und Beobachter-

---

173 Hierin sehe ich Parallelen zu Waldenfels, der Fremdheit ebenfalls in Bezug auf eine bestimmte Ordnung betrachtet (vgl. Kap. 2.1.2).

positionen in Diskursen zu reflektieren.[174] In den hier vorgestellten soziologischen Theorien werden explizit die beiden letztgenannten Aspekte des Wissens und der Macht bei Schütz und Elias/Scotson[175] hervorgehoben und implizit auch Aspekte der Beziehungswirklichkeit und des Unbewussten angerissen, wie zum Beispiel in der von Bauman beschriebenen emotionalen Reaktion auf das bzw. die Fremden, die zwischen Angst und Faszination oszilliert.[176] Lohnenswert erscheint mir dieser Bezug zur interaktionistisch-konstruktivistischen Diskurstheorie vor allem aus dem Grund, dass Fremdheit auch und vor allem in Diskursen konstruiert wird.[177] Ein zentrales Ziel aus meiner Sicht ist, eben jene Prozesse und Mechanismen zu reflektieren, zum Beispiel anhand der in der interaktionistisch-konstruktivistischen Diskurstheorie vorgeschlagenen Plätze und Setzungen.

2.3 Die Perspektive der Cultural Studies und des Postkolonialismus

2.3.1 Die Cultural Studies

Die Cultural Studies sind ein ursprünglich in Großbritannien entstandener inter- und transdisziplinärer Ansatz innerhalb des Feldes der Kulturwissenschaften, dessen Schwerpunkt in der Analyse von Alltags- und Populärkultur (im Gegensatz zur Hochkultur), kulturellen Praxen, Institutionen, Artikulationen und Repräsentationen, unter Beachtung und Reflexion ihrer jeweiligen Kontexte und gesellschaftlicher Machtverhältnisse, liegt. Der theoretische Hintergrund, vor dem derartige Analysen stattfinden, ebenso wie die Forschungsgegenstände selbst wandelten sich jedoch im Verlauf der Weiterentwicklung der Cultural Studies bzw. wurden ständig erweitert und ergänzt, zum Beispiel durch die Intervention des Feminismus und durch Fragen des Rassismus (vgl. Hall 2000, 42 ff.). Die große „Methodenvielfalt und Methodenoffenheit" (von Wogau/Eimmermacher/Lanfranchi 2004, 32), durch die sich die Cultural Studies auszeichnen, sowie die Heterogenität ihrer „theoretische(n) Erb-

---

174 Vgl. hierzu ausführlicher, insbesondere auch zur Herleitung der interaktionistisch-konstruktivistischen Diskurstheorie, Reich (1998b, 288 ff.).

175 Bezogen auf den Machtaspekt aus soziologischer Sicht bietet sich beispielsweise auch die wissenssoziologische Perspektive Pierre Bourdieus an, auf die an dieser Stelle nur kurz hingewiesen werden kann. Zentral sind hierbei vor allem die verschiedenen Kapitalsorten, Machtmittel und Ressourcen eines sozialen Akteurs, sein Habitus im Sinne eines Systems von „Wahrnehmungs-, Denk- und Handlungsschemata" (Schwingel 2009, 62), ihre Bedingtheit durch seine Position im sozialen Feld und der sozialen Klasse sowie ihre Einschreibung bzw. Verinnerlichung im sozialen Subjekt, die wiederum auf die soziale Praxis rückwirken. Vgl. hierzu ausführlicher Bourdieu (1987) und Bourdieu (2005). Zur kritischen Würdigung und konstruktivistischen Umdeutung Bourdieus im interaktionistischen Konstruktivismus vergleiche Reich (1998b, 185 ff.).

176 An späterer Stelle soll auf weitere Theorien, die zum Beispiel den Aspekt des Unbewussten und seine Bedeutung für die Konstruktion des Fremden expliziter thematisieren, näher eingegangen werden (vgl. Kap. 3.7).

177 Der Aspekt der Re-/De-/Konstruktion von Fremdheit in Diskursen wird ausführlicher in Kapitel 3.5 behandelt.

schaften", die sich aus unterschiedlichsten Momenten zusammensetzen (Winter 2001, 23), begründen einerseits ihre kontinuierliche Weiterentwicklung und Reaktionsfähigkeit auf aktuelle Herausforderungen und andererseits das große Spektrum ihrer Rezeptionen durch verschiedenste Vertreter und somit die Schwierigkeit einer allgemeingültigen Definition (vgl. Storey 1996).

Stuart Hall, einer der führenden Vertreter der Cultural Studies, sagt hierzu:

> „Cultural Studies haben vielfältige Diskurse [...]. Sie sind eine ganze Reihe von Bewegungen [...], haben verschiedene Konjunkturen und [...] beinhalten viele verschiedene Arbeiten [...]. Sie bestanden immer aus einer Reihe instabiler Bewegungen. Sie waren nur in Anführungszeichen zentriert". (Hall 2000, 35)

Die Cultural Studies sind weniger eine einheitliche Disziplin, sondern sowohl eine intellektuelle Praxis, die selbst aus einem Dialog verschiedener Stimmen hervorgegangen ist, als auch ein politisches Projekt, das auf die Veränderung von Bedeutungen und Momente der Selbstermächtigung im umkämpften Terrain der Kultur abzielt.

Aus diesem Grund kann die nun folgende Rekonstruktion der Entwicklung der Cultural Studies als einer diskursiven Formation im Foucault'schen Sinne (vgl. Hall 2000 und Winter 2001) und ihrer theoretischen und methodischen Zugänge nur einen verkürzten Einblick darstellen, ohne einen Anspruch auf Vollständigkeit erheben zu wollen.

Wichtige Vorläufer der Cultural Studies sind laut Winter zunächst die Literatur- und Kulturkritik von F. R. Leavis, dem wichtigsten Repräsentanten des Kulturalismus[178] vor den Cultural Studies, sowie der orthodoxe Marxismus. Daran anknüpfend verschoben Richard Hoggart, Raymond Williams und E. P. Thompson, die Gründerväter der Cultural Studies, ursprünglich ausgehend von einer Standortbestimmung der britischen Arbeiterklasse, im Kontext der Neuen Linken[179] den Fokus durch die Ausweitung und „Demokratisierung des Kulturverständnisses" (Nünning 2004, 96), das nun auf die Vielfalt alltäglicher (Populär-)Kulturen ausgedehnt wurde. Die von diesen drei Autoren angestoßene kulturtheoretische Auseinandersetzung und Neuorientierung mündete 1963 in die Gründung des Centre for Contemporary Cultural Studies in Birmingham (CCCS). Winter (2001, 74) gliedert die Forschungsarbeit des Centres in drei zentrale Phasen: 1. die Erforschung und „Ana-

---

178 Kulturalismus in Bezug auf die Cultural Studies markiert laut Hall deren frühe Phase und ist geprägt „von dem Versuch, auf Basis der moralischen Tradition der englischen Sozialkritik einen kulturell fundierten Sozialismus zu entwickeln" (Winter 2001, 29). Das kulturalistische Verständnis von Kultur wurde jedoch später durch ein strukturalistisches ergänzt bzw. nachfolgend durch die Rezeption poststrukturalistischer Autoren modifiziert.

179 Die *New Left* ist eine politisch-oppositionelle, intellektuelle Formation, die sich in Großbritannien in den 1950er Jahren infolge der Suez-Krise und dem Ungarn-Aufstand bildete. Kernpunkt war die Entwicklung eines sozialen Denkens in Abgrenzung zu Stalinismus und deterministischen Marx-Interpretationen. Neu war vor allem die Betrachtung „der kulturellen Dimension von Politik und sozialem Wandel" sowie die „Bestimmung von Kultur als zentralem Prozess und Bereich des sozialen und politischen Kampfes" (Winter 2001, 25).

lyse der Populärkultur mit den Methoden der Literaturkritik" (ebd.), 2. die „intensive Beschäftigung mit (kultur-)soziologischen Ansätzen" (ebd.), unter anderem mit der Ethnomethodologie, mit dem sozialen Konstruktivismus nach Berger/Luckmann[180] und mit dem symbolischen Interaktionismus, die auch bedeutsam für die Entstehung des interaktionistischen Konstruktivismus sind, und 3. die „Aneignung des westlichen Marxismus, des Strukturalismus [und; Einschub: A.W.] der Semiotik" (ebd., 82).

Letztere Phase steht in Zusammenhang mit der Übergabe des Direktorats des CCCS an Stuart Hall (1968–1979), unter dem eine Rezeption semiotischer, strukturalistischer und später poststrukturalistischer Zugänge zu kulturellen Phänomenen erfolgte, unter anderem der strukturalen Anthropologie Lévi-Strauss' und der Kulturkritik Roland Barthes', ebenso wie einer Neuinterpretation des Marxismus in Anlehnung an Althussers strukturalistische Marx-Interpretation und seine Ideologietheorie.[181]

Neben der Kombination und Vermittlung zwischen den beiden Kernparadigmen der Cultural Studies, Kulturalismus und Strukturalismus (vgl. Hall 1996 und Winter 2001), wurden im Folgenden poststrukturalistische Konzepte, Lacans Neuinterpretation der Psychoanalyse sowie Foucaults Diskurs- und Machtanalyse, später Gramscis Hegemonietheorie und wiederum im Anschluss daran und an Derridas Dekonstruktivismus, neuere Hegemonie- und Ideologietheorien nach Laclau/Mouffe, relevant für die Betrachtung kultureller Phänomene. Diese Erweiterung der theoretischen Zugänge geschah Hand in Hand mit der Ausweitung der Forschungen von Analysen der Literatur und Arbeiterkultur auf Untersuchungen der (Massen-)Medien, Populärkultur und jugendlichen Subkulturen bis hin zu aktuellen Forschungsfeldern zum Beispiel zu Subjektkonstruktionen und Identität sowie zu Themen wie „Rasse" und „Nation" ebenso wie zu feministischen Fragestellungen. Die Breite der hier nur angedeuteten theoretischen und methodischen Zugänge verweist bereits auf die Vieldeutigkeit und Komplexität kultureller Botschaften und Phänomene.

Anfang der 1980er-Jahre kam es dann laut Hall zu einem „moment of autonomy" der Cultural Studies, das heißt zur „relative[n] geistige[n] Unabhängigkeit der C.St. [Cultural Studies; Einschub: A.W.] vom CCCS" (Nünning 2004, 96; Hervorhebung im Original), deren Entwicklung bis zu diesem Zeitpunkt untrennbar war. Parallel dazu setzte eine intensive Rezeption der Cultural Studies in den USA, Europa, Australien und auch in Lateinamerika ein, was der Beginn des „Booms" der Cultural Studies und gleichzeitig ihrer zunehmenden Heterogenität und Fragmentierung war. In diesem erweiterten Kontext ist eine Rekonstruktion der Anfänge und eine einheitliche Definition noch schwieriger als in Bezug auf die britischen Cultural Studies.

---

180 Vgl. Kap. 2.2.2 und 2.2.3.
181 Alle hier genannten und die noch folgenden theoretischen Zugänge in diesem Kapitel werden an dieser Stelle aus Rücksicht auf den Gesamtumfang der vorliegenden Arbeit nicht umfassend vorgestellt, sondern im Verlauf dieser Arbeit konkret in Bezug auf relevante Kernkonzepte wie zum Beispiel Kultur, Dezentrierung und Identität hin angewandt und wieder aufgegriffen.

Trotz der genannten Vielfältigkeit und Heterogenität innerhalb des Feldes der Cultural Studies können ihre multiplen Diskurse nicht „als beziehungslose Ansammlung unterschiedlicher Ansätze" (Grossberg; zit. nach: Schneck 1997, 78) angesehen werden, sondern verfügen über ein konstitutives Kernverständnis und eine gemeinsame Zielsetzung, deren Hauptmerkmale nachfolgend kurz zusammengefasst werden:

Neben der bereits genannten Transdisziplinarität und der prinzipiell offenen Konzeption ist radikaler Kontextualismus und somit Anti-Essentialismus und Anti-Universalismus ein Grundcharakteristikum der Cultural Studies. Dieser Kontextualismus besagt, dass alle Fragestellungen, Forschungsgegenstände, Theorien, Wissensformationen, Widerstände und Methoden in Zusammenhang mit ihrem jeweiligen historisch-spezifischen Kontext, auch bezogen auf die jeweils vorhandenen Machtstrukturen, zu betrachten sind. Dies wird sowohl selbstreflexiv auf die Cultural Studies selbst bezogen, in denen die Reflexion der Position des Forschenden grundlegender Bestandteil der Forschung ist, als auch auf die Forschungsgegenstände, wie zum Beispiel die kulturellen Praktiken, sowie auf den Status der Theorie. Theorie muss demnach in Bezug auf den Kontext, den sie untersucht, und in Bezug auf den Kontext, in dem sie gebildet wird, hin betrachtet werden. Sie kann somit nicht universal auf andere Kontexte übertragen werden, sondern ist laut Lawrence Grossberg, einem der führenden Vertreter der Cultural Studies in den USA, eine „kontextbezogene Intervention" [Im Original: „contextual intervention"] (Grossberg 1994, 5). Dies begründet auch, warum „an verschiedenen Orten und zu verschiedenen Zeiten unterschiedliche Theorien ebenso wie unterschiedliche Strategien richtig sein können" (Grossberg 1994, 6; zit. nach: Neubert 2004a, 92). Des Weiteren geht es bei der Theoriebildung „nicht um die sich selbst genügende Ansammlung von Wissen bezogen auf das ‚Funktionieren von Kultur'" (Hepp/Winter 2003, 11), sondern um die Produktion kritischen Wissens, das, gemäß dem politischen und „interventionistischen Charakter" (Hepp/Winter 2003, 11) der Cultural Studies als weiterem Grundmerkmal, Intervention, Widerstand und Veränderung kultureller Verhältnisse ermöglicht. Dieses Ziel verdeutlicht wiederum die Überzeugung, dass (auch marginalisierte) Akteure innerhalb bestehender (Macht-)Verhältnisse eine Veränderung derselben von innen heraus bewirken können. Dies wird unter anderem mithilfe poststrukturalistischer Konzepte wie zum Beispiel dem der Überdeterminiertheit begründet. Hierbei wird von einem grundsätzlichen Bedeutungsüberschuss innerhalb von Diskursen ausgegangen, deren offene Nahtstellen die Möglichkeit der Re- und De-Artikulation bieten.[182]

Mit Foucault gesprochen heißt das: „Wo Macht ist, gibt es Widerstand" (Foucault 1983, 96). Dieser Widerstand liegt jedoch niemals außerhalb der Macht. Bezogen

---

182 Diese Strategie machte sich zum Beispiel auch der Feminismus zunutze. Dieser eignete sich die Bedeutung von „Gleichheit" (die ursprünglich auf brüderliche Gleichheit bezogen war) an und verwendete diese als „kritische Waffe zunächst gegen politische und dann gegen ökonomische und sexuelle Formen von Ungleichheit und Diskriminierung" (Neubert 2004b, 125). Dies nennt Neubert in Anlehnung an Laclau/Mouffe „die Artikulation eines Antagonismus durch die Errichtung einer Äquivalenzkette" (ebd.).

auf den für die Cultural Studies und auch für diese Arbeit zentralen Kulturbegriff (vgl. hierzu Kap. 3.2), der sich im Verlauf der Cultural Studies mehrfach änderte, bedeutet das, dass Kultur einerseits ein Schauplatz von Kämpfen um Bedeutungen ist und dass andererseits kulturelle Praktiken gleichzeitig auch die Waffen sind, mit denen diese Kämpfe innerhalb bestehender Machtverhältnisse geführt werden (vgl. Neubert 2004a, 93 und Grossberg 1994, 7).

Viele der genannten Hauptmerkmale der Cultural Studies können als Anknüpfungspunkte für den interaktionistischen Konstruktivismus dienen, ebenso wie für eine interaktionistisch-konstruktivistische Betrachtung der Konstruktion von Fremdheit. Die Untersuchungen von Kultur vor dem Hintergrund ihrer jeweiligen Kontexte und Machtverhältnisse, ebenso wie die Aspekte der Konstruktivität kultureller Praktiken als konstitutivem Element bei der Realitätsbildung und ihre gleichzeitige Kontingenz sowie ihre Wechselwirkungen auf die Identität der Subjekte sind hierbei besonders relevant.

Aus der großen Vielfalt der Cultural Studies werde ich mich in meiner Arbeit hauptsächlich auf die Arbeiten Stuart Halls, einem ihrer Hauptvertreter bis heute, und insbesondere auf seine späteren Werke ab den 1980er Jahren beziehen. Weitere wichtige Implikationen für diese Arbeit liefern die Werke Homi Bhabhas, einem der führenden Vertreter des Postkolonialismus, als einer weiteren wichtigen Entwicklung innerhalb der Cultural Studies seit den 1980er Jahren.

2.3.2 Der Postkolonialismus

Der Postkolonialismus ist eine Strömung innerhalb der Cultural Studies, deren Schwerpunkt in der Dekonstruktion des universalisierenden Narrativs der westlichen Moderne und eurozentrischer Wissens- und Repräsentationssysteme sowie in der Enttarnung kolonialer Nachwirkungen liegt. Ursprünglich ausgehend von antikolonialen Widerstandsbewegungen und Unabhängigkeitskämpfen im Rahmen von Entkolonisierungsprozessen[183] löste sich die postkoloniale Theorie im weiteren Verlauf von dieser historischen Entstehungssituation und entwickelte sich von dieser historisch-politischen Ebene hin zu einer diskurs- und erkenntniskritischen Ebene, die den Fortbestand kolonialer Macht in Form von hegemonialen westlichen Wissenssystemen anprangerte. Durch diese Verlagerung bzw. Weiterentwicklung postkolonialer Theorie als „im Entstehen begriffener Erkenntnistheorie" (Hall 1997b, 240) ist ihr Potenzial als *postcolonial turn*[184], als Anstoß zu kulturwissenschaftlichen

---

183 Hierzu zählen zum Beispiel Konzepte wie das der Négritude und des Pan-Afrikanismus. Zu den bekanntesten Vertretern solcher Bewegungen zählen beispielsweise Aimé Césaire und Frantz Fanon. Auch wenn viele der in diesen Bewegungen vertretenen Vorstellungen von nachfolgenden Vertretern des Postkolonialismus und aus heutiger Sicht kritisiert und modifiziert werden, so stellte dies dennoch den Grundstein postkolonialer Theorie dar, auf dem nachfolgende Theoretiker aufbauen konnten.

184 Zur genaueren Definition und Bestimmung sowie zur Darstellung von kulturwissenschaftlichen *turns* bietet Bachmann-Medick (2007) einen empfehlenswerten Überblick.

Neuausrichtungen, begründet, die außerdem ihren eigenen Bezugsrahmen global verortet. Wichtig ist hierbei, das „Post" im Postkolonialismus nicht im Sinne eines chronologischen „Danach" im Anschluss an einen abgeschlossenen Kolonialismus nach der formellen politischen Unabhängigkeit der Kolonien von den westlichen Kolonialmächten zu verstehen, wie es oft vereinfachend dargestellt wird. Gemeint ist hiermit, ähnlich wie in anderen „Posts", wie zum Beispiel der Postmoderne oder dem Poststrukturalismus, dass der Postkolonialismus „nicht nur ‚nach' dem Kolonialismus" kommt, sondern dass er „über ihn hinaus" geht (Hall 1997b, 237):

Er setzt zwar an jenem historischen Moment an, den er im Gegensatz zu westlichen Narrationen als bedeutsam hervorhebt, wie nachfolgend noch ausgeführt wird, aber er thematisiert und kritisiert gleichzeitig die damit verbundenen, oftmals subtilen fortbestehenden historischen, politischen und diskursiven Strukturen und Machtwirkungen des unabgeschlossenen Kolonialdiskurses (vgl. Ha 2004, 91 ff.). Dies betrifft zum Beispiel die Analyse der hegemonialen Konstruktionen des/vom Anderen und ihrer Repräsentationen. Diese Spannung „zwischen dem Epistemologischen und dem Chronologischen" ist Hall zufolge besonders „produktiv" (Hall 1997b, 238), um über bisher dominante und noch weiter wirkende koloniale Strukturen und Narrative hinauszugehen, indem diese aufgegriffen und transformiert werden (vgl. Bronfen/Marius 1997).

Dies geschieht zum Beispiel durch die Umformulierung der westlichen Narration der Moderne. Diese stellt insofern eine Dezentrierung des westlichen Blicks dar, als sie die zuvor westlich dominierte Erzählperspektive um Perspektiven von Marginalisierten aus dem „Rest" der Welt erweitert (vgl. Kap. 2.3.3.1). Aus dieser Sichtweise heraus erfolgt eine Verschiebung, eine Umwertung der westlichen Bewertung des Kolonialismus als untergeordneter Nebenhandlung innerhalb einer größeren Geschichte. In dieser postkolonialen Umformulierung der westlichen Moderne

> „nimmt die Kolonisation die Bedeutung und den Rang eines zentralen, umfassenden, Strukturen sprengenden welthistorischen Ereignisses ein. Als ‚Kolonisation' bezeichnet der ‚Postkolonialismus' nicht nur die direkte Herrschaft imperialer Mächte über bestimmte Gebiete der Welt, […] [sondern; Einschub: A.W.] vielmehr den gesamten Prozess von Expansion, Erforschung, Eroberung, Kolonisation und imperialer Hegemonisierung, der die ‚äußere Gestalt', das konstitutive Draußen der europäischen und dann der westlichen Moderne seit 1492 bildete." (Hall 1997b, 231)

Eine der wichtigsten Erkenntnisse, die mit dem Verständnis der Kolonisation als Teil eines transnationalen, transkulturellen und global bedeutsamen Prozesses (vgl. Hall 1997b, 227) einhergehen, ist die Feststellung, dass die Prozesse der Kolonisierung und Entkolonisierung „die kolonialisierenden Gesellschaften [ebenso; Anm.: A.W.] machtvoll geprägt" haben „wie die kolonialisierten (wenn auch natürlich auf andere Weise)" (Hall 1997b, 226). Diese Theorie eines „doppelten Einschreibens" (ebd., 227)[185] subvertiert Vorstellungen von binären Oppositionen wie Herrscher/ Beherrschter, Innen/Außen, Zivilisierter/Wilder, Zentrum/Peripherie, auf denen koloniale und hegemoniale Weltbilder, Konstruktionen und Repräsentationen des Anderen beruhten, auf deren Basis sich die Kolonialherren ihrer eigenen Überlegenheit versicherten.

Dies markiert laut Hall (1997b) den Übergang von der Differenz zur *différance*[186], das heißt einen „Übergang von einer Form des kulturellen Imaginären, bei der die Grenze zwischen einem Innen und einem Außen als distinkten und mit sich selbst identischen Einheiten verläuft, zu einer anderen Form des kulturellen Imaginären, bei der diese Grenze als Riss und Dopplung und damit als ein konstitutives Element im Inneren dieser Einheiten selbst erscheint" (Neubert 2004a, 94). Dies kennzeichnet wiederum den Übergang zum Postkolonialismus, der ebenfalls, wie oben bereits erläutert, nicht im Sinne eines eindeutigen Gegensatzes von „damals/heute" zu verstehen ist.

Des Weiteren ist die daraus resultierende Verstörung eindeutiger binärer Gegensätze und die damit verbundene Dekonstruktion von Vorstellungen einer einheitlichen und homogenen (National-)Kultur und (kulturellen) Identität, die auf eindeutigen Grenzziehungen zwischen Selbst/Anderem und Innen/Außen basieren, die Grundlage postmoderner, postkolonialer Ambivalenz und der Anerkennung von (internen) Differenzen und Pluralität in jeder Gesellschaft, in der die Erbschaften der Kolonialisierung fortbestehen.

Die damit verbundene Einsicht, dass diese Vorgänge irreversibel sind, dass die Rückkehr zu einem vermeintlich genuin Eigenen unmöglich ist, die Erkenntnis, dass das Andere in das eigene Selbst eingeschrieben ist, ist eine Kernaussage des Postkolonialismus und der Cultural Studies und bildet die Grundlage von Kernkonzepten wie Hybridität, Diaspora und kulturellen Zwischenräumen und ist hiermit auch von großer Relevanz für ein Verständnis von Fremdheit als Re-/De-/Konstruktion, das in dieser Arbeit entwickelt werden soll.

---

185 Vgl. auch Kapitel 2.3., Kapitel 3.2 und Halls Beispiel des Teetrinkens als Merkmal britischer Nationalkultur in Kapitel 3.2.1.
186 Vgl. hierzu Kapitel 3.3.1.2.

2.3.3 Implizite Darstellungen von Fremdheit in den Cultural Studies und im Postkolonialismus

Die Grenze ist nicht das, wobei etwas aufhört, [...] die Grenze ist
jenes von woher etwas sein Wesen beginnt.
(Martin Heidegger)

Die Perspektiven der Cultural Studies und des Postkolonialismus thematisieren, wie oben beschrieben, die Konstruktivität von kulturellen Praktiken, von (kultureller und nationaler) Identität, von Differenz und Grenzziehungen sowie die Konstruktion „des Anderen", die sie als „Ergebnis" von bzw. im Kontext hegemonialer Narrationen, Grenzziehungen und Machtverhältnisse betrachten, deren Dekonstruktion ihr Ziel ist. Dies bedingt eine neue Sicht auf und einen neuen Umgang mit (Konzepten und Vorstellungen von) Kultur, Nation, Identität und Differenz[187] und beinhaltet gleichzeitig Implikationen für ein verändertes Verständnis von Fremdheit, das die kulturellen, historischen und sozialen Kontexte und Machtverhältnisse stärker beachtet.

Die Cultural Studies und der Postkolonialismus formulieren zwar keine explizite Darstellung eines Fremdheitsverständnisses. Trotzdem sind meiner Ansicht nach in vielen ihrer Kernthesen und -konzepte implizite Vorstellungen von Fremdheit bereits enthalten, wie zum Beispiel der Hybridität, der Diaspora, der kulturellen Zwischenräume, der doppelten Einschreibung und der Dezentrierung des Subjekts, die auf der Dekonstruktion der Vorstellung homogener Identitäten, (National-)Kulturen und Gesellschaften sowie auf der Dekonstruktion binärer Gegensätze (wie zum Beispiel von Selbst und Anderem oder vom *Westen und dem Rest*) und eindeutiger Grenzziehungen beruhen. Hierdurch werden – wie nachfolgend anhand ausgewählter Kernkonzepte der Cultural Studies gezeigt werden soll – kulturelle Unschärfen, Kontingenzen und Ambivalenzen, hybride Identitäten, das Fremde im Eigenen, als Grundcharakteristika postmoderner, postkolonialer Multikultur thematisiert. Insofern bedingen diese Konzepte einen Perspektivenwechsel und können durch ihr erweitertes Kultur- und Identitätsverständnis[188] auch als Anstoß, als Mit-Initiatoren eines Wandels der Konzeption und des Verständnisses von Fremdheit verstanden werden, das diese als Konstruktion versteht und vor dem (kulturellen) Hintergrund und in Bezug auf die jeweiligen (lebensweltlichen) Kontexte und Machtverhältnisse hin untersucht. In Kombination mit dem interaktionistischen Konstruktivismus, der generell den Konstruktionscharakter von Wirklichkeitskonstruktionen innerhalb der jeweiligen kulturellen Rahmenbedingungen thematisiert, stellt dies eine weitere Erweiterung der Perspektive auf Fremdheit und eine viable Betrachtungsweise dar. Dadurch bilden die Theorien der Cultural Studies und des Postkolonialismus aus meiner Sicht eine sinnvolle Bereicherung für einen interaktionistisch-konstruktivistischen Blick auf Fremdheitskonstruktionen, der unter anderem an die Analy-

---

187 Dies wird in Kapitel 3.2 und 3.3 aufgegriffen und näher ausgeführt.
188 Vgl. Kapitel 3.2 und 3.3.

sen des historischen Bezugsrahmens durch den Postkolonialismus und die Implikationen des „postcolonial turn" anschließen kann.

2.3.3.1 The West and the Rest

Die Entstehung kolonialer Dichotomisierung, die der Postkolonialismus dekonstruieren will, und die damit verbundenen Herrschafts- und Machtverhältnisse sowie die hegemonialen Wertungen und Wirkungen beschreibt Hall (1994) in seiner Formel „Der Westen und der Rest".

Hierbei ist der *Westen* nicht als geografisches, sondern als „*historisches* [...] Konstrukt" zu verstehen, das einen Gesellschaftstyp beschreibt, „der als entwickelt, industrialisiert, städtisch, kapitalistisch und modern" (Hall 1994, 138; Hervorhebung im Original) gilt. Daraus folgt, dass zum sogenannten *Westen* zum Beispiel die Vereinigten Staaten oder Japan zählen, die Staaten Lateinamerikas oder Osteuropas jedoch nicht (vgl. ebd.). Solche modernen Gesellschaften sind aus einer bestimmten historischen Formation heraus entstanden. Damit einher ging eine imaginäre Vorstellung vom Westen, die in der Ausbildung eines Wissens- und Repräsentationssystems wirksam wurde und bis heute reale Auswirkungen hat. In dieser Erzählung werden die europäische Gesellschaft und Zivilisation und die zu ihr gehörenden Mitglieder als die fortschrittlichsten der gesamten Welt angesehen, und dies wurde wiederum als Ergebnis einer Entwicklung erachtet, die sich ausschließlich im Inneren dieser Gesellschaften ereignet hat (vgl. ebd., 140). Laut Hall ist die Formierung des *Westens* hingegen ein globaler Prozess (vgl. ebd.). Er macht diesbezüglich auf die Rolle des *Restes* aufmerksam, durch dessen Vergleich mit dem *Westen* Letzterer erst die eigene Überlegenheit konstruieren konnte. So konnte das Selbstverständnis des *Westens* nur im Verhältnis zum Anderen, zum *Rest*, und nicht nur rein intern gebildet werden.[189] Dieses Verhältnis wurde jedoch nicht im Sinne einer *différance* (vgl. hierzu Kap. 3.3.1.2) verstanden, sondern es wurden vorhandene Differenzen im Sinne binärer Oppositionen zwischen westlichen und anderen Gesellschaften behauptet und für das eigene Selbstbewusstsein instrumentalisiert. Hierbei verleugnet der westliche Diskurs jedoch, und dies thematisieren Hall und andere Vertreter des Postkolonialismus, dass er diese binären Oppositionen selbst konstruiert hat. Ein solcher Diskurs produziert auf Kosten interner Anderer (in den westlichen Gesellschaften selbst), die verleugnet werden, und (territorial) externer Anderer, die stereotypisiert werden, die Dichotomie, die Differenz vom *Westen und dem Rest*, die beide jeweils auf einer konstruierten Homogenisierung basieren (vgl. Hall 1994, 142). Das ist das Paradoxe an diesem Diskurs, der gleichzeitig auf der Konstruktion *und* der Verleugnung kultureller, ethnischer und historischer Differenzen beruht (vgl. Bhabha 2000, 104).

Die Produktion von Wissen durch Macht im Sinne eines Foucault'schen *Wahrheitsregimes* innerhalb von Diskursen und diskursiven Formationen und ihre Funk-

---

189 Dies wird in Kapitel 3.3.1.2 auf die Bildung von Identität bezogen.

tion als Repräsentationssysteme verdeutlicht Hall (1994, 155 ff.) unter anderem am Beispiel von Saids Orientalismus-Studie (vgl. hierzu auch Kap. 3.3.1.3). Anhand des Vergleichs mit Saids Erkenntnissen über den Orientalismus analysiert Hall die diskursiven Strategien des westlich-kolonial-hegemonialen Wissensdiskurses, der auch den Diskurs vom *Westen und dem Rest* prägt. Diese setzen sich wie folgt zusammen: „1. Idealisierung; 2. die Projektion der Wunsch- und Erniedrigungsphantasien; 3. die Unfähigkeit, Differenz zu erkennen; 4. die Tendenz, europäische Kategorien und Normen aufzuzwingen, die Verschiedenheit durch die Wahrnehmungs- und Repräsentationsweisen des Westens hindurch zu sehen" (Hall 1994, 166). Grundlage hierfür sind vor allem Mechanismen der Stereotypisierung (vgl. hierzu Kap. 2.3.3.2).

Vor diesem Hintergrund wird Halls These, dass Diskurse nie „unschuldig" sind (Hall 1994, 153), verständlich. Hierfür ist der besonders machtvolle Diskurs vom *Westen und dem Rest* exemplarisch. Die Konsequenz dieses *Repräsentationssystems* ist die Produktion von Wahrnehmungen und Praktiken, die sowohl seinen Nutznießer, den „guten, zivilisierten" Westen, als auch die ihm Unterworfenen, die Kolonisierten, prägen. Die Wirkungen dieses Diskurses sind bis heute, wenn auch teilweise in veränderten Formen, präsent und in Sprache, (kulturellen und gesellschaftlichen) Praktiken und gesellschaftlichen Machtverhältnissen als rekonstruktive Voraussetzungen – auch für nachfolgende Generationen – eingeschrieben. Die Tatsache, dass das westliche Weltbild seine Gewohnheiten und Kultur durch die koloniale Expansion verbreitet und dem *Rest* aufoktroyiert wurden, dass der *Rest* mit den Maßstäben des *Westens* gemessen und aufgrund der Differenz als minderwertig dargestellt und zum *Rest* erklärt wurde, verweist auf die historische und die durch diesen Diskurs erzeugte Machtungleichheit zwischen dem *Westen und dem Rest*.

Dies beinhaltet wiederum bedeutende Implikationen für die auf dieser Dichotomie basierenden Definitionen und Repräsentationen des „Anderen", auf die ich im nächsten Kapitel eingehen werde.

Zuvor möchte ich darauf aufmerksam machen, dass diese Untersuchung des kolonialen *Westen/Rest-Diskurses* durch den Postkolonialismus eine Bereicherung für den interaktionistischen Konstruktivismus darstellt. Die ausführlichen historischen Begründungen und Analysen, die der Postkolonialismus hierzu vorlegt, sind ein Gewinn für den interaktionistischen Konstruktivismus, da dieser in der Betrachtung von Fremdheitskonstruktionen auf diese Analysen des historischen Bezugsrahmens und seiner Wirkungen zurückgreifen und an diese anschließen kann.

Bei diesem Diskurs handelt es sich außerdem um eine Konstruktion, die erst durch den Eintritt „Dritter-Welt-Intellektueller" (Hall/Höller 1999, 108) in westliche Zentren, Wissenschaften und Literatur thematisiert wurde. Er stellt insofern eine im interaktionistischen Konstruktivismus grundsätzlich willkommene und konstruktive Fremdbeobachterperspektive dar. Diese kann dazu beitragen, bisherige Vorstellungen und Konstruktionen in einem neuen Licht zu sehen und auch Konstruktivisten auf den eigenen ethno-/eurozentrischen Blick, auf dessen Vorgängigkeiten und ihr Weiterwirken aufmerksam zu machen.

2.3.3.2 The Spectacle of the Other

Wenn ein Vorurteil erst einmal errichtet ist, erfasst es eine völlig heterogene Gruppe von Menschen, deren einziger gemeinsamer Nenner das Vorurteil selbst ist.
(Alberto Mangue)

Innerhalb des kolonialen Diskurses entstanden auch Bestimmungen und Repräsentationen des Anderen. Die oben genannten diskursiven Strategien, die der mächtigere Teil dieses machtungleichen Verhältnisses, die Kolonisierenden, verwendeten, um sich ihrer eigenen Überlegenheit zu versichern, bestanden in der Objektivierung und Stereotypisierung der Kolonisierten, durch die diese erst als Andere konstruiert wurden. Ein Stereotyp ist laut Auernheimer (2003, 84) „ein vereinfachtes, standardisiertes Bild einer Fremdgruppe bzw. eine vorgefasste Idee über die Merkmale dieser Gruppe [...], welche die Wahrnehmung und Würdigung individueller Merkmale verhindert". Stereotypisierung funktioniert vor allem in Situationen ungleicher Machtverteilung, wobei der ethnozentrische Blick, die kulturellen Normen der Mächtigeren, in diesem Fall der Kolonisierenden, auf die untergeordnete Gruppe hin angewendet werden, deren Differenz reduziert, naturalisiert und fixiert wird. Dies ist Ausgangspunkt für den Ausschluss der so als Abweichung von der eigenen Norm Klassifizierten und für die Konstruktion bzw. Aufrechterhaltung einer symbolischen Ordnung mit dem ethnozentrischen Weltbild der Kolonisierenden als Maßstab und Mittelpunkt. Aus diesem Grund bezeichnet Hall (2004, 146) Stereotypisierung als „wesentlichen Bestandteil" der „Ausübung symbolischer Gewalt" durch Praktiken und Systeme der Repräsentation, die wiederum diskursiv eine Form rassistisch aufgeladenen [im Original: *racialized*] Wissens über das/den Andere(n) produzieren (vgl. ebd.).[190] Stereotypisierung, Macht und die Produktion von Wissen und Repräsentationen sowie die Festschreibung von Differenz wirken somit immer ineinander. Besonders ist zu betonen, dass das Stereotyp nicht nur eine hegemoniale, sondern vor allem auch eine „fixierte Form der Repräsentation" (Bhabha 2000, 111) ist, die das „Spiel der Differenz" (ebd.) bzw. mögliche Gegenartikulationen von vornherein zu unterbinden versucht (was allerdings, wie nachfolgend gezeigt werden wird, nie vollständig möglich war/ist). Diese Form der Repräsentation ist bedeutsamer Teil der Subjektkonstitution sowohl für die Kolonisierenden als auch für die Kolonisierten (denen die Subjektivität allerdings im kolonialen Diskurs weitestgehend abgesprochen wird). Die Konsequenzen dieser Repräsentation, dieser Fixierung durch den fremden Blick illustriert zum Beispiel Fanon[191] mit einem Ereignis, als ein kleines, weißhäutiges Mädchen bei seinem Anblick laut aus-

---

190 Aus interaktionistisch-konstruktivistischer Sicht ist genau dies zum Beispiel innerhalb der konstruktivistischen Diskurstheorie im Hinblick auf die Diskurse der Macht und des Wissens und ihre Konsequenzen in Bezug auf die Konstruktion von Fremdheit zu reflektieren. Vgl. hierzu auch Kapitel 3.5 und 3.6.

191 Fanon stammt ursprünglich aus Martinique und arbeitete nach seinem Medizin-Studium in Frankreich als Psychiater in Algerien zur Zeit des Unabhängigkeitskrieges.

rief: „Mama, schau doch, der Neger da" (Fanon, zit. nach: Hall 1999, 93). Fanon schildert das als den (Augen-)Blick der Fixierung. Dies nennt er das „epidermale Schema" (Fanon, zit. nach: Bhabha, 2000, 116), die Einschreibung der „Rasse" in die Haut. Diese ist für den so *Bezeichneten* das fixierte Zeichen negativ besetzter Differenz; diese wiederum ist omnipräsent: „Ganz gleich, wo er hingeht, der Neger bleibt ein Neger." (Fanon, zit. nach: Bhabha 2000, 111) Ähnliches beschreibt Hall in seiner Schilderung des jamaikanischen[192] „Schichtungssystems" (Hall 1994, 79), das in Abhängigkeit zur Hautfarbe den sozialen Status einer Person bestimmt. Innerhalb dieses Systems wird zwischen mehr als fünfzehn „verschiedene[n] Schattierungen von hellbraun bis dunkelbraun" unterschieden (Hall 1994, 79).[193] Die damit verbundenen Zuschreibungen und sozialen Hierarchisierungen prägten auch Halls eigene Erfahrungen: Er selbst, der „das schwärzeste Mitglied" (Hall 2000, 9) seiner Familie ist, wurde nach seiner Geburt von eigenen Familienangehörigen als „Coolie-Baby"[194] (ebd.) betitelt und hatte in seiner Familie immer die Position des Außenseiters inne. Das Schicksal seiner Schwester hat Hall schon in jungen Jahren den Einfluss äußerer Strukturen auf die subjektive Psyche erkennen lassen. Der Partner seiner Schwester wurde von den Eltern aufgrund seiner dunklen Hautfarbe nicht geduldet. Infolge eines Zusammenbruchs nach einem Familienstreit hierüber wurde die Schwester mehreren Elektroschock-Behandlungen unterzogen, von denen sie sich nie erholte. Diese traumatische Erfahrung zeigte Hall die „Widersprüche der kolonialen Kultur" (Hall 2000, 13) und die Zerstörungskraft kolonialer Abhängigkeiten von Farbe und Klasse auf (vgl. ebd.). Der Konflikt in Halls Familie, zwischen dem Vater, der aus der unteren Mittelklasse stammte und farbig war, und der Mutter, die ebenfalls aus der unteren Mittelklasse stammte, jedoch hellhäutiger war und sich mit der kolonialen Macht identifizierte, sich praktisch für „Englisch" hielt, stellt für Hall eine Entsprechung des kolonialen Konflikts im Kleinen dar (vgl. Hall 2000, 8 ff.). Das Drama in Halls Familie, in der die Eltern zu den Weißen, nicht aber zu den Schwarzen gehören wollten, dies aber nicht konnten, und ihre Erwartungen und Identifikationen auf ihre Kinder projizierten, zeigte sich besonders drastisch am Beispiel von Halls Schwester. Ein weiteres Beispiel für die paradoxe Identifikation, insbesondere der Mutter, ist ihre Sorge, dass ihr Sohn Stuart, der in Großbritannien studierte, dort „für einen dieser Einwanderer" gehalten werden könnte, die sie „hoffentlich gleich wieder den Landungssteg hinunterfegen würden" (Hall; zit. nach: Supik 2005, 42). Dies zeigt die Einwirkungen der hegemonialen Repräsentation, der hegemonialen „Wahrheit" auf das Selbstbild der Marginalisierten, der Subalternen, die sich nur vermittelt über den hegemonialen Blick wahrnehmen. Diese Entfremdung des (bzw. der) Marginalisierten von sich selbst durch den hegemonialen fremden Blick stellt

---

192 Jamaika ist Stuart Halls Herkunftsland.

193 Interessant ist, dass im kolonialen Diskurs alle diese unterschiedlichen Menschen, die sich natürlich nicht nur durch ihre unterschiedliche Pigmentierung unterscheiden, durch die Kategorie „Schwarz" bezeichnet/repräsentiert werden.

194 „Coolie ist in Jamaika ein Schimpfwort für einen armen Ostinder, der als das Unterste vom Untersten galt." (Hall 2000, 9)

meiner Ansicht nach eine besonders tiefgreifende und grundlegende Fremdheitserfahrung dar.

Mit Bhabha, der ebenfalls die Stereotypisierung als „Hauptstrategie" (Bhabha 2000, 97) des kolonialen Diskurses bezeichnet, möchte ich die Perspektive erweitern: „Während Said primär die Kolonisatoren und ihre Diskurse untersucht und Fanon fast ausschließlich die Kolonisierten fokussiert, konzentriert sich Bhabha auf die Verhandlungen über die koloniale Grenze hinweg." (Do Mar Castro Varela/Dhawan 2005, 87) Bhabha macht darauf aufmerksam, dass die Macht des kolonialen Diskurses und die damit verbundenen Stereotype und Repräsentationen niemals vollkommen einheitlich, geschlossen und stabil waren. Dies begründet er insbesondere durch den Aspekt der Ambivalenz und des Imaginären: Er versteht die Produktion von Stereotypen nicht als bewusste Herstellung eines „falschen Bildes, welches dann zum Sündenbock diskriminierender Praktiken wird" (Bhabha 2000, 121), sondern als einen viel komplexeren Prozess, basierend auf Mechanismen von „Projektion und Introjektion, metaphorischen und metonymischen Strategien, De-Plazierung, Überdeterminierung, Schuld, Aggressivität" (Bhabha 2000, 121). Bhabha vergleicht, ähnlich wie Hall, die dem Stereotyp zugrunde liegenden psychischen Prozesse mit denen des Fetischs im Sinne der Freud'schen Psychoanalyse.[195] Dies begründet das widersprüchliche Verhältnis zwischen Kolonisierten und Kolonisierenden, das aufseiten der Letzteren sowohl durch Faszination als auch durch Angst geprägt ist. Insofern sind auch die kolonialen Stereotypen und Repräsentationen des Anderen ambivalent und widersprüchlich:

> „Der Schwarze ist Wilder (Kannibale) und doch zugleich der gehorsamste und ausgezeichnetste aller Diener (der Verwalter der Nahrung); er ist die Verkörperung zügelloser Sexualität und doch unschuldig wie ein Kind; er ist mystisch, primitiv und einfältig und doch der gewandteste und meisterhafteste Lügner und Manipulator sozialer Kräfte." (Bhabha 2000, 122)

In diesen Fantasien, die der marginalisierte Andere im Kolonialherrn vermeintlich auszulösen vermag, offenbart sich das Imaginäre des Überlegenen.[196] Dies greift Bhabha wiederum in seinem Konzept des *Unheimlichen*[197] auf. Er greift hierbei auf

---

195 Dies ist insofern interessant, da hiermit die für das Stereotyp so charakteristische Ambivalenz bzw. das damit verbundene „ambivalente Begehren" (Hall 2004, 157) verdeutlicht wird: „Was als anders, abstoßend, ‚primitiv', deformiert erklärt wird, wird gleichzeitig obsessiv und anhaltend genossen, weil es fremd, ‚anders' und exotisch ist." (ebd.) Ausführlichere Erläuterungen zum Fetisch finden sich zum Beispiel in Bhabha (2000, 119 ff.) und Hall (2004, 151 ff.).

196 Vgl. hierzu ausführlicher Kapitel 3.7. Interessant wäre meines Erachtens nach übrigens in diesem Zusammenhang, und auch in Bezug auf Bhabhas Konzept der Mimikry, ein Vergleich mit Rommelspachers Abhandlungen zur „Internalisierung von Diskriminierung und Dominanz" (Rommelspacher 1997) und die hierin geäußerte These, dass der verweigerten Identität auf Seiten der Diskriminierten immer eine verleugnete Identität auf Seiten der Dominanten gegenübersteht (vgl. Rommelspacher 1997, 257).

197 Auch dieser Aspekt wird in Kapitel 3.7 erneut aufgegriffen.

Freuds Gedanken zurück, dass das Unbewusste „eine Stelle des Fremden inmitten des psychischen Apparates", „einen beunruhigenden, ambivalenten und widersprüchlich[en] [..] Zwischenraum" (Bronfen 2000, X) darstellt.

> „In diesem Sinn stellt für Freud das Unheimliche jene psychische Situation dar, in der das Subjekt seine eigene interne Differenz konfrontieren muss: Hier kehrt das ehemals Heimische, Altvertraute zurück, nachdem es über den Akt der Verdrängung fremd geworden ist, so dass der fremde Doppelgänger sich als entstellende Umschrift des Bekannten, des Heimischen entpuppt." (Bronfen 2000, X)[198]

In den hier beschriebenen diskursiven Strategien und Stereotypisierungen zeigt sich die Abhängigkeit der Kolonisierenden von den Kolonisierten: Die Kolonisierenden wissen nur, wer sie sind, wenn sie wissen, was sie nicht sind (nicht schwarz, nicht primitiv etc.) (vgl. Hall 1999, 93). Dies sowie die Ambivalenz, Widersprüchlichkeit und Unabgeschlossenheit der Stereotypen und Repräsentationen des Anderen selbst untergräbt die angenommene Uniformität und Autorität des kolonialen Diskurses. Das bietet wiederum die Möglichkeit für eine Form des Widerstands, die Bhabha in seinem Konzept der Mimikry beschreibt.

2.3.3.3 Mimikry – die Macht der Machtlosen

> *Die Umwelt des Fremden sieht in ihm, solange der Fremde fremd bleibt, eine Bedrohung, sie möchte seine Ecken und Kanten rund schleifen. Und erst, wenn sie ihn zu einer Kugel gemacht hat, die man hin und her rollen kann, erst dann beruhigt sich die Gesellschaft. In dieser Spannung lebt man [...]. Denn auch wenn sich einer bis zur Unkenntlichkeit runden lässt, stößt er dauernd an Ecken und Kanten, so dass er Beulen davonträgt, an denen er wiedererkannt wird – als Fremder.*
> *(Rafik Schami)*

Das Konzept der Mimikry ist ein Schlüsselkonzept in Bhabhas postkolonialer Theorie. Dieses basiert erstens auf Bhabhas Annahme, dass das Abhängigkeitsverhältnis zwischen den Kolonisierten und den Kolonisierenden nicht einseitig, sondern wechselseitig ist, da Letztere der Anderen, der Kolonisierten, zur Konstruktion der eigenen (westlichen) Identität bedürfen. Hinzu kommt zweitens die Ambivalenz und Widersprüchlichkeit der Stereotypen des Anderen und der ihnen zugrunde liegenden Mechanismen sowie die Ambivalenz des kolonialen Diskurses generell (zum Beispiel in Bezug auf das gleichzeitige Betonen und Verleugnen von Differenz). Die koloniale Autorität erweist sich vor diesem Hintergrund als brüchig und instabil.

---

198 Bielefeld (1998) greift diesen Aspekt auf und behauptet in Anlehnung an Kristeva eine strukturelle Ähnlichkeit zwischen dem Unbewussten und dem Fremden, die Rückschlüsse auf das gesellschaftliche Unbewusste zulasse.

Diese will jedoch durch die Assimilation und Unterwerfung der Beherrschten unter die kulturellen Werte und Normen des Kolonisierenden eine Art Kopie erschaffen. Ziel ist hierbei die Stabilisierung der eigenen Herrschaft. Diese „Kopie" ist jedoch nicht mit dem „Original" identisch; sie ist *fast dasselbe, aber nicht ganz"* (Bhabha 2000, 132; Hervorhebungen im Original); es bleibt immer eine Differenz. Durch diese Differenz sieht sich der Kolonisator in Begegnung mit der „Kopie" einer Parodie, einer Karikatur seiner selbst gegenüber, die wiederum seine Identität, die durch den Anderen stabilisiert werden sollte, fragmentiert und destabilisiert. Mimikry entsteht laut Bhabha (2000, 126) „als die Repräsentation einer Differenz, die ihrerseits ein Prozess der Verleugnung ist". Sie ist, in seiner Darstellung, im kolonialen Krieg eine Form indirekten Widerstandes gegen hegemoniale Deutungs- und Repräsentationsmuster, ein „Tarnmanöver" (Lacan; zit. nach: Bhabha 2000, 125):

> „Der Diskurs von Minoritäten … legt ein soziales Subjekt nahe (*proposes*), das durch kulturelle Hybridisierung konstituiert wurde; die Überdeterminierung von Gemeinschafts- und Gruppendifferenzen, die Artikulation von verblüffender Ähnlichkeit und banaler Divergenz." (Bhabha 1996; zit. nach: Neubert 2004a, 96; Hervorhebung im Original)

An dieser Stelle möchte ich ausdrücklich betonen, dass es sich hierbei um Bhabhas (positives) Verständnis der Mimikry handelt. Andere Theoretiker, wie zum Beispiel Fanon und Said, betonen hingegen eher den Aspekt der aufgezwungenen Assimilierung als erfolgreicher kolonialer Strategie der Unterdrückung, Unterwerfung und Machtausübung (vgl. hierzu zum Beispiel: Ha 2004). Weitere Kritikpunkte an diesem Verständnis Bhabhas beziehen sich darauf, dass er einerseits die *Einheit des kolonialen Subjekts* unterstellt" und andererseits ignoriert, „dass koloniale Macht und kolonialer Diskurs sich *ausschließlich* im Besitz des Kolonisators befinden und einzig von ihm bestimmt werden" (Ha 2004, 151; Hervorhebungen im Original). Daraus folgt für JanMohamed der Vorwurf, dass Bhabha „die Opfer der Kolonialgeschichte ein zweites Mal [..] missachte[n]" (JanMohamed; zit. nach: Ha 2004, 152).

Die Bewertung der Mimikry als „Segen" oder „Fluch" ist also abhängig von der jeweiligen Perspektive.

Meine persönliche Sicht hierzu möchte ich mit dem Verweis auf Hall einleiten, der Widerstand als nur im Rahmen *bestehender* Machtverhältnisse möglich betrachtet. Eine weitere Brücke möchte ich zu Iain Chambers und seiner Bezeichnung des „kosmopolitischen Englisch als weltweiter *lingua franca*" (Bronfen/Marius 1997, 15; Hervorhebungen im Original) schlagen: Er zeigt auf, dass kulturelle Hybridität sich gerade „aufgrund der globalen Kommunikationsstrukturen des Englischen, der Technologie und des Kapitalismus, die Hegemonialmacht ermöglicht hatten" (ebd.), entwickeln kann. Außerdem deckt er auf, dass „gerade die traditionellen Zentren und Mechanismen imperialer Machtausübung […] zu Orten und Netzwerken für die Verbreitung und Verknüpfung marginaler Kulturen werden können" (ebd.). Ohne den Machtaspekt des Kolonialismus bagatellisieren oder beschönigen zu wollen, möchte ich hiermit verdeutlichen, dass gerade die Aneignung zum Beispiel der hegemonialen Sprache, als einem Bereich *bestehender* Machtverhältnisse, die Möglichkeit der Artikulation marginalisierter Perspektiven und infolgedessen der Destabilisierung *bestehender* Machtverhältnisse bietet, wie dies zum Beispiel durch Bhabha und Hall geschehen ist.

Diese hierin enthaltene Kenntnis der beiden (kulturellen) Seiten, die Positionierung an kulturellen Grenzbereichen, kennzeichnet auch das folgende Konzept der Hybridität und des kulturellen Dazwischen-Seins.

2.3.3.4   Hybridität und *Culture's In-Between*

Die Folgen der theoretischen und historischen Dezentrierungen des Subjekts[199], der weltweiten Migration und Globalisierung, der Verschiebung der Zentrum-Peripherie-Achse und der Dekonstruktion des westlichen Narrativs auf Kulturen und Identitäten beschreiben die Cultural Studies und der Postkolonialismus in ihrem Kernkonzept der Hybridität. Ihnen zufolge sind und waren Kulturen und Identitäten seit jeher im Kern hybride und wurden lediglich zwangshomogenisiert.[200] Die diesbezüglichen Mechanismen wurden zunehmend durch Verschiebung von Perspektiven (zum Beispiel durch den Postkolonialismus) aufgedeckt und dekonstruiert. Sie sind in postkolonialen, globalisierten und multikulturellen Gesellschaften zunehmend weniger viabel. Insofern ist Hybridität ein Grundmerkmal postmoderner Gesellschaften, Kulturen und Identitäten.[201]

Ursprünglich stammt der Begriff „Hybrid" aus der Biologie und meint soviel wie „Bastard", „Mischling", „Kreuzung". Diese Terminologie verwendet der Postkolonialismus jedoch nicht im Sinne gekreuzter „Rassen"[202], sondern er bezeichnet laut Bronfen (zit. nach: Bachmann-Medick 2007, 198) hiermit alles, „was sich einer Vermischung von Traditionslinien oder von Signifikantenketten verdankt, was unterschiedliche Diskurse und Technologien verknüpft, was durch Techniken der *collage,* des *samplings,* des Bastelns zustandegekommen ist" (Hervorhebungen im Original). Dies ist jedoch nicht im Sinne einer liberalen multikulturellen Vorstellung von einem gleichberechtigten Nebeneinander und Vermischung von Diversitäten gemeint, die die Machtasymmetrien und Ungleichzeitigkeiten, die hegemonialen „Nebenwirkungen" im multikulturellen Miteinander vernachlässigt. Im Gegensatz zur Vorstellung frei flottierender, bindungsloser und nomadischer Identitäten, die in vielen postmodernen Theorien vertreten bzw. vielfach so interpretiert wird, betont Hall vielmehr, dass „hybride Identitäten [..] nicht [nur; Anm.: A.W.] auf einer frei-

---

199 Vgl. hierzu ausführlicher Kapitel 3.3.1.1.

200 Ein Beispiel hierfür ist der Nationalstaat und die nationale Identität.

201 In diesem Zusammenhang möchte ich mit Neubert (2004b, 127) kurz auf ein weiteres Grundmerkmal postmoderner Multikultur hinweisen, das insbesondere die Annahme einer mit der Hybridität automatisch verbundenen Fähigkeit zur Übersetzung zwischen vermeintlich kommensurablen Kulturen verstört: die Inkommensurabilität. Genauere Ausführungen zum Zusammenhang zwischen kultureller Hybridität, Inkommensurabilität und Verstehensgrenzen bieten Neubert (2004a) und Neubert (2004b).

202 Dies ist ein oft genannter Kritikpunkt am Postkolonialismus und den Cultural Studies.

en Wahl oder Kombinationsmöglichkeit" beruhen, sondern „immer von ganz bestimmten Strukturen mit eingeschränkt" (Hall/Höller 1999, 106) sind, was im interaktionistischen Konstruktivismus vor allem mit dem Aspekt der rekonstruktiven Faktoren thematisiert wird. Gemeint ist, dass aufgrund nicht-fixierter Identitäten und Kulturen und aufgrund der wechselseitigen Überschneidungen und Durchdringung heterogener Kulturen und Identitäten Zwischenräume entstehen, die Raum für ein „Verhandeln an den Grenzlinien kultureller Differenz" (Neubert 2004a, 96) bieten, und eine Alternative zu „Traditionalismus oder Assimilation" aufzeigen (Supik 2005, 62).

Hybridität basiert also auf einem sogenannten „dritten Raum" (Bhabha 2000, 326). Diesen leitet Bhabha (1996) aus den Erfahrungen des kulturellen Dazwischen-Seins von Migranten und „kulturellen Minoritäten in westlichen Gesellschaften" (Neubert 2004a, 96) ab. Eben diese Zwischenräume stellen einerseits die Unschärfen und Konvergenzen, die Grenzen im Inneren vermeintlich homogener Kulturen dar und bieten andererseits die Möglichkeit zur Artikulation marginalisierter Perspektiven, und somit die Möglichkeit der Transformation von innen her.[203] Aus diesem Grund betont die Darstellung der Hybridität als „subversiv" und „kreativ" (vgl. Bachmann-Medick 2007, 200 und Neubert 2004a, 97) aus Bhabhas Sicht überwiegend positive Aspekte. Hierfür ist Bhabha häufig kritisiert worden, mit der Begründung, dass er mit seiner Darstellung und Interpretation dieser kulturellen Mehrfachzugehörigkeit den „Leidensdruck der Migrationserfahrungen" (Bachmann-Medick 2007, 200)[204] und ihren Ursachen sowie die Bedrohung der Hybridisierungsansätze durch neue Formen von „Nationalismus und religiösem Fundamentalismus" (Bachmann-Medick 2007, 201) vernachlässige.

Ein ähnlich positives Bild von Hybridität zeichnet auch Salman Rushdie in der Beschreibung und Verteidigung seines umstrittenen Romans „Die Satanischen Verse":

> „Jene, die den Roman heute am heftigsten bekämpfen, sind der Meinung, dass ein Vermengen mit anderen Kulturen unweigerlich die eigene Kultur schwächen und ruinieren muß. Ich bin genau der entgegengesetzten Meinung. Die *Satanischen Verse* feiern die Bastardisierung, die Unreinheit, die Mischung, die Verwandlung, die durch neue, unerwartete Kombinationen von Menschen, Kulturen, Ideen, politischen Richtungen, Filmen oder Liedern entsteht. Das Buch [...] fürchtet den Absolutismus des Reinen. Mélange, Mischmasch, ein bisschen von diesem und ein bisschen von jenem, das ist es, wodurch *das Neue in die Welt tritt*. Hierin liegt die große Chance, die sich durch die Massenmigration der Welt bietet [...]. Die *Satanischen Verse* plädieren für Veränderung durch Vereinigung. Sie sind ein Liebeslied auf unser Bastard-Ich." (Rushdie 1992, 457 f.; Hervorhebungen im Original)

---

203 Hierzu ist wiederum laut Bhabha zunächst die Taktik der Mimikry notwendig (vgl. Bronfen/Marius 1997, 13).
204 Dies wird tendenziell eher im Konzept der Diaspora thematisiert.

Doch unabhängig von einer eher positiven oder negativen Interpretation des Hybriden lässt sich festhalten, dass Konzepte der Hybridität und der Diaspora zur Dekonstruktion der „alten Ethnizitäten" bzw. des „alten" Verständnisses von Ethnizität (vgl. Hall 1999, 95 ff., Hall 1994, 66 ff. und Kap. 3.2.3 in dieser Arbeit) beigetragen haben.

Aus Sicht des interaktionistischen Konstruktivismus eröffnet das Hybride „als offene Naht des kulturellen Raumes […] wichtige Perspektiven auf kulturelle Unschärfen, die der interaktionistische Konstruktivismus mit den Begriffen der symbolischen Unabgeschlossenheit, des imaginären Mangels und der realen Risse umschreibt" (Neubert 2002, 83).

2.3.3.5   Diaspora

Der Begriff Diaspora stammt ursprünglich aus dem Griechischen und bedeutet wörtlich soviel wie „Zerstreuung" oder „Verbreitung", und wurde religionsgeschichtlich und historisch zur Beschreibung der Situation der außerhalb Palästinas lebenden Juden verwendet (vgl. Mayer 2005, 8). Später wurde er in Bezug auf die Situation verschleppter afrikanischer Sklaven hin angewendet und mittlerweile bezeichnet er die „klassische postmoderne Erfahrung" (Hall 2000, 16) in der postkolonialen globalisierten Welt. Mayer (2005, 13) definiert die Diaspora als „eine Gemeinschaft, die sich – durch Vertreibung oder Emigration – von einem ursprünglichen (oder imaginären ursprünglichen) Zentrum an mindestens zwei periphere Orte verteilte". Das heißt, dass die Diaspora die Lage von Menschen, die als kulturelle bzw. ethnische Gemeinschaften (im alten Sinn[205]) in der Fremde leben, beschreibt. Aus diesem Grund sind diasporische Identitäten aus verschiedenen Kulturen, Geschichten und Heimaten zusammengesetzt. Deswegen ist auch die Rückkehr zu einem vergangenen Ursprung, zum Beispiel in ein ursprüngliches Afrika, nicht möglich. Erstens ist die Idee eines einheitlichen ursprünglichen Afrikas selbst imaginär und narrativ konstruiert, und zweitens haben auch dort zwischenzeitlich Veränderungen und Wandlungsprozesse stattgefunden (vgl. Hall 1994, 36). Es darf Hall zufolge nicht der Fehler des westlichen Diskurses wiederholt werden, Afrika als zeitloses, einheitliches und unveränderliches Standbild zu repräsentieren (vgl. ebd.). Trotzdem ist für eine positionierte Identität auch der Aspekt des Ethnischen als kultureller Ressource (vgl. Kap. 3.2.2) – um mit interaktionistisch-konstruktivistischer Terminologie zu argumentieren – notwendig: Diaspora ist nicht gleichzusetzen mit der Vorstellung von einer nomadischen bindungslosen Identität, die in manchen postmodernen Theorien bzw. Interpretationen beschrieben wird. Allerdings sind in der diasporischen Situation, wie natürlich in postmodernen multikulturellen Gesellschaften generell, diese kulturellen Ressourcen und Ethnizitäten, die wiederum nicht in ei-

---

205 Vgl. zu Halls Konzept der „alten Ethnizitäten" Hall (1999, 95 ff.; Hall 1994, 66 ff.) und Kap. 3.2.3 in dieser Arbeit.

nem essenzialistischen Sinn verstanden oder von außen zugeschrieben werden dürfen, mit den Gegebenheiten und der Kultur der „neuen Heimat" zu kombinieren und zu integrieren. Dies ist notwendig, um ein neues „Heim" in der Diaspora zu errichten, um „der Erinnerung eine Zukunft zu schaffen" (Bromley 2002, 801). Insofern repräsentiert die Terminologie der Diaspora tendenziell eher den „verlorenen Ursprung" und die kulturellen Ressourcen als Ausgangspunkte von Konstruktionen, wohingegen Hybridität eher die Möglichkeiten und die Erfordernisse der aktiven und nie abgeschlossenen Neupositionierung in pluralen, widersprüchlichen Kontexten fokussiert.

Die Komplexität und die Schwierigkeiten des Aushandlungsprozesses diasporischer Identitäten veranschaulicht Bromley (2002) anhand des Films „Floating Life" von Clara Law. Hauptthema sind die mehrfachen Migrationen der chinesisch-stämmigen Familie Chan, die erst nach Hongkong flüchtete, später nach Australien auswanderte und von der eine der Töchter nachfolgend nach Deutschland emigrierte. Folgendes Zitat soll das Dilemma der Diaspora – Fragmentierung, Desorientierung, Entfremdung, Zerstreuung und Vertreibung, gepaart mit Nostalgie – verdeutlichen:

> „Ich weiß nicht, wo meine Heimat ist. Ich weiß nicht, ob ich mich selbst als Chinesin sehen soll. Ich bin in Hongkong geboren, ich spreche kein Mandarin. Und bald wird Hongkong nicht mehr Hongkong sein. Die Farbe meiner Haut ist gelb, nicht weiß. Ich spreche Deutsch mit Akzent, ich lebe in Deutschland, aber ich bin nicht wirklich deutsch. Ich weiß nur, dass meine Wurzeln bei meinen Eltern sind. Vor zehn Jahren habe ich mein Studium abgeschlossen und bin hierher gekommen [1984]. Sie haben mich nie um etwas gebeten. Jetzt sind sie alt. Je glücklicher ich in Deutschland bin, desto mehr tut es weh." („Floating Life", zit. nach: Bromley 2002, 807 f.)

Jede diasporische Erfahrung ist zwar immer sehr spezifisch und individuell unterschiedlich, aber es ist wichtig zu betonen, dass das hier dargestellte Dilemma der Diaspora nicht durch die Rückkehr zu einem verlorenen imaginären oder erzählten Ursprung aufzulösen ist. Denn das, was im Anschluss an Lacan die Unmöglichkeit der Rückkehr zu einem einzig wahren Selbst, einem Kern von Identität begründete, gilt auch für die Vorstellung eines einheitlichen, zeitlosen und originären Ursprungs.

Ein Verständnis von diasporischen Identitäten, das nicht in das hegemoniale Raster alter Ethnizitäten und alter Identitäten im Sinne Stuart Halls (vgl. Hall 1999, 95 ff., Hall 1994, 66 ff. und Kap. 3.2.3) zurückfallen will, basiert auf der Anerkennung und dem Leben von, mit und durch Differenz, Heterogenität, Pluralität und Hybridität. Diasporische Identitäten sind demzufolge vorläufiges Ergebnis eines Aushandlungsprozesses; sie sind zu verstehen als vorläufige, wandelbare, dezentrierte Positionierungen; sie sind nicht „frei flottierend" (Hall 1994, 212), aber mobil.

Ähnliches besagt auch der interaktionistische Konstruktivismus, der auch die kulturellen Ressourcen als „Startpunkt" anerkennt, aber gleichzeitig die Notwendigkeit der Offenheit, Toleranz und Integration von anderen (kulturell) differenten Perspektiven in postmodernen multikulturellen Gesellschaften betont.[206]

Auch wenn immer eine Sehnsucht nach einer eindeutigen kulturellen Ordnung bestehen bleibt, so wäre diese jedoch nicht mehr (ein-)lösbar, ohne zugleich in ein eindimensionales, unreflektiertes Verständnis von Kultur und Identität zurückzufallen, das Differenzen und Fremdheit ignoriert, nicht toleriert, assimiliert oder machtvoll zu unterdrücken versucht.

2.3.4 Die Bedeutung der Perspektive der Cultural Studies für die Betrachtung der Fremdheit aus interaktionistisch-konstruktivistischer Sicht

Die Kombination von interaktionistischem Konstruktivismus und den Cultural Studies ist aus mehreren Gründen generell, vor allem jedoch auch in Bezug auf die Betrachtung von Kultur, Identität und Fremdheit besonders fruchtbar:

Die Analysen kultureller Kontexte der Cultural Studies beleuchten die vom interaktionistischen Konstruktivismus betonte kulturelle Dimension bei jeder Wirklichkeitskonstruktion und die Einbettung der Subjekte in kulturelle Kontexte. Die für den interaktionistischen Konstruktivismus charakteristische kulturtheoretische Orientierung und Weiterentwicklung erhielt diesbezüglich wichtige Anregungen aus den Ansätzen der Cultural Studies. Reich beschreibt die Cultural Studies als „stark implizit konstruktivistischen" Ansatz (Reich 2001, 370), der neben weiteren Ansätzen aus den Kultur- und Sozialwissenschaften zur Entstehung explizit konstruktivistischer Ansätze „viel beigetragen habe[n] und zugleich in einer positiven Wechselbeziehung mit diesen stehe[n]" (Reich 2001, 369; vgl. auch Reich 2004a, 39). Nennenswert ist in diesem Zusammenhang, dass Hall selbst seinen Ansatz in Bezug auf sein Konzept der Repräsentation, das heißt die „Produktion von Bedeutung durch Sprache" (Hall 1997a, 16; Übersetzung: A.W.)[207] innerhalb einer Kultur, als einen „konstruktionistischen [bzw. konstruktivistischen; Anm.: A.W.] Zugang" [im Original: *constructionist approach*] (Hall 1997a, 25) beschreibt und den großen Einfluss dieser Herangehensweise auf die Cultural Studies, insbesondere in ihrer späteren Phase, betont. Diesen konstruktivistischen Zugang gliedert Hall in die für ihn bedeutsamen Varianten des Konstruktionismus bzw. Konstruktivismus, den semiotischen Zugang nach de Saussure und Barthes und den diskursiven Zugang nach Foucault (vgl. Hall 1997a), auf die ich in Kapitel 3.3 noch ausführlicher zurückkommen werde. Auch wenn Halls hier dargestellte Vorstellung des Konstruktivismus nicht der Breite der konstruktivistischen Ansätze der heutigen Zeit und nicht

---

206 Vgl. hierzu auch das interaktionistisch-konstruktivistische Verständnis von Ethnizität, das in Kapitel 3.2.2 dargestellt wird.
207 Im Original: „Representation is the production of meaning through language."

der Komplexität des interaktionistischen Konstruktivismus gerecht werden kann, so verweist dies doch darauf, dass die Entwicklung der Cultural Studies und die des interaktionistischen Konstruktivismus teilweise von denselben Theorien beeinflusst wurden, wie zum Beispiel durch Strukturalismus, Poststrukturalismus und Dekonstruktivismus, als auch darauf, dass zahlreiche Anknüpfungspunkte und Gemeinsamkeiten zwischen diesen beiden Theorien zu finden sind. Eine Gemeinsamkeit zeigt sich bereits am schon erwähnten konstruktionistischen Zugang zur Repräsentation, der im Gegensatz zu anderen Ansätzen nicht davon ausgeht, dass Wahrheit und fixierte Bedeutungen den Dingen bereits inhärent sind und lediglich zum Beispiel durch Sprache wahrheitsgetreu abgebildet werden können, sondern dass Bedeutungen konstruiert werden und niemals ganz fixiert werden können. Diese Konstruktivität, die im Konstruktivismus generell in Bezug auf Wahrnehmung, Wissen, Erkenntnis und Wirklichkeit behauptet wird, wird von den Cultural Studies besonders im Hinblick auf die Konstruktion von Bedeutungen innerhalb von Kulturen sowie auf die Konstruiertheit von Kultur und kulturellen Praxen und deren Wechselwirkungen auf die Subjekte und ihre Identitäten behauptet.[208] Damit einher gehen die Ablehnung der Annahme einer idealen Beobachterposition und die Notwendigkeit, Beobachter und Beobachtungen, kulturelle Praktiken und Theorien in Zusammenhang mit ihrem jeweiligen Kontext zu betrachten. Hieraus ergibt sich neben einer anti-universalistischen Grundhaltung als Voraussetzung für ein Verständnis postmoderner Ambivalenz, Vielfalt von Beobachterperspektiven und Deutungsvielfalt kultureller Kontexte die Notwendigkeit, die Frage nach den Machtverhältnissen zu stellen. Sowohl die Cultural Studies als auch der interaktionistische Konstruktivismus beziehen sich auf Foucault, der in seiner Diskursanalyse auf den Zusammenhang zwischen Diskursen als Ort der Wissens- und Wahrheitsdefinition sowie Ausgangspunkt der Subjektkonstituierung einerseits und Macht, die in Diskursen zirkuliert, andererseits, aufmerksam macht (vgl. Auernheimer 2003, 72). Diskurse als eine Art kultureller Praktiken beruhen demnach auf bestimmten Mechanismen der Ein- und Ausschließung (vgl. Foucault 2001), die zum Beispiel den Gegenstand des Diskurses, die Teilnahmeberechtigten und die Bereiche möglicher Beobachtungen und Artikulationen festlegen bzw. eingrenzen. Das Aufdecken von Machtasymmetrien sowie die Reflexion und Re-/De-/Artikulation hegemonialer Deutungszuschreibungen ist erklärtes Ziel der Cultural Studies wie auch des interaktionistischen Konstruktivismus. Diese Möglichkeit ergibt sich in Anlehnung an Laclau/Mouffe, die in beiden Ansätzen rezipiert werden, daraus, dass Diskurse aufgrund des ihnen immer innewohnenden Bedeutungsüberschusses und ihrer Überdeterminierung nie als vollständig „genähte [...] Totalitäten" (Neubert 2004a, 90) anzusehen sind, sondern immer „offene Nähte" (ebd.) zu anderen Diskursen und somit Möglichkeiten zur Re-Artikulation und Neuinterpretation zum Beispiel durch Bedeutungsverschiebung aufweisen, wie es beispielsweise in den Identitätspolitiken der Cultural Studies (vgl. hierzu Kap. 3.3.1.4) praktiziert wird. Ähnliches besagt der interaktionistische Konstruktivismus, der in seinen Kategorien des Symbolischen, Imaginären

208 Vgl. hierzu ausführlicher Kapitel 3.2 und 3.3.

und Realen betont, dass im Symbolischen als notwendigem Mittel zur Verständigung das Imaginäre nur begrenzt ausgedrückt und vermittelt werden kann und das Symbolische somit in Bezug auf das Imaginäre und auf Einbrüche des Realen unabgeschlossen ist. Bezogen auf kulturelle Kontexte und kulturelle Repräsentationen begründet dies nochmals ihre Uneindeutigkeit, Unabgeschlossenheit und Pluralität. Diese beiden Prinzipien der Macht und der Überdeterminierung verdeutlichen den re-/de-/konstruktiven Charakter von Diskursen, Kulturen und kulturellen Repräsentationen, was auch von Bedeutung für die Konstruktion von Fremdheit ist: Die Cultural Studies sowie auch der interaktionistische Konstruktivismus betonen, dass Menschen einerseits ihre Kulturen verändernd konstruieren und andererseits diese Konstruktionen selbst durch vorgängige, rekonstruktive Voraussetzungen und bestehende Strukturen „begrenzt" sind, die wiederum dekonstruktiv hinterfragt werden können. Zur Reflexion rekonstruktiver Vorverständigungen innerhalb von Diskursen als entscheidendem Faktor bei der kulturellen Konstruktion von Wirklichkeit bietet der interaktionistische Konstruktivismus – und dies ist auch relevant für bzw. anwendbar auf die Betrachtung der Konstruktion von Fremdheit – neben den oben bereits genannten Perspektiven eine Diskurstheorie an, die die Diskurse der Macht und des Wissens, die auch in den Cultural Studies thematisiert werden, um Diskurse des Unbewussten und Diskurse der Beziehungswirklichkeit erweitert (vgl. Neubert 2004b und 2002).[209] Außerdem betonen beide Ansätze im Hinblick auf rekonstruktive Voraussetzungen, Kontexte und Machtverhältnisse auch die Notwendigkeit der Bewusstwerdung und Reflexion des eigenen ethnozentrischen Blicks (vgl. Neubert/Reich 2001), der in jeder Konstruktion und jeder Wirklichkeitsvorstellung enthalten ist, sowie die Notwendigkeit der eigenen Positionierung (vgl. Hall 1994).

Bedeutsam ist hierbei auch, dass aus interaktionistisch-konstruktivistischer Sicht die Cultural Studies wie auch der Postkolonialismus mit seiner Neu-Artikulation des zuvor bestehenden hegemonialen Narrativs als Einführung einer Fremdbeobachterperspektive verstanden werden kann, die aus der Position einer marginalisierten Gruppe „von innen heraus" eine Verstörung des westlich-ethnozentrischen Blicks bewirkt. Verbunden hiermit ist zusammengefasst ein von Hybridität, „Dezentrierung, Diaspora-Erfahrung oder ‚Globalität' geprägtes Umschreiben der früheren imperialen Großgeschichten mit der Nation als Zentrum" (Hall 1997b, 227), was infolgedessen auch die nachhaltige Verstörung der Gewissheit kultureller Identität bedeutet, da der/das Andere bereits konstitutiver Teil des eigenen Selbst ist. Postkoloniale Theorien betonen also die Konstruiertheit und das Geworden-Sein von Trennlinien nach einem vermeintlich eindeutigen Innen-Außen-Schema, von kulturellen Identitäten und Subjektpositionierungen und reflektieren die Kontexte und Machtzusammenhänge, in denen diese entstanden sind und weiterhin wirken. Insofern ist es gerade der fremde Blick, die Bedeutungsverschiebung aus einer Fremdbeobachterperspektive, die die Veränderlichkeit kultureller Zuschreibungen, Identi-

---

209 Eine genaue Darstellung interaktionistisch-konstruktivistischer Diskurstheorie findet sich in Neubert/Reich (2000) und Reich (1998b, 288 ff.).

täten, Repräsentationen und Positionierungen demonstriert und hiermit auch den Blick auf Fremdheit erweitert. Hier ergeben sich Anschlussmöglichkeiten für den interaktionistischen Konstruktivismus und auch für eine interaktionistisch-konstruktivistische Betrachtung von Fremdheitskonstruktionen, die an diese Fremdbeobachterperspektive und auch an ihre Analysen des historischen Bezugsrahmens und ihrer Wirkungen anknüpfen kann.

Die postkoloniale Kränkung kann außerdem verstanden werden als „Ausdruck einer kulturellen Kränkungsbewegung [..], die vielfache Berührungspunkte" (Neubert 2002, 84) mit den von Reich als „grundlegend für die Herleitung und Begründung konstruktivistischer Ansätze" (ebd.) beschriebenen „philosophischen Kränkungsbewegungen der (post-)modernen Vernunft" (ebd.) in Bezug auf die Bereiche absolut/relativ, Selbst/Anderer und bewusst/unbewusst[210] aufweist. Diese „radikalisiert unser Verständnis kultureller Ambivalenz in der Postmoderne" (Neubert 2002, 87 f.) und verdeutlicht auf Basis der Ablehnung der Annahme einer idealen Beobachterposition die Heterogenität, Kontingenz und Unabgeschlossenheit von Kulturen, kulturellen Repräsentationen, Identitäten und kulturellen Wirklichkeiten.

Zusammenfassend bleibt festzuhalten, dass die Cultural Studies und der Postkolonialismus nicht nur eine Vielzahl von Berührungspunkten zum interaktionistischen Konstruktivismus aufweisen, sondern auch auf mehrere Aspekte aufmerksam machen, die wichtig für eine interaktionistisch-konstruktivistische Perspektive auf Fremdheit und für ein Verständnis von Fremdheit als Konstruktion sind. Hierzu zählen vor allem ihre Untersuchungen von Kultur und die Betonung der Konstruktivität kultureller Praktiken als konstitutivem Element der Realitäts- und Bedeutungsbildung, ihre Abhängigkeit vom jeweiligen Kontext und den vorherrschenden Machtverhältnissen sowie ihre Wechselwirkungen auf die Identitäten der Subjekte.

Diese Aspekte sind, auch vor dem Hintergrund des damit verbundenen veränderten Kultur- und Identitätsverständnisses, dass in den Cultural Studies formuliert wird, auch bedeutsam für die (Betrachtung der) Konstruktion von Fremdheit und finden Eingang in mehrere der nachfolgend in Kapitel 3 formulierten Dimensionen der Re-/De-/Konstruktionen von Fremdheit. Insbesondere bezüglich der Bedeutung der Kultur, hinsichtlich der (diskursiven) Konstruktion von Bedeutungen sowie des Verhältnisses von Identität und Differenz ebenso wie im Hinblick auf die Thematik von Macht und Hegemonie liefern die Cultural Studies in mehrfacher Hinsicht wichtige Beiträge für einen interaktionistisch-konstruktivistischen Blick auf die (Re-/De-/)Konstruktion von Fremdheit und können aus diesem Grund aus meiner Sicht, wie bereits erwähnt, als (Mit-)Initiatoren und Wegbereiter (wie auch als Ausdrucksform) eines veränderten Verständnisses von Fremdheit verstanden werden und stellen aus diesem Grund auch einen der theoretischen Schwerpunkte meiner Arbeit dar.

---

210 Diese werden in Reich (1998a) vorgestellt und hergeleitet.

2.4 Die Perspektive des Existenzialismus

Die Hölle, das sind die Anderen.
(Jean-Paul Sartre)

Eine existenzialistische Perspektive auf das bzw. den Fremden soll nun exemplarisch anhand der Theorie von Jean-Paul Sartre geworfen werden. Dieser gilt als einer der Hauptvertreter des Existenzialismus, weist jedoch auch viele Berührungspunkte, Wechselwirkungen und Einflüsse von bzw. mit vielen oben bereits erwähnten Vertretern der Phänomenologie auf, darunter vor allem Husserl und Heidegger (vgl. Waldenfels 1998a, 63 ff.), aber auch, in kritischer Auseinandersetzung, mit Merleau-Ponty (vgl. hierzu beispielsweise Waldenfels 1998a, 65 ff. und 142) und Lévinas.[211] Hierzu möchte ich an dieser Stelle kurz anmerken, dass beide, Lévinas und Sartre, zu den Wegbereitern der Phänomenologie in Frankreich zählen, und dass beide „eine Theorie der Alterität" entwickeln, „die mit der traditionellen Unterbestimmung des Anderen bricht und bis heute die Basis für zahllose Philosophien der Intersubjektivität und der Andersheit darstellt" (Bedorf/Cremonini 2005b, 9). Auch wenn sich die jeweils zugrunde liegenden Ausgangspunkte und Herangehensweisen des „kämpferischen Atheismus Sartres" und dem „von der jüdischen Tradition inspirierten Humanismus des anderen Menschen" (Waldenfels 2005a, 99) von Lévinas deutlich unterscheiden, ebenso wie die hieraus entwickelten jeweils unterschiedlichen Vorstellungen von Freiheit, Verantwortung und der Rolle und der Bedeutung des Anderen sowie die jeweiligen divergenten Implikationen für die Ethik und Ontologie in den Philosophien von Sartre und Lévinas, so zeichnen sich dennoch einige thematische Berührungspunkte und Parallelen ab.[212] Sartres Bezug zur Phänomenologie, den er ebenfalls mit Lévinas teilt, wird übrigens bereits am Untertitel „Versuch einer phänomenologischen Ontologie" von einem seiner Hauptwerke „Das Sein und Nichts" (Sartre 2009) deutlich, in dem er eine phänomenologisch geprägte Philosophie der Existenz und der Freiheit entwirft. Weitere Einflüsse auf Sartres Schaffen gehen vom Denken und den Theorien vor allem von Descartes, Hegel, Nietzsche, Bergson und Marx aus.

Die Annäherung an Sartres Perspektive auf das Fremde soll nun vor allem anhand zweier Schwerpunkte erfolgen: Anhand seiner Ausführungen zum Blick des Anderen und anhand von Sartres Rezeption und Interpretation des Romans „Der Fremde" von Albert Camus.

---

211 Vgl. zum Bezug von Lévinas und Sartre auch Fußnote 87.
212 Einen ausführlichen und breit gefächerten Überblick hierzu bieten zum Beispiel Bedorf/ Cremonini (2005a).

2.4.1 Der Blick des Anderen

Neben den Analysen zum „Sein-An-Sich" (vgl. Sartre 2009, 37 ff.)[213] und zum „Für-Sich-Sein" (vgl. Sartre 2009, 163 ff.) nimmt die Betrachtung des „Für-Andere-Sein" (vgl. Sartre 2009, 405 ff.) in Sartres Denken einen besonderen Stellenwert ein, die er unter anderem in seinem Hauptwerk „Das Sein und das Nichts" anhand seiner Untersuchungen über den Blick veranschaulicht (vgl. Sartre 2009, 457 ff.). Charakteristisch für Sartres Verständnis des *Für-Andere-Seins* ist die Ansicht der wechselseitigen Bedingt- und Verwiesenheit des *Für-Sich-Seins* und des *Für-Andere-Seins*; die Überzeugung, dass die Existenz des Menschen sich in der Dimension des *Mit-Anderen-Seins* vollzieht. Dies erläutert Sartre unter anderem am Beispiel der Scham, um zu verdeutlichen, dass der Andere „der unentbehrliche Vermittler zwischen mir und mir selbst" (Sartre 2009, 406) ist und durch sein Erscheinen dem Ich erst ermöglicht, über sich „selbst ein Urteil wie über ein Objekt zu fällen", als das es Anderen erscheint.[214] Des Weiteren führt Sartre in diesem Zusammenhang aus, dass der Andere im Ich eine neue, eine weitere Seinsdimension enthüllt, die über das *Für-sich-Sein* hinausgeht (vgl. Sartre 2009, 407), und dass das Ich des Anderen bedarf, um alle Strukturen seines „Seins voll erfassen zu können" (Sartre 2009, 407). Zentral ist in diesem Zusammenhang, so betont Sartre in der kritischen Auseinandersetzung mit bzw. in Abgrenzung zu den theoretischen Überlegungen zum Anderen bei Husserl, Hegel und Heidegger (vgl. hierzu Sartre 2009, 424 ff.) Folgendes: „Man *begegnet* dem Anderen, man konstituiert ihn nicht." (Sartre 2009, 452; Hervorhebung im Original) Voraussetzung für diese konkrete Begegnung mit dem Anderen in seiner „leibhaftigen Anwesenheit" (Sartre 2009, 457) der Gegenwart ist laut Sartre (2009, 454 f.) das Cogito[215]:

> „[...] Hegels Scheitern [hat uns; Anm.: A.W.] gezeigt, dass der einzig mögliche Ausgangspunkt das kartesianische Cogito ist. Nur dies stellt uns übrigens auf den Boden jener faktischen Notwendigkeit, die die der Existenz des Anderen ist. Was wir also, in Ermangelung eines besseren, das Cogito der Existenz des Anderen nennen, verschmilzt mit meinem eigenen Cogito. Das erneut untersuchte Cogito muß mich aus ihm heraus auf den Anderen werfen, wie es mich aus ihm heraus auf das An-sich geworfen hat; und das nicht, indem es mir eine *apriorische* Struktur meiner selbst enthüllt, die auf einen ebenso *apriorischen* Anderen zielte, sondern indem es mir die konkrete und unbezweifelbare Anwesenheit *dieses* oder *jenes* konkreten Anderen entdeckt, wie es mir schon meine unvergleichbare, kon-

---

213 Einen interessanten Vergleich von Sartres Konzept des *Sein-An-Sich* und der Vorstellung des *Es gibt* (Il y a) bei Lévinas bietet Calin (2005).

214 Suhr (2004, 137) weist in diesem Zusammenhang darauf hin, dass die Ähnlichkeit von Sartres Theorie mit der von George Herbert Mead, der Sartre unbekannt war, durch den Ausgangspunkt in Hegels Phänomenologie des Geistes, der beiden gemeinsam war, bedingt ist. Dies ist insofern von Bedeutung, da die Theorie Meads (ebenso wie auch Sartres) ebenfalls im interaktionistischen Konstruktivismus rezipiert wird.

215 Vgl. hierzu auch Sartre (2009, 482).

tingente, jedoch notwendige, konkrete Existenz enthüllt hat. Also muß man vom Für-sich verlangen, uns das Für-Andere zu liefern, muß von der absoluten Immanenz verlangen, uns in die absolute Transzendenz zurückzuwerfen: im Innersten meiner selbst muß ich nicht *Gründe* finden, an den Andern *zu glauben*, sondern den Anderen selbst als den, der nicht ich ist." (Sartre 2009, 454 f.; Hervorhebungen im Original)

Das Verhältnis zwischen einem Selbst und dem Anderem ist, so schlussfolgert Sartre hierauf aufbauend, eine wechselseitige, „innere Negation": Beide konstituieren sich jeweils, indem sie „sich am anderen negieren" (Sartre 2009, 456). Eine Schlüsselstelle in Sartres Theorie des *Für-Andere-Seins* nehmen seine Überlegungen zum Blick ein, die er zur Begründung und Verdeutlichung der Struktur des *Für-Andere-Seins* heranzieht.[216] Seine Analysen zum Blick, verstanden als Ausgangspunkt der Realität und der Erscheinung des Anderen und seinem Bezug zum Ich, der über den rein physiologischen Aspekt des Sehens hinausgeht, veranschaulicht Sartre (2009, 459 ff.) anhand der Beschreibung einer alltäglichen Szene im Park: Ein Subjekt, ein Ich, sitzt in einem Park und beobachtet seine Umgebung: Gegenstände wie die Wiese, die Bäume, eine Statue und Sitzgelegenheiten um ihn herum. Hierbei ordnet und gruppiert dieses Subjekt die Gegenstände um sich selbst als Mittelpunkt herum, und erschafft durch das Entfalten von Distanzen zwischen den Dingen (und sich selbst) (s)einen Raum. In dem Moment, in dem ein Anderer auftaucht, geschieht Folgendes: Der Andere wird vom Subjekt zunächst erfasst als ein (Wahrnehmungs-)Objekt, als ein Gegenstand unter anderen; seine Anwesenheit ändert nicht die vom Subjekt vorgenommene Anordnung und Beziehung der Gegenstände untereinander. Doch der Andere ist kein Gegenstand unter anderen, sondern er ist insofern „bevorrechtigt" (Sartre 2009, 459), dass er selbst Bezüge und Distanzen zu und zwischen den Dingen entfaltet, die er auf sich selbst als Zentrum hin ausrichtet (vgl. Sartre 2009, 485):

> „[…] diese neue Beziehung des Menschen-als-Gegenstand [hat; Einschub: A.W.] eine Besonderheit: sie ist mir ganz gegeben, denn sie ist da, in der Welt, als Gegenstand, den ich erkennen kann […], und gleichzeitig entgeht sie mir ganz; in dem Maß, in dem der Mensch-als-Gegenstand das fundamentale Glied dieser Beziehung ist, in dem Maß, in dem sie *auf ihn zugeht,* entgeht sie mir ganz, ich kann mich nicht in das Zentrum stellen […]." (Sartre 2009, 460; Hervorhebungen im Original)

Demnach ist das Erscheinen des Anderen zu verstehen als Moment der Desintegration (vgl. Sartre 2009, 461) und der Dezentrierung (der Gegenstände) des Universums des Subjekts:

---

216 Hierauf möchte auch ich mich schwerpunktmäßig in meinen Betrachtungen zur Fremdheit aus der existenzialistischen Perspektive Sartres beziehen.

„So ist plötzlich ein Gegenstand erschienen, der mir die Welt gestohlen hat. Alles ist an seinem Platz, alles existiert immer noch für mich, aber alles ist von einer unsichtbaren und erstarrten Flucht auf einen neuen Gegenstand hin durchzogen. Die Erscheinung des Anderen in der Welt entspricht also einem erstarrten Entgleiten des ganzen Universums, einer Dezentrierung der Welt, die die Zentrierung, die ich in derselben Zeit herstelle, unterminiert." (Sartre 2009, 462)

Dadurch, dass der Andere die Welt ebenso um sich als Zentrum herum ordnet und ausrichtet wie das Subjekt, und Letzteres hierdurch seiner Welt beraubt und dezentriert, erscheint dieser Andere nun nicht mehr ausschließlich als Objekt-Anderer, sondern wird auch als Subjekt-Anderer wahrgenommen (vgl. Sartre 2009, 463). Hieraus schlussfolgert Sartre, dass die „fundamentale Verbindung" zwischen dem Subjekt und dem Subjekt-Anderen auf die „permanente Möglichkeit […], durch Andere *gesehen zu werden*" (Sartre 2009, 463; Hervorhebungen im Original) zurückgeführt werden kann. Durch den Blick des Anderen, der das Subjekt zum Objekt werden lässt, wird der Andere erst als Subjekt erkannt. Der Blick des Subjekt-Anderen ruht einerseits ohne Distanz auf dem angeblickten Subjekt (vgl. Sartre 2009, 466); das Subjekt ist dem Blick ausgeliefert. Gleichzeitig hält der Blick in seiner Unmittelbarkeit das Subjekt andererseits auf Distanz, da das angeblickte Subjekt seine „Aufmerksamkeit nicht auf den Blick lenken" (Sartre 2009, 467), den Blick nicht erfassen kann, ohne dass sich seine „Wahrnehmung zugleich damit auflöst und in den Hintergrund tritt" (ebd.). Durch das Erblickt-Werden durch den Blick des Anderen ist das Subjekt auf sich selbst zurückgeworfen, auf sich selbst verwiesen (vgl. ebd.). Dieser Verweis auf sich selbst, durch den Blick des Anderen ist insofern von Bedeutung, da laut Sartre das Subjekt nur durch den Blick des Anderen seiner selbst, seiner Gegenständlichkeit (vgl. Suhr 2004, 138) bewusst wird. Der Blick ist demnach „zunächst ein Mittelglied, das von mir auf mich selbst verweist" (Sartre 2009, 467); er ist, so formuliert Suhr (2004, 139) „das Mittelglied zwischen mir als Subjekt und mir als Objekt": Erst durch die Erfahrung des Angeblickt-Werdens durch den Blick des Anderen erfährt sich das Subjekt, das zuvor nur in seinen Akten lebte (vgl. Biemel 1979, 46), als ein *Ich*, wie Sartre anhand von Affekten wie beispielsweise der Scham erläutert: Jemand schaut durch ein Schlüsselloch bzw. lauscht an einer Tür. In diesem Moment gibt es „kein *Ich*", das das Bewusstsein des Lauschenden bewohnt und das dieser reflektieren könnte, und somit nichts, woher dieser seine „Handlungen beziehen könnte, um sie zu qualifizieren" (Sartre 2009, 467; Hervorhebung im Original), da der Lauschende in jenem Moment diese Handlung *ist* (vgl. Sartre 2009, 468; Hervorhebung im Original). Erst in dem Moment, in dem ein Anderer hinzukommt und den Lauschenden ertappt, in dem das Subjekt vom Anderen erblickt und somit zum Objekt für den Anderen wird, wird das Subjekt sich selbst gegenwärtig und Gegenstand seines „unreflektierten Bewusstseins" (Sartre 2009, 469); erst hierdurch wird ihm ein Ich-Bewusstsein ermöglicht:

„[...] die Scham oder der Stolz enthüllen mir den Blick des Anderen und mich selbst am Ziel dieses Blicks, sie lassen mich die Situation eines Erblickten *erleben*, nicht *erkennen*. Die Scham aber ist [...] Scham über *sich*, sie ist *Anerkennung* dessen, dass ich wirklich dieses Objekt *bin*, das der Andere anblickt und beurteilt. [...] Ich bin, jenseits aller Erkenntnis, die ich haben kann, dieses Ich, das ein anderer erkennt. Und dieses Ich, das ich bin, bin ich in einer Welt, die der Andere mir entfremdet hat." (Sartre 2009, 471; Hervorhebungen im Original)

Das Subjekt bedarf demnach also des Anderen bzw. des „Umweges" über den Blick des Anderen, um sich selbst zu erkennen. Damit verbunden ist einerseits, dass dem Subjekt „seine" Welt durch den Anderen entgeht bzw. diese ihm entfremdet wird, da „die Selbstentfremdung, die das *Gesehenwerden* ist" (Sartre 2009, 475; Hervorhebung im Original), die Entfremdung der vom Subjekt auf ihn hin ausgerichteten und geordneten Welt bedingt. Darüber hinaus ist das Subjekt andererseits dem Urteil des Anderen ausgeliefert, das es hiermit anerkennt: „Es genügt, dass der Andere mich anblickt, damit ich das bin, was ich bin" (Sartre 2009, 473). Diese Abhängigkeit vom Urteil des Anderen, der somit Voraussetzung für das Sein des Subjektes ist, bedeutet für das Subjekt gleichzeitig aber auch, dass es „nicht mehr *Herr der Situation*" (Sartre 2009, 478; Hervorhebungen im Original) ist, in dem Sinne, dass ihm die Situation durch die „reale Dimension" entgeht, die unerwartete „unvorhergesehene Wendungen" (ebd.) ermöglicht.[217] Dies ist in Verbindung zu sehen mit der Einschränkung und Entfremdung von den eigenen Möglichkeiten aufseiten des Subjekts, die mit dem (lauernden) Blick des Anderen einhergehen, der die Möglichkeiten des Subjekts auf seine eigenen hin überschreitet. Vor diesem Hintergrund bezeichnet Sartre den Anderen als „den versteckten Tod" der Möglichkeiten des Subjekts (Sartre 2009, 477): Bezogen auf das Beispiel der Scham bedeutet das, dass in dem Augeblick, in dem das Subjekt als Lauscher ertappt wird, es durch den Anderen auf diese Seins-Möglichkeit festgelegt ist; seine Freiheit, sich auf Möglichkeiten hin zu entwerfen und sein Sein zu übersteigen, wird durch den Blick des Anderen entfremdet: Der Blick des Anderen ist die „transzendierte Transzendenz" (Sartre 2009, 474) des angeblickten Subjekts. Dadurch, dass das Subjekt durch den Blick des Anderen ein „raum-zeitliches Objekt der Welt" (Sartre 2009, 481) wird, das sich den „unerkennbaren Beurteilungen" (ebd.) des Anderen aussetzt und diese anerkennt, erkennt das Subjekt die Freiheit des Anderen an, mehr noch: das Sein des Subjekts ist abhängig von der Freiheit des Anderen; das Subjekt ist „Knecht" der Freiheit des Anderen:

„So konstituiert mich das Gesehenwerden als ein wehrloses Sein für eine Freiheit, die nicht meine Freiheit ist. In diesem Sinn können wir uns als ‚Knechte' betrachten, insofern wir Anderen erscheinen. Aber diese Knechtschaft ist nicht das – geschichtliche und überwindbare – Ergeb-

---

217 Auch in dieser Beschreibung sehe ich die Möglichkeit des Bezugs zum bzw. der Vergleichbarkeit mit dem interaktionistisch-konstruktivistischen Register des Realen.

nis eines *Lebens* in der abstrakten Form des Bewusstseins. Ich bin in dem Maß Knecht, in dem ich in meinem Sein abhängig innerhalb einer Freiheit bin, die nicht die meine ist und die gerade die Bedingung meines Seins ist. Insofern ich Objekt von Werten bin, die mich qualifizieren, ohne dass ich auf diese Qualifikation einwirken oder sie auch nur erkennen kann, bin ich in Knechtschaft. Zugleich bin ich *in Gefahr*, insofern ich das Instrument von Möglichkeiten bin, die nicht meine Möglichkeiten sind, deren bloße Anwesenheit jenseits meines Seins ich nur vermuten kann und die meine Transzendenz verneinen, um mich als ein Mittel auf Zwecke hin konstituieren zu können, die ich nicht kenne." (Sartre 2009, 481 f.; Hervorhebungen im Original)

Diese Gefahr, die Objektivierung, die Infragestellung, Entfremdung und „Bedrohung" der Freiheit, der Möglichkeiten und der Transzendenz des Subjekts durch die Freiheit des Anderen beschreibt Sartre (2009, 482) als die unüberwindbare „permanente Struktur" des *Für-Andere-Seins*.

Vermittelt durch den Blick des Anderen erfährt das Subjekt das „Auftauchen eines ek-statischen Seinsbezugs, von dem das eine Glied Ich ist als Für-Sich, das das ist, was es nicht ist, und das nicht das ist, was es ist, und von dem das andere Glied auch Ich ist, aber außerhalb meiner Reichweite, außerhalb meiner Einwirkung, außerhalb meiner Erkenntnis" (Sartre 2009, 483), und damit die Beziehung zwischen seinem *Für-Sich-Sein* und seinem *Für-Andere-Sein*. In diesem Zusammenhang möchte ich nochmals betonen, dass das Subjekt nur durch den Blick des Anderen und dessen (fremde) Freiheit, durch die dieser erst zum Subjekt wird, ein Bewusstsein von sich als Objekt erlangen und somit sein Sein gewinnen kann; der Andere[218] ist hierfür „die konkrete und transzendente Bedingung" (Sartre 2009, 493):

„Den Fremden, den man mir [durch die Beschreibung und das Urteil des Anderen über das Subjekt selbst; Anm.: A.W.] präsentiert, übernehme ich sofort, ohne dass er aufhört ein Fremder zu sein. […] dieses Ich […] ist ein Sein, *mein* Sein, aber […] es ist von mir durch ein unüberwindbares Nichts getrenntes Ich, denn ich *bin* dieses Ich, aber ich bin nicht dieses Nichts, das mich von mir trennt. Es ist das Ich, das ich durch eine äußere Ek-stase bin, die alle *meine Ek-stasen* transzendiert, denn es ist nicht die Ek-stase, die ich zu sein habe. Mein Sein-für-Andere ist ein Sturz durch die absolute Leere auf die Objektivität hin. Und da dieser Sturz *Entfremdung* ist, kann ich mich für mich selbst nicht als Objekt sein machen, denn in keinem Fall kann ich mich mir selbst entfremden." (Sartre 2009, 493; Hervorhebungen im Original)

---

218 Der Andere ist in diesem Zusammenhang zu verstehen als „konkrete und evidente Anwesenheit" (Sartre 2009, 488), die das Subjekt weder bezweifeln, noch von sich selbst ableiten oder zum Gegenstand einer phänomenologischen Reduktion machen kann; sie ist „weder eine Erkenntnis noch eine Projektion" (Sartre 2009, 489) des Subjekts, sondern „das *Faktum* der Anwesenheit einer fremden Freiheit" (Sartre 2009, 494; Hervorhebung im Original).

Das *Für-Andere-Sein* ist hierbei „keine ontologische Struktur des Für-sich" (Sartre 2009, 506), die hieraus ableitbar wäre; das *Für-Sich-Sein* bedeutet immer auch ein *Für-Andere-Sein*, da das Sein eines Ich immer mit der Existenz eines Anderen verbunden ist. Charakteristisch sowohl für die Konstitution und die Erkenntnis des *Für-Sich-Seins* wie auch des *Für-Andere-Seins* ist vor allem die wechselseitige Negation: Das *Für-Sich* bestimmt sich als das, „was der Andere nicht ist" (Sartre 2009, 508). Das bedeutet, dass der Andere, an dem sich das Ich negiert, bereits vorausgesetzt wird und somit konstitutiv ist für die Negation des Ich am Anderen und die Negation und Entfremdung durch (den Blick) den Anderen: Das Sein des Anderen ist somit im *Für-Sich-Sein* des Ich mit eingeschlossen (vgl. ebd.); der Andere, den das Ich anerkennt, indem es sich an ihm negiert, indem es nicht der Andere ist, ist der, für den das *Für-Sich* des Ich ist (vgl. Sartre 2009, 510). Analog dazu bestimmt sich auch der Andere dadurch, dass er sich am Ich, das er erblickt, negiert, in der Form, das er nicht das ist, was das Ich ist. Das Ich ist in diesem Fall entfremdet und objektiviert durch den Blick des Anderen. Zentral bei dieser (doppelten) Negation ist nun, dass diese zum einen nicht direkt sein kann[219], vor allem aber, dass das Ich sich erst dadurch vom Anderen unterscheiden kann und erst dadurch zum Selbst wird, indem es dieses durch den Anderen entfremdete und zurückgewiesene (Objekt-)Ich, mit dem dieser sich vom Ich unterscheidet, als seines anerkennt und übernimmt. So ist dieses durch den Anderen „entfremdete und zurückgewiesene" Objekt-Ich gleichzeitig die „Bindung an den Anderen" und Symbol der „absoluten Trennung" von ihm (Sartre 2009, 511); es ist Bedingung des Seins des Ich, Bedingung der Selbstheit des Ich gegenüber dem Anderen und umgekehrt (vgl. ebd.). Hierin liegt ein Moment des Sich-Losreißens vom Anderen, der die Möglichkeit der Umkehr des Verhältnisses vom Anderen als Subjekt und dem Ich als Objekt beinhaltet: Durch das Erfassen der Negation durch den Anderen und durch die Übernahme des vom Anderen entfremdeten, zurückgewiesenen und verobjektivierten (Objekt-)Ich durch das Ich erlangt dieses ein Bewusstsein von sich als „Ich-Selbst" (Sartre 2009, 511); es erfährt die Spontaneität, Freiheit und Transzendenz seiner selbst, es entwirft sich auf seine Möglichkeiten hin und übernimmt die Verantwortung für sein eigenes Sein wie auch für das Sein des Anderen, das wiederum vom Ich abhängt, das den Anderen zum Objekt macht.[220] Hiermit erobert das Ich sein *Für-Sich-Sein* zurück durch sein Bewusstsein von sich als „fortwährender Fokus unendlicher Möglichkeiten" (Sartre 2009, 516; Hervorhebungen im Original) und durch die Verwandlung „der Möglichkeiten des Anderen in tote-Möglichkeiten" (ebd.). Bezogen auf das Beispiel der Scham bedeutet das, den Anderen, der das Ich als Objekt erfasst, selbst als Objekt zu ergreifen (vgl. Sartre 2009, 517):

---

219 Zur Begründung und zum Dilemma der Negation vergleiche Sartre (2009, 510).

220 Wichtig ist hierbei zu beachten, dass das Subjekt und der Andere jeweils beide für die Existenz des anderen verantwortlich sind, was jedoch dadurch verdeckt wird, dass von beiden Negationen immer nur jeweils eine erfahren werden kann und die jeweils andere verborgen bleibt (vgl. Sartre 2009, 515).

„Die Reaktion auf die Scham besteht genau darin, denjenigen als Objekt zu erfassen, der *meine* eigne Objektheit erfasste. Von da an erscheint mir ja der Andere als Objekt, seine Subjektivität wird eine bloße *Eigenschaft* des betrachteten Objekts. […] Der Objekt-Andere ‚hat‘ eine Subjektivität, wie diese leere Schachtel ‚ein Inneres‘ hat. Und dadurch *gewinne ich mich wieder*: denn ich kann nicht *Objekt für ein Objekt* sein.[…] Insofern ich mache, dass es einen Anderen gibt, erfasse ich mich als freie Quelle der Erkenntnis, die der Andere von mir hat, und der Andere scheint mir in seinem Sein durch diese Erkenntnis, die er von meinem Sein hat, *affiziert*, insofern ich ihn mit der Eigenschaft ‚Anderer‘ *affiziert* habe.“ (Sartre 2009, 517; Hervorhebungen im Original)

Hierdurch tritt das Subjekt dem Gefühl der Abhängigkeit und des Ausgeliefert-Seins an den Anderen entgegen, das er zum Beispiel in der Scham erlebt. Diese ist vor diesem Hintergrund zu verstehen als „Sündenfall“, nicht weil das Ich einen Fehler begangen hätte, sondern allein deswegen, weil es „in die Welt […] mitten in die Dinge“ (Sartre 2009, 516) gefallen ist und weil es der Vermittlung des Anderen bedarf, um das zu sein, was es ist. Dieser Prozess des Auftauchens des Anderen, der zunächst vom Ich als Objekt erfasst wird, der in der Folge als Subjekt erkannt wird, das das Ich entfremdet und verobjektiviert, das sich schließlich zurückerobert, indem es den Anderen wieder als Objekt begreift, dessen Sein vom Ich abhängt, ist hiermit jedoch nicht abgeschlossen: So bleibt der objektivierte Andere „ein explosives Instrument“ (Sartre 2009, 529), das die permanente Möglichkeit der Explosion in Form der „Flucht der Welt“ (ebd.) aus dem Subjekt-Ich und der Entfremdung seines Seins beinhaltet. Demnach ist es die ständige Sorge des Subjekt-Ich, den „Anderen in seiner Objektivität zusammenzuhalten“ mithilfe von „Tricks, die ihn Objekt bleiben lassen“ (ebd.). Es reicht jedoch ein Blick des Anderen, „damit alle diese Tricks scheitern“ (Sartre 2009, 529) und das Subjekt-Ich wieder in den Kreislauf von der „Verminderung auf die Verwandlung“ (ebd., 530) und von der „Verwandlung auf die Verminderung“ (ebd., 529) des Anderen geworfen ist. In Anlehnung an Biemel (1979, 51) möchte ich anmerken, dass das Subjekt auch im Hinblick auf diese beständige Gefahr durch den Anderen, durch die Unabgeschlossenheit dieses Prozesses, der ihn stets von Neuem wieder zum Objekt machen kann, dem Anderen ausgeliefert ist.

Diese Thematik, die Sartre in dieser theoretischen Abhandlung behandelt, greift er in seinem Drama „Bei geschlossenen Türen“ wieder auf. Kernstück hierin ist die Abhängigkeit und das Ausgeliefert-Sein an den Blick des Anderen, „um zu erfahren, wer wir sind“ und „der Kampf um das Gesehen-werden“ (Biemel 1979, 58). Sartre ergänzt in diesem Drama allerdings, dass es nicht gleichgültig ist, von wem der Blick ausgeht, sondern dass es insbesondere um die Personen geht, an denen uns gelegen ist. Aus diesem Grund kämpft jeder darum, dem anderen ein günstiges, positives Bild von sich zu vermitteln. Mit diesem Bemühen untrennbar verbunden sind wiederum die Aspekte der Unaufrichtigkeit und der Selbsttäuschung, die Sartre ebenfalls in diesem Drama veranschaulicht. Dies begründet den wohl meist zitierten Ausspruch aus diesem Drama: „Die Hölle, das sind die Anderen."

2.4.2 Die Bedeutung von Sartres existenzialistischer Perspektive für die Betrachtung der Fremdheit aus interaktionistisch-konstruktivistischer Sicht

Im interaktionistischen Konstruktivismus wird Sartres Theorie bereits von Reich (1998a) rezipiert (und reflektiert), den dieser im Rahmen der Begründung seiner zweiten Kränkungsbewegung von Selbst und Anderem heranzieht. Hierbei fokussiert Reich (1998a) insbesondere auf den Aspekt des Imaginären bei Sartre (vgl. Reich 1998a, 230 ff.). Reich sieht in Sartres Beschreibungen der „Intersubjektivität des Blickens etwas [...], das bei Lacan dem Imaginären zugehört" (Reich 2009a, 484). Zentral aus Sicht des interaktionistischen Konstruktivismus ist neben dem Aspekt des Imaginären, auf den an dieser Stelle nicht näher eingegangen werden soll (vgl. hierzu Kap. 3.7), die zirkuläre Verwobenheit mit dem Anderen, „die Zirkularität von Beziehungen", die dem Ich-Beobachter erst ermöglicht, „sich in der Welt als Blickender zu situieren, also sich als Beobachter von Beobachtungen anderer Beobachter zu unterscheiden und hierüber zu verständigen" (Reich 1998a, 240). Allerdings merkt Reich (1998a) kritisch an, dass in Sartres Konzept von einem Ich, das erblickt wird durch den Blick eines Anderen, der Blick des Dritten vernachlässigt wird. Zum einen wird nur über den Blick eines Dritten diese Szene überhaupt erst fassbar, so zum Beispiel durch Sartre als Beobachter der Szene oder durch den Leser. Zum anderen ist die vermeintliche Dualität des Erblickt-Werdens insofern eine Illusion, da dies auch nur vermittelt über den Blick des Dritten, der als Grundbedingung für die Selbstwerdung des Ich von Beginn an mit den tiefsten Strukturen des Selbst, seiner Imaginationen, Wahrnehmungen und Vorstellungen verwoben ist (vgl. Reich 1998a, 245), möglich ist. Dieser Blick des (unsichtbaren) Dritten spielt in jede Situation des Erblickens und Erblickt-Werdens, in die Begegnung und Konstitution von Subjekt und Anderem hinein; „er hat uns bereits Möglichkeiten vorgezeichnet, die zwar nicht unsere Freiheit verhindern, die sie jedoch begrenzen" (Reich 1998a, 245).[221]

Dennoch ist die Betrachtung von Sartres existenzialistischer Perspektive für eine interaktionistisch-konstruktivistische Betrachtung der Fremdheit insofern relevant, da in Sartres Ausführungen über das *Für-Andere-Sein*, das er im Ausgang von seinen Analysen zum Blick beschreibt, der Bezug zwischen dem Ich und dem Anderen deutlich wird. Hierin klingt nach meinem Verständnis durch die Erklärung der Bedeutung des Anderen für die Subjekt-Werdung des Ich implizit auch die Thematik des Fremden an: Die Subjekt-Werdung des Ich wird, wie oben bereits erläutert,

---

221 Weitere Kritik an Sartres Entwurf formuliert zum Beispiel auch Waldenfels (1998a), der einige offene Fragen und eine „Einseitigkeit" in Sartres Argumentation durch den „ontologischen Vorentwurf" begründet sieht (vgl. hierzu Waldenfels 1998a, 90).

erst durch den Moment der *Ent-Fremdung* durch den Blick des Anderen ermöglicht, was wiederum die wechselseitige Bedingtheit von Selbst und Anderem begründet. Der Andere ist, dies betonen in ähnlicher Form – wenn auch vor anderem theoretischem Hintergrund und anderen theoretischen Zugängen – auch andere Theorien, die auch im interaktionistischen Konstruktivismus rezipiert werden, wie zum Beispiel die Theorien von Mead und Lacan, hierdurch immer bereits im Selbst enthalten und der Zugang des Ich zu seinem Selbst und zu seinem Sein ist nur möglich durch den „Umweg" über den Anderen. Darüber hinaus bleibt sich das Ich in dem, was es für Andere ist, bzw. durch die Übernahme des durch den Blick des Anderen entfremdeten (Objekt-)Ich auch sich selbst auf immer (ein Stück weit) fremd.

2.4.3 Der Fremde und das Absurde

In expliziter Form wird Sartres Perspektive auf Fremdheit bzw. den Fremden in seiner Rezension und Interpretation des Romans „Der Fremde" von Albert Camus deutlich. Camus gilt ebenfalls als Vertreter des französischen Existenzialismus, auch wenn seine Philosophie teilweise andere Schwerpunktsetzungen aufweist und vor allem den Aspekt des Absurden akzentuiert. Sein Werk „Der Fremde" zählt zu den „besten Werken nach dem Waffenstillstand" (Sartre 2010, 126; Übersetzung: A.W.)[222] und verhalf Camus 1942 zum literarischen Durchbruch. Aufgrund der Geschichte, die dieser Roman erzählt, aufgrund des Charakters des Protagonisten, aufgrund der Ambiguität und aufgrund der Erzählform, auf die im Folgenden noch näher eingegangen wird, erscheint dieser Roman laut Sartre (2010, 127) seinerzeit selbst wie „ein Fremder" [im Original: *„un étranger"*]. Der Roman handelt von Mersault, einem jungen Franzosen, der in Algier lebt und arbeitet. Alles beginnt mit der Nachricht des Todes von Mersaults Mutter, die im Altenheim lebt, seiner Reaktion auf diese Nachricht, seinem Verhalten bei der Beerdigung und den Ereignissen der darauffolgenden Tage, in denen er von seinem Verhältnis mit Marie, das er einen Tag nach der Beerdigung seiner Mutter begonnen hat, von seinen Nachbarn und seiner Arbeit als Sachbearbeiter erzählt. Anhand seiner Erzählung von scheinbar zusammenhanglosen Ereignissen, die vielfach geprägt ist von Beschreibungen momentaner Befindlichkeiten, Neigungen und Nebensächlichkeiten en detail, die allesamt in der Ich-Perspektive erzählt sind, wird das deutlich, was ihm später in einem anderen Zusammenhang zum Verhängnis werden wird: sein Verhalten und seine Reaktionen, die als emotions- und teilnahmslos, gleichgültig, gefühlskalt und desinteressiert an Bindungen, Normen und Konventionen und in der Folge als befremdlich erscheinen. Ein Beispiel hierfür ist unter anderem die Einleitung des Romans, der mit der Nachricht vom Tod der Mutter beginnt:

---

222 Im Original: „le meilleur livre depuis l'armistice".

„Heute ist Mama gestorben. Vielleicht auch gestern, ich weiß es nicht. Ich habe ein Telegramm bekommen: ‚Mutter verstorben. Beisetzung morgen. Hochachtungsvoll.‘ Das will nichts heißen. Es war vielleicht gestern.“ (Camus 2008, 7)

Ein weiteres Beispiel, um einen ersten Eindruck zu vermitteln, ist sein Verhalten im Umgang mit Marie:

„Abends hat Marie mich abgeholt und hat mich gefragt, ob ich sie heiraten wollte. Ich habe ihr gesagt, das wäre mir egal, und wir könnten es tun, wenn sie es wollte. Sie hat dann wissen wollen, ob ich sie liebte. Ich habe geantwortet wie schon einmal, dass das nichts heißen wollte, dass ich sie aber zweifellos nicht liebte. ‚Warum willst du mich dann heiraten?‘, hat sie gesagt. Ich habe ihr erklärt, dass das völlig belanglos wäre und dass wir, wenn sie es wünschte, heiraten könnten. Im Übrigen wäre sie es, die fragte, und ich würde lediglich ja sagen.“ (Camus 2008, 57)

Mit der Einladung eines Nachbarn, zu dessen Gunsten Mersault aus Gefälligkeit bei der Polizei ausgesagt hatte, nachdem dieser seine arabische Freundin verprügelt hatte, wird der zweite Teil des Romans eingeleitet. Raymond, der besagte Nachbar, lädt Mersault zu einem Wochenendaufenthalt bei einem Freund ein, der ein Haus am Meer besitzt, und berichtet gleichzeitig, dass er von einer Gruppe Araber verfolgt werde. Mit Marie bei Raymonds Freund Masson am Meer angekommen, wird Raymond bei einem Strandspaziergang nach dem Mittagessen mit Mersault und Masson von einem der Araber mit einem Messer verletzt. Durch die Hilfe von Masson ergreifen die Angreifer jedoch die Flucht. Etwas später, bei einem weiteren Spaziergang, den Mersault und Raymond unternehmen, treffen sie an einer Quelle wieder auf die Araber. Diesmal erfolgt kein erneuter Angriff; die Araber, ebenso wie Raymond und Mersault, kehren um, wobei Mersault, auch um eine erneute Konfrontation bzw. eine Revanche durch Raymond zu vermeiden, diesem seinen Revolver abnimmt. Als Mersault später noch mal alleine das Haus verlässt, trifft er wieder auf einen der bewaffneten Araber. Dieser zückt wieder ein Messer, das in der Sonne aufblitzt, wovon Mersault sich geblendet fühlt. Daraufhin zieht Mersault den Revolver, erschießt den Araber und gibt dann noch vier weitere Kugeln auf den leblosen Körper ab. Bei der anschließenden Untersuchungshaft, den Verhören Mersaults und der anschließenden Gerichtsverhandlung wird deutlich, dass der eigentliche Tatbestand, die Tötung des Arabers, und die Vorgeschichte, die Verletzung Raymonds durch den Araber und das erneute Zücken des Messers beim Anblick von Mersault, immer mehr in den Hintergrund treten. Er erscheint in seinem gleichgültigen Verhalten, mit dem er nicht den üblichen Regeln, Konventionen und Überzeugungen entspricht, mit der Tatsache, dass er sich nicht als Verbrecher sieht, sich seiner Schuld nicht bewusst ist und keine Reue zeigt, der Justiz, dem Staatsanwalt und selbst seinem eigenen Verteidiger als fremd. Zunehmend wird sein Verhalten in Bezug auf seine Mutter, die er ins Heim gab und selten besuchte, sein Verhalten am

Sarg seiner Mutter, den er ablehnte öffnen zu lassen, um seine Mutter noch mal sehen zu können, und an dem er mit dem Pförtner geraucht hatte, sowie bei der Beerdigung, bei der er nicht weinte und anschließend sofort abreiste, thematisiert, ebenso wie die Tatsache, dass er einen Tag später ein Verhältnis mit Marie begonnen und mit ihr im Kino einen lustigen Film angeschaut habe. Er wird nunmehr beschuldigt, seine Mutter „mit dem Herzen eines Verbrechers" (Camus 2008, 126) beerdigt zu haben, keine Seele zu haben und für „nichts Menschliches und keines der moralischen Prinzipien […], die das Herz des Menschen behüten" (Camus 2008, 132), zugänglich zu sein, in Komplizenschaft, mit dem als Zuhälter verschrieenen Raymond zu stehen, den Araber aus Absicht und mit Vorsatz getötet zu haben, ebenso wie er seine Mutter „moralisch tötete", und in diesem Zusammenhang auch für einen Fall von Vatermord eines anderen Angeklagten indirekt verantwortlich zu sein, der am darauffolgenden Tag zu verhandeln sei. Vor diesem Hintergrund wird Mersault schließlich zum Tod durch die Guillotine verurteilt. Der Roman schließt mit den Worten:

> „Dem Tod so nahe, hatte Mama sich dort befreit gefühlt und bereit, alles noch einmal zu leben. Niemand, niemand hatte das Recht, sie zu beweinen. Als hätte diese große Wut mich vom Bösen geläutert, von Hoffnung entleert, öffnete ich mich angesichts dieser Nacht voller Zeichen und Sterne zum ersten Mal der Gleichgültigkeit der Welt. Als ich spürte, wie ähnlich sie mir war, wie brüderlich letzten Endes, habe ich gefühlt, dass ich glücklich gewesen war und dass ich es noch war. Damit sich alles erfüllte, damit ich mich weniger allein fühlte, brauchte ich nur eins zu wünschen, dass am Tag meiner Hinrichtung viele Zuschauer da sein würden und dass sie mich mit Schreien des Hasses empfangen." (Camus 2008, 159)

Auf der Grundlage von Camus' Werk „Le Mythe de Sisyphe"[223], den er als theoretischen Rahmen für seinen Kommentar heranzieht, analysiert und interpretiert Sartre Camus' Roman „Der Fremde". Hierin findet Sartre Hinweise zur Deutung von Mersault, dem Fremden, der wiederum die im „Mythos des Sisyphos" vertretenen Theorien und Thesen illustriert und verdeutlicht (vgl. Sartre 2010, 134). Mersault ist demzufolge:

> „ni bon ni méchant, ni moral ni immoral. Ces catégories ne lui conviennent pas: il fait partie d'une espèce très singulière à laquelle l'auteur réserve le nom d'*absurde*." (Sartre 2010, 127; Hervorhebung im Original)

Mersault demonstriert exemplarisch auf vielerlei Weise die verschiedenen Aspekte der „fundamentalen Absurdität" [im Original: *l'absurdité fondamentale*] (Sartre 2010, 135). Hierbei sieht Sartre die beiden Werke „Der Fremde" und „Der Mythos des Sisyphos" insofern als Ergänzung, dass Letzterer darauf abzielt, eine Vorstellung, eine Idee der Absurdität zu vermitteln, während „Der Fremde" uns in das Gefühl

---

223 Im Deutschen: „Mythos des Sisyphos".

und in das Klima des Absurden eintauchen lassen will (vgl. Sartre 2010, 136). Das Absurde beschreibt in Camus' Philosophie die Beziehung des Menschen zur Welt (vgl. Sartre 2010, 127), es beschreibt eine Erfahrung, die „sich in der unüberbrückbaren Kluft zwischen dem Ich und der Welt manifestiert" (Kunzmann/Burkard/Wiedmann/Weiß 1995, 203). Diese Kluft bezeichnet

> „[…] le divorce entre les aspirations de l'homme vers l'unité et le dualisme insurmontable de l'esprit et de la nature, entre l'élan de l'homme vers l'éternel et le caractère *fini* de son existence, entre le ‚souci' qui est son essence même et la vanité de ses efforts. La mort, le pluralisme irréductible des vérités et des êtres, l'intelligibilité du réel, le hasard, voilà les pôles de l'absurde." (Sartre 2010, 128; Hervorhebung im Original)

In Form des Absurden wird der Mensch mit der Fremdheit der Welt konfrontiert, in die er „geworfen" [im Original: „jeté"] wurde (Sartre 2010, 131), der er sich gegenübergestellt sieht, die ihm entgleitet, die in sich selbst „dicht" ist (vgl. Kunzmann/Burkard/Wiedmann/Weiß 1995, 203); er wird von der Verfremdung ergriffen. Aus dieser von Absurdität geprägten Haltung des Menschen gegenüber der Welt ergibt sich die erste von drei Bestimmungen von Fremdheit bzw. des Fremden bei Camus, die Sartre benennt: „L'étranger, c'est l'homme en face du monde." (Sartre 2010, 130) Diese „condition humaine" (Sartre 2010, 129) ist geprägt von der Kontingenz des Daseins des Menschen in der Welt, von der Abwesenheit der Transzendenz:

> „Je ne sais pas si ce monde a un sens qui me dépasse. Mais je sais, que je ne connais pas ce sens et qu'il m'est impossible pour le moment de le connaître. Que signifie pour moi une signification hors de ma condition? Je ne puis comprendre qu'en termes humains. Ce que je touche, ce qui me résiste, voilà ce que je comprends. […] l'homme absurde est un humaniste, il ne connaît que le biens de ce monde." (Camus; zit. nach: Sartre 2010, 138)

Als zweiten Aspekt von Fremdheit bei Camus nennt Sartre: „L'étranger, c'est aussi l'homme parmi les hommes." (Sartre 2010, 130) Dies wird zum Beispiel daran sichtbar, dass Mersault, wie bereits beschrieben, durch seine Indifferenz gegenüber sich selbst und seinem Leben, wie auch gegenüber anderen, mit seinem Verhalten bestehende gesellschaftliche Normen, Konventionen, Regeln und Gewohnheiten verletzt, und hierdurch den anderen, wie auch dem Leser, als fremd erscheint, die wiederum sein Verhalten und seine Regeln nicht tolerieren, was sie umgekehrt in seinen Augen als fremd und unverständlich erscheinen lässt (vgl. Sartre 2010, 131). Insofern ist Mersault ein Fremder unter Fremden. Kristeva (1990, 36) interpretiert Mersault und sein Verhalten aus psychoanalytischer Sicht[224] wie folgt:

---

224 Die psychoanalytische Perspektive auf Fremdheit wird in Kapitel 3.7 behandelt. An dieser Stelle bietet sich jedoch aufgrund der konkreten Bezugnahme Kristevas auf Camus' Mersault ein Vorgriff in Form dieses Verweises an.

„Der in mir erstickte andere lässt mich fremd werden gegenüber den anderen und gleichgültig gegenüber allem. Die Neutralität Mersaults ist das Gegenteil des ‚Unheimlichen‘, sein Negativ. Während das Unheimliche, das ich angesichts des anderen empfinde, mich langsam tötet, explodiert die betäubte Indifferenz des Fremden in dem Mord an dem anderen. Tatsächlich ist der Mord, schweigend und unsichtbar, bereits da, bevor er am Strand in Szene gesetzt wird; er erfüllt die Sinne und die Gedanken des Fremden mit einer leeren Präsenz, spitzt sie zu, gibt sie in ihrer verborgenen und welken Zärtlichkeit mit einer schneidenden, durchweg kalten Präzision wieder.“

Dies führt zur dritten Bestimmung des Fremden bei Camus aus Sartres Sicht: L'étranger, „c'est enfin moi-même par rapport à moi-même.“ (Sartre 2010, 130) Diese Fremdheit ist im Bewusstsein des Einzelnen verortet in Form einer „innere[n] Spaltung seiner Selbst als Zeichen seiner entfremdeten Existenz“ (Turki 2003, 142). Kristeva verdeutlicht dies am Beispiel von Mersault anhand seines „bewusstlosen Zustand[s]“, seines Zustands der Betäubung, der Leere und der Indifferenz, anhand seines Lebens in einem „jenseitigen Bewusstsein“, das einem „Taumel“ gleicht, „der ihn blendet und am Ende zum Mörder macht“ (Kristeva 1990, 35). Dies bedeutet bezogen auf den verübten Mord und seine Bedeutung laut Kristeva (1990, 37) Folgendes:

„Ich habe nicht wirklich ein Inneres. Ich bin die Verdopplung in Worte, die in Worte umgesetzte Spannung, die jedes Handeln außer Kraft setzt; ich tue nichts, und wenn es geschieht, dass ich etwas tue, ist es, als ob ich nichts getan hätte, denn es geschieht außerhalb von mir. Handeln und Sprechen ist mir daher egal, ebenso wie der Tod.“

Der Tod ist eines der Kernthemen im Roman „Der Fremde“; er wird direkt, zum Beispiel durch den Tod der Mutter, Mersaults Mord an dem Araber und seine anschließende Verurteilung zum Tode, thematisiert, und ist, wie anhand der Interpretation Kristevas deutlich wurde, auch indirekt und unterschwellig durch Mersaults indifferentes Verhalten stets präsent. Angesichts des Todes als unausweichlicher Realität am Ende des (menschlichen) Weges wird die „Unumkehrbarkeit der Zeit“ [im Original: „l'irréversibilité du temps“] (Sartre 2010, 146) und die Bedeutung des absoluten Präsens deutlich, worauf ich nachfolgend näher eingehen werde. Vorab möchte ich jedoch darauf hinweisen, dass Sartre im Anschluss an die oben genannten drei Aspekte des Fremden bei Camus in diesem Zusammenhang noch ein weiteres wichtiges Element betont: nämlich die „Passion des Absurden“ [im Original: „passion de l'absurde“] (Sartre 2010, 130):

„L'homme absurde ne se suidera pas: il veut vivre, sans abdiquer aucune de ses certitudes, sans lendemain, sans espoir, sans illusion, sans résignation non plus. L'homme absurde s'affirme dans la révolte. Il fixe la mort avec une attention passionnée et cette fascination libère: il connaît la ‚divine irresponsabilité' du condamné à mort." (Sartre 2010, 130)

Dies beinhaltet zum einen den positiv konnotierten Aspekt der Revolte, der „Auflehnung des Menschen gegen die Bedingungen seines Daseins" (Kunzmann/Burkard/Wiedmann/Weiß 1995, 203) als zentralem Thema in Camus' Philosophie. Die Revolte ist hierbei zu verstehen als eine Art „Gegengewicht", als ein Versuch der Überwindung und des Aufstands gegen das Absurde, auch wenn dieses in letzter Konsequenz nicht besiegbar ist: „Um seiner eigenen Identität willen, muss der Mensch an seinem unbedingten Anspruch auf Einheit und Sinnerfüllung festhalten, auch wenn er weiß, dass dieser nicht einzulösen ist." (Kunzmann/Burkard/Wiedmann/Weiß 1995, 203) Zum anderen klingt im obigen Zitat auch die bereits erwähnte Bedeutung des absoluten Präsens für den absurden Menschen an. Dies wird durch Camus' Erzähltechnik unterstützt:

> „[…] chaque phrase est un présent. […] La phrase est nette, sans bavures, fermée sur soi; elle est séparée de la phrase suivante par un néant, comme l'instant de Descartes est séparé de l'instant qui le suit. Entre chaque phrase et la suivante le monde s'anéantit et renaît: la parôle, dès qu'elle s'élève, est une création *ex nihilo*; une phrase de *L'Étranger*, c'est une île. Et nous cascadons de phrase en phrase, de néant en néant. […] Toutes les phrases de son livre sont équivalentes, comme sont équivalentes toutes les expériences de l'homme absurde; chacune se pose pour elle-même et rejette les autres dans le néant." (Sartre 2010, 143 ff.; Hervorhebungen im Original)[225]

Am Ende der Lektüre des Romans enthüllt sich somit laut Sartre die „solide Substruktur" [im Original: *solide substructure*] (Sartre 2010, 146) des Textes und es wird deutlich, das kein Detail der Beschreibung der scheinbar zusammenhanglosen Ereignisse unnötig ist; alles, die Beschreibung des mechanischen, monotonen Alltags des Protagonisten, seiner Befindlichkeiten, seiner Indifferenz und Emotionslosigkeit, die letztlich in den Mord des Arabers und die Verurteilung zum Tode münden, in Form der oben beschriebenen Erzähltechnik; alles dient dem Zweck der Kreation des Einblicks und der Atmosphäre, der Demonstration des Absurden.

---

225 Als einzige Ausnahme dieses Stils sehe ich den letzten Satz des Romans: „Damit sich alles erfüllte, damit ich mich weniger allein fühlte, brauchte ich nur zu wünschen, dass am Tag meiner Hinrichtung viele Zuschauer da sein würden und dass sie mich mit Schreien des Hasses empfangen." (Camus 2008, 159) An dieser Stelle verbalisiert Mersault erstmals eine Überlegung, einen Ausblick, einen Wunsch, der auf die Zukunft bzw. ein zukünftiges Ereignis hin ausgerichtet ist. Paradox ist hierbei, das ausgerechnet mit diesem Ereignis sein Leben durch den Tod, eines der zentralen Themen des Werkes, zu Ende gehen wird. Diese Schlüsselstelle bietet sich, ebenso wie viele weitere, für eine weitergehende aufschlussreiche Textanalyse an, auf die an dieser Stelle aus Rücksicht auf den Gesamtumfang der Arbeit verzichtet werden muss.

2.4.4 Die Bedeutung von Camus' existenzialistischer Perspektive für die Betrachtung der Fremdheit aus interaktionistisch-konstruktivistischer Sicht

Aus meiner Sicht verstehe ich diesen Roman als Beschreibung des Absurden anhand des Fremden oder umgekehrt als Beschreibung des Fremden unter Bezugnahme auf das Absurde. Mit dieser Kombination von Fremdem und Absurdem bietet dieser Roman nach meinem Verständnis eine weitere Perspektive und eine neue Dimension in der Betrachtung der Fremdheit.

Auffallend ist meiner Ansicht nach in diesem Zusammenhang, dass das Absurde in Camus' existenzialistischer Perspektive in gewisser Hinsicht vergleichbar ist mit der Ebene des Realen im interaktionistischen Konstruktivismus. Reich (1998a, 238) betont in einem anderen Zusammenhang, dass das Reale selbst „absurd [..] in seiner Existenz" ist. Beide bezeichnen jeweils eine Grenzbedingung, die – interaktionistisch-konstruktivistisch gesprochen – ein entscheidender Antrieb ist, bei dem Versuch das Reale ins Symbolische und Imaginäre zu überführen, das Reale einzuordnen und zu klassifizieren in dem Bestreben, den Einbrüchen des Realen und der Absurdität der Existenz entgegenzuwirken, die sich jedoch gleichzeitig genau diesen Versuchen widersetzen, indem sie sich nie gänzlich einordnen, klassifizieren oder zum Verschwinden bringen lassen. Während Camus hierbei vor allem auf den Aspekt der Sinnlosigkeit der menschlichen Existenz fokussiert, hebt der interaktionistische Konstruktivismus vor allem die Grenzen des Verstehens und die Begrenztheit und Unabgeschlossenheit der je eigenen symbolischen und imaginären Konstruktionen und Ordnungen durch das Reale hervor. Bezogen auf die Thematik des Fremden ist dies aus interaktionistisch-konstruktivistischer Sicht insofern relevant, da hierbei neben dem Konstruktionscharakter des Fremden, den Aspekten der Re-/De-/Konstruktion, auch der Aspekt von Fremdheit als Einbruch des Realen, wie bereits in den Theorien beispielsweise von Waldenfels und Lévinas angedeutet wurde, Eingang in die Betrachtung findet. Fremdheit (bzw. Andersheit) stellt demnach ebenfalls eine Grenzkategorie dar, die die Grenzen und Lücken der eigenen Konstruktionen, Weltbilder und Ordnungen verdeutlicht, und die sich den Versuchen des abschließenden Verstehens und Begreifens, der Überführung ins Symbolische und Imaginäre und der (diskursiven) Einordnung und Herstellung von Eindeutigkeit und Klarheit entzieht. Dies betrifft letztlich auch diese Arbeit, die eine (diskursive) Annäherung an die komplexe Thematik intendiert und Anstöße zur Reflexion der hiermit verbundenen Aspekte und zur Perspektivenerweiterung bieten will, allerdings stets in dem Wissen und Bewusstsein, dass das Fremde eine Grenzkategorie ist, die letztlich nicht abschließend verstanden, begriffen oder abgebaut werden kann. Dies werde ich nachfolgend vor allem in der *Dimension des Realen bei der Re-/De-/Konstruktion von Fremdheit* aufgreifen (vgl. Kap. 3.8).

2.4.5 Von der Theorie zum Engagement

Bei Sartre verblieb, darauf möchte ich abschließend hinweisen, die Beschäftigung mit dem Anderen, mit dem Fremden nicht nur auf einer theoretischen Ebene, sondern findet sich auch in seinem intellektuellen und politischen Engagement wieder. So demonstriert Sartre offen gegen die Menschenrechtsverletzungen in den damaligen französischen Kolonien, darunter Algerien, und anderen Kriegsgebieten. Darüber hinaus prangert er den Kolonialismus an (vgl. hierzu Sartre 1988). Ein aus meiner Sicht besonders eindrucksvolles Beispiel hierfür liefert sein Vorwort zu Frantz Fanons Werk „Die Verdammten dieser Erde" (1981). Hierin thematisiert und kritisiert er die Methoden und Mechanismen des Kolonialsystems, mit denen die Kolonisierten von den Kolonisierenden erst zu „Monstren" (Sartre 1981, 8), zu „Tieren" gemacht, degradiert und entmenschlicht wurden, um hiermit ihre Unterdrückung, Ausbeutung und Zivilisierung nach westlichem Vorbild zu legitimieren. Hierbei wird, und darin liegt der Widerspruch aufseiten der Kolonisierenden, der von ihnen in den Mutterländern propagierte universelle Humanismus in den Kolonien zugunsten eines Numerus Clausus der menschlichen Gattung ersetzt:

> „Unsere Soldaten in Übersee lehnen den Universalismus des Mutterlandes ab und wenden auf die menschliche Gattung einen *numerus clausus* an: weil keiner seinesgleichen ausplündern, unterjochen oder töten kann, ohne ein Verbrechen zu begehen, erheben sie es zum Prinzip, dass der Kolonisierte kein Mensch ist. [...] es ist der Befehl ergangen, die Bewohner des annektierten Territoriums auf die Stufe eines höheren Affen hinabzudrücken, um dem Kolonialherrn die Rechtfertigung dafür zu geben, dass er sie wie Arbeitstiere behandelt. Die koloniale Gewalt hat nicht nur den Zweck, diesen unterdrückten Menschen Respekt einzujagen, sie versucht, sie zu entmenschlichen. Mit nichts wird gespart, um ihre Traditionen zu vernichten, um ihre Sprache durch unsere zu ersetzen, um ihre Kultur zu zerstören, ohne ihnen die unsere zu geben; sie werden durch Erschöpfung abgestumpft. Wenn sie, krank und unterernährt, immer noch Widerstand leisten, wird die Angst ihnen den Rest geben: erst setzt man dem Bauern das Gewehr auf die Brust, dann kommen die Zivilisten, die sich auf seinem Boden niederlassen, und ihn mit der Reitpeitsche zwingen, für sie zu arbeiten. Wenn er Widerstand leistet, schießen die Soldaten, und ein Mensch ist tot; wenn er nachgibt, verkümmert er und ist kein Mensch mehr; die Schande und die Furcht werden seinen Charakter brüchig machen, seine Person auflösen." (Sartre 1981, 13 f.; Hervorhebung im Original)

Im Zuge der Kolonisierung wurden laut Sartre darüber hinaus künstlich die „Aufspaltung der kolonisierten Gesellschaften" (Sartre 1981, 10), Unterschiede und Gegensätze, Klassen und auch Rassismen innerhalb der kolonisierten Gesellschaften erst geschaffen, verstärkt und dies für die eigenen Zwecke ausgenutzt (vgl. ebd.). In diesem Zusammenhang ist auch der durch die Kolonialmächte intendierte Aufbau einer „Eingeborenenelite" (ebd., 7) einzuordnen:

> „[...] man wählte Jünglinge aus, brannte ihnen die Prinzipien der westlichen Kultur auf die Stirn und stopfte ihnen tönende Knebel in den Mund, große teigige Worte, die ihnen an den Zähnen klebten; und nach einem kurzen Aufenthalt im Mutterland schickte man sie verfälscht nach Hause zurück. Diese lebenden Lügen hatten ihren Brüdern nichts mehr zu sagen; sie hallten nur noch wieder." (Sartre 1981, 7)[226]

Während Europa sich nun sicher wähnte, den Kolonisierten das europäische Ideal aufoktroyiert und seine Mission, „die Asiaten zivilisiert und eine neue Art [..]: die abendländischen Neger" (Sartre 1981, 7) geschaffen zu haben, erfüllt glaubte, öffneten sich die Münder des Kolonisierten selbstständig: „die gelben und schwarzen Stimmen sprachen zwar noch von unserem Humanismus, aber auch nur, um uns unsere Unmenschlichkeit vorzuwerfen" (Sartre 1981, 7) und die Doppelmoral des europäischen Humanismus zu entlarven. Sartre bezeichnet dies als „Strip-tease unseres Humanismus" (Sartre 1981, 22), der nicht mehr ist als eine „verlogene Ideologie, die ausgeklügelte Rechtfertigung der Plünderung" (ebd.), wie folgendes längere Zitat, das an seine französischen Landsleute gerichtet ist, verdeutlichen soll:

> „Ihr wisst genau, dass wir Ausbeuter sind. Ihr wisst genau, dass wir erst das Gold und die Metalle und dann das Erdöl der ‚neuen Kontinente' genommen und in unsere alten Mutterländer gebracht haben. Nicht ohne ausgezeichnete Ergebnisse: Paläste, Kathedralen, Industriestädte. Und dann, als die Krise drohte, waren die Kolonialmärkte da, um sie zu drosseln oder abzulenken. Das mit Reichtümern gemästete Europa billigte allen seinen Einwohnern *de jure* die Menschlichkeit zu. [...] Dieses Geschwätz von Freiheit, Gleichheit, Brüderlichkeit, Liebe, Ehre, Vaterland [...] hinderte uns nicht daran, gleichzeitig rassistische Reden zu halten: dreckiger Neger, dreckiger Jude, dreckiger Araber. [...] nichts ist bei uns konsequenter als ein rassistischer Humanismus, weil der Europäer nur dadurch sich zum Menschen hat machen können, dass er Sklaven und Monstren hervorbrachte." (Sartre 1981, 23; Hervorhebung im Original)

Hierin wird, ähnlich wie in den Cultural Studies und dem Postkolonialismus, die Bedeutung des vom *Westen* erst als solcher konstruierten *Rests* für das Selbstverständnis und die Überlegenheit des Ersteren deutlich (vgl. hierzu Kapitel 2.3.3.1). Eine weitere Gemeinsamkeit sehe ich darin, dass auch hier in der Person Frantz Fanons, dessen Schrift Sartres Vorwort gewidmet ist, die Stimme eines „Dritte-Welt-Intellektuellen" (Hall/Höller 1999, 108), zu denen zum Beispiel auch Hall, Bhabha

---

226 Dies erinnert an Bhabhas Darstellung der Mimikry (vgl. hierzu Kapitel 2.3.3.3). Ähnlich wie Bhabha sieht Sartre hierin ein Widerstandspotenzial gegen die Kolonialherren, auch wenn er (Sartre) dieses durch die geschürten Aggressionen erklärt, die sich gegen die Kolonialherren richten und zur Dekolonisation führen werden.

oder Rushdie zählen, den Diskurs über diese Bedeutung der Kolonisierten für die Kolonisierenden, über diese Doppelmoral erst initiiert und hiermit zur Dekonstruktion der westlichen Narration des Kolonialismus beiträgt und dessen Folgewirkungen thematisiert. Sartre empfiehlt die Lektüre des Werks von Frantz Fanon, auch weil er warnt, dass sich die durch die permanenten Erniedrigungen und Demütigungen ausgelösten Aggressionen, die der Kolonialherr jedoch nicht bis zum Völkermord treibt, um das Potenzial der Ausbeutung der Kolonisierten zu seinen Gunsten nicht zu schmälern (vgl. Sartre 1981, 15), sich gegen die Europäer selbst richten wird (vgl. Sartre 1981, 15 und 18). Sartre sieht die Dekolonisation der Europäer und die Umkehrung des Kräfteverhältnisses als bereits begonnen an (vgl. Sartre 1981, 24); während Europa sich langsam zersetzt, setzt sich der Kolonisierte wieder zusammen (vgl. Sartre 1981, 25). Dieser Prozess ist unaufhaltsam, auch wenn die kolonialen Mutterländer alle Kräfte mobilisieren, um ihn wenigstens zu verzögern, und wird irgendwann in der Mitte der europäischen Gesellschaft ankommen:

> „Eines Tages wird sie [die Gewalt; Anm.: A.W.] in Metz ausbrechen, am nächsten Tag in Bordeaux. Sie ist hier ausgebrochen, sie wird dort ausbrechen, wie bei jenem Spiel, wo einer dem anderen unbemerkt einen Gegenstand zusteckt. Jetzt werden wir Schritt für Schritt den Weg gehen, der zum Eingeborenenstatus führt. Aber damit wir vollständig zu Eingeborenen würden, müsste unser Land von den früheren Kolonisierten besetzt werden, und wir müssten vor Hunger krepieren. Das wird nicht geschehen: nein, wir sind geradezu verhext vom verfallenen Kolonialismus und werden bald von ihm geritten werden, senil und arrogant wie wir sind. Das ist unser Zar, unser Loa. Und beim letzten Kapitel von Fanon werden Sie sich überzeugen, dass es besser ist, ein Eingeborener auf der tiefsten Stufe eines Elends zu sein, als ein ehemaliger Kolonialherr." (Sartre 1981, 26)[227]

Darüber hinaus betrachtet Sartre es im Rahmen der von ihm propagierten *Littérature engagée*, die das „Ändern-Wollen der gesellschaftlichen Welt, durch den Appell an die Freiheit der Mitmenschen, durch den Bund des Vertrauens, den er [der Schriftsteller; Anm.: A.W.] mit dem Leser schließt, um ihn so mitverantwortlich zu machen" (Biemel 1979, 30), zum Ziel hat, als Pflicht, für das „Bekämpfen der Unterdrückung der Freiheit" (ebd.) einzutreten.

---

227 Ohne an dieser Stelle ausführlicher auf die Ursachen einzugehen und diese zu analysieren und ohne einen definitiven Zusammenhang zwischen der oben dargestellten Thematik postulieren zu wollen, erinnern mich insbesondere die ersten Zeilen dieses Zitats an die Unruhen in französischen Vorstädten im Jahre 2005, die überwiegend von männlichen jugendlichen Einwanderern mit (nord-)afrikanischem, arabischem und muslimischem Hintergrund ausgelöst wurden, und von daher aus meiner Sicht eine frappierende Aktualität aufweisen.

Mit diesen Ausführungen möchte ich auf die Parallelen und Nähe hinsichtlich der Äußerung und Beurteilung des Kolonialismus hinweisen, die trotz unterschiedlicher theoretischer Herangehensweisen vom Existenzialismus Sartres und den Cultural Studies und dem Postkolonialismus aus meiner Sicht auffällig sind. Hierbei ist zu beachten, dass der hier von Sartre kommentierte Ansatz Fanons zu den antikolonialen Widerstandsbewegungen und Unabhängigkeitskämpfen im Rahmen von Entkolonisierungsprozessen zählt, aus denen sich die postkoloniale Theorie in Wechselwirkung mit den Cultural Studies ursprünglich erst entwickelte, auch wenn Letztere sich im weiteren Verlauf von dieser historischen Entstehungssituation lösten und die mit diesen Bewegungen verbundenen Vorstellungen kritisierten und modifizierten, um sich von dieser historisch-politischen Ebene hin zu einer diskurs- und erkenntniskritischen Ebene zu entwickeln, die den Fortbestand kolonialer Macht in Form von hegemonialen westlichen Wissenssystemen thematisiert.

2.5 Die Perspektive Giorgio Agambens

Eine letzte Perspektive auf Fremdheit soll jetzt vor dem Hintergrund der theoretischen Überlegungen Giorgio Agambens entworfen werden, der als einer der „meistdiskutierten Philosophen der Gegenwart" (Scheu 2006, 350) gilt. Agambens Interesse an Philosophie und philosophischen Fragen zeigte sich bereits während seines Jurastudiums, unter anderem an seiner Arbeit über die französische Philosophin Simone Weil und an seiner Teilnahme an Seminaren von Martin Heidegger über die Philosophien von Heraklit und Hegel. Darüber hinaus ist Agamben Herausgeber der „italienischen Edition von Walter Benjamins Gesammelten Schriften" (ebd.). Berühmtheit erlangte der Professor für Ästhetik, der zuvor hauptsächlich literatur- und kunstphilosophische Texte veröffentlichte, jedoch seit Mitte der 90er Jahre durch sein Werk „Homo Sacer", das den Beginn einer mehrere Bände umfassenden Reihe darstellt, dessen Abschluss noch aussteht.[228] Hierin diskutiert Agamben unter Rückgriff auf verschiedenste Quellen aus unterschiedlichen Disziplinen und Epochen politische und (staats-)rechtliche Fragen vor allem im Hinblick auf ihren Zusammenhang mit der Politisierung menschlichen Lebens und die damit verbundene staatstheoretische Bedeutung; auch für die abendländische Politik und Kultur. Quintessenz dieser Überlegungen ist, soviel möchte ich an dieser Stelle vorwegnehmen, Agambens Kernthese bzw. Feststellung, dass die „Einbeziehung des nackten Lebens in den politischen Bereich den ursprünglichen – wenn auch verborgenen – Kern der souveränen Macht" (Agamben 2002, 16) darstellt. Diese Verbindung von Leben, Recht und Souveränität sowie Politik und Biopolitik rekonstruiert er unter Einbeziehung unterschiedlichster Theorien von der Antike bis in die heutige Zeit.

---

228 In dieser Reihe sind bisher erschienen: „Homo sacer – Die souveräne Macht und das nackte Leben" (2002) als Ausgangspunkt der Tetralogie, dem bisher die meiste Aufmerksamkeit zuteil wurde, weiterhin „Ausnahmezustand" (2004), und „Was von Auschwitz bleibt" (2003).

Die Vielfalt der theoretischen Bezugspunkte seiner Argumentation zur Begründung dieser These stammt aus unterschiedlichen Disziplinen wie Philosophie, Literatur und Kunst aus Antike, Mittelalter und Neuzeit und reicht von altrömischen Rechtstexten über die Souveränitätstheorien insbesondere von Pindar, Hobbes, Bataille und Carl Schmitt, die „jüdische Kabbala" (Geulen 2005, 18) und Foucaults Biopolitik, bis zu Theorien und Schriften von Hannah Arendt, Martin Heidegger und Franz Kafka, „schließt aber auch Autoren wie den Kunstwissenschaftler Aby Warburg, den […] Literaturwissenschaftler Max Kommerell, den Linguisten Emile Beneviste, den Historiker Ernst Kantorowicz oder den 68er-Theoretiker der modernen Spektakelgesellschaft Guy Debord ein" (Geulen 2005, 14), um an dieser Stelle nur eine kleine Auswahl zu nennen.

All dies zielt auf eine Neuinterpretation, ein Neudenken der Sicht auf Kultur, Souveränität und Recht, ihrer Entstehung und Wechselwirkungen sowie, und hierin liegt – wie später gezeigt werden wird – die Bedeutung für die vorliegende Arbeit, auf die hiermit verbunden Unterscheidungen und Exklusionen, denen eine entscheidende Rolle bei der Konstruktion von Fremdheit zukommt (vgl. hierzu Kap. 2.5.4.2). In diesem Zusammenhang ist auch die Untersuchung der Verbindung von (nacktem) Leben und Recht, die Verknüpfung von Biopolitik und Recht im Hinblick auf Fragen der Macht von zentraler Bedeutung. Aufbauend darauf leitet Agamben darüber hinaus ethisch-moralische Implikationen und Forderungen an eine politische Philosophie bzw. eine „neue […] Politik" (Agamben 2002, 21) ab. Einige zentrale Aspekte des Homo-Sacer-Projekts sollen nun nachfolgend vorgestellt werden, um anschließend ihren Bezug zum Thema Fremdheit zu verdeutlichen.

2.5.1 Das Paradox der Souveränität und der Ausnahmezustand

Ausgangspunkt von Agambens Überlegungen ist zunächst eine Betrachtung der klassischen Theorien der Souveränität, insbesondere im Anschluss an Carl Schmitt, anhand derer er einerseits Souveränität als „eine Art Matrix oder als ein Apriori abendländischer Politik" (Geulen 2005, 58) bezeichnet und gleichzeitig das Paradox der Souveränität verdeutlicht. Dies ist dadurch charakterisiert, dass der Souverän „zugleich außerhalb und innerhalb der Rechtsordnung steht" (Agamben 2002, 25), insofern er über die Ausrufung des Ausnahmezustands, und somit über die Suspendierung geltenden Rechts und geltender Ordnung, entscheiden kann, um hiermit – nach der Definition von Schmitt – wieder den Rahmen für die Möglichkeit des Erhalts von Recht und Ordnung zu schaffen und zu garantieren (vgl. Agamben 2002, 27). Dadurch, dass der Souverän „die legale Macht hat, die Geltung des Rechts aufzuheben, setzt [er; Einschub: A.W.] sich legal außerhalb des Rechts" (Agamben 2002, 25). Vor diesem Hintergrund ist derjenige als Souverän zu definieren, der „über den Ausnahmezustand entscheidet" (Schmitt; zit. nach: Agamben 2004, 7). Hieraus folgt Agamben in Anlehnung an Schmitt im Hinblick auf den Zusammenhang von Souveränität und Ausnahmezustand, dass die Ausnahme als eine

„einschließende Ausschließung" (Agamben 2002, 31; Hervorhebungen im Original)[229] zu betrachten ist, die konstitutiv ist für die Herstellung und Geltung von Ordnung, Norm, Gesetz und Recht:

> „[..] was die Ausnahme [..] kennzeichnet, ist der Umstand, dass das, was ausgeschlossen wird, deswegen nicht völlig ohne Beziehung zur Norm ist; sie bleibt im Gegenteil mit ihr in der Form der Aufhebung verbunden. *Die Norm wendet sich auf die Ausnahme an, indem sie sich von ihr abwendet, sich von ihr zurückzieht.* Der Ausnahmezustand ist also nicht das der Ordnung vorausgehende Chaos, sondern die Situation, die aus ihrer Aufhebung hervorgeht. […] Es ist nicht die Ausnahme, die sich der Regel entzieht, es ist die Regel, die, indem sie sich aufhebt, der Ausnahme stattgibt; und die Regel setzt sich als Regel, indem sie mit der Ausnahme in Beziehung bleibt. Die besondere ‚Kraft' des Gesetzes rührt von dieser Fähigkeit her, mit einem Außen in Beziehung zu bleiben. Die äußerste Form der Beziehung, die etwas einzig durch seine Ausschließung einschließt, nennen wir *Ausnahme-Beziehung.* […] Eine Norm muss, um sich auf etwas beziehen zu können, das voraussetzen, was außerhalb der Beziehung ist (das Beziehungslose), und trotzdem auf diese Weise eine Beziehung damit herstellen." (Agamben 2002, 27 ff.; Hervorhebungen im Original)

Vor diesem Hintergrund wird einerseits die Unmöglichkeit deutlich, „zwischen Zugehörigkeit und Einschließung, zwischen dem, was draußen, und dem, was drinnen ist, zwischen Ausnahme und Norm zu unterscheiden" (Agamben 2002, 35)[230], da diese stets nur in Beziehung mit dem jeweils anderen zu denken sind; die Ausnahme ist in die Norm eingeschlossen: „Was auf keinen Fall eingeschlossen werden kann, wird in Form der Ausnahme eingeschlossen" (Agamben 2002, 34). Hierbei ist jedoch, so möchte ich an dieser Stelle anmerken, zusätzlich zur Bedeutung des konstitutiven Außen, hervorzuheben, dass die Definition des Ein- bzw. Ausge-

---

229 Die Bezeichnung der *einschließenden Ausschließung* ist ein zentraler Begriff bzw. ein zentrales Konzept bei Agamben, das er anhand unterschiedlicher Bereiche verdeutlicht bzw. hierauf anwendet, und das ich insbesondere im weiteren Verlauf dieser Arbeit im Hinblick auf die Re-/ De-/Konstruktion von Fremdheit noch mehrfach anführen und aufgreifen werde. Um Wiederholungen bzw. Missverständnisse und Irritationen zu vermeiden, die sich ergeben könnten, wenn diese Bezeichnung nachfolgend auch auf andere als die in der hier angegebenen konkreten Quellenangabe (Agamben 2002, 31) benannten Kontexte übertragen wird, werde ich diesen Begriff nachfolgend durch Kursivschrift kenntlich machen. Ich möchte jedoch betonen, dass ich mich hierbei immer auf Agamben beziehe.

230 Wichtig zu beachten ist hierbei zum einen, dass Agamben „unterscheiden" im Sinne von „trennen" verwendet. Hierdurch wird verständlich, wieso er einerseits mit Unterscheidungen operiert, um andererseits anhand ihrer Relationalität ihre Ununterscheidbarkeit zu verdeutlichen. Zum anderen erinnert dies in gewisser Hinsicht an ein *Sprachspiel,* da Agamben mit seinen Setzungen, mit denen er bestimmte Dinge verdeutlichen will, Wirklichkeit erst erzeugt. Dies ist aus interaktionistisch-konstruktivistischer Sicht insofern problematisch, dass Agamben dieses *Sprachspiel* nicht als solches, auch in seiner Wirklichkeit konstituierenden Bedeutung, thematisiert und hiermit seinen eigenen Standpunkt als Beobachter, Teilnehmer und Akteur nicht reflektiert. Hierauf werde ich an späterer Stelle nochmals eingehen.

schlossenen, von Außen und Innen, von Innen heraus erfolgt. Dies erklärt wiederum Agambens Verständnis der souveränen Ausnahme als „originäre politisch-juridische Struktur, von der aus das, was in der Ordnung eingeschlossen, und das, was aus ihr ausgeschlossen ist, erst seine Bedeutung gewinnt" (Agamben 2002, 29); die Ausnahme definiert demnach die „Struktur der Souveränität" (Agamben 2002, 28). Zentral in Agambens Argumentation ist in diesem Zusammenhang, im Gegensatz zum Dezisionismus von Carl Schmitt, dass die Souveränität in vielfacher Hinsicht eine Schwelle bzw. eine Zone der Ununterscheidbarkeit (vgl. Agamben 2002, 30) markiert, insofern sie bzw. der Souverän, der über die Ausrufung des Ausnahmezustands entscheidet, gleichzeitig innerhalb und außerhalb der Rechtsordnung zu verorten ist. Die Situation des Ausnahmezustands ist laut Agamben, der in seiner Argumentation und Deutung über Schmitt hinausgeht, dadurch charakterisiert, „dass sie weder als faktische noch als rechtliche Situation bestimmt werden kann, sondern dazwischen eine paradoxe Schwelle der Ununterschiedenheit errichtet" (Agamben 2002, 28). Gleichzeitig, und hieran wird ebenfalls das Paradox der Souveränität deutlich, ist der „*souveräne nómos dasjenige Prinzip, das Recht und Gewalt, indem es sie verbindet, in die Ununterscheidbarkeit* drängt", und „der Souverän ist der Punkt der Ununterschiedenheit zwischen Gewalt und Recht, die Schwelle, auf der Gewalt in Recht und Recht in Gewalt übergeht" (Agamben 2002, 42; Hervorhebungen im Original). Dies begründet Agamben unter Rückgriff auf ein „unter Philologen höchst umstrittene[s]" (Geulen 2005, 69) Fragment von Pindar über den *nómos basileus*:

> „Nomos, der König aller / Sterblichen wie Unsterblichen / lenkt, Recht setzend, das Gewaltsame / mit höchster Hand. Ich beweise es / durch Herakles' Taten." (Agamben 2002, 41)

Hiermit macht Agamben auf die Verschränkung von „*Bía und Díke*" (Agamben 2002, 41), Gewalt und Gerechtigkeit, im *Nómos* aufmerksam, an das der Souverän gebunden ist.[231] In Auseinandersetzung mit der Antinomie von *phýsis* und *nómos*, die Bezugspunkt klassischer Souveränitätstheorien ist und die laut Agamben die Grundlage für die Legitimierung des Souveränitätsprinzips und seiner „Ununterscheidbarkeit von Recht und Gewalt" (Agamben 2002, 46) darstellt, betont er gerade die Verbundenheit von *Nómos*, Natur- und Ausnahmezustand:

> „Die Souveränität stellt sich somit wie eine Einverleibung des Naturzustandes der Gesellschaft dar oder, wenn man will, wie eine Schwelle der Ununterschiedenheit zwischen Natur und Kultur, zwischen Gewalt und

---

231 Dies ist auch bedeutsam in Bezug auf die Beziehung von konstituierter und konstituierender Gewalt, auch in modernen Staaten, insofern *die Konstitution sich selbst als konstituierende Gewalt voraussetzt* (Agamben 2002, 51; Hervorhebungen im Original), und „sich die souveräne Macht in eine konstituierende und eine konstituierte Gewalt" teilt und „mit beiden in Verbindung [bleibt; Einschub: A.W.], „indem sie sich am Punkt ihrer Ununterschiedenheit aufhält" (Agamben 2002, 52).

Gesetz, und genau in dieser Ununterscheidbarkeit liegt das Spezifische der souveränen Gewalt." (Agamben 2002, 46)

Bezogen auf das Verhältnis von Naturzustand, Rechtszustand und Ausnahmezustand und die Definition von Souveränität und Ausnahmezustand als Zone der Ununterscheidbarkeit schlussfolgert Agamben im Rückblick auf die Auseinandersetzung mit den von ihm aufgegriffenen Souveränitätstheorien zusammenfassend Folgendes:

> „Naturzustand und Ausnahmezustand sind lediglich die zwei Seiten eines topologischen Prozesses, wo das, was als Außen vorausgesetzt worden ist (der Naturzustand), nun im Inneren (als Ausnahmezustand) wiedererscheint, wie bei einem Möbius-Band oder einer Leidener Flasche; und die souveräne Macht ist genau diese Unmöglichkeit, Außen und Innen, Natur und Ausnahme, phýsis und nómos auseinanderzuhalten. Der Ausnahmezustand ist demnach nicht so sehr eine raumzeitliche Aufhebung als vielmehr eine komplexe topologische Figur, in der nicht nur Ausnahme und Regel, sondern auch Naturzustand und Recht, das Draußen und das Drinnen ineinander übergehen." (Agamben 2002, 48)

Hiermit, wie auch mit seiner Interpretation des Pindar-Fragments, geht er in vielerlei Hinsicht über die von ihm rezipierten Souveränitätstheorien hinaus bzw. erweitert diese, indem er sie in einer eigenen Souveränitätstheorie zusammenfügt, in deren Mittelpunkt vor allem die Einbeziehung des Lebens in Recht, Gesetz und Politik steht, die sich auf der „Schwelle der Ununterschiedenheit" (ebd., 46) vollzieht:

> „Wenn die Ausnahme die Struktur der Souveränität ist, dann ist die Souveränität weder ein ausschließlich politischer noch ein ausschließlich juridischer Begriff, weder eine dem Gesetz äußerliche Potenz (Schmitt) noch die höchste Norm der Rechtsordnung (Hans Kelsen): Sie ist die originäre Struktur, in der sich das Gesetz auf das Leben bezieht und es durch die eigene Aufhebung in sich einschließt." (Agamben 2002, 39)

Agambens Theorie des Ausnahmezustands ist demnach Voraussetzung „zum Verständnis der Beziehung, in der sich das Lebendige an das Recht bindet und – zugleich – an es verliert" (Agamben 2004, 7 f.). Hierbei, und auch hiermit geht Agamben über Schmitts Theorie der souveränen Entscheidung hinaus, sind die souveräne Macht und das nackte Leben im *Bann* als Charakteristikum der Ausnahme-Beziehung verbunden. Mit dem *Bann*, der in der ursprünglichen Bedeutung „sowohl den Ausschluss aus der Gemeinschaft als auch den Befehl und das Banner des Souveräns" (Agamben 2002, 39) umfasst, bezeichnet Agamben unter Bezugnahme auf Jean-Luc Nancy die Beziehung des Gesetzes mit dem „Beziehungslosen" (Agamben 2002, 40) bzw. mit dem Ausgeschlossenen. Das Verbannte ist demnach nicht lediglich „außerhalb des Gesetzes gestellt und von diesem unbeachtet gelassen, sondern von ihm *verlassen* [*abbandonato*], das heißt ausgestellt und ausgesetzt auf der Schwelle, wo Leben und Recht, Außen und Innen verschwimmen" (Agamben 2002, 39; Hervorhebungen im Original). Demzufolge betont Agamben, dass die originäre Beziehung des Gesetzes mit dem Leben *„nicht die Anwendung, sondern die Verlassenheit [l'Abbandono]"* (Agamben 2002, 39; Hervorhebungen im Original) ist:

> „[..] Die Beziehung des Banns und der Verlassenheit [*abbandono*] ist in der Tat dermaßen doppeldeutig, dass nichts schwieriger ist, als sich von ihr zu lösen. Der Bann ist wesentlich die Macht, etwas sich selbst zu überlassen, das heißt, die Macht, die Beziehung mit einem vorausgesetzten Beziehungslosen aufrechtzuerhalten. Dasjenige, was unter Bann gestellt wird, ist der eigenen Abgesondertheit überlassen und zugleich dem ausgeliefert, der es verbannt und verlässt, zugleich ausgeschlossen und eingeschlossen, entlassen und gleichzeitig festgesetzt." (Agamben 2002, 119; Hervorhebung im Original)

Zentral ist in diesem Zusammenhang vor allem die Potenz des Gesetzes, sich in der eigenen Aufhebung und Suspendierung im Ausnahmezustand anzuwenden:

> „Der Ausnahmezustand definiert einen Zustand des Gesetzes, in dem die Norm zwar gilt, aber nicht angewandt wird (weil sie keine ‚Kraft' hat), und auf der anderen Seite Handlungen, die nicht den Stellenwert von Gesetzen haben, deren ‚Kraft' gewinnen." (Agamben 2004, 49)

Vor diesem Hintergrund definiert Agamben, wie er anhand von Kafkas Parabel „Vor dem Gesetz" verdeutlicht, den *Bann* als eine „Geltung ohne Bedeutung" (Agamben 2002, 63), als ein Gesetz, das gilt ohne zu bedeuten. Diese „leere Potenz des Gesetzes", „das gilt ohne zu bedeuten, gleicht dem Leben im Ausnahmezustand" (Agamben 2002, 63) und bedingt insofern, dass das Gesetz mit seinem Inhalt, das (nackte) Leben, auf das es sich bezieht und das es „in seinem Bann hält, indem er [der *nómos*; Anm.: A.W.] es verlässt" (Agamben 2002, 39), zusammenfällt und hiervon ununterscheidbar wird. Diese Unmöglichkeit, zwischen Leben und Gesetz zu unterscheiden, ist wiederum „der wesentliche Zug des Ausnahmezustands" (Agamben 2002, 64). Hieraus ergibt sich einerseits, dass der *Bann* als „zugleich anziehende und abstoßende Kraft, welche die beiden Pole der souveränen Ausnahme verbindet, das nackte Leben und die Macht, den *homo sacer* und den Souverän" (Agamben 2002, 120; Hervorhebung im Original), zu definieren ist. Bezogen auf die Definition des Politischen bedeutet das andererseits, dass diese „Zone der Ununterschiedenheit" (Agamben 2002, 120) von Leben und Recht für Agamben die „originäre politische Beziehung" (ebd.) ist, die die ursprüngliche Opposition von Freund und Feind, Mitbürger und Fremdem als fundamentales Kategorienpaar der (abendländischen) Politik ersetzt (vgl. Agamben 2002, 18 und 120): „Die *Extrarietät* dessen, der im souveränen Bann steht, ist innerlicher und primärer als die *Extraneität* des Fremden [straniero]"[232] (Agamben 2002, 120; Hervorhebungen im Original).[233] Dieser Prozess, dass das (nackte) Leben, das Gegenstand des nachfolgenden Kapitels ist, als „Träger der Verknüpfung von Gewalt und Recht" (Agamben 2002, 76), als „Träger des souveränen Banns" (Agamben 2002, 78) und als das Element, „das in der Ausnahme mit dem Souverän in engster Beziehung steht" (Agamben 2002, 78), zunehmend mit dem Gesetz und mit dem Politischen in einer Zone der Ununterscheidbarkeit zusammenfällt, verläuft nach Agamben parallel zu dem Prozess, dass die Ausnahme immer mehr zur Regel wird (vgl. Agamben 2002, 30 und 48); der Ausnahmezustand wird zum Paradigma des Regierens (vgl. Agamben 2004, 7 ff.):

> „Was die moderne Politik auszeichnet, ist nicht so sehr die an sich uralte Einschließung der *zoé* in die *pólis* noch einfach die Tatsache, dass das nackte Leben, ursprünglich am Rand der Ordnung angesiedelt, im Gleichschritt mit dem Prozess, durch den die Ausnahme überall zur Regel wird, immer mehr mit dem politischen Raum zusammenfällt und auf diesem Weg Ausschluss und Einschluss, Außen und Innen, *zoé* und *bíos*, Recht und Faktum in eine Zone irreduzibler Ununterscheidbarkeit geraten. Der Ausnahmezustand, in dem das nackte Leben zugleich von der Ordnung ausgeschlossen und von ihr erfasst wurde, schuf gerade in seiner Abgetrenntheit das verborgene Fundament, auf dem das ganze politische System ruhte." (Agamben 2002, 19; Hervorhebungen im Original)

Hieran werden mehrere zentrale Aspekte deutlich:
Die Entwicklung der Legalisierung des Ausnahmezustands zur Regierungstechnik belegt Agamben anhand einer Vielzahl von Beispielen (vgl. Agamben 2004, 9 ff.), wie zum Beispiel dem *patriot act* und der *military order*, die von den USA nach den Ereignissen des 11. September 2001 ins Leben gerufen wurden.[234] Vor dem Hintergrund dieser Argumentation belegt Agamben auch seine These von der „Schwelle der Unbestimmtheit zwischen Demokratie und Absolutismus" (Agamben 2004, 9), von „einer innersten Solidarität zwischen Demokratie und Totalitarismus" (Agamben 2002, 20). Zentral ist hierbei zum einen der Begriff der *Schwelle*, womit Agamben den Fokus auf den Ursprung von Ordnungen und ihrer Konstitution sowie auf den Übergang von Einschluss und Ausschluss, Innen und Außen, Leben und Recht

---

232 Dies geht zurück auf die von Festus aufgestellte Opposition „zwischen dem *extrarius*, das heißt *qui extra focum sacramentum iusque sit*, und dem *extraneus*, der *ex altera terra, quasi exterraneus* ist" (Agamben 2002, 120; Hervorhebungen im Original). Agamben erläutert hierzu in einer Fußnote (2002, 120): „Der außerhalb des Herdes, des Opfers und des Rechts steht"; „der aus einem anderen Land stammt und gleichsam ein Ausländer ist".

233 Im Hinblick auf die Politik ist es übrigens Agambens Ziel, auf eine vom Bann losgelöste Politik, eine neue, „nicht mehr auf die *exceptio* des nackten Lebens gegründete" (Agamben 2002, 21; Hervorhebung im Original) Politik hinzuarbeiten (vgl. Agamben 2002, 21 und 70).

234 Ein weiteres Beispiel hierfür ist aus meiner Sicht ebenfalls der in Ägypten seit 1981 ausgerufene Ausnahmezustand, der die Unterdrückung der Opposition ermöglicht und der letztlich erst durch die Demonstrationen im Februar 2011 in Kairo wieder thematisiert und aufgehoben wurde. Ähnliches gilt beispielsweise auch für Algerien.

legt, die in Form einer *einschließenden Ausschließung* stets miteinander verbunden sind. Darüber hinaus wird hier in der *einschließenden Ausschließung* des Lebens in den Bereich des Politischen, des Rechts und der souveränen Macht zum anderen deutlich, dass die von Agamben postulierte Permanenz des Ausnahmezustands in der Moderne in Zusammenhang mit ihrem biopolitischen Fundament, das nach Agambens Verständnis „das entscheidende Ereignis der Moderne" ist und eine „radikale Transformation der klassischen politisch-philosophischen Kategorien" (Agamben 2002, 14) markiert, zu betrachten ist. Demnach stellt die Einbeziehung des (nackten) Lebens in den Bereich des Politischen die Grundlage der souveränen Macht dar, mehr noch, „die Produktion eines biopolitischen Körpers [ist; Einschub: A.W.] die ursprüngliche Leistung der souveränen Macht" (Agamben 2002, 16). Hiermit beleuchtet Agamben den Zusammenhang von juridisch-institutioneller und biopolitischer Macht (vgl. Agamben 2002, 16) und stellt biopolitische Überlegungen in den Zusammenhang mit Fragen von Souveränitäts-, Staats-, Politik- und Rechtstheorie und kombiniert diese miteinander. Die Schnittstelle von Leben und Biopolitik, Souveränität und Ausnahme thematisiert Agamben am Beispiel des *Homo sacer,* der zentralen Figur seines Werkes, die im folgenden Kapitel ausführlicher betrachtet werden soll.[235] Der souveräne Bann als Kernstück von Agambens Theorie nimmt hierbei einen zentralen Stellenwert ein:

> „Die Bannung des heiligen Lebens ist im Staat innerlicher als jede Interiorität und äußerlicher als alle Extraneität. Sie ist der souveräne *nómos,* der jede weitere Norm bedingt, die ursprüngliche Verräumlichung, die jegliche Lokalisierung und Territorialisierung ermöglicht und lenkt. Und wenn das Leben in der Moderne immer deutlicher ins Zentrum der staatlichen Politik rückt (die, mit Foucaults Begriff, Biopolitik geworden ist), wenn in unserer Zeit in einem sehr besonderen, aber sehr realen Sinn alle Bürger als *homines sacri* erscheinen, dann ist das nur deshalb möglich, weil die Bannbeziehung von Anfang an die der souveränen Macht eigene Struktur bildete." (Agamben 2002, 121; Hervorhebungen im Original)

Als „Träger des souveränen Banns" (Agamben 2002, 78) weist Agamben das (nackte) Leben aus, das Gegenstand der *einschließenden Ausschließung* in der Ausnahme ist (vgl. Geulen 2005, 82).

---

235 Der *Homo sacer,* soviel sei an dieser Stelle als Definition vorab erwähnt, ist ein Mensch, „der aus der Gemeinschaft ausgestoßen, zwar ungestraft getötet werden darf, aber nicht den Göttern geopfert werden darf" (Agamben 2005, 75 f.), „ein Ausgestoßener, der nur über den dünnen Faden seines Ausgeschlossen-Seins an die politische Gemeinschaft gebunden bleibt" (Scheu 2006, 350).

2.5.2 Homo sacer und das nackte Leben

Wie oben bereits deutlich wurde, fokussiert Agamben bei seinen Analysen zu Souveränität, Macht, Recht und Politik vor allem auf den Aspekt des nackten Lebens. Ähnlich wie die Ausnahme ist das nackte Leben in Form einer *einschließenden Ausschließung* in Politik und Recht eingeschlossen und somit hierfür konstitutiv. Das nackte Leben als „originäres politisches Element" (Agamben 2002, 122) und seine *einschließende Ausschließung* verdeutlicht Agamben anhand des Lebens *des Homo sacer*, einer Figur aus dem altrömischen Recht, *„der getötet werden kann, aber nicht geopfert werden darf"* (Agamben 2002, 18; Hervorhebungen im Original). Unter Bezugnahme auf diese Figur entwickelt Agamben sowohl seine Interpretation der oben bereits beschriebenen Theorien der Souveränität als auch seine Enthüllung dessen, was er als die verborgenen Geheimnisse und „Kodices der politischen Macht" (Agamben 2002, 19) ansieht. Zentral bei Agambens Herleitung bzw. Annäherung an den *Homo sacer* sind vor allem drei Richtungen:

Agamben eröffnet sein Werk zunächst mit der Einführung des aristotelischen Begriffspaars von *zoé* und *bíos* als Ausdruck für „Leben": Hierbei bezeichnet *zoé* das Vorhandensein, die Tatsache des einfachen natürlichen Lebens, des Lebendigseins, das allen Lebewesen – auch den Tieren – gemeinsam ist, und *bíos* hingegen das kulturelle und öffentliche Leben, die „politisch qualifizierte" (Agamben 2002, 12) Lebensform und Existenz. Gegenstand der Politik bzw. der politischen Ordnung in der Antike war nach diesem Verständnis lediglich das *bíos*, wohingegen „das einfache und natürliche Leben jedoch aus der *pólis* im eigentlichen Sinn ausgeschlossen und als rein reproduktives Leben strikt auf den Bereich des *oîkos* eingeschränkt" (Agamben 2002, 12; Hervorhebungen im Original) war. Hierin sieht Agamben die Anfänge des mittels *Ausschließung* in die Konstitution von Ordnung und Politik *eingeschlossenen* natürlichen Lebens, dem bezogen auf die abendländische Politik, die konsubstanziell mit der oben beschriebenen Struktur der Ausnahme ist (vgl. Agamben 2002, 17), das Privileg zukommt, „das zu sein, auf dessen Ausschließung sich das Gemeinwesen des Menschen gründet" (Agamben 2002, 17). Gleichzeitig betont Agamben anhand des *vitae necisque potestas*, der Macht des Vaters über Leben und Tod seines Sohnes, der sich diesem Gesetz unterwerfen musste, um am politischen Leben teilnehmen zu dürfen (vgl. Agamben 2002, 100; Hervorhebungen im Original), das einerseits *„nicht das einfache natürliche Leben, sondern das dem Tod ausgesetzte Leben (das nackte oder heilige Leben) [..] das ursprüngliche politische Element"* (Agamben 2002, 98; Hervorhebungen im Original) ist.[236] Andererseits verdeutlicht er hieran aber auch den Bezug von natürlichem und politischem Leben und somit die Unmöglichkeit einer strikten Trennung zwischen den Sphären von *zoé* und *bíos*, die durch eine *Schwelle*, eine Zone der Ununterscheidbarkeit aufeinander bezogen

---

236 In Bezug auf Agambens Terminologie des natürlichen Lebens merkt Scheu (2006, 355) an, dass der Begriff „heiliges Leben" synonym für ‚nacktes' und ‚bloßes Leben" verwendet wird, wobei Letztere wiederum teils als Synonym, teils als Antonym des „natürlichen Lebens" gebraucht werden.

sind. Dies interpretiert Agamben des Weiteren als Beweis dafür, dass bereits die Antike ein biopolitischer Raum war, der Ursprung der Politisierung des natürlichen Lebens, die auch die abendländische Politik durchzieht. Hiermit stellt Agamben sich gegen Foucault, der den zweiten wichtigen Zugang darstellt, insofern dieser Biopolitik als Ereignis der Moderne versteht. Darüber hinaus stellt Agamben den Zusammenhang her zwischen Foucaults Konzept der Biopolitik und seinen eigenen Analysen zur juridisch-politischen Macht und Theorien der Souveränität, um hierüber zu zeigen, dass „die Produktion eines biopolitischen Körpers die ursprüngliche Leistung der souveränen Macht ist" (Agamben 2002, 16). Zwar bezeichnet auch Agamben die (Bio-)Politisierung des Lebens als „entscheidendes Ereignis", als „Gründungsereignis der Moderne" (Agamben 2002, 14), betont jedoch, dass im modernen Staat lediglich das immer schon bestehende „geheime Band […], das die Macht an das nackte Leben bindet" (Agamben 2002, 16), sichtbar werde, „indem der moderne Staat das biologische Leben ins Zentrum seines Kalküls rückt" (ebd.). Zentral ist demnach, dass Agamben zufolge zwar „Biopolitik mindestens so alt wie die souveräne Ausnahme" (Agamben 2002, 16) ist, sich aber in Verbindung mit dem in der Moderne zur Regel werdenden Ausnahmezustand manifestiert und somit nacktes Leben und politischer Raum, „Ausschluss und Einschluss, Außen und Innen, zoé und bíos, Recht und Faktum in eine Zone irreduzibler Ununterscheidbarkeit geraten" (Agamben 2002, 19).

Als weiteren zentralen Zugang zum nackten Leben als zentralem und konstitutivem Element der souveränen Ausnahme sind Walter Benjamins Überlegungen zum Ursprung der Heiligkeit des Lebens zu nennen (vgl. Agamben 2002, 77), denen Agamben nachgeht. Hierbei bezieht er sich auf eine Figur des archaischen römischen Rechts, die er dem Traktat *Über die Bedeutung der Wörter* von Sextus Pompeius Festus entnimmt, den *Homo sacer*:

> „*Sacer* aber ist derjenige, den das Volk wegen eines Delikts angeklagt hat; und es ist nicht erlaubt, ihn zu opfern; wer ihn jedoch umbringt, wird nicht wegen Mordes verurteilt; denn im ersten tribunizischen Gesetz ist festgelegt: ‚Wenn einer denjenigen umbringt, der aufgrund eines Plebizits *sacer* ist, dann wird er nicht als Mörder betrachtet'. Daher pflegt man einen schlechten und unreinen Menschen *sacer* zu nennen." (Agamben 2002, 81; Hervorhebungen im Original)

Diese Gestalt des heiligen Lebens, das straflos getötet, aber nicht geopfert werden darf, ist in Agambens Interpretation eine Grenzfigur und markiert zum einen eine Zone der Ununterscheidbarkeit zwischen den vermeintlich getrennten Sphären von zoé und bíos, insofern sich auf dieser Schwelle beide „wechselseitig einbeziehen und ausschließen und sich gerade dadurch konstituieren" (Agamben 2002, 100). Zum anderen verbindet sich in der Figur des *Homo sacer* erstmalig die „Heiligkeit […] mit einem menschlichen Leben als solchem" (Agamben 2002, 81) und offenbart in Agambens Deutung eine „originäre *politische* Struktur […], die der Unterscheidung zwischen Heiligem und Profanem, Religiösem und Politischem vorausliegt" (Agamben 2002, 84; Hervorhebung im Original). Zentral ist hierbei, im Gegensatz zu Theorien aus Ethnologie und Mythenforschung, die sich mit der Ambivalenz der Heiligen vor allem im Hinblick auf die Doppelbedeutung des Wortes *sacer* im Sinne von „heilig" und „verflucht" beschäftigt haben, um hiermit den Zusammenhang dieser beiden widersprüchlichen Attribute der Tötbarkeit und der Nicht-Opferbarkeit des *Homo sacer* zum Beispiel mit dem Begriff des Tabus zu erklären (vgl. Agamben 2002, 85 ff.)[237], der Aspekt des doppelten Ausgeschlossen-Seins des *Homo sacer*:

> „Es ist bemerkt worden, dass die *consecratio* üblicherweise einen Gegenstand vom *ius humanum* ins *ius divinum*, vom Profanen ins Heilige übergehen lässt (Fowler, S. 18), im Fall des *homo sacer* dagegen eine Person lediglich außerhalb der menschlichen Rechtsprechung gesetzt wird, ohne in die göttliche überzugehen." (Agamben 2002, 91; Hervorhebungen im Original)

Der *Homo sacer* steht somit, um dies nochmals zu betonen, auf der Schwelle des Übergangs und der Ununterscheidbarkeit von *zoé* und *bíos*, auf der Schwelle außerhalb von menschlichem und göttlichem Recht, außerhalb des Übergangs von Heiligem und Profanem. Im Kontext von Agambens Theorie der Ausnahme wird die Analogie von (doppelt aus- und hiermit eingeschlossenem) *Homo sacer* und Ausnahme deutlich:

> „Denn so wie bei der souveränen Ausnahme das Gesetz sich auf den Ausnahmefall anwendet, indem es sich abwendet und zurückzieht, so ist der *homo sacer* der Gottheit in Form des Nichtopferbaren übereignet und in Form des Tötbaren in der Gemeinschaft eingeschlossen. *Das Leben, das nicht geopfert werden kann und dennoch getötet werden darf, ist das heilige Leben.*" (Agamben 2002, 92; Hervorhebungen im Original)

Die Produktion dieses heiligen Lebens ist laut Agamben die *„ursprüngliche Leistung"* der Souveränität (Agamben 2002, 16), die sich hierüber bzw. über die *einschließende Ausschließung* des nackten Lebens erst konstituiert. Bezogen auf die Beziehung zwischen Souverän und *Homo sacer* bedeutet das, dass beide als „zwei symmetrische Figuren" zu verstehen sind, „die dieselbe Struktur haben und korreliert sind" (Agamben 2002, 94): „Souverän ist derjenige, dem gegenüber alle Menschen potentiell *homines sacri* sind, und *homo sacer* ist derjenige, dem gegenüber alle Menschen als Souveräne handeln." (Agamben 2002, 94; Hervorhebungen im Original) Das impliziert erstens, dass der *Homo sacer* das Zentrum bzw. der Bezugspunkt und die Voraussetzung, und hiermit auch die „ursprüngliche ‚politi-

---

237 Mit seiner Abhandlung zur Ambivalenz des Heiligen macht Agamben auf die politisch-rechtlichen Ursprünge des Heiligen, das bisher ausschließlich im Hinblick auf die Kategorie des Religiösen diskutiert und verortet wurde, aufmerksam und plädiert für eine Betrachtung und Offenlegung der Verbindungslinien von Recht und Religion, deren Verhältnis es im Rahmen einer politischen Theologie demnach neu zu bestimmen gilt.

sche' Beziehung" (Agamben 2002, 95) ist, auf deren *einschließender Ausschließung*
die Bildung des politischen Raumes und der juridisch-politischen Ordnung sowie
die Macht der Souveränität, die den *Homo sacer* erst hervorbringen, sich gründen.
Hierbei ist der *Bann*, wie oben bereits dargestellt, die Verbindung, die die Beziehung zwischen *Homo sacer* und Souverän, nacktem Leben und Macht ermöglicht
(vgl. Agamben 2002, 120 f.). Der *Homo sacer* ist somit die „ursprüngliche Figur des
in Bann genommenen Lebens" und verdeutlicht und „bewahrt das Gedächtnis der
ursprünglichen Ausschließung, mittels derer sich die politische Dimension konstituiert hat" (Agamben 2002, 93). Darüber hinaus schlussfolgert Agamben hieraus
zweitens in Bezug auf die Sphäre des Heiligen und die Klärung ihres Verständnisses
und ihres Ursprungs, dass diese stets in Verbindung mit der Sphäre der Souveränität zu betrachten ist. Als „heilig" ist Leben demnach vor dem Hintergrund der Einbeziehung des nackten Lebens in Recht und Politik dann zu definieren, sofern es „in
der souveränen Ausnahme erfasst" wird und dieser in Form „der einschließenden
Ausschließung […] als Bezugsgröße dient" (Agamben 2002, 95). Dies geht Agamben zufolge wiederum einher mit der Unterwerfung an eine bedingungslose Tötbarkeit, die mit dem Anschluss an die Gemeinschaft über das Band der *einschließenden Ausschließung* verbunden ist. Das, so möchte ich am Rande anmerken, erscheint
laut Agamben insbesondere im Hinblick auf die Diskussion über Menschenrechte
(als Errungenschaft der Moderne) problematisch, insofern diese mit der Heiligkeit
des Lebens begründet und legitimiert werden:

> „Die Heiligkeit des Lebens, die man heute gegen die souveräne Macht als
> Menschenrecht in jedem fundamentalen Sinn geltend machen möchte,
> meint ursprünglich gerade die Unterwerfung des Lebens unter eine Macht
> des Todes, seine unwiderrufliche Aussetzung in der Beziehung der Verlas-
> senheit [abbandono]." (Agamben 2002, 93)

Vor diesem Hintergrund sind die Menschenrechte als Errungenschaft moderner
Staaten (in Agambens Interpretation) zu verstehen als ein Beispiel für die *einschließende Ausschließung* und die Einschreibung des nackten, des dem Tod ausgesetzten
Lebens in die rechtlich-politische Ordnung des Staates, der wiederum nur auf dieser
Grundlage der Konstitution und Einschreibung des nackten Lebens als „*Urphäno-
men* der Politik", als „originärem politischem Element" (Agamben 2002, 119; Hervorhebung im Original), das durch den Bann mit der Souveränität verbunden ist,
basiert.[238] Diese Verbindung von nacktem Leben und Staat, die Agamben anhand
des *Homo sacer* von ihren Anfängen in der Antike bis in die heutige Zeit hin rekonstruiert, erfährt in der Moderne, die auf dem gleichen Prinzip der Einbeziehung
des nackten Lebens beruht, insofern eine besondere Bedeutung, eine Zäsur, insofern
nicht mehr Einzelne als *Homo sacer* definiert und „verbannt" werden, sondern im
biopolitischen Raum der Moderne alle potenzielle *homines sacri* sind. Hierbei de-

---

238 In Bezug auf die Menschenrechte ist noch anzumerken, dass diese stets an die Staatsbürgerschaft gekoppelt sind, wie bereits im Titel der „*Déclaration des droits de l'homme et du
citoyen*" deutlich wird (vgl. Agamben 2002, 135 ff.; Hervorhebungen im Original).

finiert in der Moderne jede Gesellschaft selbst immer neu, wo sie die Schwelle der Verbindung von Innen und Außen (vgl. Agamben 2002, 140) zieht und „welches ihre *homines sacri*" (Agamben 2002, 148; Hervorhebungen im Original) sind. Die damit verbundene Grenzziehung, „von der die Politisierung und die *exceptio* des natürlichen Lebens in der staatlichen Rechtsordnung abhängt", hat sich im Verlauf der Geschichte soweit ausgedehnt, dass sie im „biopolitischen Horizont der Geschichte der Staaten mit nationaler Souveränität [..] notwendigerweise durch das Innere jedes menschlichen Lebens und jedes Bürgers geht" (Agamben 2002, 148; Hervorhebung im Original). Das bedingt, dass das nackte Leben nicht mehr auf einen bestimmten Ort oder eine Kategorie eingegrenzt werden kann, sondern „den biologischen Körper jedes Lebewesens" bewohnt (Agamben 2002, 148). In diesem Augenblick, in dem „Politik zur Biopolitik wird" bzw. als solche zutage tritt, „und der *homo sacer* sich virtuell mit dem Bürger vermischt" (Agamben 2002, 180; Hervorhebungen im Original), wird, wie nachfolgend noch näher ausgeführt werden wird, das Lager zum politischen Paradigma. Die biopolitische Struktur der Moderne, den Zusammenhang von Staat und Biopolitik verdeutlicht Agamben zum Beispiel anhand der nationalsozialistischen Eugenik, der Euthanasie, seinen Ausführungen zu medizinischen Experimenten mit Gefangenen und zum Tode Verurteilten (vgl. Agamben 2002, 163 ff.) sowie anhand aktueller Diskussionen über die Kriterien zur Feststellung des Todes (vgl. Agamben 2002, 169), die er unter anderem anhand der Komapatientin Karen Quinlan aufzeigt, die allesamt die Verflechtung von Medizin und Politik als einem wesentlichem Merkmal der Biopolitik veranschaulichen, ebenso wie anhand der bereits erwähnten Menschenrechte. Hieran wird zum einen der Widerspruch moderner Demokratien deutlich, deren Errungenschaften der Freiheit und (Menschen-)Rechte des Einzelnen auf der Produktion und der Einschreibung des nackten Lebens in die staatliche Ordnung beruhen und diese und ihren Zugriff auf das nackte Leben somit manifestieren. Des Weiteren wird hieran das zunehmende Zusammenfallen, der Übergang und die Ununterscheidbarkeit von (nacktem) Leben und Politik deutlich, die „ursprünglich voneinander getrennt und durch das Niemandsland des Ausnahmezustands miteinander verbunden waren" (Agamben 2002, 157) und nun „dazu tendieren, identisch zu werden" (Agamben 2002, 157), was dazu führt, dass letztlich „alles Leben heilig und alle Politik Ausnahme" (Agamben 2002, 157) wird. In Zusammenhang mit diesem Prozess definiert Agamben das Lager als den Ort, an dem die Ausnahme zur Regel wird und *homines sacri* produziert werden.

2.5.3 Das Lager als *Nómos* der Moderne

Das Lager ist für Agamben der biopolitische Raum, die „verborgene Matrix" (Agamben 2002, 175), der *Nómos* bzw. das „Paradigma der [..] Moderne" (Agamben 2002, 131). Wichtig ist hierbei, wie Agamben (2002, 175 ff.) am Beispiel der „campos de concentraciones" der Spanier auf Kuba, den „concentration camps" der Engländer,

der nationalsozialistischen Schutzhaft und auch des Gefangenenlagers der USA in Guantanamo zeigt, dass diese Lager ursprünglich aus dem Kriegsrecht bzw. dem Ausnahmezustand hervorgehen und auf die Zivilbevölkerung ausgeweitet werden:

> „Das Lager ist der Raum, der sich öffnet, wenn der Ausnahmezustand zur Regel zu werden beginnt. Im Lager erhält der Ausnahmezustand, der vom Wesen her eine zeitliche Aufhebung der Rechtsordnung auf der Basis einer faktischen Gefahrensituation war, eine dauerhafte räumliche Einrichtung, die als solche jedoch ständig außerhalb der normalen Ordnung bleibt." (Agamben 2002, 177 f.)

Im Lager verschwimmen die Grenzen zwischen Norm und Ausnahme, zwischen Recht und Faktum; der Ausnahmezustand wird somit dauerhaft verwirklicht. Für Agamben ist das Lager „der absoluteste biopolitische Raum" (Agamben 2002, 180), an dem das Undenkbare möglich wird, „insofern seine Bewohner jedes politischen Status entkleidet und vollständig auf das nackte Leben reduziert" werden (Agamben 2002, 180). Zentral ist ihm zufolge jedoch nicht die Frage, wie die Ereignisse und Verbrechen an Menschen in den Lagern möglich waren bzw. sind, sondern vielmehr die Frage

> „durch welche juridische Prozeduren und [..] politischen Dispositive menschliche Wesen so vollständig ihrer Rechte und Eigenschaften haben beraubt werden können, bis es keine Handlung mehr gab, die an ihnen zu vollziehen noch als Verbrechen erschienen wäre." (Agamben 2002, 180)

Anhand der Verbindung von Ausnahmelogik und Biopolitik im Lager will Agamben die verborgenen Mechanismen und Strukturen offenlegen, die die Greueltaten in Lagern wie Auschwitz erst ermöglichen. Der „Muselmann" aus den nationalsozialistischen Konzentrationslagern dient Agamben hierbei als Beispiel für die extremste Form eines Lagerbewohners und hiermit eines *Homo sacer*, der im Lager produziert wird (vgl. Agamben 2003, 36 ff.). In Anlehnung an Primo Levi beschreibt er den Muselmann wie folgt: Der Muselmann ist ein „wandelnde[r] Leichnam" (Agamben 2003, 61); er ist

> „[…] ein Wesen, in dem die Demütigung, der Schrecken und die Angst jedes Bewusstsein und jede Persönlichkeit abgeschnitten haben, bis zur totalen Apathie (daher seine ironische Bezeichnung). Er war nicht nur wie seine Gefährten vom politischen und sozialen Umfeld ausgeschlossen, dem er einst zugehörte, er war nicht nur, als jüdisches Leben, das nicht lebenswert war, einem mehr oder weniger nahen Tod geweiht; er war überdies in keiner Weise mehr Teil der Menschenwelt […]. Stumm und völlig allein ist er in eine andere Welt übergegangen, ohne Gedächtnis und ohne Trauer." (Agamben 2002, 194)

Als weitere Beispiele für das Lager und die hierin produzierten *homines sacri* führt Agamben neben den Konzentrationslagern des Nationalsozialismus beispielsweise auch die *zones d'attente* in europäischen Flughäfen sowie andere Auffanglager für Flüchtlinge an, ebenso wie das Gefangenenlager Guantanamo, aber auch die Lager, die vor dem Nationalsozialismus entstanden sind, wie beispielsweise das „'Konzentrationslager für Ausländer' in Cottbus Sielow" (Agamben 2002, 183). Zentral ist, dass alle unterschiedlichen Lager aus Agambens Sicht die gleiche juridisch-politische Struktur und das gleiche zugrunde liegende Prinzip aufweisen, unabhängig davon, welche Taten hierin verübt werden, was wiederum „von der Zivilität und dem ethischen Sinn" (Agamben 2002, 184) desjenigen abhängt, der jeweils als Souverän agiert. In der Person des Lagerbewohners geht „das Recht ins Unbestimmte des biologischen Lebens" über, ebenso wie in der Person des Führers „das nackte Leben unmittelbar in Recht" übergeht (Agamben 2002, 196). Somit ist der biopolitische Körper die Schwelle der Ununterscheidbarkeit zwischen Faktum und Recht, Norm und Leben, Regel und Ausnahme, und das Lager ist der Ort, an dem permanent über dieses Unentscheidbare entschieden wird (vgl. Agamben 2002, 183). Die Entstehung des Lagers sieht Agamben im Zusammenhang mit der Krise der Nationalstaaten, die durch die Entkopplung von den drei Faktoren Lokalisierung (Land/Territorium), (Rechts-)Ordnung (Staat) und Nativität bzw. Nationalität, auf denen der Nationalstaat bisher gründete, bedingt ist (vgl. Agamben 2002, 184). Der Bruch dieses „alten nómos" (Agamben 2002, 184), den Agamben feststellt, vollzieht sich genau an der Stelle der Einschreibung des nackten Lebens in den Staat, der im Lager sichtbar und manifest wird. Das Lager, das nicht aus dem normalen Recht, sondern aus dem Ausnahmezustand abgeleitet ist, fungiert als rechtsfreier Raum, in dem das, was nicht in die Ordnung eingeschrieben werden kann, enthalten ist, und der durch seine *einschließende Ausschließung* im Inneren der (Rechts-)Ordnung eingebunden ist:

> „Einer Ordnung ohne Ortung (der Ausnahmezustand, in dem das Gesetz aufgehoben ist), entspricht nun eine Ortung ohne Ordnung (das Lager als dauerhafter Ausnahmeraum). Das politische System ordnet nicht mehr Lebensformen und Rechtsnormen in einem bestimmten Raum, sondern birgt in seinem Inneren eine das System überschreitende *entortende Verortung [localizzazione dislocante]*, von der jede Lebensform und jede Rechtsnorm virtuell erfasst werden kann." (Agamben 2002, 185; Hervorhebungen im Original)

Das Lager als „entortende Verortung", als verborgenes politisches Paradigma ist demnach in der Moderne das „vierte unablösbare Element, das zur alten Trinität von Staat, Nation (Geburt) und Territorium hinzugekommen ist und sie aufgesprengt hat" (Agamben 2002, 185). Von dem Lager als politischem Paradigma, in dem die Ununterscheidbarkeit von Leben und Recht sich manifestiert, gibt es, wie Agamben betont, keine Rückkehr zur „klassischen Politik" und zur „klassischen Unterscheidung zwischen zoé und bíos, zwischen privatem Leben und politischer

Existenz" (Agamben 2002, 197). Agambens erklärtes Ziel ist es jedoch, ausgehend von diesen Erkenntnissen, eine Umkehr der biopolitischen Vereinnahmung zu bewirken, die sich ausgehend von einer aus dem biopolitischen Körper entwickelten Lebensform herausbilden soll als Kernelement einer „neuen Politik", die sich nicht mehr auf „die *exceptio* des nackten Lebens gründet" (Agamben 2002, 21; Hervorhebung im Original). Im Anschluss an seine Andeutungen zu einer neuen Politik und einem Konzept der Lebensform[239] in seinem Werk „Homo sacer" (2002) widmet sich Agamben auf dieser Grundlage in „Was von Auschwitz bleibt" (2003) der Formulierung einer neuen Ethik, in deren Zentrum der Zeuge bzw. die Zeugenschaft steht.[240]

2.5.4 Die Bedeutung von Agambens Perspektive für die Betrachtung der Fremdheit aus interaktionistisch-konstruktivistischer Sicht

2.5.4.1 Kritische Zwischenbetrachtung

Bevor ich auf die Bedeutung von Agambens Theorie im Hinblick auf die Betrachtung der Fremdheit eingehe, möchte ich vorab aus interaktionistisch-konstruktivistischer Perspektive einige kritische Punkte anmerken. Zunächst möchte ich darauf hinweisen, dass Agambens Theorie aus interaktionistisch-konstruktivistischer Sicht eine „quasi-ontologisch" (Lemke 2008, 89 und 105) bzw. metaphysisch (vgl. Deuber-Mankowsky 2002, 10) und „quasi-transzendental" (Zakravsky 2005, 16)[241] anmutende Erklärung fundamentaler Zusammenhänge mit Anspruch auf Letztbegründung darstellt, in der er jedoch seine eigene Beobachterposition, seinen eigenen Beobachterstandpunkt, seine Verortung und seine Eingebundenheit (als Beobachter, aber auch als Teilnehmer und Akteur) in (historische und kulturelle) Kontexte, die er objektiv zu beschreiben und zu erklären versucht, nicht bzw. nur unzureichend reflektiert. Hierbei verkennt er wiederum den Konstruktionscharakter seiner Erklärung und Theorie, mit der er Realität erst hervorbringt und nicht lediglich aufdeckt. Hierzu greift er auf der Ebene des Symbolischen auf die Re-/De-/Konstruktion verschiedenster Theorien zurück, die er teilweise nur ausschnittsweise rezipiert bzw. uminterpretiert und modifiziert, um sie zur Begründung seiner eigenen Argumentation und Theorie zu nutzen. Insofern kann seine Theorie als eklektisch bezeichnet werden. Bei dieser Rezeption vernachlässigt er teils wichtige Aspekte der rezipierten Theorien und wird ihnen aus diesem Grunde teilweise nicht ganz gerecht. So machen zum Beispiel Geulen (2005, 129 ff.) und Lemke

---

239 Hierbei möchte ich in Anlehnung an Scheu (2006, 359) anmerken, dass eine detaillierte Ausarbeitung seines Konzepts der Lebensform im Rahmen des letzten Teil des Homo-Sacer-Projekts noch aussteht.

240 Aus Rücksicht auf den Gesamtumfang der Arbeit möchte ich an dieser Stelle nicht ausführlicher auf Agambens Konzept einer neuen Ethik eingehen, möchte jedoch darauf hinweisen, dass sich ein Vergleich von Agambens Ethik der Scham mit Lévinas' Ethik der Schuld anbietet (vgl. hierzu ausführlicher Gelhard 2009).

241 Vgl. zur Kritik an Agamben auch Hock (2005–2008, 4 ff.).

(2008, 98 ff.) auf Unterschiede und Lücken seiner Foucault-Rezeption und insbesondere dessen Konzept der Biopolitik aufmerksam. Dies betrifft vor allem die Ansicht über die Verbindung von souveräner Macht und Biopolitik, die beide unterschiedlich akzentuieren, und Agambens Umformulierung von Foucaults Biopolitik in eine „Thanatopolitik" (Agamben 2002, 130; Geulen 2005, 130 und Lemke 2008, 99), bei der „die Entscheidung über das Leben zur Entscheidung über den Tod" (Agamben 2002, 130) wird, und die letztlich seine Kombination von Biopolitik und Souveränitätstheorie darstellt.[242] Agamben abstrahiert von spezifischen historischen Kontexten und Machtzusammenhängen, um allgemeine Erklärungs-, Deutungs-, Entstehungs- und Sinnzusammenhänge zu konstruieren, die er als Matrix zur Erklärung jeglicher historischer und politischer Ereignisse und Phänomene und den ihnen zugrunde liegenden Mechanismen und Ursprüngen verwendet. Eine solch allgemeingültige Erklärung vorzulegen, die notwendigerweise stark Komplexität reduzierend ist, verstehe ich aus konstruktivistischer Sicht als einen seiner Antriebe.[243] Dementsprechend statisch sind jedoch auch Agambens Konzepte bespielweise vom nackten Leben und vom Lager sowie seine oben dargestellte Deutung vom Zusammenhang von souveräner Macht und Biopolitik, durch die seine Argumentation erst stringent erscheint. Dies wird unter anderem deutlich an den Beispielen, die Agamben für seinen Begriff des Lagers „als *nómos* der Moderne" (Agamben 2002, 175; Hervorhebung im Original) anführt, darunter die Konzentrationslager des Nationalsozialismus, die *zones d'attente* in europäischen Flughäfen und das Gefangenenlager Guantanamo. Die Gleichsetzung dieser Beispiele dient der Veranschaulichung ihrer „Gemeinsamkeiten" und der ihnen zugrunde liegenden juridisch-politischen Struktur, die das Lager als biopolitischen Raum ausweist, in dem *homines sacri* durch die Reduktion auf das nackte Leben produziert werden und in dem hiermit Leben und Recht ineinander übergehen und sich der Ausnahmezustand materialisiert. Eben diese Gleichsetzung von Vernichtungs-, Flüchtlings- und Gefangenenlager erscheint mir jedoch, ohne die Verdienste von Agamben über die Darlegung der Zusammenhänge von Recht und Leben und Politik in Abrede stellen zu wollen, angesichts der historischen Singularität der Ereignisse beispielsweise des Nationalsozialismus als fragwürdig, insofern hiermit auch die Opfer bzw. die Betroffenen in gewisser Hinsicht erneut ent-subjektiviert werden. Darüber hinaus kann die Schlussfolgerung, dass wir letztlich alle potenzielle *homines sacri* und potenzielle Lagerinsassen sind, auch als Nivellierung der Differenz zwischen Tätern und Opfern (vgl. Scholz 2007, 16) umgedeutet und verstanden werden, die somit homogenisiert und unter einem Diskurs von „Opfern" des biopolitischen Prozesses auf vermeintlich gleicher Ebene zusammengefasst werden, was wiederum die jeweiligen Machtverhältnisse ausblendet. Diese Transformierung historisch singulärer Ereignisse, wie zum Beispiel Auschwitz, in eine juridisch-politische Struktur (vgl. Scheu 2006, 357), die Kopp-

242 Auf ähnliche Auslassungen in Bezug auf Agambens Rezeption von Carl Schmitt macht zum Beispiel Deuber-Mankowsky (2002, 3) aufmerksam.
243 Inwieweit dieser und die nachfolgend beschriebenen Antriebe und Ziele Agambens' als aus seinem Imaginären gespeist verstanden werden können, kann auch aus konstruktivistischer (Außen-)Sicht bzw. Fremdbeobachterperspektive nur vermutet und unterstellt werden.

lung von der Rekonstruktion historischer Ereignisse mit Strukturanalyse bei Agamben, ist aus meiner interaktionistisch-konstruktivistischen Sicht ein Versuch, das Reale, das Unfassbare begreifbar zu machen, zu erklären, einzuordnen, verständlich zu machen und symbolisch zu erfassen und in eine allgemeingültige Struktur und Theorie zu überführen, aus der heraus sich alles erklären lässt. Hierbei bleibt Agamben allerdings in seiner Argumentation vor allem einem juristischen Referenzrahmen verhaftet, aus dem heraus sich beispielsweise nicht jede Form der Exklusion erklären lässt, und der die jeweiligen konstitutiven Machtverhältnisse und Machtkämpfe nicht ausreichend thematisiert.[244]

> „Es ist, als ob Agamben Foucault den Ball zuspielen würde, der die Konzentration auf die Theorie der Souveränität aus genau diesem Grund kritisierte, dass sie durch die Ideologie einer fiktiven Einheit der Macht die faktischen Herrschaftsverhältnisse und Differenzen, ebenso wie die stattfinden[den] [Korrektur: A.W.] Kämpfe um die Macht unsichtbar mache." (Deuber-Mankowsky 2002, 7)

Ähnlich argumentiert auch Lemke (2008), der Agambens Bezug auf Binärismen, die hierdurch letztlich auch reproduziert werden, wie folgt kritisiert:

> „Die binäre Gegenüberstellung von bíos und zoé, politischer Existenz und nacktem Leben, Regel und Ausnahme, verweist auf eben jenes juristische Modell der Macht, das Foucault immer wieder kritisiert hat. Agamben folgt einem Machtkonzept, das Macht vor allem in Kategorien von Aneignung und Ausschluss, von Reproduktion und Repression denkt, wird damit aber dem relationalen, dezentralen und produktiven Charakter der Machtprozesse nicht gerecht." (Lemke 2008, 100)

Zusätzlich dazu bedingt die Engführung von Agambens Argumentation, die vom Extrem her gedacht ist und von konkreten situativ-historischen Bedingungen und (Macht-)Zusammenhängen abstrahiert, dass das eine Ziel der Darlegung einer allgemeingültigen Erklärung von Struktur und Zusammenhängen, einem weiterem Bestreben von Agambens politischer Philosophie, nämlich dem Aufzeigen eines Auswegs aus eben jener Struktur und Logik, zuwiderläuft. Agambens Argumentation, die eine allgemeine Struktur aus seinem souveränen biopolitischen Konzept der Macht und seinem Begriff des Lagers „als *nómos* der Moderne" (Agamben 2002, 175; Hervorhebung im Original) herleitet, bedingt auch, dass der von Agamben mehrfach angesprochene Ausweg in Form einer neuen Politik und in seinem Konzept der Lebensform, ihren Ausgang notwendigerweise von diesen Konzepten nehmen muss, die eigentlich – seiner Argumentation zufolge – keinen Ausweg, keine Widerstands- und Interventionsmöglichkeiten hieraus zulassen. Hierdurch werden

---

244 Ebenso vernachlässigt werden nebenbei bemerkt übrigens auch psychologische Aspekte und Erklärungsmodelle.

die Strukturen und Konzepte, die er eigentlich zu überwinden sucht, letztlich lediglich reproduziert.

> „Agambens Anspruch aber, einen Ausweg aus der biopolitischen Misere zu eröffnen, scheitert bereits an seinem eigenen Ansatz ‚souveräner Totalität'. Zu entschlossen und vehement sucht Agamben auf der einen Seite jedes erdenkliche Phänomen mit der Struktur des *Lagers* zu erklären, als dass sich auf der anderen Seite ein Raum für emanzipatives Handeln finden und erschließen ließe, der nicht unter jene Struktur zu subsumieren ist; zu allumfassend und unentrinnbar konzipiert Agamben den konstitutiven Anspruch souveräner Macht, als dass der *homo sacer* diesem in einem eigenen souveränen Akt entsagen könnte." (Scheu 2006, 359 f.; Hervorhebungen im Original)

Diese totalisierende Darstellung als eine Art „Brille", aus der heraus sich alles erklären lässt, ist aus konstruktivistischer Sicht besonders kritisch zu beurteilen, insofern hiermit die Handlungsspielräume, die Änderungspotenziale und Interventionsmöglichkeiten von Teilnehmern und Akteuren von vornherein negiert und vernachlässigt werden.

Ähnlich, aber noch zugespitzter formuliert Marchart (2010) seine Kritik an Agamben:

> „Das Paradigma des zur Regel erhobenen Ausnahmezustands wird dergestalt überdehnt, dass es kein anderes Außen mehr geben kann als das einer messianischen Restzeit. Diese beiden Aspekte von Lager und Rest mögen als quasi-transzendentale Logik einer ‚einschließenden Ausschließung' und einer ‚Teilung der Teilung' eine gewisse theorieimmanente Überzeugungskraft besitzen, doch Agamben setzt sie nicht allein als ontologisch-transzendentale Operatoren ein, sondern füllt sie mit ontisch-empirischem Gehalt, was zu solch abstrusen Angleichungen wie jener zwischen dem nationalsozialistischen Lagersystem und der (spiegelbildlichen) Logik des Messianismus führt. Abgesehen von dieser wohl anstößigsten Konsequenz der Methode Agambens bleibt die Frage, wie politisches Handeln innerhalb dieses Settings überhaupt noch konzeptualisiert werden kann. […] Denn wo der Spektakelstaat total und das Lager omnipräsent wurde, bleibt nur die messianische Hoffnung – aber kein Spielraum für politisches Handeln." (Marchart 2010, 232)

Darüber hinaus leitet Agamben aus seiner Theorie ethisch-moralische Implikationen ab, die aus interaktionistisch-konstruktivistischer Sicht aufgrund ihres Anspruchs auf Allgemeingültigkeit und Letztbegründung ebenfalls kritisch zu betrachten sind. Ebenso kritisch ist anzumerken, dass sich Agambens (vermeintlich allgemeingültige) Analysen nur auf das Abendland, das heißt auf den Westen, beziehen, und er diese aus seiner „westlichen" Perspektive heraus generiert. Hierbei vernachlässigt er sowohl eine Reflexion seines eigenen ethnozentrischen Blicks, als auch die damit verbundenen Hegemonien und Deutungsansprüche. Demnach ist es wichtig, Agambens Perspektive, die wertvolle Implikationen – auch für die Betrachtung der Fremdheit – liefern kann, durch weitere Perspektiven zu ergänzen, wie zum Beispiel die der Cultural Studies und des Postkolonialismus, die genau auf diese Aspekte fokussieren.

Dennoch ist Agambens Verdienst, „die Philosophie für die Bewältigung der politischen Fragen der Gegenwart fruchtbar zu machen" (Deuber-Mankowsky 2002, 1), und sein Hinweis auf die Verquickung von Politik und Recht, den Zusammenhang von biopolitischer und juridisch-institutioneller Macht (vgl. Scheu 2006, 359) und die konstitutive Bedeutung von Exklusion hierfür, zu würdigen. Haverkamp (zit. nach: Deuber-Mankowsky 2002, 2) sieht den „politischen Erkenntnisgewinn" zusammengefasst „darin, dass Agamben den ‚horrenden Sachverhalt der biopolitischen Lager westlicher Demokratien bei immer wieder frischer Tat in den Blick (nehme): in der Kontinuität der Lager, der ethnopolitischen Maßnahmen der rechtsfreien Räume und nicht zuletzt der medizinischen Verwaltung des Todes'". Aus meiner Sicht gewinnt Agambens Sichtweise trotz allem, was ich kritisch angemerkt habe, vor allem angesichts der zurzeit (März 2011) aktuellen Lage, in der sich Tunesien und Ägypten in einem Änderungsprozess nach den Revolutionen befinden, in Libyen noch um den Sturz des Gaddafi-Regimes gekämpft wird, und auch in anderen arabischen Ländern wie zum Beispiel Syrien, Bahrain, Kuwait und dem Jemen die Bevölkerung trotz der Gefahr harter staatlicher Repressionen für politische Veränderungen, für Freiheit und Demokratie auf die Straße geht, erneut eine ungeahnte Aktualität. Die Lage derjenigen, die in der Folge dieser Entwicklungen einerseits in Flüchtlingscamps auf die Möglichkeit der Flucht aus den umkämpften Gebieten in ihre Heimatländer, die sie als Arbeitsmigranten verlassen haben, warten, und derjenigen, die andererseits aus ihren Heimatländern in (Nord-)Afrika nach Europa flüchten und hier in überfüllten Flüchtlingslagern, zum Beispiel auf Lampedusa (Italien) oder auch in Griechenland, stranden, veranschaulicht und bestätigt meiner Meinung nach in gewisser Hinsicht Agambens Beschreibung des Lagers als einen Ort, an dem sich der Ausnahmezustand manifestiert, als einen Ort, an dem Leben und Recht ineinander übergehen, als einen Ort, an dem sich die Ordnung durch ihr „Außen" erst konstituiert und gleichzeitig das „Außen" selbst durch Ausschluss erst produziert. Vor diesem Hintergrund verstehe ich Agambens Theorie aus meiner interaktionistisch-konstruktivistischen Sicht als Möglichkeit einer neuen, einer anderen Perspektive, die somit auch den Blick auf Exklusion und Fremdheit sowie auf ihre Konstruktion und ihre Konstruktionsbedingungen und -zusammenhänge erweitern kann.

2.5.4.2 Der Aspekt der Fremdheit bei Agamben

Agamben stellt in seiner Theorie neue (Begründungs-)Zusammenhänge zwischen Leben, (Bio-)Politik und Recht her und setzt hiermit nach meinem Verständnis auch die Thematik der Fremdheit in ein neues Licht und ermöglicht, trotz aller oben genannten Kritikpunkte, einige neue Bezüge und Perspektiven hierauf bzw. radikalisiert einige Aspekte oben aufgeführter theoretischer Richtungen in gewisser Hinsicht. Zum einen beginnt Agambens Werk mit dem Hinweis, dass „das fundamentale Kategorienpaar der abendländischen Politik [..] nicht jene Freund/Feind-Unterscheidung, sondern diejenige von nacktem Leben/politischer Existenz, *zoé/bíos*, Einschluß/Ausschluß" (Agamben 2002, 18; Hervorhebungen im Original) ist. Ähnlich, wenn auch vor einem anderen theoretischen Hintergrund, argumentieren beispielsweise auch Bauman und Nassehi (vgl. Kap. 2.2.5 und Kap. 2.2.6), die ebenfalls in ihren Betrachtungen der Fremdheit von ihrem Bezug zum Freund-/Feind-Antagonismus ausgehen und hieraus ihre Perspektive entwickeln. Agamben schlägt mit seiner Theorie, ebenfalls ausgehend von dieser Kategorisierung zwischen Freund und Feind, einen ganz anderen Weg ein, indem er auf die grundlegende Verbindung von nacktem Leben und Politik fokussiert.

Im Zentrum seiner Theorie steht der *Homo sacer*, der aus meiner Sicht einerseits ein Beispiel, einen Grenz- bzw. Sonderfall des Fremden darstellt, und der andererseits gleichzeitig – Agambens Argumentation folgend – im biopolitischen Raum der Moderne, in der alle potentielle *homines sacri* sind, zunehmend zum Normalfall wird.[245] Auch die Beispiele, die Agamben zur Verdeutlichung anführt, darunter beispielsweise Flüchtlinge, Ausländer, Staatenlose und Verbannte, repräsentieren Personen und Personengruppen, die gemeinhin mit dem Begriff „fremd" assoziiert und auch alltagssprachlich als solche bezeichnet werden. In diesem Zusammenhang möchte ich auf eine bzw. auf die nach meinem Kenntnisstand einzige Stelle im Werk „Homo sacer", aus der explizit ein Bezug auf die Thematik des Fremden hervorgeht, verweisen:

> „Die *Extrarietät* dessen, der im souveränen Bann steht, ist innerlicher und primärer als die *Extraneität* des Fremden [straniero] (wenn es erlaubt ist, die von Festus aufgestellte Opposition zwischen dem *extrarius*, das heißt qui *extra focum sacramentum iusque sit*, und dem *extraneus* [246], der *ex altera terra, quasi exterraneus* ist, auf die Weise zu verwenden)." (Agamben 2002, 120; Hervorhebungen im Original)

---

245 Auch hierin sehe ich in gewisser Hinsicht, wiederum mit dem Verweis auf die unterschiedlichen theoretischen Hintergründe, eine Parallele zu Bauman, der von einer Individualisierung und Universalisierung im Sinne einer Allgegenwärtigkeit der Fremdheit in der Postmoderne spricht.

246 Fußnote hierzu an dieser Stelle in Agamben (2002, 120): „Der außerhalb des Herdes, des Opfers und des Rechts steht"; „der aus einem anderen Land stammt und gleichsam ein Ausländer ist".

Hiermit führt Agamben aus meiner Sicht eine weitere (und aus seiner Sicht ursprünglichere) (Steigerungs-)Form, eine weitere Kategorie und Dimension von Fremdheit – insbesondere im Hinblick auf das „landläufige" Verständnis des Fremden im Sinne des Ausländers – ein: Die Fremdheit, des im souveränen Bann Stehenden. Diese Fremdheit ist laut Agamben primärer als die Fremdheit des von außen Kommenden, des Außen-Stehenden, des Ausländers. Gleichzeitig wird hieran deutlich – und dies ist ein zentraler Aspekt – dass Fremdheit, auch die Fremdheit des souveränen Banns, immer durch eine Beziehung von Innen und Außen gekennzeichnet, definiert und aufrechterhalten wird. In Kombination damit, dass – wie oben erläutert – laut Agamben der *Homo sacer* die „ursprüngliche Figur des in Bann genommenen Lebens" (Agamben 2002, 93) darstellt, und im biopolitischen Raum der Moderne wiederum alle potenzielle *homines sacri* sind, lässt sich nach meinem Verständnis schlussfolgern, dass die von Agamben eingeführte Fremdheit des souveränen Banns in ähnlicher Form als Grundkonstitution und als allgegenwärtig verstanden werden kann, wie Bauman sein Verständnis von Fremdheit in der Postmoderne beschreibt (vgl. Kap. 2.2.5).

Darüber hinaus sind nach meinem Verständnis implizit weitere Bezüge zur Thematik der Fremdheit erkennbar: Die zentralen Aspekte bei Agambens *Homo sacer* im Hinblick auf die Thematik der Fremdheit sind aus meiner Sicht zum einen die Bedeutung der (aus der Ordnung) Ausgeschlossenen für die (in die Ordnung) Eingeschlossenen, die in Form der *einschließenden Ausschließung* deutlich wird. Hiermit wird sowohl auf die konstitutive Bedeutung des „Außen" bzw. des Ausgeschlossenen für das Innere, für das bzw. die in die Ordnung Eingeschlossene(n) aufmerksam gemacht, als auch gleichzeitig darauf, dass die Definition dessen, was bzw. wer aus- und wer eingeschlossen ist, wer als *Homo sacer* gilt und wo die Schwelle zwischen Innen und Außen anzusiedeln ist – interaktionistisch-konstruktivistisch gesprochen – eine gesellschaftliche Konstruktion ist, die jedoch, dies möchte ich nochmals betonen, aus dem *Innen* heraus erfolgt. Gerade dies birgt aus Sicht beispielsweise der Cultural Studies und auch des interaktionistischen Konstruktivismus die Möglichkeit zur Dekonstruktion und somit zur Intervention und Veränderung. Gleichzeitig klingt hierin – trotz der Kritik, die hinsichtlich der Abstraktion von spezifischen situativ-historischen Machtzusammenhängen in Agambens Argumentation geäußert wurde (vgl. Kap. 2.5.4.1) – auch der Aspekt der (souveränen) Macht an, die den *Homo Sacer*, den Ausgeschlossenen, den Fremden, erst hervorbringt und sich auf dessen *(einschließender) Ausschließung* erst gründet.

Eben diese zentralen Aspekte, die hier im Hinblick auf Agambens *Homo sacer* aufgeführt werden, habe ich in ähnlicher Form in der vorangegangen Argumentation, unter Bezug auf die unterschiedlichsten theoretischen Perspektiven, im Hinblick auf Fremdheit bereits betont. Nach meinem Verständnis ist der Fremde in ähnlicher Weise durch seine *Ausschließung* in die Ordnung *eingeschlossen* und insofern hierfür konstitutiv. Agamben formuliert in seinem Werk „Homo sacer" eine Theorie der Mechanismen der Exklusion und fokussiert hierbei vor allem auf die (bio-)politische Dimension der Exklusion, der eine entscheidende Rolle bei der Konstruktion von Fremdheit zukommt, sowie auf die systematische Produktion nackten Lebens, auf die systematische Produktion von Ausgeschlossenen und auf ihre Bedeutung für die „Norm" bzw. für die Ordnung, die sich durch ihr Außen, das sie selbst durch Ausschluss produziert, erst konstituiert.

Hierin sehe ich in vielerlei Hinsicht Parallelen im Hinblick auf die Produktion bzw. Konstruktion von Fremdheit und ihre (konstitutive) Bedeutung für das „Eigene", das „Nicht-Fremde", das in die Norm und die Ordnung (durch den Ausschluss des Anderen, des Fremden) Eingeschlossene.[247] Vor dem Hintergrund von Agambens Theorie des Lagers erscheint beispielsweise der Fremde in Form eines Flüchtlings in einem Flüchtlings- bzw. Auffanglager oder in einer *zone d'attente* an einem europäischen Flughafen als Produktion nackten Lebens, was auch die damit ebenfalls einhergehende Konstruktion von Fremdheit in einem neuen Licht erscheinen lässt und die bisher entworfene Perspektive auf Fremdheit als Re-/De-/Konstruktion von Beobachtern zusätzlich radikalisiert. Die (bio-)politische Produktion nackten Lebens in Lagern ist hierbei zu verstehen als ein zentrales Element zur Herstellung „des inneren Zusammenhalts" einer Kultur, einer gesellschaftlichen Ordnung, „durch die Schaffung von Zonen der Indifferenz zwischen Leben und Tod" (Deuber-Mankowsky 2002, 1). In diesem Zusammenhang wird deutlich, dass der Produktion nackten Lebens ebenso die Bedeutung eines Ordnung stiftenden und erhaltenden Elements zukommt, wie der oben beschriebenen Opposition von Freund und Feind sowie von Eigenem und Fremdem. Hauptaugenmerk bei dieser Perspektive ist hierbei, so möchte ich an dieser Stelle nochmals betonen, nicht die Zementierung vermeintlich klarer und voneinander abgeschlossener binärer Gegensätze, sondern der Fokus auf jener Ordnung stiftenden Funktion, ihrer Konstruiertheit, ihrer wechselseitigen Abhängigkeit und Verbundenheit im Sinne einer *différance* (vgl. Kap. 3.3 und 3.3.1.2) bzw. – mit Agamben gesprochen – im Sinne einer *Schwelle*.[248]

Dies gilt auch für eine weitere Unterscheidung, die Agamben anhand des Beispiels des *Homo sacer* verdeutlicht und hiermit auf einen weiteren zentralen Gesichtspunkt verweist: die Unterscheidung von Heiligem und Profanem, die ebenfalls ein zentrales (soziales) Unterscheidungskriterium ist. Auch Mircea Eliade (2008; Ersterscheinung 1957)[249] hat aus religionsphilosophischer bzw. religionsgeschichtlicher Sicht diesen Gegensatz von Heiligem und Profanem untersucht, allerdings mit

---

247 Den Aspekt, dass Fremdheit stets in Relation zu einer bestimmten Ordnung steht und hierdurch bestimmt wird, betonen sowohl soziologische Perspektiven (vgl. Kap. 2.2) als auch Waldenfels in seiner responsiven Phänomenologie (Kap. 2.1.2).

248 In diesem Zusammenhang möchte ich darauf hinweisen, dass auch Waldenfels in seinen Ausführungen zur Trennung von Eigenem und Fremdem den Begriff der *Schwelle* verwendet (vgl. Kap. 2.1.2).

249 Der Bezug zu Eliade, der sich an dieser Stelle auf seine Sicht des Heiligen und des Profanen beschränkt, ist im Rahmen dieser Arbeit auch insofern interessant, dass er laut Reschika (2006, 13) „auch hinsichtlich der Problematisierung des Herrschaftsanspruchs westlicher Kultur in den Debatten der letzten Jahrzehnte um den Eurozentrismus" wegweisend war, indem er als „einer der ersten [...] den westlichen Anspruch auf universelle Geltung von Wahrheit erheblich relativierte". Vgl. hierzu ausführlicher Reschika (2006).

dem Ziel, das Wesen des Religiösen herauszuarbeiten. Für Eliade sind phänomenologisch ausgedrückt das Heilige und das Profane „Zwei Arten des In-der-Welt-Seins" (Eliade 2008, 10). Eliades Hauptaugenmerk liegt hierbei insbesondere auf den „Hierophanien" (Eliade 2008, 8) des Heiligen im Profanen, in Gegenständen der profanen Welt, der „natürlichen Realitäten" (ebd.), wodurch Letztere zu etwas „ganz anderem" werden bzw. das „ganz andere" sich in ihnen manifestiert (vgl. ebd., 9). Diese Manifestationen des Heiligen im Profanen sind laut Eliade Kernstück jeder Religion und religiösen Erfahrung in unterschiedlichsten Epochen und Kulturen. Auch in den desakralisierten profanisierten Gesellschaften der Moderne, in denen Religion keine oder nur noch eine untergeordnete Rolle spielt, erkennt Eliade in den Mythen, Tabus und Ritualen, die auch in vermeintlich areligiösen Gesellschaften selbstverständlicher Teil der alltäglichen Realität sind, Einflüsse religiöser Elemente (vgl. Eliade 2008, 146 ff.).[250] Hieran deutet sich bereits an, dass auch die vermeintlich klare Trennung von Heiligem und Profanem, die vormals als eindeutiges – nicht nur religiöses, sondern auch gesellschaftliches – Ordnungsprinzip fungierte, zunehmend verwischt. Agambens Beispiel des *Homo sacer* veranschaulicht diese Verbindung von Heiligem und Profanem, die sich schon in der (Doppel-)Bedeutung des Wortes *sacer* andeutet: Das Adjektiv *sacer* bedeutet gleichzeitig „heilig" bzw. „erlaucht, den Göttern geweiht" (Agamben 2005, 75) und „verflucht, aus der Gemeinschaft ausgeschlossen" (ebd.). Der *Homo sacer* ist somit doppelt „sowohl vom *ius humanum* als auch vom *ius divinum*" (Agamben 2002, 92) ausgenommen, er ist ein Mensch, „der aus der Gemeinschaft ausgestoßen, zwar ungestraft getötet werden darf, aber nicht den Göttern geopfert werden darf" (Agamben 2005, 75 f.). Der *Homo sacer* ist „der Gottheit in Form des Nichtopferbaren übereignet und in Form des Tötbaren in der Gemeinschaft eingeschlossen" (Agamben 2002, 92). Im *Homo sacer* wird deutlich, dass im Heiligen ein Rest des Profanen und im Profanen ein Rest des Heiligen fortbesteht und beide Sphären untrennbar miteinander verbunden und nicht klar voneinander zu trennen sind:

> „Daß ein heiliger Mensch, das heißt ein den Göttern Angehörender, den Ritus überlebte, der ihn von den Menschen abgesondert hat, und er nun unter ihnen ein scheinbar profanes Dasein weiterführt. In der profanen Welt bleibt in seinem Körper ein irreduzibler Überrest an Heiligem, der ihn dem normalen Verkehr mit seinen Mitmenschen entzieht und der Möglichkeit eines gewaltsamen Todes aussetzt, wodurch er den Göttern zurückgegeben wird, denen er in Wahrheit gehört; innerhalb der göttli-

---

250 Die Bedeutung und die Erscheinungsformen von Religion in der Moderne werden auch in dem Werk „Krise der Immanenz – Religion an den Grenzen der Moderne" von Hans-Joachim Höhn (1996) beleuchtet. Hierin findet sich auch ein Beitrag von Luckmann (1996), der die Funktion von Religion(stypen), auch im Sinne von „kleinen Transzendenzen", im Kontext der soziokulturellen Lebenswelt der Moderne untersucht. Gleichzeitig möchte ich an dieser Stelle darauf hinweisen, dass bei dem Vergleich von Agamben und Eliade im Hinblick auf die Dimension des Heiligen und Profanen zu beachten ist, dass Agamben ein anderes Verständnis von Religion zugrunde legt und auch Säkularisierung ausdrücklich von Profanierung abgrenzt (vgl. Agamben 2005, 71 ff.).

chen Sphäre betrachtet, kann er nicht geopfert werden und ist vom Kult ausgeschlossen, denn sein Leben ist bereits Eigentum der Götter, aber da es gewissermaßen sich selbst überlebt, bringt es trotzdem einen unpassenden Rest von Profanem in die Sphäre des Heiligen ein. Das heißt, heilig und profan bilden in der Maschinerie des Opfers ein System mit zwei Polen, in dem ein fluktuierender Signifikant von einem Bereich in den anderen übertritt und sich dabei doch immer auf denselben Gegenstand bezieht." (Agamben 2005, 76)[251]

Am Beispiel des *Homo sacer* wird die Vorstellung einer klaren Trennung von Heiligem und Profanem, die vormals als gegeben angesehen wurde, der die (antike) Politik entspringt (vgl. Agamben 2002, 100) und die als grundlegendes Ordnungsprinzip wirkte, dekonstruiert und ihre wechselseitige Verflechtung und Abhängigkeit hervorgehoben. Diese vermeintlich eindeutige Differenz und Einteilung zwischen Heiligem und Profanem ist ein ebenso grundlegendes und Ordnung stiftendes Unterscheidungskriterium wie die Differenz von Eigenem und Fremdem. In Agambens Darstellung erscheint Erstere sogar als noch ursprünglicher und vorgängiger. Vor dem Hintergrund von Agambens Argumentation erscheint hiermit eine Art Rangfolge von Ordnungsprinzipien, die von der Differenz von Heiligem und Profanem über jene von Eigenem und Fremdem hin zur Unterscheidung von Freund und Feind reicht. Noch zentraler als diese Hierarchie sind hierbei aus meiner Sicht jedoch vor allem zwei Punkte: Der erste Punkt wird anhand des speziellen Beispiels des *Homo* sacer deutlich: die Dimension des Heiligen als weiterem potenziellen zentralen Aspekt bei der Thematik der Fremdheit. Dieser Aspekt scheint bereits bei Lévinas durch, wenn er von dem Anderen als dem absoluten, dem unendlichen, dem ganz Anderen spricht (vgl. Kapitel 2.1.3.). Der Anruf des Subjekts durch das Antlitz des Anderen ergeht demnach „aus einem unbegreifbaren, unantastbaren, sakralen Bereich", „aus der Höhe [...] aus einer Dimension der Heiligkeit, Unantastbarkeit, der *Ich* als Subjekt untergeben bin" (Mührel 2004, 1; Hervorhebung im Original), was Lévinas zufolge die Asymmetrie in der zwischenmenschlichen Beziehung von Subjekt und Anderem bedingt. Die Verantwortung des Subjekts für den Anderen kommt laut Lévinas

---

251 Den letzten Satz dieses Zitats möchte ich gern in Bezug setzen zu der Theorie von de Saussure und Derrida, insofern diese aus strukturalistischer bzw. dekonstruktivistischer Perspektive auf den Bedeutungsüberschuss von Signifikant und Signifikat aufmerksam machen, aus deren Beziehung und Differenz erst Bedeutung entsteht, und die infolgedessen auch die Möglichkeit zur Re-/De-/Artikulation und Neu-Interpretation bietet (vgl. hierzu auch Kap. 3.3.1.1 und 3.3.1.2). Mit Bezug hierauf möchte ich im Hinblick auf die Lesart von Agamben, der sich vielfach – auch implizit – auf Derrida bezieht (vgl. z.B. Agamben 2002, 65 ff.) und ihn kritisiert (vgl. hierzu auch Geulen 2005, 127 ff.), anmerken, dass ein rein bipolares Pendeln mir vor diesem Hintergrund verkürzt erscheint. Ein ausführlicher Vergleich, der an dieser Stelle aus Rücksicht auf den Gesamtumfang der Arbeit nicht geleistet werden kann, erscheint mir insbesondere deswegen lohnenswert, da auch Agamben an anderer Stelle (vgl. Agamben 2004, 50) explizit eine Analogie der Struktur von Sprache und Recht behauptet.

„auf mich [das Subjekt; Anm.: A.W.] zurück als Befehl und Forderung, als – im Antlitz des anderen Menschen – Gebot eines Gottes, der ‚den Fremden liebt', eines unsichtbaren, nicht thematisierbaren Gottes, der in diesem Antlitz sich ausdrückt und den meine Verantwortung für den Anderen bezeugt, ohne sich auf eine vorgängige Wahrnehmung zu beziehen. Unsichtbarer Gott, den keine Beziehung einzuholen vermag, weil er nicht Glied irgendeiner Beziehung, nicht einmal der der Intentionalität ist, weil er gerade nicht Beziehungsglied ist, sondern Unendlicher." (Lévinas 2004, 219)

Während Lévinas also die Herkunft des Anderen bzw. das Sprechen seines Antlitzes aus der Dimension des Heiligen betont, enthält laut Agamben jeder Ausschluss, jede Absonderung „einen genuin religiösen Kern" (Agamben 2005, 71). Hierbei versteht Agamben, mit Bezug auf die Etymologie des Wortes, Religion nicht als das „was Menschen und Götter verbindet, sondern [als; Einschub: A.W.] das, was darüber wacht, dass sie voneinander unterschieden bleiben" (Agamben 2005, 72); die Religion ist demzufolge bei Agamben sozusagen die Schwelle des Übergangs zwischen den Sphären von Heiligem und Profanem. Diese durch die Religion vollzogene Absonderung bzw. der Übergang wird mithilfe von Riten vollzogen. Diese Absonderung lässt sich nach meinem Verständnis auch auf den Fremden, der somit – sozusagen in umgekehrter Richtung – vom Eigenen in eine andere Sphäre abgesondert wird, beziehen. Was Lévinas in seiner Philosophie als die Herkunft des Anderen und seines Anrufs *von* bzw. *aus* einer Dimension der Heiligkeit hervorhebt und hieraus die Abhängigkeit des Subjekts vom Anderen und eine Asymmetrie von oben nach unten schlussfolgert, erscheint bei Agamben als Absonderung *in* eine Sphäre des Heiligen; sozusagen in entgegengesetzter Richtung und Reihenfolge und mit umgekehrter Asymmetrie und Machtverhältnissen. Der Andere, und hiermit auch der Fremde, ist hierbei nicht der absolute Andere, sondern der, der durch die Absonderung, durch die Verschiebung in diese andere Sphäre, erst als solcher produziert wird. Anhand der Figur des *Homo sacer* wird die Verquickung von Heiligem und Profanem deutlich, was wiederum bedeutet, dass eine vormals angenommene eindeutige Trennung dieser beiden Sphären nicht möglich und insofern als Ordnungsprinzip zu hinterfragen ist.

Ein weiteres aktuelles Beispiel, das diese Vermischung und die Unmöglichkeit einer eindeutigen Zuordnung veranschaulicht, sind die Debatten über das Kopftuch, das – je nach Standpunkt – als religiöses oder politisches Symbol, als dem privaten oder dem öffentlichen Bereich, der Sphäre des Heiligen oder des Profanen zugehörig, ausgelegt wird.[252] Die diesbezügliche Positionierung beeinflusst wiederum

---

252 Einen guten Überblick hierzu bietet beispielsweise der Sammelband von Berghahn/Rostock (2009). Besonders empfehlenswert vor dem theoretischen Hintergrund der vorliegenden Arbeit ist hierin aus meiner Sicht der Beitrag von Cengiz Barskanmaz (2009), der die Kopftuchfrage und den diesbezüglichen deutschen Rechtsdiskurs aus postkolonialer Perspektive beleuchtet. Weiterhin möchte ich anmerken, dass die Positionierung zur Kopftuchfrage auch aus interaktionistisch-konstruktivistischer Sicht insofern schwierig ist, dass Konstruktivisten einerseits einen anti-universalistischen Anspruch vertreten, der ein Mit- und Nebeneinander von unterschiedlichen Perspektiven postuliert und das Aufoktroyie-

die jeweiligen politischen und rechtlichen Entscheidungen und Konsequenzen, die hieraus gezogen werden und auf die Praxis wie auch auf die weiteren Re-/De-/Konstruktionen dieser Thematik rückwirken. Hier wird die Verbindung von Religion, Recht und Politik sichtbar. Entscheidend ist, und hiermit komme ich zum zweiten Punkt, die Phase des Übergangs zwischen den beiden Sphären, der, wie Agamben in „Lob der Profanierung" (2005) betont, nicht nur vom Profanen zum Heiligen, sondern auch umgekehrt, vom Heiligen zum Profanen möglich ist. In Anlehnung an den Jurist Trebatius beschreibt Agamben das Profane als das, „was zuerst heilig und religiös war und nun wieder dem Gebrauch und dem Besitz der Menschen zurückgegeben wird" (Agamben 2005, 70). Die Profanierung beinhaltet nach seinem Verständnis im Gegensatz zur Säkularisierung, die in seinen Augen lediglich „eine Form von Verdrängung [...] und [...] Verschiebung" (Agamben 2005, 74) darstellt, eine „Neutralisierung dessen, was sie profaniert" (ebd.):

> „Wenn aber das, was nicht verfügbar und abgesondert war, einmal profaniert ist, verliert es seine Aura und wird dem Gebrauch zurückgegeben. Beides sind politische Operationen: aber die erste [die Säkularisierung; Anm.: A.W.] hat mit der Ausübung der Macht zu tun, die sie gewährleistet, indem sie sie auf ein heiliges Vorbild zurückführt; die zweite entkräftet die Vorrichtungen der Macht und gibt dem allgemeinen Gebrauch die Räume zurück, welche die Macht konfisziert hat." (Agamben 2005, 74 f.)

Mit Bezug auf Benjamins Fragment „Kapitalismus als Religion" schlägt Agamben den Bogen zwischen Profanierung und Kapitalismus, der aus seiner Sicht „die Struktur der Absonderung [...] in alle Bereiche hinein verallgemeinert und absolut macht" und einen „Absonderungsprozess" realisiert, „der jedes Ding, jeden Ort, jede menschliche Tätigkeit einbegreift, um sie von sich selbst zu trennen, und der an der Zäsur heilig/profan, göttlich/menschlich überhaupt nicht interessiert ist" (Agamben 2005, 79). Dies schließt alles ein, „was getan, produziert und gelebt wird – auch den menschlichen Körper, auch die Sexualität, auch die Sprache" (Agamben 2005, 79). All dies wird „von sich selbst abgesondert und in eine abgesonderte Sphäre verschoben, die von keinerlei substantieller Trennung mehr definiert wird und in der jeglicher Gebrauch auf die Dauer unmöglich wird" (Agamben 2005, 79). Dies ist für Agamben die Sphäre des Konsums, den er als „Schaffung eines absolut Unprofanierbaren" (Agamben 2005, 80) versteht, insofern er verhindert, dass Dinge, die zuvor in die Sphäre des Heiligen abgesondert waren, profaniert, das heißt dem allgemeinen Gebrauch zurückgegeben werden. Hierbei stellt Agamben den Gebrauch dem Besitz gegenüber:

---

ren und Universalisieren der eigenen Maßstäbe und der eigenen Perspektive den anderen gegenüber ablehnt, dies jedoch andererseits nicht missbraucht wissen möchten, um alles, hierunter auch Überzeugungen und Praktiken, die den grundsätzlichen Errungenschaften unserer Gesellschaft – darunter zum Beispiel die Gleichberechtigung von Mann und Frau – entgegenstehen, zu legitimieren.

„Der Gebrauch liegt immer in der Verbindung mit etwas, dass man sich nicht aneignen kann; er bezieht sich auf die Dinge, insoweit sie nicht Gegenstand des Besitzes werden können. Aber auf diese Weise stellt der Gebrauch auch die wahre Natur des Eigentums bloß, als die Vorrichtung, die den freien Gebrauch der Menschen in eine abgesonderte Sphäre verschiebt, wo er sich in Recht umwandelt. Wenn heute die Verbraucher in der Massengesellschaft unglücklich sind, dann nicht nur, weil sie Gegenstände konsumieren, die ihre Nichteignung zum Gebrauch in sich einverleibt haben, sondern auch und vor allem, weil sie glauben, über diese ihr Eigentumsrecht auszuüben, weil sie unfähig geworden sind, diese Gegenstände zu profanieren." (Agamben 2005, 81)

Als Beispiele für diese Unmöglichkeit des Benutzens und der Profanierung als Zeichen der Absonderung nennt Agamben unter anderem das Museum bzw. die „Museifizierung der Welt" (Agamben 2005, 81). Hieran beschreibt Agamben außerdem „die Analogie zwischen Kapitalismus und Religion", insofern das Museum „genau den Raum und die Funktion" einnimmt, „die früher dem Tempel als Stätte des Opfers vorbehalten waren" (Agamben 2005, 82). Gleichzeitig sieht Agamben jedoch „neue" Möglichkeiten der Profanierung und hiermit „Möglichkeiten eines neuen Gebrauchs", wie er am Beispiel einer Katze, die mit einem Wollknäuel spielt, oder einem spielenden Kind erläutert:

„Er besteht darin, ein Verhalten von seiner genetischen Zugehörigkeit zu einer bestimmten Sphäre zu befreien (der des Beutemachens, der Jagd). Das so befreite Verhalten mimt und führt noch die Formen der Tätigkeit aus, von der es sich emanzipiert hat, aber indem es diese ihres Sinnes und ihrer zweckgebundenen Beziehung entleert, öffnet es sie und macht sie einem neuen Gebrauch zugänglich. Das Spiel mit dem Wollknäuel ist die Befreiung der Maus vom Beutesein und die Befreiung des Beuteverhaltens von der notwendigen Hinwendung auf den Fang und den Tod der Maus: Und trotzdem inszeniert es dieselben Verhaltensweisen, durch die schon die Jagd bestimmt wurde. Die Tätigkeit, die dabei herauskommt, wird so zu einem reinen Mittel, das heißt einer Praxis, die, obschon sie hartnäckig an ihrer Natur als Mittel festhält, sich von ihrer Verbindung mit einem Ziel emanzipiert, vergnügt ihren Zweck vergessen hat und jetzt als Mittel ohne Zweck auftreten kann. Die Schöpfung eines neuen Gebrauchs ist also für den Menschen nur möglich, wenn er einen alten Gebrauch entschärft, unwirksam macht." (Agamben 2005, 84)

Der Kapitalismus jedoch beabsichtigt die Beschlagnahmung und das Verhindern der Wirksamkeit dieser „reinen Mittel, welche die Entschärfung und den Bruch jeder Absonderung darstellen" (Agamben 2005, 86), und mehr noch die Absonderung dieser „reinen Mittel" und ihres „profanatorischen Potentials" (Agamben 2005, 90) selbst in eine „besondere Sphäre" (Agamben 2005, 86), wie Agamben am Beispiel der Sprache und der Pornografie darlegt (vgl. ebd., 86 ff.).

Vor diesem Hintergrund postuliert Agamben die „Profanierung des Nicht-Profanierbaren" als „die politische Aufgabe der kommenden Generation" (Agamben 2005, 91).

Diese Ausführungen von Agamben, die ich zur besseren Verständlichkeit zunächst zusammenhängend und unkommentiert dargelegt habe, möchte ich nun nachfolgend in Beziehung zur Thematik der Fremdheit setzen.

Das, was Agamben als „Absonderungsprozess" (Agamben 2005, 79) bezeichnet, verstehe ich als Form der Entfremdung; als Entfremdung des Menschen und der Dinge von sich selbst, was – wie oben beschrieben – beispielsweise die Bereiche des Körpers, der Sexualität und der Sprache betrifft. Die Möglichkeit, Dinge aus der abgesonderten Sphäre zu profanieren bzw. ihrer Absonderung entgegenzuwirken, sieht Agamben in der Kreation eines neuen Gebrauchs, der beispielweise in Form eines bestimmten Verhaltens, das von seinem bisherigen Zusammenhang losgelöst und in einen neuen Kontext gesetzt und verwendet wird. Anders ausgedrückt: Um der Absonderung bzw. Entfremdung entgegenzuwirken, ist eine Form der Verfremdung bzw. Dekonstruktion bisheriger „Gebräuche", Denk- und Verhaltensmuster und oder auch Machtstrukturen notwendig. Dies erinnert mich an die Praktiken der Cultural Studies und des Postkolonialismus, die sich die Möglichkeiten der Re-Artikulation und Neuinterpretation zum Beispiel durch Bedeutungsverschiebung zunutze machen, um eine Veränderung, Dekonstruktion und Umformulierung bisheriger hegemonialer Narrationen, Repräsentationen und Machtverhältnisse zu bewirken. In dieser Beschreibung der Möglichkeit der Profanierung durch neue Formen des Gebrauchs klingt nun auch bei Agamben implizit die Möglichkeit zur Veränderung der bestehenden Verhältnisse an, die – darauf weist der interaktionistische Konstruktivismus hin – allerdings immer durch den Rahmen vorgängiger rekonstruktiver Voraussetzungen und Strukturen begrenzt ist, die es zu re-/de-/konstruieren gilt. Dies ist Ausgang für Agambens politische Forderung, das Nicht-Profanierbare zu profanieren, das Abgesonderte aus der Absonderung zu befreien und dem Gebrauch zurückzuerstatten und – übertragen auf die Thematik der Fremdheit – das Entfremdete zu ver-fremden bzw. zu ent-fremden. Hier entsteht zum Beispiel mit Lévinas und Waldenfels die Frage, inwieweit dies abschließend möglich ist, ohne den Anderen seiner Andersartigkeit zu berauben und ins Eigene einzuverleiben, zu reduzieren und anzueignen. Auch aus interaktionistisch-konstruktivistischer Sicht bleibt immer ein Moment des Realen, des Fremden, der letztlich auch symbolisch und imaginär nie ganz fassbar sein wird. Wichtig aus interaktionistisch-konstruktivistischer Sicht, auch im Hinblick auf eine politische Intention der Veränderung kultureller, gesellschaftlicher, hegemonialer Verhältnisse, zum Beispiel in Bezug auf ein neues Verständnis des und einen neuen Umgang mit dem Fremden, ist es, die jeweiligen Gegebenheiten und (Macht-)Verhältnisse, die Mechanismen der Entfremdung zu re-/de-/konstruieren und in diesem Zusammenhang die eigene Perspektive und Positionierung, den eigenen Beobachterstandpunkt zu reflektieren. Agambens Theorie stellt in diesem Zusammenhang eine weitere mögliche Perspektive und hiermit die Möglichkeit zur Perspektivenerweiterung dar. Wichtig aus meiner interaktionistisch-konstruktivistischen Sicht ist jedoch, dass durch die Profanierung, das Abgesonderte, dass Ent-Fremdete aus einer „Sphäre [..], die von keinerlei substantieller Trennung mehr definiert wird" (Agamben 2005, 79) in eine Sphäre „zurückgeholt" wird, in der die Zuordnung und Kennzeichnung von Differenz essenziell für die Herstellung von Ordnung, Orientierung und Bedeutung ist. Letzteres geschieht unter anderem mithilfe der oben genannten Unterscheidungen zwischen Heilig/Profan, Eigen/Fremd, Freund/Feind und den diesbezüglichen Zuschreibungen. Deren jeweilige Verflechtung und wechselseitige Abhängigkeit von voneinander vermeintlich eindeutig abgegrenzten binären Oppositionen wurde oben aufgezeigt und die Eindeutigkeit dieser jeweiligen Gegensätze, aber auch die Möglichkeit der eindeutigen Zuordnung als Kernstück ihrer Ordnung herstellenden Funktion, dekonstruiert und ihr Konstruktionscharakter offenbart. Gleichzeitig ist jedoch gerade die Zuordnung und Kennzeichnung von Differenz essenziell für die Herstellung von (gesellschaftlicher bzw. gesellschaftlich geteilter, kultureller und individueller) Ordnung, Orientierung und Bedeutung; sie ist „die Basis der symbolischen Ordnung" (Hall 2004, 119). Hieraus ergibt sich aber andererseits, dass über die Projektivität symbolischer Systeme letztlich immer auch etwas Trennendes in die Kultur bzw. Gesellschaft zurückkommt und, auch bezogen auf die Thematik der Fremdheit, wiederum die Re-/De-/Konstruktionen der Vorstellung und somit auch des Umgangs von bzw. mit dem Anderen/dem Fremden beeinflusst, der sich wiederum eben nicht eindeutig in die bestehenden Klassifikationssysteme einordnen lässt. In Verbindung mit Agambens Argumentation lässt sich vor diesem Hintergrund folgender Kreislauf schlussfolgern: Die Umkehr der Absonderung bzw. Entfremdung durch die Profanierung, die selbst in Form einer Verfremdung (zum Beispiel des Gebrauchs) auftreten kann, erfolgt in eine Sphäre, in der die Kennzeichnung von Differenz, auch anhand der Unterscheidungen, die die Absonderung und Entfremdung erst hervorbrachten, essenziell ist, und durch die weiterhin Absonderung und Entfremdung erst bedingt und konstruiert wird.

Das hierin angedeutete Spannungsfeld näher zu untersuchen, die Betrachtung von Fremdheit als Re-/De-/Konstruktion von Beobachtern und gleichzeitig als konstitutivem Bestandteil für die Herstellung von Gesellschaft, Ordnung und auch Identität, wird Teil des nächsten Kapitels sein.

Hierin wird sich Agambens Theorie der Exklusion, die Fremdes erst hervorbringt, und sein Konzept der *einschließenden Ausschließung*, das die Bedeutung des Ausgeschlossenen für das in die Ordnung Eingeschlossene beinhaltet (ebenso wie den Aspekt der Macht), sozusagen „quer" in allen der nachfolgend benannten *Dimensionen der Re-/De-/Konstruktion von Fremdheit* wiederfinden.

3.   Dimensionen der (Re-/De-/)Konstruktion von Fremdheit

Die in Kapitel 2 dieser Arbeit vorgestellten theoretischen Perspektiven der Phänomenologie, der Soziologie, der Cultural Studies und des Postkolonialismus, des Existenzialismus und Agambens politischer Philosophie wurden im Hinblick auf ihr explizit wie auch implizit formuliertes Verständnis von Fremdheit hin betrachtet und Aspekte, die wegweisend und wegbereitend für ein Verständnis von Fremdheit als Konstruktion sein können, hervorgehoben.

Darauf aufbauend möchte ich nun diese unterschiedlichen expliziten und impliziten Blicke auf Fremdheit vor dem Hintergrund meiner interaktionistisch-konstruktivistischen Perspektive zusammenführen und „ordnen"[253], indem ich die aus meiner Sicht für die Re-/De-/Konstruktion von Fremdheit relevanten Aspekte aufgreife und zusammenfasse.

Grundlegend hierfür ist, auch dies ist in den vorangegangenen Ausführungen deutlich geworden, ein Verständnis von Fremdheit, das diese nicht als „natürliche" Eigenschaft von Personen oder Gruppen versteht, sondern, ebenso wie andere Konstruktionen von Wirklichkeit auch, als ein Konstrukt, das diskursiv innerhalb kultureller Kontexte und Machtverhältnisse innerhalb von Verständigungsgemeinschaften auf Zeit verhandelt wird.[254]

Vor dem Hintergrund der betrachteten theoretischen Perspektiven und dem interaktionistischen Konstruktivismus als Rahmentheorie habe ich die aus meiner Sicht für (die Re-/De-/Konstruktion von) Fremdheit bedeutsamen Faktoren in sogenannten *Dimensionen* zusammengefasst.[255] Diese stehen im Zentrum meiner interaktionistisch-konstruktivistischen Perspektive auf bzw. Interpretation von Fremdheit und können mögliche Eckpunkte einer interaktionistisch-konstruktivistischen Theorie der Fremdheit darstellen: In diesen Dimensionen erfolgen, zirkulieren und wirken die Re-/De-/Konstruktionen von Fremdheit und sollten bei der Betrachtung von Fremdheit miteinbezogen werden. Die von mir nachfolgend benannten Dimensionen der Fremdheit sind bewusst orientiert an den interaktionistisch-konstruktivistischen Perspektiven der Konstruktivität, Praktizität und Methodizität, der Re-/ De-/Konstruktion und des Symbolischen, Imaginären und Realen, die als Rahmen

---

253 Mit dieser Formulierung beziehe ich mich bewusst auf Reichs Werk „Die Ordnung der Blicke" (Reich 1998a und 1998b bzw. die umfassend überarbeitete Fassung von 2009a und 2009b), das zu seinen Hauptwerken zählt und als Grundlagenwerk des interaktionistischen Konstruktivismus betrachtet werden kann.

254 Aus diesem Grund lassen sich auch verschiedene Vorstellungen von Fremdheit in unterschiedlichen Kulturen und Zeiten feststellen, wie zum Beispiel auch der Wandel des Fremdheitsverständnisses im Übergang von der Moderne zur Postmoderne zeigt (vgl. Bauman 1999).

255 Ich möchte darauf hinweisen, dass ich den Begriff der Dimension in meinen Ausführungen im Sinne des geläufigen Verständnisses des Begriffs verwende. Aus diesem Grund wird an dieser Stelle auf eine Herleitung des Dimensionsbegriffs als philosophischer Kategorie verzichtet, da diese für das Verständnis meiner Ausführungen nicht von Bedeutung ist. Der Begriff der Dimension könnte, so wie ich ihn im Kontext meiner Ausführungen verwende, ebenso gut durch den Begriff des Aspekts, der Perspektive oder auch der Ebene ersetzt werden.

bzw. als Metaperspektive meiner Beobachtung und Einteilung dienen. Darüber hinaus liegt, wie bereits erwähnt, ein Schwerpunkt der nachfolgenden Betrachtungen von Fremdheit neben der Phänomenologie vor allem auch auf den Analysen der Cultural Studies, die beide zahlreiche Verbindungslinien mit dem interaktionistischen Konstruktivismus aufweisen (vgl. Kap. 2.3.4 und Kap. 2.1.4) und wichtige Hinweise für ein Verständnis von Fremdheit als Konstruktion und die hierfür relevanten und zu berücksichtigenden Faktoren liefern.

Vor diesem Hintergrund werde ich nach einem Bezug des konstruktivistischen „Dreiklangs" von Konstruktivität, Methodizität und Praktizität auf das Konstrukt der Fremdheit in einem ersten Schritt in der *Dimension „Kultur und Ethnizität"* zunächst auf die Bedeutung der Kultur eingehen, da jegliche Konstruktionen von Wirklichkeit, dies wurde bereits in der Einführung in den interaktionistischen Konstruktivismus in Kapitel 1 hervorgehoben, stets im Rahmen des jeweiligen sozialen, kulturellen und lebensweltlichen Kontextes erfolgen und in diesem Zusammenhang zu reflektieren sind. Dies betrifft auch die Konstruktionen von (kultureller) Identität und Fremdheit, die Zuschreibungen von Eigenem und Fremden, Konzepte von Ethnizität, Nation und Differenz, ebenso wie Grenzziehungen jeglicher Art, die ebenfalls im Rahmen von Kultur und den damit verbundenen rekonstruktiven Voraussetzungen und Machtverhältnissen (diskursiv) konstruiert werden und diese insofern in die Betrachtung von Fremdheit mit einzubeziehen sind. Ergänzt und erweitert wird die Perspektive in einem weiteren Schritt um die Reflexion der „Ethnizität von Beobachterperspektiven" (Reich 2002, 175) und das interaktionistisch-konstruktivistische Konzept von Ethnizität, das bisher die einzige Grundlage einer konkreten interaktionistisch-konstruktivistischen Betrachtung von Fremdheit darstellte (vgl. Reich 2002). Diesen bisherigen interaktionistisch-konstruktivistischen Blick auf Fremdheit möchte ich unter Bezug auf weitere theoretische Perspektiven und mit den hier formulierten Dimensionen erweitern. Ausgehend hiervon wird in der *Dimension „Identität und Differenz und die Bedeutung des Anderen"* ein Identitätsverständnis aufgezeigt, das vor allem auf die wechselseitige Abhängigkeit und den Konstruktionscharakter von Identität und Differenz hinweist: Bedeutsam ist in diesem Zusammenhang vor allem der Übergang von einer Differenz zur *différance*, der auch maßgeblich zu einer Veränderung des Verständnisses von Fremdheit beiträgt. Auf dieser Grundlage wird auch die *Bedeutung des Anderen* für die Konstitution des Selbst deutlich.

Diese nachfolgend beschriebene veränderte und erweiterte Sicht auf Kultur, Identität und Differenz ist aus meiner Sicht grundlegend für ein Verständnis von Fremdheit als Konstruktion von Beobachtern. Letztere wird im Anschluss an einige Überlegungen zur Abgrenzung von Fremdem und Anderem in Anlehnung an die interaktionistisch-konstruktivistische Unterscheidung von Symbolischem, Imaginärem und Realem in einem weiteren Schritt zunächst im Hinblick auf die *symbolische bzw. diskursive Dimension der Re-/De-/Konstruktion von Fremdheit* als Produktion von spezifischen Bedeutungen betrachtet. Ein wichtiger Aspekt hierbei, der in einem eigenen Kapitel thematisiert wird, ist der der *Macht*, die in Diskursen zirkuliert und somit auch in die Re-/De-/Konstruktionen von Fremdheit und in die Produktion von „Wissen" über den Fremden eingeht. Davon ausgehend wird die Perspektive nochmals erweitert und auf den Einfluss des *Unbewussten und des Imaginären bei der Re-/De-/Konstruktion* von Fremdheit fokussiert. Die Prozesse des Unbewussten und des Imaginären sind zum einen verantwortlich für die Unmöglichkeit der Schließung von Bedeutungen und Diskursen (des bzw. über den Fremden). Zum anderen sind sie nicht nur relevant für die Konstitution des Subjekts, in dem der Andere durch Prozesse wechselseitiger Spiegelungen immer schon enthalten ist, sondern finden auch Eingang in die verschiedenen Arten der Konstruktion des Fremden. Bei aller Betonung der Konstruktivität von Fremdheit soll mit einer letzten Dimension, der *Dimension des Realen*, darauf hingewiesen werden, dass das Fremde immer auch eine Grenzkategorie ist, die nicht in symbolischen oder imaginären Registern aufgeht und sich hierin nie vollständig erfassen lässt.

Bezüglich dieser von mir hinsichtlich der (zur Reflexion der) Re-/De-/Konstruktion von Fremdheit vorgeschlagenen zentralen Aspekte und Dimensionen möchte ich jedoch anmerken, dass die einzelnen Positionen zum einen jeweils nicht isoliert wirksam sind und nicht für sich allein betrachtet werden können, sondern immer nur in ihren Verflechtungen und Verbindungen, in ihren Wechselwirkungen, Zusammenhängen und Übergängen mit und zu den anderen Ebenen der Re-/De-/Konstruktion von Fremdheit. Zum anderen möchte ich gleichzeitig unter Bezug auf Schilling (2008) betonen, dass auch die hier vorgeschlagenen Dimensionen selbst „gedankliche Konstrukte [sind; Anm.: A.W.], ein Begriff für etwas, das man nicht [..] beobachten kann, sondern etwas, das man sich denken kann, wenn man darüber nachdenkt, wie man denkt" (Diedrich; zit. nach: Schilling 2008, 164). Somit ist auch im Hinblick auf die von mir formulierten Dimensionen der Konstruktionscharakter zu beachten. Vor diesem Hintergrund möchte ich darüber hinaus darauf hinweisen, dass die von mir angebotenen Dimensionen der (Re-/De-/Konstruktion von) Fremdheit und die damit verbundene Ein- und Anordnung von aus meiner Sicht für (die Re-/De-/Konstruktion von) Fremdheit relevanten Aspekten notwendigerweise Komplexität reduzierend und unabgeschlossen sind und aus konstruktivistischer Sicht nur eine von vielen viablen Möglichkeiten der Beobachtung und Annäherung an die Thematik und das Phänomen der Fremdheit darstellen.

3.1 Konstruktivität, Praktizität und Methodizität

Bevor ich nun auf die Dimensionen der Re-/De-/Konstruktion von Fremdheit eingehe, möchte ich vorab zunächst die in Kap. 1 bereits eingeführten Aspekte der Konstruktivität, Praktizität und Methodizität aufgreifen, die aus interaktionistisch-konstruktivistischer Sicht relevante Aspekte der Bestimmung von Viabilität darstellen (vgl. Reich 2000b, 94), die wiederum ein „Kriterium" (ebd.) für (die Entscheidung und Auswahl von) Konstruktionen (von Wirklichkeit) ist.

Dies betrifft auch das Konstrukt von Fremdheit, das im Fokus dieser Arbeit steht und auf das ich diese Aspekte nachfolgend kurz beziehen möchte:

Auch das Konstrukt der Fremdheit erfolgt unter dem Maßstab kultureller Viabilität, die die drei Seiten der Konstruktivität, Methodizität und Praktizität aufweist (vgl. Kap. 1). Reich (2007) zufolge betont der Aspekt der Konstruktivität aufgrund der Einsicht in die Konstruiertheit von Realitäten, was auch die Bestimmung von Fremdheit betrifft, die grundsätzliche Offenheit von Konstruktivisten gegenüber anderen Konstruktionen von Wirklichkeit und somit die Aufgeschlossenheit gegenüber Fremden und Fremdem. Daraus resultiert bezüglich der Methodizität, die die Begründungen dieser Wirklichkeitskonstruktionen enthält, eine ablehnende Haltung des interaktionistischen Konstruktivismus gegenüber universalistischen Begründungsformen, „die alles ein für alle Mal festlegen wollen, um über diese Sicherheit die Wissenschaft in einen dogmatischen Schlummer, mindestens aber in einen beruhigenden Schlaf fallen zu lassen" (Reich 2007, 73). Ebenso abgelehnt werden naturalistische Begründungen zum Beispiel kultureller Unterschiede. Der interaktionistische Konstruktivismus zeichnet sich aus durch eine Bevorzugung von Perspektiven, „die gerade dem Fremden, dem Widersprüchlichen, dem Kontingenten und Offenen eine besondere Bedeutung zuweisen." (Reich 2007, 73) Dies wird sichtbar auf der Ebene der Praktizität, die die wechselseitigen Wirkungen von Konstruktionen von Fremdheit und Methoden ihrer Begründungen auf Praktiken, Institutionen und Routinen beinhaltet. In diesem „Dreiklang" sind auch die (Re-/De-/)Konstruktionen von Fremdheit zu verorten, die nachfolgend im Hinblick auf ihre verschiedenen Dimensionen betrachtet werden.

3.2 Die Dimension „Kultur und Ethnizität"

3.2.1 Die Bedeutung der Kultur

> *Wo Kultur draufsteht, sind Unterschiede drin. Fankulturen bewachen die Grenzen des ‚richtigen Geschmacks'. Subkulturen basteln sich ihren eigenen Stil durch Umwertungen, Migranten leben mit Zuschreibungen einer ‚kulturellen Differenz'. Kultur ist vielfältig und hochkomplex, erzeugt Machtkämpfe und Mischungsverhältnisse und Missverständnisse – ein spannungsreiches Terrain, das unsere individuellen Lebensstile und Identitäten formt.*
> *(Jan Engelmann)*

Laut Auernheimer, der sich hierbei auf Reich bezieht, sind die „Bauelemente unserer Wirklichkeitskonstruktionen" (Auernheimer 2003, 73) unter anderem im jeweiligen „kulturellen Repertoire" (ebd.) zu finden. Insofern ist die Betrachtung und das Verständnis von Kultur von großer Relevanz für die Herleitung der (Re-/De-/)Konstruktion von Fremdheit und Identität, da diese im kulturellen Kontext von Bedeutungsproduktion, Wirklichkeitskonstruktion, Repräsentation und Machtverhältnissen verortet sind.

Ähnliches wird bereits in den oben beschriebenen theoretischen Perspektiven der Phänomenologie und Soziologie formuliert, die den Aspekt der Lebenswelt in ihre Betrachtungen mit einbeziehen, hierunter vor allem die Theorien von Husserl und, daran anschließend, Schütz und Berger/Luckmann sowie Merleau-Ponty, aber auch Waldenfels.

In der phänomenologischen Perspektive betrachtet Husserl Lebenswelt im Sinne einer vorgegebenen alltäglichen vor- und außerwissenschaftlichen Welt vor allem im Hinblick auf ihre Bedeutung für die Möglichkeit des Rückgangs auf die sinnstiftende transzendentale Subjektivität und das transzendentale Bewusstsein (vgl. Kap. 2.1.1.3), wohingegen Merleau-Ponty Lebenswelt als dem Bewusstsein vorgängig ansieht, die ein Sein des Subjekts als *In-der-Welt-Sein* erst ermöglicht (vgl. Kap. 2.1.1.3). Das Konzept der Lebenswelt wird von Schütz in die Soziologie eingeführt, der hierbei jedoch weniger auf die Konstruktionsleistungen des individuellen transzendentalen Bewussteins fokussiert, als vielmehr auf die Konstruktion von sozialer (intersubjektiv geteilter) Wirklichkeit und Sinn, und in diesem Zusammenhang die Strukturen der Lebenswelt untersucht, die hierfür den Ausgangspunkt bilden (vgl. Kap. 2.2.2). Kultur definiert Schütz, darauf möchte ich bereits hier hinweisen, in diesem Zusammenhang übrigens als intersubjektiv geteiltes Orientierungs- und Wissenssystem einer bestimmten Gruppe, das immer auch ein bestimmtes „gruppeninternes" Rezeptwissen und Relevanzsystem beinhaltet.

Während Schütz sich hierbei jedoch vor allem auf „die Rekonstruktion der sozialen Welt als objektivem Phänomen" (Münch 2007, 203) und sein Verständnis von Lebenswelt als „Teil der objektiven Struktur", die dem Individuum vorgegeben und „von außen aufgedrängt" (Münch 2007, 203) ist, konzentriert, erweitern Berger/Luckmann als Vertreter des sozialen Konstruktivismus den Blick auf Lebenswelt, indem sie mehr auf den Aspekt der (subjektiven und intersubjektiven) Konstruktion(sleistung) von Lebenswelt und ihren Strukturen fokussieren.

Bereits an dieser Auswahl von Perspektiven wird einerseits die große Bandbreite von unterschiedlichen Theorien, die sich mit dem Aspekt der Lebenswelt beschäftigen, deutlich. Diese Bandbreite kann von mir an dieser Stelle nur angedeutet werden. Andererseits wird sichtbar, dass diese verschiedenen Perspektiven je nach theoretischer Ausgangslage (zum Beispiel subjektphilosophisch, erkenntnistheoretisch, wissenssoziologisch) jeweils unterschiedlich motiviert sind und hiermit dementsprechend jeweils andere Konzepte, Vorstellungen und Begriffe von Lebenswelt verbunden sind.

Dennoch wird in diesen verschiedenen Perspektiven die Doppelbedeutung der Lebenswelt deutlich, die schon bei Husserl sowohl den historisch-situativen Charakter von Lebenswelt als auch gleichzeitig die Bedeutung von Lebenswelt als universal gültige, ahistorische Grundlage für die Vielfalt aller unterschiedlichen sozio-kulturellen Lebenswelten als Basis des Verstehens der jeweiligen Lebenswelt umfasst. Weiterhin wird, interaktionistisch-konstruktivistisch gesprochen, in diesen unterschiedlichen Darstellungen deutlich, dass Lebenswelt einerseits die rekonstruktiven, die dem Subjekt vorgängigen und unhinterfragten, scheinbar natürlichen und unveränderbaren Voraussetzungen und Strukturen sowie den Rahmen für sein Wahrnehmen, Denken und Handeln, Verstehen und Verständigung, für die Herstellung von Wissen, Sinn und Sein in dieser Welt beinhaltet, und gleichzeitig die Möglichkeit der konstruktiven interaktiven (Mit-)Gestaltung und Veränderung eben dieser Faktoren innerhalb des begrenzten und begrenzenden Rahmens der rekonstruktiven Voraussetzungen birgt.

Insofern haben sich die phänomenologischen Überlegungen zu Lebenswelt und Intersubjektivität als anschlussfähig erwiesen, sowohl für die „Entfaltung der Gesellschaftswissenschaften" im Allgemeinen (vgl. Zahavi 2007, 91) als auch für die Übertragung in soziologische und sozial-konstruktivistische Perspektiven auf Lebenswelt, die darüber hinaus, wie bereits erwähnt, auch Eingang in die Cultural Studies fanden (vgl. Winter 2001, 74 ff.). Diese wiederum bescherten, und hiermit möchte ich auf den Zusammenhang von Lebenswelt und Kultur hinführen, laut Auernheimer (2003, 73) dem „Kulturbegriff […] eine Aufwertung als Instrument der kritischen Gesellschaftsanalyse", der weiterhin in diesem Zusammenhang betont, dass „es [..] heute unmöglich [ist; Einschub: A.W.], eine angemessene sozialwissenschaftliche Analyse der Phänomene um uns herum vorzunehmen, ohne zu verstehen, dass diese zutiefst von Kultur getränkt sind" (Freitag; zit. nach: Auernheimer 2003, 73).

Dies gilt auch für das Phänomen der Fremdheit. So betonen beispielsweise auch die dargestellten soziologischen Perspektiven, dass die Unterscheidung von Eigenem und Fremdem einerseits grundlegend für die Herstellung von sozialer Ordnung, Sinn und Wirklichkeit ist, und andererseits im Rahmen von Kultur überhaupt erst definiert und konstruiert wird (vgl. Kap. 2.2.7). Autoren wie Bauman, aber auch Waldenfels als Vertreter der Phänomenologie, verstehen Fremdheit als stets in Relation zu einer bestimmten Ordnung konstruiert, die wiederum immer auch in Zusammenhang mit dem jeweiligen sozio-kulturellem Umfeld zu sehen ist.

Auch für die Entwicklung einer explizit interaktionistisch-konstruktivistischen Theorie der Lebenswelt und die daraus entwickelte konstruktivistische Diskurstheorie, die Reich (1998b, 163 ff.) entwirft, fungieren neben weiteren theoretischen Bezügen, wie zum Beispiel Giddens, Bourdieu und Habermas (vgl. Reich 1998b, 291), die „phänomenologischen Blicke" als „Einleitung in das Thema" (Reich 1998b, 165). Exemplarisch für dieses interaktionistisch-konstruktivistische Modell der Lebenswelt und die hieraus entwickelte Diskurstheorie möchte ich zur Veranschaulichung folgende Definition herausgreifen:

> „Die Lebenswelt, die Welt- und Produktionswirklichkeit, ist sowohl Beziehungswirklichkeit als auch gegenständliche Wirklichkeit; sie ist die Vermittlung von Subjekten mit Subjekten und Objekten, die Verbindung von Geist und Körper ebenso wie die von Menschen und Kultur bzw. Zivilisation, die sich ideell und materiell niederschlägt und hergestellt wird.

Solche Wirklichkeiten konnten bisher von keinem Modell auch nur annähernd vollständig erfasst werden." (Reich 1998b, 420)

Hierin wird unter anderem der Aspekt der Kultur im Zusammenhang mit der Lebenswelt angesprochen. Auch Habermas, der die beschriebenen phänomenologischen und gesellschaftstheoretischen Konzepte der Lebenswelt, wie beispielsweise auch jenes von Berger/Luckmann, als „kulturalistisch verkürzt" (Habermas 1981b, 210)[256] kritisiert, nennt in seiner kommunikationstheoretischen Fassung des Lebensweltbegriffs, den er als „Komplementärbegriff zum kommunikativen Handeln" (Habemas 1981b, 182) einführt, *„Kultur"* neben *„Gesellschaft"* und *„Person"* als eine der drei *„strukturellen Komponenten"* der Lebenswelt (Habermas 1981b, 209; Hervorhebungen im Original).[257] Weiterhin ist aus interaktionistisch-konstruktivistischer Sicht die intersubjektiv geteilte Lebenswelt immer auch kulturell geprägt. Je nach Perspektive lässt sich somit Kultur als Teil der Lebenswelt und/oder Lebenswelt als kulturell geprägt verstehen. Auernheimer (2003, 76) sieht im Vergleich der Begriffe „Lebenswelt" und „Kultur" bei Ersterem eher „die Selbstverständlichkeit [und; Einschub: A.W.] Unreflektiertheit unserer Orientierungsmuster" betont sowie die Freiheit von „fragwürdigen umgangssprachlichen Nebendeutungen" gegeben, aber im Gegensatz zum Kulturbegriff „das diskursive Moment und damit die Machtthematik" vernachlässigt (Auernheimer 2003, 76). Ich verstehe Kultur auch als postmodernen Begriff der Lebenswelt und möchte vor diesem Hintergrund die dargestellten Überlegungen zur Lebenswelt überführen in den Aspekt der Kultur und das, was in Bezug auf die Lebenswelt teilweise angedeutet wurde, nun anhand der Bedeutung der Kultur fassen.

„Das Phänomen ‚Kultur' in seinen vielfältig schillernden Erscheinungsformen hat zahlreiche erlauchte Geister beschäftigt, so etwa – um nur eine kleine Auswahl zu nennen – Leibniz, Voltaire, Herder, von Humboldt, Kant, Freud, Jung, Adorno, Marcuse [und; Einschub: A.W.] Luhmann." (Maletzke 1996, 15) Auffällig ist hierbei, dass das Interesse am Phänomen Kultur vor allem dann (erneut) aufkam, „als die

---

256 In diesem Zusammenhang macht Habermas auf die Bedeutung der Lebenswelt für die Identität der Interaktionsteilnehmer aufmerksam, ein Aspekt, den ich in einem eigenen Kapitel thematisieren werde (vgl. Kap. 3.3).

257 Interessant ist übrigens, dass Habermas von einer „inneren Kolonialisierung" (Habermas 1981b, 539) der Lebenswelt im Zeitalter der „kulturellen Moderne" (ebd., 522) spricht, die er im Zusammenhang mit dem Abbau von Traditionen, der Fragmentierung des Alltagsbewusstseins und des Alltagswissens (vgl. ebd., 521) und der zunehmenden Komplexität und Ausdifferenzierung der Lebenswelt sowie dem verstärkten Einfluss der Subsysteme verortet: „Die These der inneren Kolonialisierung besagt, dass die Subsysteme Wirtschaft und Staat infolge des kapitalistischen Wachstums immer komplexer werden und immer tiefer in die symbolische Reproduktion der Lebenswelt eindringen." (Habermas 1981b, 539) „[...] Die Imperative der verselbständigten Subsysteme dringen [...] von *außen* in die Lebenswelt – wie Kolonialherren in eine Stammesgesellschaft – ein und erzwingen die Assimilation; aber die zerstreuten Perspektiven der heimischen Kultur lassen sich nicht soweit koordinieren, dass das Spiel der Metropolen und des Weltmarktes von der Peripherie her durchschaut werden könnte." (Habermas 1981b, 522; Hervorhebungen im Original)

Geschichtlichkeit des Daseins reflexiv und die Kontingenz der eigenen Welt bewusst wurde" (Auernheimer 2003, 73).

Eine allgemeingültige Definition des Kulturbegriffs erweist sich jedoch aufgrund seiner Vieldeutigkeit als schwierig, da es nach Heimannsberg (2000; zit. nach: von Schlippe et al. 2004, 28) abhängig von der jeweiligen theoretischen Orientierung und Perspektive, abhängig vom Kontext und Benutzer „über 50 [verschiedene; Anm.: A.W.] Kulturbegriffe" (ebd.) gibt. Der kürzeste „von ihr zitierte lautet: Culture is bias – Kultur ist Wertung im Sinne eines organisierten Systems von Bedeutungen" (von Schlippe et al. 2004, 28). US-amerikanische Kulturanthropologen zählen dagegen laut Auernheimer (2003, 73) „über 100 verschiedene Definitionen". Diese beinhalten seiner Ansicht nach überwiegend als Gemeinsamkeit die symbolische Komponente der Kultur und/oder die „Orientierungsfunktion" (ebd.) von Kultur. Letztere umfasst die Orientierung an bestehenden Traditionen, Werten und Normen, wie sie zum Beispiel in den „stillschweigenden Verhaltenserwartungen des Alltags" (ebd., 74) zum Vorschein kommen.

Die symbolische Komponente thematisiert die Produktion, Repräsentation und Kommunikation von Sinn und Bedeutungen innerhalb einer Kultur und ist, wie oben bereits erwähnt wurde, durch Überdeterminierung und Mehrdeutigkeit charakterisiert und somit offen für Umdeutungen und Neuinterpretationen. Insofern definiert Auernheimer Kultur als *Repertoire an Kommunikations- und Repräsentationsmitteln* (Auernheimer 2003, 74; Hervorhebungen im Original).

Neben der „Orientierungsfunktion" (ebd.) von Kultur nennt er des Weiteren in Anlehnung an den französischen Soziologen Bourdieu, der die Markierung der „feinen Unterschiede" (ebd., 75) zwischen Klassen und Gruppen am Beispiel der französischen Gesellschaft analysiert hat, noch die „Distinktionsfunktion" (ebd., 74) von Kulturen sowie die Identität stiftende Funktion von Kultur (vgl. ebd. 74 f.), die durch die diskursive Einbettung der Subjekte und ihre soziale Verortung in kulturellen Kontexten begründet ist, wie nachfolgend ausführlich dargestellt wird (vgl. Kap. 3.3). Die von ihm genannten Orientierungsfunktionen von Kultur sind vergleichbar mit einer Definition von Kultur aus der frühen Phase der Cultural Studies: Demnach enthält Kultur die „Landkarten der Bedeutung" (Clarke; zit. nach: von Wogau/Eimmermacher/Lafranchi 2004, 34), die die Dinge für die Mitglieder dieser Gruppe bzw. Kultur verstehbar machen (vgl. ebd.). Diese „Landkarten der Bedeutung" (Clarke; zit. nach: von Wogau/Eimmermacher/Lafranchi 2004, 34) umfassen Ideen, Werte, Normen und Bedeutungen und sind in gesellschaftlichen Beziehungen, Institutionen, Sitten und Bräuchen objektiviert. Diese kulturellen Muster bieten ein Reservoir an rekonstruktiven Voraussetzungen als notwendige Ausgangspunkte zum Beispiel für die Verständigung und Subjektkonstitution und können gleichzeitig in Wechselwirkung von den Mitgliedern dieser Kultur transformiert und weiterentwickelt werden; allerdings nur im jeweils gegebenen Rahmen der Machtverhältnisse, Zwänge und Möglichkeiten. Diese Bedeutungen werden laut Hall von Mitgliedern einer Kultur mithilfe von Sprache innerhalb von Diskursen konstruiert und produziert. Kultur ist demnach ein *Repräsentationssystem* (vgl. Hall 1994, 142). Diese Produktion von geteilten, gemeinsamen Bedeutungen ist für Hall das Wesentliche, der Kern von Kultur (vgl. Hall 1997a, 63). Dies geschieht allerdings immer im Rahmen bestehender Machtverhältnisse und innerhalb des bestehenden „Repräsentationsregimes, das zulässige Formen der kulturellen Sinnproduktion von ausgegrenzten und verdrängten unterscheidet" (Hall 1994, 9).

Es soll an dieser Stelle kurz erwähnt werden, dass innerhalb dieses hegemonialen Systems auch die Festlegungen über Grenzziehungen zwischen einem Innen und Außen der jeweiligen Gemeinschaft, Festlegungen von Zugehörigkeit oder Ausschluss, Eigenem und Fremdem, entstehen. Allerdings veränderten sich im Verlauf der Geschichte die Bezugspunkte bzw. die Begründungen für solche Grenzziehungen: Während im Mittelalter die Grenze zwischen Innen und Außen vorwiegend durch den Aspekt der Religion bestimmt wurde (vgl. Radtke 1998, 80) bzw. durch den politischen Herrschaftsbereich zum Beispiel eines Feudalherrn (vgl. Kristeva 1990), war das zentrale Unterscheidungsmerkmal zu Zeiten des Kolonialismus und Industrialismus die Kategorie der „Rasse" (vgl. Radtke 1998, 80). Ab dem 19. Jahrhundert wurde Differenz über das Kriterium der Nation konstruiert und seit dem 20. Jahrhundert konzentriert sich die Diskussion auf den Aspekt der Kultur (vgl. Radtke 1998, 80). Doch wie bereits deutlich wurde, dekonstruieren Theorien wie die Cultural Studies und der Postkolonialismus die bisher scheinbar eindeutigen Konzepte von homogener Nation und Kultur, indem sie durch das Umschreiben der bisherigen Narrationen auf den Aspekt der doppelten Einschreibung, auf das Fremde im Eigenen als konstitutives Merkmal aufmerksam machen und somit bisherige Begründungen der Grenzziehung nachhaltig verstören.[258] Hieran zeigt sich, und damit möchte ich wieder auf den symbolischen Aspekt von Kultur zurückkommen, dass sich aufgrund der Überdeterminiertheit und Mehrdeutigkeit der Symbole und der daraus resultierenden Offenheit von Diskursen Interventionsmöglichkeiten für marginalisierte Akteure ergeben, um gegen die symbolischen Markierungen des herrschenden *Repräsentationsregimes* anzukämpfen. Insofern ist Kultur auch ein Kampf um Bedeutungen, der allerdings, und dass muss noch mal betont werden, nur innerhalb der vorherrschenden Machtverhältnisse und Gegebenheiten (wie zum Beispiel Sprache) stattfinden kann. Die Prozesse der Bedeutungsproduktion sind also nicht von vornherein fixiert, zum Beispiel durch die Zugehörigkeit zu einer bestimmten Klasse oder Nationalität, sondern sie sind „aktive Praktiken" (Hall/Höller 1999, 99). Gleiches gilt auch für die Subjekte selbst, die aufgrund derselben Prinzipien der Macht und der Überdeterminiertheit innerhalb symbolischer Ordnungen auch nicht vollkommen durch den Diskurs und das *Repräsentationsregime* determiniert, aber in ihm konstituiert werden.

Die Konstruktion von Bedeutungen innerhalb von Kultur ist somit der Ausgangspunkt für Fragen der Identität, die innerhalb von Diskursen als einer Art kultureller Praktiken im Kontext von Verständigungsgemeinschaften gebildet wird (vgl. hierzu Kap. 3.3).

---

258 Vgl. Kap 2.3.3.

Während Hall sich also besonders auf den Aspekt des „Symbolischen und seine materiellen Konsequenzen" (Hall 1999, 122) konzentriert, und dies als die „größte Errungenschaft [..] [der; Einschub: A.W.] Cultural Studies" ansieht (Hall 1999, 98 f.), greift der interaktionistische Konstruktivismus zusätzlich dazu Perspektiven des Imaginären und Realen auf und wendet diese in einer erweiterten Sicht auf das Verständnis von Kultur an.

Der interaktionistische Konstruktivismus versteht, ähnlich wie die Cultural Studies und zum Beispiel Stuart Hall, Kultur „als ein diskursives Feld symbolischer Praktiken, in denen Bedeutungen zwischen Interaktionspartnern konstruiert, artikuliert und kommuniziert werden" (Neubert 2002, 69). Voraussetzung für die viable Re-/De-/Konstruktion kultureller Wirklichkeiten innerhalb von Diskursen ist ein gemeinsamer Bestand an symbolischen Ressourcen innerhalb einer Verständigungsgemeinschaft. Jedoch wird Viabilität von verschiedenen Beobachtern, Teilnehmern und Akteuren innerhalb eines kulturellen Feldes häufig sehr unterschiedlich bestimmt. Diese Tendenz verstärkt sich zunehmend in postmodernen, pluralistischen Gesellschaften, die durch Zerstreuung und Diskontinuität geprägt sind (vgl. Hall 1994, 185). Der Vollständigkeit halber sei an dieser Stelle nochmals auf die Überdeterminiertheit und den Bedeutungsüberschuss von symbolischen Bedeutungen und Repräsentationen, die eine Form kultureller Praktiken darstellen, hingewiesen. Die grundsätzliche Nicht-Genähtheit von Diskursen, die instabile Beziehung zwischen Signifikant und Signifikat subvertiert die Tendenz zur symbolischen Schließung von Diskursen und ist Ausgangspunkt für Re-/De-/Artikulationen und Neu-Interpretationen. Diese ist unter anderem durch den in Kapitel 1 bereits genannten Aspekt des Imaginären zu erklären, den der interaktionistische Konstruktivismus auch auf die Analyse von Kultur anwendet. Demnach „zeichnen sich kulturelle Repräsentationen durch Prozesse imaginärer Verschiebung und Verdichtung aus" (Neubert 2004b, 121), die auch jeder sozialen Interaktion inhärent sind.[259] Das imaginäre Begehren jedes Subjekts nach Spiegelung begründet einerseits seine Verwobenheit mit anderen Subjekten, die andererseits nie vollkommen in symbolischer Verständigung vermittelt werden kann. Die imaginäre Unschärfe von Beziehungen ist demzufolge gleichzeitig Antrieb und Grenze symbolischer Verständigung (vgl. ebd. und Reich 2000a, 91 und 97 f.), die stets unabgeschlossen bleibt. Bezogen auf Kultur ist durch das Imaginäre auch die Grenze kulturellen Verstehens, kulturell gesicherter Identität und die Uneindeutigkeit und Unabgeschlossenheit kultureller Bedeutungen und Beziehungen begründet. Die Unschärfe von Beziehungen sowie die Unabgeschlossenheit des Symbolischen und die *Sprachmauer* (vgl. Reich 2000a, 94) sind relevant für alle Arten von Interaktion. Sie sind auch von Belang in Beziehungen innerhalb relativ homogener Gruppen, die über gemeinsame symbolische Mittel verfügen. Dieser Faktor verstärkt sich jedoch zusätzlich in der Begegnung mit dem Fremden, in Begegnung mit dem, was in den (dieser Begegnung) vorangegangenen Konstruktionen

---

259 Vgl. hierzu ausführlich Reich (1998b, Kap. III), auf den sich auch Neubert in seinem Werk bezieht.

von (kultureller) Wirklichkeit nicht enthalten war. Das Reale ist eine weitere Perspektive des interaktionistischen Konstruktivismus, die die „Kontingenz des noch nicht symbolisch Erfassten oder imaginär Erwarteten" bezeichnet, „das hinter jeder Konstruktion von Wirklichkeit lauert" (ebd., 122) und als Riss und Lücke, als Mangel an Sinn und Bedeutung in unsere bisherigen Konstruktionen einbricht. Das Fremde kann meiner Meinung nach als solch ein Einbruch des Realen verstanden werden (vgl. hierzu Kap. 3.8). Die Offenheit gegenüber diesem fremden Blick ist gerade in Zeiten postmoderner Multikulturen insofern besonders notwendig, da dieser auf Ausschließungen und auf die Begrenztheit bisheriger (kultureller) Wirklichkeitskonstruktionen aufmerksam macht und somit die Schließung des (kulturellen) Imaginären verhindert. Theorien wie die Cultural Studies und der Postkolonialismus verstören nachhaltig die Annahme von (in sich) geschlossenen und homogenen Kulturen, zum Beispiel in Form des Nationalstaats, die Annahme von klaren Trennlinien zwischen Innen und Außen sowie infolgedessen die Möglichkeit stabiler Identität in Abgrenzung zu(m) Anderen, indem sie zum Beispiel mit ihren Theorien kultureller Hybridität, Theorien des kulturellen Dazwischen-Seins, der doppelten Einschreibung und des Dritten Raumes, reale Risse postmoderner (Multi-) Kultur thematisieren. Die Beschreibung kultureller Wirklichkeiten und Erfahrungen aus Sicht von Migranten, wie zum Beispiel Homi Bhabha, Stuart Hall und Salman Rushdie, rückt die bisher ausgegrenzten Perspektiven marginalisierter Anderer zunehmend in den Fokus auch der „Dominanzkultur" (vgl. Rommelspacher 1998). Hiermit dekonstruieren sie auch hegemoniale Vorstellungen und Definitionen von (vermeintlich in sich homogener) Kultur. Gleichzeitig, und das macht insbesondere Bhabha deutlich, wird damit die Vorstellung eines liberalen Multikulturalismus herausgefordert, insofern dieser in Gefahr ist, die Machtasymmetrien und die Erfahrung kultureller Ungleichzeitigkeit aufseiten der Minoritäten zu vernachlässigen, und insofern er immer noch die Möglichkeit des abschließenden Wissens und Verstehens der jeweils anderen Kultur suggeriert. Der hierdurch eröffnete Blick auf die Unschärfen von Kultur, die im interaktionistischen Konstruktivismus durch die Perspektiven der „symbolischen Unabgeschlossenheit, des imaginären Mangels und der realen Risse" (Neubert 2002, 83) aufgegriffen werden, führt in Zusammenhang mit den gesellschaftlichen und politischen Verhältnissen der Postmoderne zu einem veränderten Verständnis und Begriff von Kultur. Kultur ist demnach ein „mannigfach in sich gefalteter Raum, der Brüche, Lücken und Zwischenräume aufweist" (Neubert 2002, 88). Laut Bhabha ist die Frage der Kultur stets im *„darüber Hinausgehenden (beyond)"* (Bhabha 1997, 123), in den Übergängen und den Zwischenräumen zu verorten: In den Übergängen von Innen und Außen, Raum und Zeit, Vergangenheit und Gegenwart" (vgl. ebd.). Seine Theorie ist eine Theorie kultureller Differenz (im Gegensatz zu kultureller Vielfalt auf „ebenem Spielfeld") (Bhabha; zit. nach: Neubert 2004b, 127), die an den Grenzlinien der nie machtfreien Zwischenräume verhandelt wird, die wiederum als Ausgangspunkt von (kollektiven) Identitäten fungiert (vgl. Bhabha 1997). Die Quintessenz seiner Theorie ist, dass Hybridität „ein grundlegendes Charakteristikum jeder Kultur" ist (Bronfen/Marius 1997, 17).

Hiermit wird die These der Überdeterminiertheit und des Bedeutungsüberschusses, die in dieser Arbeit bisher vor allem im Zusammenhang mit der Kategorie des Symbolischen erwähnt wurde, auf Kultur bzw. auf die postmoderne Multikultur hin angewandt. Der Postkolonialismus betont, dass diese These der hybriden Kultur und Gesellschaft auf die ehemals kolonisierten wie auch auf die kolonisierenden, westlichen, sogenannten modernen Gesellschaften zutrifft. Hall beobachtet in diesem Zusammenhang einen „langsamen, graduellen Übergang zwischen einer Hybridität als Charakteristikum der marginalen Kontaktzonen zu einer viel allgemeineren, alle Kulturen erfassenden Hybridität, ohne dabei autonome Einheiten vorauszusetzen" (Hall/Höller 1999, 107). Dies verdeutlicht Hall am Beispiel des Teetrinkens als Symbol für die englische Identität: Die Zeremonie des Teetrinkens gilt als charakteristisch für die englische Identität und den englischen Lebensstil. Doch in Großbritannien existiert keine einzige Teeplantage. Der Tee ist importiert aus Indien, Sri Lanka oder Ceylon. Insofern ist die „auswärtige Geschichte [..] in der Geschichte des Englischen enthalten" (Hall 1994, 74). Gleiches ist auch anwendbar zum Beispiel auf das Konzept der oftmals als homogen dargestellten Nationalkultur als Basis nationaler Identität. Auch diese ist lediglich ein Konstrukt und in Anlehnung an Benedict Anderson als „vorgestellte Gemeinschaft" (*imagined community*) zu verstehen (vgl. Mayer 2005, 15 und Lutter/Reisenleitner 2005, 110 f.). Das Enttarnen von Konzepten wie Nation, Rasse und Ethnizität als – vom jeweiligen kulturellen Kontext abhängige – diskursive Konstruktionen entzieht bisherigen traditionellen, essenzialistischen Identitätsmodellen die Basis und leitet die Rede vom dezentrierten Subjekt ein.[260] „Kultur kann daher nicht mehr als Ausdruck einer festen, stabilen Identität einer ethnischen oder nationalen Gemeinschaft verstanden werden, sondern bezieht sich auf Prozesse, Kategorien und Wissensformationen, durch die Gemeinschaften als solche – spezifisch und in Differenz zu anderen – definiert werden." (Lutter/Reisenleitner 2005, 111) Zusammenfassend will ich festhalten, dass die Zuschreibungen über die Definition von Eigenem und Fremdem, von Nation, Fremdheit, Ethnizität und auch Identität als (Re-/De-/)Konstruktionen im Rahmen von Kultur und den in ihr herrschenden Machtverhältnissen stattfinden. Aus meiner Sicht ist es wichtig, diese Aspekte nicht als natürliche Gegebenheiten anzusehen und auch nicht als hegemoniale Deutungen zementieren zu wollen, was, wie aus der vorangegangen Argumentation ersichtlich wurde, auch nicht möglich ist. Es sind Konstruktionen. Es ist wichtig, ihr Geworden-Sein und die hierfür konstitutiven Faktoren und Kontexte sowie ihre realen Auswirkungen zu reflektieren.

---

260 Vgl. Kapitel 3.3.1.1

3.2.2 Ethnizität aus interaktionistisch-konstruktivistischer Perspektive

Trotz aller intendierten Offenheit gegenüber anderen Konstruktionen von Wirklichkeit, was auch eine grundsätzliche Aufgeschlossenheit dem Fremden gegenüber beinhaltet, können auch Konstruktivisten nicht als vollkommen neutrale Beobachter agieren und interpretieren, sondern auch sie sind, wie oben beschrieben, eingebunden in soziale und kulturelle Kontexte und können dem Blick durch eine „ethnozentrische Brille" nicht ganz entgehen. Aus diesem Grund ist es erklärtes Ziel des interaktionistischen Konstruktivismus, diesen ethnozentrischen Blick zu reflektieren und zu relativieren.[261] Dieser ethnozentrische Blick ist auch von Bedeutung für die (Betrachtung der) Re-/De-/Konstruktion von Fremdheit, da hierbei laut Reich die „Ethnizität von Beobachterperspektiven" (Reich 2002, 175) zu beachten ist.

Vor diesem Hintergrund erfolgte die Bestimmung bzw. Betrachtung von Fremdheit im interaktionistischen Konstruktivismus bisher im Hinblick auf bestimmte Perspektiven auf Ethnizität.[262]

Reich (2002) unterscheidet hierbei drei verschiedene Stufen von Ethnizität, die stets zirkulär ineinander wirken: *Ethnisches als kulturelle Ressource*, *Ethnisches als Interpretation* und *Ethnisches als Konstrukt*.

Ethnisches als kulturelle Ressource

Die Perspektive von Ethnizität als kultureller Ressource beschreibt den kulturellen Kontext und Kulturkreis des jeweiligen Beobachters, in dem dieser sozialisiert wurde, als Ausgangspunkt seiner Realitätskonstruktionen, seines Verständnisses von Werten und Wahrheit sowie seiner kulturellen Identität (vgl. Neubert/Reich 2001). Gleichzeitig verbleiben hier „die Beobachter in überwiegend traditionellen Perspektiven", Ritualen und Praktiken ihres kulturellen „Ordnungsraumes, der klare Abgrenzungen, auch ohne Reflexionen ermöglicht" (Reich 2002, 176). In diesem Feld wird „man [..] ethnisiert *als*, weil man *in* einer bestimmten Ethnie/Kultur steht" (Reich 2002, 176; Hervorhebungen im Original). Aus dieser Perspektive sind das Verständnis des Fremden und der Umgang mit ihm geprägt von dem Versuch, das Fremde in das eigene kulturelle Ordnungssystem einzuordnen oder sich von ihm zu distanzieren oder es abzuwehren und zu bekämpfen (vgl. Neubert/Reich 2001, 6). Das Handeln und die Bewertung erfolgt auf dieser Ebene nach bekann-

---

261 Hierzu bietet der interaktionistische Konstruktivismus verschiedene Perspektiven und Methoden. Diese Thematik wird ausführlich in Neubert/Reich (2001) behandelt. Da diese Darstellung sich eng an die nun folgenden drei Perspektiven auf Ethnizität aus interaktionistisch-konstruktivistischer Sicht orientiert, werde ich, um Wiederholungen zu vermeiden, nachfolgend nur einzelne, mir besonders wichtige Aspekte hiervon aufgreifen.

262 Diese Überlegungen zur Ethnizität im Anschluss an Reich möchte ich in meine interaktionistisch-konstruktivistische Betrachtung der (Dimensionen der Re-/De-/Konstruktion von) Fremdheit mit einbeziehen und gleichzeitig den bisherigen interaktionistisch-konstruktivistischen Blick auf Fremdheit erweitern und weitere Perspektiven in die Betrachtung aufnehmen.

ten, übernommenen Mustern, ohne diese bewusst zu hinterfragen oder zu reflektieren. Dadurch wird das Fremde gar nicht als Fremdes verstanden. So bleibt das Fremde „in seiner Fremdheit fremd" (Reich 2002, 177). Ethnizität in diesem Sinne ist somit einerseits notwendige Basis für Realitätskonstruktionen, Verständigungen, Interaktionen und (kulturelle) Identitäten, die allerdings in ihrem Streben nach Eindeutigkeit und Homogenität die ihr zugrunde liegenden Machtverhältnisse und Ausschließungen noch nicht reflektiert. Dies ist meiner Meinung nach vergleichbar mit dem passiven Aspekt der Subjektpositionierung durch die kulturellen, sozialen und historischen (Macht-)Verhältnisse im Sinne von Stuart Hall, auf den ich nachfolgend in Kapitel 3.3.1.1 eingehen werde. Allerdings ist dieses Verständnis von Ethnizität und der damit verbundene Rückgriff auf vermeintlich einheitliche kulturelle Ressourcen in multikulturellen, postmodernen, globalisierten Gesellschaften angesichts kultureller und ethnischer Pluralität zunehmend problematisch. Das Fremde, verstanden als Eintritt des Realen, verstört bisherige symbolische Ordnungen und imaginäre Vorstellungen und Erwartungen und enttarnt die Kontingenz dieser Konstruktionen. Durch die Begegnung mit dem Fremden erscheinen Ethnizität und Kultur nicht mehr als „natürlich" und selbstverständlich, sondern als ambivalent und widersprüchlich. Die Erfahrung von Ethnizität als „widersprüchlicher Erfahrung in multikulturellen Kontexten der Postmoderne" (Neubert/Reich 2001, 4) führt zu einer weiteren Perspektive von Ethnizität, die Ethnisches als Interpretation versteht.

Ethnisches als Interpretation

In diesem Verständnis von Ethnizität wird Ethnisierung aufgrund des Nebeneinanders unterschiedlicher, teils inkommensurabler Perspektiven als ein „widersprüchlicher Vorgang" (Reich 2007, 77) verstanden, der nicht auf der bloßen Übernahme festgelegter kultureller Muster, sondern auf der bewussten Wahl bestimmter Interpretationen basiert. Ethnizität ist demnach nicht automatisch durch den kulturellen Kontext eindeutig bestimmt und vorgegeben, sondern in postmodernen multikulturellen Gesellschaften eine „Integrationsarbeit" unterschiedlicher, teils widersprüchlicher ethnischer Perspektiven, die das Subjekt selbst durch Interpretationen zu leisten hat. Auf dieser Ebene „ethnisiert [man; Einschub: A.W.] sich *in* einer Kultur, um sich *als* ein bestimmtes Subjekt zu zeigen" (Reich 2002, 176; Hervorhebungen im Original). Damit geht ein anti-universalistischer Anspruch einher, der ein Mit- und Nebeneinander von unterschiedlichen ethnischen Perspektiven postuliert, in dem nicht eine Gemeinschaft innerhalb einer Gesellschaft ihre eigenen Maßstäbe anderen aufoktroyiert und generell zu universalisieren versucht. In Bezug auf die je eigene (kulturelle) Identität bedeutet diese Vielfalt von Interpretationsmöglichkeiten das Eingeständnis einer gewissen Unsicherheit und Brüchigkeit. Bezogen auf die Begegnung mit dem Fremden stellt die Einsicht in die Kontingenz der eigenen Konstruktionen, die auf Interpretationen beruhen und nicht eine äußere Realität abbilden, die Voraussetzung dafür dar, das Fremde als Fremdes zu erkennen, ohne es sofort in das eigene kulturelle Muster einverleiben zu wollen (vgl. Reich 2002, 187).

Die Zuschreibung von Fremdheit erfolgt ebenfalls auf Grundlage von Interpretationen. Hierbei besteht jedoch in Bezug auf die Betrachtung und das Verhältnis zum Fremden trotzdem immer auch die Gefahr, dass das Fremde nur vermittelt über das eigene Ordnungs- und Interpretationsmuster wahrgenommen wird. Dies lässt wiederum nur eine begrenzte Wahrnehmung des Fremden zu. Auch wenn eine „neutrale" Wahrnehmung, ein vollkommenes Verständnis des Anderen, eine Befreiung vom eigenen ethnozentrischen Blick nicht möglich ist, so sind Selbstreflexion und Perspektivenwechsel sowie ein Wechsel von Selbst- und Fremdbeobachterpositionen ein Schritt in die Richtung zur Relativierung des eigenen Blicks und zur Anerkennung anderer, fremder Ansichten. Ein wichtiger Perspektivenwechsel wurde zum Beispiel durch die Cultural Studies und den Postkolonialismus evoziert, die zum einen durch Konzepte wie Hybridität und *Culture's In-Between*, Diaspora und *différance* die Widersprüchlichkeit von Ethnizitäten in multikulturellen Gesellschaften thematisieren und zum anderen gleichzeitig das westliche Narrativ der Moderne durch das Einbringen bisher marginalisierter Perspektiven dekonstruieren. Damit verbunden ist auch der Hinweis auf die Notwendigkeit der Reflexion von Machtasymmetrien und hegemonialen Deutungshoheiten innerhalb multikultureller Gesellschaften, in denen das Miteinander eben nicht immer auf „ebenem Spielfeld" (Bhabha; zit. nach: Neubert 2004b, 127) abläuft. Die damit einhergehende Forderung nach Anerkennung dieser Pluralität und Widersprüchlichkeit führt zu einer weiteren Stufe von Ethnizität, die diese als Konstrukt versteht.

Ethnisches als Konstrukt

Diese Perspektive vom Ethnischen als Konstrukt ist ein „explizit konstruktivistischer Standpunkt" (Reich 2002, 190). Hierbei wird, angesichts der Pluralität und Widersprüchlichkeit und aufgrund der Forderung nach Offenheit und Toleranz gegenüber anderen Perspektiven als konstruktivistischer Grundmaxime, die „Interpretationsarbeit als re-/de-/konstruktiver Vorgang" (Reich 2002, 190) aufgefasst und die Annahme einer Meta-Perspektive und eines letzten und besten Beobachters abgelehnt. Beobachter sind jeweils situiert in „postmodernen Perspektiven, die den lokalen, ereignisbezogenen, pluralen und ethnisch wie kulturell widersprüchlichen Kontext zugeben" (Reich 2007, 77). Gleichzeitig wird in dieser Sichtweise anerkannt, dass jede Form kultureller Praktiken von bestimmten Vorannahmen, Machteinflüssen und Ethnisierungen durchzogen ist. Doch die Stärke dieser konstruktivistischen Perspektive liegt eben nicht darin, die Utopie einer machtfreien und nicht-ethnisierten Gesellschaft zu behaupten, sondern darin, dass die eigenen Konstrukte, zum Beispiel von Ethnizität und Fremdheit, als Konstrukte erkannt und reflektiert werden.[263]

---

263 Dazu gehört es auch, eigene Forderungen, wie zum Beispiel die nach radikaler Demokratie (vgl. hierzu Kap. 3.6) in pluralen, multikulturellen Gesellschaften, als hegemoniales Projekt,

Die Ethnisierung „*in/als* oder *als/in*" (Reich 2007, 77; Hervorhebungen im Original), ist, und das ist übertragbar auf die Zuschreibung von Fremdheit, demzufolge auch als Konstrukt zu verstehen, das stets auf bestimmten Vor-Verständigungen beruht, die es zu reflektieren gilt. Hierzu bietet der interaktionistische Konstruktivismus verschiedene Methoden und Perspektiven, wie zum Beispiel die konstruktivistische Diskurstheorie. Da die Bestimmung und Konstruktion von Fremdheit vor allem in Diskursen erfolgt, ist es sinnvoll, diese in Bezug auf die Aspekte von Macht, Wissen, Beziehungen und Unbewusstem hin zu analysieren.[264]

Diese drei Perspektiven auf Ethnizität sind zirkulär miteinander verwoben. Da Subjekte stets (als Beobachter, Teilnehmer und Akteure) in kulturellen Praktiken und Kontexten situiert sind, ist ein Austritt aus der ersten und zweiten Dimension von Ethnizität nie ganz möglich. Außerdem besteht bei der letztgenannten Dimension von Ethnizität immer die Gefahr der Überforderung (vgl. Reich 2002, 177) angesichts der unüberblickbaren Pluralität, die aufgrund des Wunsches nach Eindeutigkeit und einer vertrauten Ordnung häufig zu einem „Rückfall" auf eine der anderen Ebenen führt. Reich fasst die zirkuläre Verbundenheit dieser drei Perspektiven wie folgt zusammen:

„Wir sind immer schon in der Welt der kulturellen Ordnung und Kontexte eingeschlossen, bevor wir bewusst reflektieren und interpretieren; wir haben immer schon interpretiert, wenn wir uns für den pluralen, offenen und toleranten Weg eines Zugeständnisses von Konstruktionen entscheiden; wir sind als Beobachter damit implizite Teilnehmer an allen drei Perspektiven." (Reich 2002, 177)

Aber trotzdem ist die dritte Perspektive vom Ethnischen als Konstrukt als eine Metaebene anzusehen, die dabei hilft, die ersten beiden Perspektiven sowie die eigene ethnisch/kulturelle Einbettung und damit auch unserer Verständnis des Fremden, aus dieser Position heraus zu reflektieren und zu relativieren (vgl. Reich 2002, 191).

3.2.3 Vergleich von interaktionistisch-konstruktivistischer Perspektive auf Ethnizität mit Stuart Halls Verständnis von Ethnizität

Diese interaktionistisch-konstruktivistische Perspektive auf Ethnizität weist meiner Meinung nach mehrere Ähnlichkeiten zu Halls Konzept von Ethnizität auf:
Laut Hall ist Ethnizität notwendig, „um die Beziehung zwischen Identität und Differenz zu denken" (Hall 1999, 95), da diese den Ort und Raum, die Positionie-

---

das andere, mit dieser Vorstellung inkompatible Perspektiven ablehnt, anzuerkennen. Auch dies wird im interaktionistischen Konstruktivismus diskutiert, so zum Beispiel in Neubert/ Reich (2001) und Neubert (2002).

264 Vgl. hierzu Neubert/Reich (2000) und Neubert/Reich (2001).

rung beinhaltet, „von dem aus Menschen sprechen" (Hall 1994, 61).[265] Dies ist meiner Ansicht nach vergleichbar mit Reichs erstgenannter Stufe vom Ethnischen als kultureller Ressource, die die (notwendige) Ausgangsbasis für Realitäts- und Identitätskonstruktionen sowie Interaktionen darstellt. Allerdings ist es Halls erklärtes Ziel, den Begriff der Ethnizität „von seinen Äquivalenzen mit Nationalismus, Imperialismus, Rassismus und dem Staat zu entkoppeln" (Hall 1994, 22). Am Beispiel des britischen Thatcherismus (vgl. Hall 1994) beschreibt Hall eine hegemoniale Form von Ethnizität, die sich durch die Zugehörigkeit zur Nationalkultur begründet und nicht sich selbst, sondern nur Andere in ihrem Ethnisch-Sein wahrnimmt. Hall hingegen versteht Ethnizität immer als verortet in einer bestimmten Geschichte, zu einer bestimmten Zeit und im Rahmen bestimmter Machtverhältnisse. Ein Diskurs, wie zum Beispiel der der britischen Nationalidentität und -kultur, der jedoch die eigene Verortung vergisst, versucht, „für alle zu sprechen" (Hall 1994, 61) und alles Andere, alles Fremde unter die eigenen Vorstellungen zu subsumieren und zu marginalisieren.

Auf dieser Grundlage entstanden (und entstehen) unter anderem die verobjektivierenden Zuschreibungen vom Anderen als Anderer, wie zum Beispiel durch koloniale Stereotypisierungen (vgl. Kap. 2.3.3.2)[266], auf denen auch die Mechanismen und Wirkungsweisen des kolonialen Diskurses vom *Westen und dem Rest* (vgl. Kap. 2.3.3.1) basieren, der sich ebenfalls für einen Vergleich mit dem interaktionistisch-konstruktivistischen Verständnis von Ethnizität anbietet:

Die Mechanismen und Wirkungsweisen des kolonialen Diskurses vom *Westen und dem Rest* sowie seine hauptsächlichen diskursiven Strategien, laut Hall bestehend aus „1. Idealisierung; 2. […] Projektion der Wunsch- und Erniedrigungsphantasien; 3. […] Unfähigkeit, Differenz zu erkennen; 4. […] Tendenz, europäische Kategorien und Normen aufzuzwingen, die Verschiedenheit durch die Wahrnehmungs- und Repräsentationsweisen des Westens hindurch zu sehen" (Hall 1994, 166) (vgl. Kap. 2.3.3.1), sind meinem Verständnis nach implizit in den ersten beiden Stufen von Reichs interaktionistisch-konstruktivistischem Konzept von Ethnizität enthalten. Das Verhalten der Kolonisierenden möchte ich hierbei mit Reichs erster Ebene von Ethnizität vergleichen, in der Beobachter in ihren bekannten unreflektierten kulturellen Mustern verbleiben und diese auch auf die Bewertung Anderer hin anwenden, und diese, sofern sie nicht in das eigene Ordnungssystem „passen", abwerten, ausschließen und/oder bekämpfen. Tendenziell sind hierin auch bereits Aspekte von Reichs zweiter Ebene von Ethnizität als Interpretation enthalten, wobei das koloniale Weltbild als Großnarrativ die Grundlage der Interpretation des (kolonisierten) Anderen war.

Hierbei ist es wichtig hinzufügen und nochmals zu betonen, dass auch innerhalb des Diskurses vom *Westen und dem Rest* der *Westen* des Anderen, des Frem-

---

265 Die Beziehung von Identität und Differenz wird in Kapitel 3.3 ausführlich behandelt.
266 Die weitreichenden Folgen der Objektivierung und Nicht-Anerkennung der eigenen Identität insbesondere für die ehemals Kolonisierten wurden in Bezug auf die psychischen Folgen zum Beispiel von dem Psychiater Frantz Fanon analysiert. Vgl. hierzu Fanon (1981).

den bedurfte, um sein eigenes Selbstverständnis zu errichten, und dass gleichzeitig dieser Diskurs selber konstitutiv für die Konzeption und Konstruktion des Anderen war. Bezüglich der Rolle des „Rests" sehe ich, wenn auch mit einigen Abstrichen, Parallelen zu Reichs zweiter Perspektive auf Ethnizität (vgl. Kap. 3.2.2), da die Kolonisierten durch den Eintritt der Kolonisierenden mit einer anderen Kultur, anderen kulturellen Praktiken und Perspektiven konfrontiert wurden, was zur Verstörung des eigenen unreflektierten kulturellen Blicks führte und die Integration dieser anderen Perspektiven erforderlich machte. Gleichzeitig können aus meiner Sicht diese kolonialen Stereotypisierungen, auf denen die Konstruktionen des Anderen, des Fremden beruhen, vor dem Hintergrund von Reichs zweiter Ebene von Ethnizität auch als Interpretation verstanden werden, wobei diese in diesem Fall sehr vereinnahmende Interpretationen des Anderen darstellen und damit das verdeutlichen, was Reich als Gefahr dieser zweiten Stufe anführt (vgl. Reich 2002, 177). Bei diesem Vergleich muss darüber hinaus allerdings darauf hingewiesen werden, dass das Reich'sche Modell im Hinblick auf multikulturelle Gesellschaften entwickelt wurde; bei der Anwendung auf den Diskurs des *Westens und dem Rest* als die historische Grundlage heutiger postkolonialer Gesellschaften und Identitäten kann allerdings der Aspekt der Eroberung und der Machtungleichheit zwischen Kolonisierten und Kolonisierenden nicht genug betont werden.

Auch Hall leugnet also nicht die Bedeutung von Ethnizität als kultureller Ressource, fordert jedoch, dass Ethnizität nicht nur durch die „Marginalisierung, Enteignung, Verdrängung und das Vergessen anderer Ethnizitäten" (Hall 1994, 23) erhalten werden darf. Hall geht ebenso wie Reich über die erste Stufe vom Ethnischen als kultureller Ressource hinaus, in der der Beobachter nur in der übernommenen, traditionellen Perspektive des eigenen Kulturkreises verbleibt, und weist darauf hin, dass Ethnizität eben nicht mit der Zugehörigkeit zu einer bestimmten kulturellen oder nationalen Gemeinschaft gleichzusetzen ist (vgl. Hall 2000; zit. nach: Supik 2005, 56). Des Weiteren macht er in Bezug auf ein Verständnis von Ethnizität als Interpretation auf die Notwendigkeit einer kritischen Reflexion der in diese Interpretation eingehenden Faktoren aufmerksam. Weiterhin versteht auch Hall Ethnizität als ein Konstrukt, das sich unter anderem aus Erinnerungen und Narrationen über die Vergangenheit und die eigenen Wurzeln, aus politischen, historischen und kulturellen Rahmenbedingungen speist. Sein Konzept der Hybridität (vgl. Kap. 2.3.3.4) ist aus meiner Sicht ein Beispiel für ein Verständnis von Ethnizität als Konstrukt, das die Pluralität und Widersprüchlichkeit von kulturellen Kontexten und Identitäten bedenkt und mit einbezieht.

Ebenso wie Reich übersieht Hall nicht die Machtwirkungen innerhalb solcher Konstruktionen von Ethnizität und versteht Ethnizität als notwendiges, aber flexibles und kontextabhängiges Konstrukt, das insbesondere nicht einseitig nur von außen zugeschrieben werden darf (vgl. Hall 2000; zit. nach: Supik 2005, 56). Der Kampf gegen solche Zuschreibungen und um die Anerkennung bisher marginalisierter Perspektiven ist, wie das Beispiel von Halls Identitätspolitiken (vgl. Kap.

3.3.1.4) zeigt, eines seiner Hauptziele. Auch dies weist nach meinem Verständnis eine eindeutige Parallele zu Reichs dritter Dimension von Ethnizität und dem damit verbundenen Verständnis vom Fremden sowie zu der hiermit einhergehenden interaktionistisch-konstruktivistischen Forderung nach Anerkennung von und Offenheit für andere Weltanschauungen auf.

Zusammenfassend lässt sich sagen, dass auch Hall die Bedeutung kultureller Ressourcen im Sinne zum Beispiel lokaler Orte, Herkunft, Erinnerungen, Muttersprache und Religion für die Subjektkonstitution und -positionierung anerkennt und diese, ebenso wie der interaktionistische Konstruktivismus, nicht in einem essenzialistischen Verständnis von Ethnizität auf- bzw. begreift, sondern als Konstrukt versteht. Wichtig ist jedoch, und dies möchte ich abschließend als eine weitere Gemeinsamkeit hervorheben, der Aspekt der Verwobenheit und des Nebeneinanders der verschiedenen Ebenen von Ethnizität. Ähnlich wie Reich die zirkulären Wechselwirkungen der drei von ihm formulierten Ebenen von Ethnizität als kultureller Ressource, als Interpretation und als Konstrukt betont, die stets ineinander wirken, so formuliert Hall in ähnlicher Weise seine Auffassung des Nebeneinanders von alten und neuen Ethnizitäten:

> „Natürlich gibt es neben den neuen Ethnizitäten die alten Ethnizitäten und die Verbindung der alten essentialistischen Identitäten mit Macht. Die alten Ethnizitäten herrschen immer noch vor, sie regieren immer noch. Sie können sich ihrer Existenz nur dann sicher sein, wenn sie alle anderen zerstören. Die Vorstellung einer Identität, die weiß, woher sie kommt, wo ihr Zuhause ist, aber auch im Symbolischen lebt – im Lacanschen Sinne –, ist sich dessen bewusst, dass du nicht mehr wirklich zurück kannst. Du kannst nicht etwas anderes sein als du bist. Im Fluss der Vergangenheit und der Gegenwart musst du herausfinden, wer du bist. Diese Auffassung von Ethnizität kämpft derzeit auf verschiedene Arten quer über den gesamten Globus gegen die gegenwärtige Gefahr und Drohung der gefährlichen alten Ethnizität. Das ist der Einsatz beim Spiel." (Hall 1999, 98)

3.3 Die Dimension „Identität und Differenz" und die Bedeutung des Anderen

Der Wandel des Verständnisses von Fremdheit, der in dieser Arbeit dargelegt und begründet werden soll, steht in wechselseitigem Zusammenhang mit einer neuen, erweiterten Sicht auf Identität und Differenz, die diese, ebenso wie andere Wirklichkeitskonstruktionen auch, als (diskursive) Konstruktionen von Beobachtern im Rahmen von Kultur und kulturellen Machtverhältnissen versteht. Der Blick auf Identität und Differenz ist in diesem Zusammenhang auch insofern von Bedeutung, da letztlich die Identitätsfrage „immer nur die andere Seite der Fremdheitsfrage" (Böttcher 1993, 195) ist und umgekehrt.

Aus diesem Grund soll nun nachfolgend ein Wandel in der Vorstellung von Identität skizziert werden, der im Zusammenhang mit verschiedenen theoretischen und historischen Dezentrierungen zu sehen ist. Bedeutsam ist hierbei vor allem der Übergang von einer Differenz zur *différance*, der auch maßgeblich zu einer Veränderung des Verständnisses von Fremdheit beiträgt. Auf dieser Grundlage wird auch die Bedeutung „des Anderen" für die Subjektkonstitution ersichtlich.

3.3.1 Identität, Differenz und Dezentrierung

Der Begriff, die Bedeutung und die Entstehung von Identität wird aus unterschiedlichsten theoretischen Perspektiven betrachtet und definiert, was die große Vielfalt von unterschiedlichen Identitätstheorien und Identitätsbegriffen begründet, eine allgemeingültige Definition erschwert und eine vollständige Darstellung aller Identitätstheorien an dieser Stelle unmöglich macht.

Der Begriff „Identität" in einer soziologischen Dimension bezeichnet allgemein gesprochen die Situierung eines Individuums innerhalb eines (gesellschaftlichen) Beziehungsgeflechts (vgl. Nünning 2004, 277). Die Vorstellung über die Art dieses Zusammenhangs und die Konstitution bzw. Konstruktion von Identität hat sich jedoch im Lauf der Geschichte mehrfach gewandelt. Im Anschluss an philosophische Identitätskonzeptionen fokussieren namhafte Identitätstheoretiker, wie zum Beispiel Erikson, Mead, Krappmann, Habermas oder Keupp, durch unterschiedliche psychologische und soziologische Zugänge jeweils auf andere Aspekte von Identität: Identität als „Entwicklungsaufgabe", Identität als in Interaktion gebildet, Identität als Aushandlung, Identität als „Integrationsleistung", Identität als Erzählung und Patchwork (vgl. Auernheimer 2003, 68 f.; aber auch Keupp 2002; Keupp/Höfer 1997 und Erikson 1995).

Zentral für den sozialwissenschaftlichen Identitätsbegriff ist vor allem die Einbeziehung des Aspekts und der Bedeutung der Lebenswelt und der sozialen Interaktion für die Konstitution von Identität. Den Ursprung des modernen sozialwissenschaftlichen Identitätsbegriffs verortet Schmidt (2005, 18) im „amerikanischen Pragmatismus am Ende des 19. Jahrhunderts" und William James' „Konzept des *social self*" (ebd.; Hervorhebungen im Original) als Ausgangspunkt für „ein Verständnis der Soziogenese der personalen Identität" (ebd.). Jedoch wurde ihm zufolge erst mit George Herbert Mead, der auch grundlegend im interaktionistischen Konstruktivismus rezipiert wird (vgl. Kap. 1), die Vorstellung eines in vielen – vor allem psychologischen – Identitätstheorien als vorgängig vorausgesetztem Ich, „die Vorstellung eines substantiellen Selbst zugunsten einer Rekonstruktion des sozialen Prozesses aufgegeben, in dessen Verlauf die Konstitution des Selbst erfolgt" (Schmidt 2005, 19) und auf die Bedeutung der sozialen Interaktion, der Einbettung des Einzelnen in eine Gemeinschaft und der kommunikativen Komponente der Bildung von Identität fokussiert, was eine Ergänzung und Erweiterung des psychologischen Blicks auf Identität ermöglicht.

Auch für den interaktionistischen Konstruktivismus ist die komplexe Thematik der Identität (und Differenz) von entscheidender Bedeutung. Hierzu hat Reich in seinem Werk „Die Ordnung der Blicke" (1998a und b bzw. in der umfassend überarbeiteten Fassung von 2009a und b) – insbesondere im Hinblick auf die von ihm formulierte Kränkungsbewegung von Selbst und Anderem – eine umfangreiche Rekonstruktion und Reflexion verschiedener theoretischer Konzepte von der Moderne bis zur Postmoderne vorgelegt. Interessant ist, dass auch die Cultural Studies, auf die ich mich nachfolgend schwerpunktmäßig beziehen werde, eine ähnliche Rekonstruktion zu dieser Thematik vornehmen und sich hierbei vielfach auf dieselben theoretischen Konzepte beziehen, die auch der interaktionistische Konstruktivismus hierzu rezipiert. Dies bedingt die auch hinsichtlich dieser Dimension vorhandenen vielfältigen Berührungspunkte, Gemeinsamkeiten und Anschlussmöglichkeiten, die zwischen interaktionistischem Konstruktivismus und den Cultural Studies, die beide den Aspekt der Konstruktivität von Identität und Differenz betonen, vorhanden sind.

Hervorzuheben ist insbesondere der Aspekt der diskursiven Vermitteltheit von (kultureller) Identität im öffentlichen, kulturellen Raum und ihre realen Konsequenzen, den vor allem Hall als Hauptvertreter der Cultural Studies betont. Identitäten werden demnach „in und durch Kultur produziert, konsumiert und reguliert" (Lutter/ Reisenleitner 2005, 83); sie werden ebenso wie Bedeutungen generell, im Rahmen kultureller und symbolischer Repräsentationssysteme und Machtverhältnisse konstruiert. In diesem Zusammenhang möchte ich nochmals betonen, dass Repräsentationen hierbei nicht nur als nachträgliches Abbild verstanden werden dürfen, sondern als konstitutiv für die Bedeutung bzw. die Identität selbst. Identität bezeichnet laut Hall die „instabilen" und temporären „Nahtstellen" (Hall 1994, 30) zwischen Diskursen und Praktiken, das heißt der „Anrufung, uns als diskursiv bestimmtes gesellschaftliches Wesen zu verorten"[267], einerseits und Subjektivierungsprozessen, „die uns als Subjekte konstruieren, die sich ‚sprechen' lassen, die verständlich sind", andererseits (Hall 2004, 173). Dieses Verständnis von Identitäten impliziert erstens, dass diese nicht dauerhaft fixiert oder vollendet sind, sondern einem ständigen Wandel und Prozess des Werdens unterliegen, und zweitens, dass sie diskursiv durch und innerhalb von Diskursen und ihren jeweiligen Kontexten konstruiert werden. Aus diesem Grund plädiert Hall für ein Verständnis von Identität als Identifikation (vgl. Hall 1994, 72 und 196; Hall 1999, 91 und Hall 2004, 168 ff.), da dies die zuvor genannten Aspekte der Konstruktivität, Unabgeschlossenheit, Prozesshaftigkeit und Kontextabhängigkeit von Identität beinhaltet. Dies impliziert wiederum zweierlei: erstens ein Verständnis von Identifikation als „Prozess der Artikulation" (Hall 2004, 169) und zweitens die Bedeutung des Anderen für die Konstitution der

---

267 Der Begriff der Anrufung bzw. Interpellation geht zurück auf Althusser und seine Ideologietheorie innerhalb seiner Marx-Interpretation. Er sieht Ideologie als grundlegenden Bestandteil der Identitäts- und Subjektkonstruktion. Diese geschieht durch Interpellation des Individuums in die ihm durch das Bedeutungssystem zugewiesene Subjektposition. Erst dadurch erhält es den Status eines unterworfenen Subjekts (vgl. Hall 2004, 173 f.).

eigenen Identität[268]; ein Verhältnis, das durch Ambivalenz gekennzeichnet ist. Ersteres ergibt sich daraus, dass Hall bei Theorien von Foucault, Marx oder Althusser, die die Platzierung von Individuen in bestimmte diskursive Strukturen thematisieren, die Klärung der Frage vermisst, warum sich der Einzelne als Subjekt mit manchen Positionen identifiziert, mit anderen nicht, und wie Individuen diese Positionen unterschiedlich einnehmen und die Anrufung unterschiedlich umsetzen (vgl. Hall 2004, 183). Hieraus ergibt sich für Hall „das Erfordernis, das Verhältnis zwischen Subjekt und diskursiven Formationen als *Artikulation* zu denken" (Hall 2004, 183; Hervorhebung im Original). Unter Artikulation[269] versteht Hall eine zeitlich begrenzte Verbindung zweier Elemente zu einer vorläufigen Einheit, die jedoch immer unvollkommen und unabgeschlossen ist. Demzufolge ist laut Hall Identifikation ein solcher „Prozess der Artikulation, eine Vernähung, eine Überdeterminierung, nicht eine Subsumtion" (Hall 2004, 169). „Es gibt immer ‚zuviel' oder ‚zuwenig' – eine Überdetermination oder einen Mangel, aber niemals passt es richtig, nie wird es ein Ganzes." (Hall 2004, 169) Der zweite wichtige Punkt, der mit dem Begriff Identifikation konnotiert ist, ist das Verhältnis von Selbst und Anderem. Hierdurch soll verdeutlicht werden, dass Identität – dies hebt auch der interaktionistische Konstruktivismus besonders hervor – sich nur durch die Beziehung zum Anderen bilden kann. Hall greift diesbezüglich ebenso wie Reich zum Beispiel auf Lacan zurück, um zu begründen, dass Identität nicht aus dem Inneren des Individuums hervorgeht, sondern aus einem „*Mangel* an Ganzheit" (Hall 1994, 196; Hervorhebung im Original) entsteht, der von Außen, zum Beispiel durch den imaginierten Blick des Anderen gefüllt wird. Diesen Aspekt betont auch der interaktionistische Konstruktivismus, der, unter anderem durch Rückgriff auf Mead und Lacan, auf die Bedeutung des (symbolischen und imaginären) Anderen nicht nur für Interaktion und Kommunikation sondern auch im Hinblick auf seine Identität stiftende Funktion für das Subjekt aufmerksam macht (vgl. Reich 2000a, 76 ff. sowie Kap. 1 dieser Arbeit). Die Konsequenz daraus ist wiederum, dies geht aus den Cultural Studies wie auch aus dem interaktionistischen Konstruktivismus gleichermaßen hervor, dass keine klare Trennung mehr zwischen Selbst und Anderen angenommen werden kann, da der/ das Andere nicht (nur) im Außen zu verorten ist, sondern (auch) Teil des eigenen Selbst, der eigenen Identität ist (vgl. Hall 1994, 72 f. und Hall 1999, 93 f.).

Dies ist der Ausgangspunkt für ein Verständnis von Identität als durch Differenz, im Sinne einer *différance*, gebildet (vgl. Kap. 3.3.1.2), wie es zum Beispiel von Hall vertreten wird.

Diese hier angerissene Vorstellung von Identität ist entstanden auf der Grundlage umfassender historischer und theoretischer Wandlungsprozesse, die zur Dekonstruktion vorheriger essenzialistischer Identitätskonzepte geführt haben. Die Dezentrierungen, die der Zerrüttung des „alten" Identitätsverständnisses zugrunde lie-

---

268 Vgl. hierzu auch Kapitel 3.3.2.
269 Diesen Begriff entlehnt Hall bei Althusser, der ihm die doppelte Bedeutung „Ausdruck und Verbindung" gibt (Supik 2005, 53).

gen, sind basal für das Verständnis der vorangegangenen Ausführungen über (den Wandel von) Identität. Durch sie ist die „Wiederkehr der Frage nach Identität" (Hall 1999, 83) begründet. Hall versucht übrigens, die aus diesen Dezentrierungen resultierenden neuen und verschobenen Positionen des Subjekts in sein Paradigma neuer Identitäten aufzunehmen, ohne diese wiederum totalisieren zu wollen. Wichtig ist, dass der Begriff und das Verständnis von Identität als im Übergang begriffen verstanden wird. Identität kann „nicht mehr in der alten Weise", aber „zugleich nicht ohne die bisherigen zentralen Fragen gedacht werden" (Hall 2004, 168).

3.3.1.1 Dezentrierung des Subjekts

Das diskursive Verständnis von Identität, wie es beispielsweise Hall vertritt, ist also das vorläufige Ergebnis eines Wandels der Vorstellung von Identität, das vom Konzept des Subjekts der Aufklärung, über das soziologische Subjekt hin zum postmodernen Subjekt reicht (vgl. Hall 1994, 181).

Die Auffassung des Subjekts der Aufklärung beinhaltet die Vorstellung „eines vollkommen zentrierten und vereinheitlichten Individuum[s]" (Hall 1994, 181) mit einem festen und beständigen inneren Kern, mit einer kohärenten und stabilen Identität, ausgestattet mit Vernunft, Bewusstsein und Handlungsvermögen (vgl. ebd.). Auf dieser Vorstellung beruht unter anderem die „Logik von Identität" (Hall 1999, 84), die diese mit der Vorstellung von einem wahren Selbst gleichsetzt, das im Individuum selbst angelegt ist. Das Konzept des soziologischen Subjekts trägt dem Umstand Rechnung, dass der bisher angenommene innere Kern nur „im Verhältnis zu ‚bedeutenden Anderen' geformt wurde, die dem Subjekt die Werte, Bedeutungen und Symbole vermittelten – die Kultur, in der er/sie lebte" (Hall 1994, 182). Der immer noch angenommene innere Kern wird demnach durch Interaktion mit der Gesellschaft und ihren Anforderungen in einer Identität „vernäht" (ebd.). Diese (kulturelle) Identität verbindet Subjekt und Gesellschaft und macht beide stabiler, „einheitlicher und vorhersehbarer" (ebd.). Genau dies ist beim postmodernen Subjekt nicht mehr der Fall. Das postmoderne Subjekt ist aus mehreren, teilweise widersprüchlichen Identitäten zusammengesetzt, die in Abhängigkeit zum umgebenden kulturellen Kontext verändert werden, also stets unabgeschlossen sind. Postmoderne Identitäten sind angesichts der Diversität, Zerstreuung und Ent-Ortung (*dislocation*) von Kulturen in spätmodernen Gesellschaften fragmentiert und brüchig. Vor diesem Hintergrund ist das Bild einer „vereinheitlichten, vervollkommneten, sicheren und kohärenten Identität eine Illusion" (Hall 1994, 183).

Dieser Wandel der Konzepte, Vorstellungen und der Bedeutung von Identität sowie die Dekonstruktion des souveränen Subjekts der Moderne sind durch „fünf Beiträge zur Gesellschaftstheorie und den Wissenschaften vom Menschen" begründet, „deren Haupteffekt die endgültige Dezentrierung des cartesianischen Subjekts war" (Hall

1994, 193).[270] Als erste große Dezentrierung ist der Marxismus zu nennen. „Marx spricht davon, dass Menschen die Geschichte machen […], aber unter Bedingungen, auf die sie keinen Einfluss haben." (Hall 1994, 67) Das bedeutet, dass der Ursprung von Geschichte, Diskurs, Handeln, Fortschritt und auch Identität nicht allein in den Subjekten selbst angelegt ist, sondern dass Subjekte nur auf der Grundlage bereits vorgängiger historischer, materieller und kultureller Ressourcen und Strukturen handeln und existieren, die von anderen gemacht wurden. Der Marxismus dekonstruiert die Vorstellung vom handelnden Menschen als Urheber von Fortschritt und Geschichte und betont stattdessen die Eigendynamik und Strukturen des gesellschaftlichen Kontextes als wesentliche Bedingung auch für die Konstitution der Subjekte und ihrer Identität (vgl. Hall 1994, 183 f. und Hall 1999, 84 f.). Eine zweite große Dezentrierung geht von der Psychoanalyse aus: „Wenn uns Marx von der Vergangenheit her verdrängt hat, so hat uns Freud von unten her verdrängt" (Hall 1999, 85). Freuds Entdeckung und sein Konzept des Unbewussten[271] entlarvt, dass nicht der freie Wille und die Vernunft Grundlage von Identität, Struktur und Sexualität von Subjekten sind, sondern zu großen Teilen das Unbewusste. Durch diese Spaltung des Subjekts in bewusste und unbewusste Anteile wird das Konzept des cartesianischen Subjekts (Cogito ergo sum – Ich denke, also bin ich) ad absurdum geführt und die Vorstellung vom Selbst, von Identität, als einer gänzlich selbst-reflektierenden und selbsttransparenten Einheit destabilisiert (vgl. ebd.). Auch Lacan, mit seiner Weiterentwicklung der Psychoanalyse, verstört die Vorstellung einer naturgegebenen und einheitlichen Identität, indem er darlegt, wie die Vorstellung vom Ich als Ganzheit erst im sogenannten Spiegelstadium in Beziehung zum Anderen bzw. durch den Blick des Anderen gebildet wird. Identität ist demnach immer das „Resultat der Phantasien über sich selbst, die im Spiegelstadium gebildet wurden"; „es gibt immer etwas Imaginäres, Phantasiertes an ihrer Einheit", sie wurzelt immer im Unbewussten, „bleibt immer unvollständig" (Hall 1994, 195) und befindet sich in einem ständigen Prozess. Dies hebt auch der interaktionistische Konstruktivismus hervor und rezipiert in diesem Zusammenhang ebenfalls Lacan, der von Reich vor allem zur Begründung seiner dritten Kränkungsbewegung von „bewusst und unbewusst" herangezogen wird (vgl. Reich 1998a, 358 ff.) und der mit seiner Neufassung der Psychoanalyse, seiner Einführung der „Interaktion in die Psychoanalyse" (Reich 1998a, 465) und seinem Verständnis des Unbewussten vor allem relevant für das interaktionistisch-konstruktivistische Verständnis von Identität und das Register des Imaginären ist (vgl. Reich 1998a, 424 ff. und Reich 2000a , 85 ff.).

Die dritte große Dezentrierung geht von dem französischen Linguisten Ferdinand de Saussure aus. Seine Argumentation impliziert zweierlei: Erstens ist die Sprache dem Subjekt vorgängig. Das heißt, dass das Subjekt sich nur dadurch mitteilen kann, dass es durch bzw. in einem Diskurs und innerhalb bestehender Re-

---

270 In der nachfolgenden Beschreibung und Aufzählung der Dezentrierungen orientiere ich mich vor allem – auch hinsichtlich der Reihenfolge und Systematisierung – an Stuart Hall (vgl. hierzu Hall 1994, 193 ff. und Hall 1999, 84 ff.).

271 Dies wird im Hinblick auf die Re-/De-/Konstruktion von Fremdheit in Kapitel 3.7 aufgegriffen.

geln der Sprache und Kultur positioniert ist. Das Sprechen einer Sprache ist somit nicht nur individueller Ausdruck, sondern geht gleichzeitig immer mit der Aktivierung des weiten Spielraums an Bedeutungen, „die bereits in unseren sprachlichen und kulturellen Systemen eingebettet sind" (Hall 1994, 196), einher. Alles Gesagte enthält die Bedeutungen, die bereits vorher in die Zeichen eingeschrieben waren. Das Subjekt kann sich nur innerhalb dieses Rahmens artikulieren und muss sich darin bzw. dagegen positionieren. Zweitens werden diese Bedeutungen in und durch Sprache produziert.[272] Hierbei betont de Saussure die instabile und willkürliche Beziehung zwischen Signifikant und Signifikat. Die Beziehung zwischen Bedeutungsträger (Signifikant) und Vorstellungsinhalt (Signifikat) ist keine natürliche, sondern entsteht erst durch die Differenz zu anderen Zeichen. Hall verdeutlicht dies am Beispiel von Tag und Nacht – „Wir wissen was ‚Nacht' heißt, weil es nicht ‚Tag' heißt" (ebd., 196) – und verweist hierbei auf die „Analogie zwischen Sprache und Identität" (ebd., 196), die sich auch nur in Relation zum Anderen bildet. Es ist also festzuhalten, dass „der oder die einzelne SprecherIn die Sprache ebenso wenig beherrscht wie das Unbewusste" (Supik 2005, 20); er kann sie lediglich innerhalb bestehender Regeln von Sprache und Kultur benutzen und sich innerhalb des Rahmens der bereits in sie eingeschriebenen Bedeutungen positionieren. Dies ist übrigens in Verbindung mit Lacan zu sehen, der die Linguistik auf die Psychoanalyse anwandte und bemerkte, dass das Unbewusste ebenso „wie eine Sprache strukturiert" und ebenfalls nicht individuell, sondern „kulturell produziert" (Lutter/Reisenleitner 2005, 85) sei: So wie Individuen also die Sprache lernen, so wird auch ihr „Unbewusstes durch Wahrnehmungen und durch die Sprache anderer geformt" (Lutter/Reisenleitner 2005, 85). Ein dritter Aspekt innerhalb dieser Thematik wird durch spätere Sprachphilosophen, wie zum Beispiel Derrida, die an der Theorie de Saussures ansetzen, hervorgehoben: Derrida betont, dass Bedeutungen, ebenso wie Identitäten, nie endgültig fixiert werden können. Bedeutungen streben nach Schließung, die jedoch stets durch den – aus der instabilen Beziehung zwischen Signifikant und Signifikat resultierenden – Bedeutungsüberschuss untergraben wird. Der interaktionistische Konstruktivismus greift diese Thematik in den bereits genannten Perspektiven des Symbolischen, Imaginären und Realen auf (siehe Kap. 1) und verweist hierbei auf dieselben theoretischen Vorläufer wie zum Beispiel die Cultural Studies, um die Unabgeschlossenheit des Symbolischen durch das Imaginäre und Reale, und infolgedessen die Unmöglichkeit einer direkten Verständigung und eines kompletten (abschließenden) Verständnisses zu begründen.

Die vierte Dezentrierung ist durch die Werke Michel Foucaults begründet. Dieser thematisiert unter dem Begriff der *Disziplinarmacht* die Form gesellschaftlicher Machtausübung, die sich seit Beginn des 19. Jahrhunderts herausbildete und die zum Beispiel mittels Institutionen wie Schulen, Kliniken, Heimen, Kasernen und Gefängnissen Gesellschaft und Subjekte reguliert verwaltet, kontrolliert, diszipliniert und überwacht. Diese Disziplinarmacht wirkt nicht erst durch Sanktionierung

---

272 Dieser Aspekt wird, bezogen auf die Re-/De-/Konstruktion von Fremdheit, in Kapitel 3.5 aufgegriffen und ausgeführt.

bei Regelverstößen, sondern konstituiert die Individuen erst als Subjekte „(lat. Subjectum = das Unterworfene)" (Supik, 2005, 21) durch Normalisierungsforderungen, die „Leben und Sterben, Aktivitäten, Arbeit, Leiden und Lust des Individuums, wie auch seine Moral und seine Gesundheit und sein Familienleben" (Hall 1994, 197) betreffen und die auf die Subjekte von Geburt an einwirken. Macht beeinflusst jedoch nicht nur die Konstitution von Subjekten, sondern auch die Bestimmung von Wahrheit. Hierfür hat Foucault den Begriff des *Wahrheitsregimes* geprägt und besagt hiermit, dass Wahrheit in Diskursen und den in ihnen wirkenden Machtverhältnissen bestimmt wird. In Diskursen wird das Feld des Sagbaren und möglicher Subjektpositionen eingegrenzt, wobei auch hierbei keine absolute Schließung möglich ist und Neu-Artikulationen hegemonialer Deutungen nie vollständig verhindert werden können. Obwohl Foucault laut Hall die Frage auslässt, warum Subjekte bestimmte Subjektpositionen innerhalb des Diskurs- und Machtgefüges einnehmen oder Widerstand leisten (vgl. Hall 2004, 178 f.), so stellen seine Theorien dennoch eine wichtige Verschiebung der Perspektive dar: Erstens ist Wahrheit keine objektive Größe, sondern immer, abhängig von den Machtverhältnissen innerhalb einer Gesellschaft/eines Systems, diskursiv bestimmt, und zweitens ist das Subjekt ihm zufolge nicht mehr das Vorgängige, von dem Denken und Handeln ausgehen, sondern das Subjekt wird durch ihm vorgängige Diskurse erst formiert bzw. konstituiert. Die Annahme der Ursprünglichkeit des Subjekts ist hiermit verworfen. Auch bei dieser Dezentrierung sind Parallelen zum interaktionistischen Konstruktivismus auffällig, der ebenfalls Wahrheit, Wissen und Wirklichkeit als in Verständigungsgemeinschaften auf Zeit konstruiert ansieht und hierbei auch auf die Bedeutung von Machtverhältnissen[273] hinweist, die zum Beispiel mithilfe der interaktionistischen Diskurstheorie (vgl. Neubert/Reich 2000) reflektiert werden können. Auch Hall stellt diesbezüglich einen Zusammenhang her und sieht die Dezentrierung der Identität als „Folge des Endes einer Vorstellung von Wahrheit […], die direkt etwas mit den westlichen Diskursen der Rationalität zu tun hat" (Hall 1999, 86 f.):

„Dies ist die große Dezentrierung der Identität, die eine Folge der Relativierung der westlichen Welt darstellt – die Entdeckung anderer Welten, anderer Völker, anderer Kulturen und anderer Sprachen. Das westliche rationale Denken erscheint trotz seiner imperialisierenden Behauptung, *die* Form universalen Wissens schlechthin zu sein, plötzlich nur als eine weitere Episteme. Um die Worte Foucaults zu verwenden: nur ein weiteres Wahrheitsregime. Oder mit Nietzsche: kein absolutes WISSEN, keine reine WAHRHEIT, sondern nur eine weitere *bestimmte* Form von Wissen, die an bestimmte Formen von historischer Macht gefesselt ist. Die Verkettung von Wissen und Macht hat dieses Regime WAHR gemacht, hat diesem Regime die Behauptung ermöglicht, die Wahrheit über die Identität

---

273 Die Bedeutung des Aspekts der Macht bezüglich der Re-/De-/Konstruktion von Fremdheit wird in Kapitel 3.6 näher betrachtet.

für alle anderen auf dem Globus zu sagen." (Hall 1999, 87; Hervorhebungen im Original)[274]

Die fünfte Dezentrierung geht aus der feministischen Bewegung hervor, die Hall (1994, 198f.) zusammen mit anderen sozialen Bewegungen der sechziger Jahre, wie zum Beispiel der Studenten-, Friedens-, und Bürgerrechtsbewegungen, auch als „die historische Stunde dessen, was später Identitätspolitik genannt werden sollte" (ebd.), bezeichnet. Der Feminismus hinterfragt die zuvor durch die Natur begründete Trennung der Geschlechter und die daraus resultierenden Geschlechterverhältnisse und Rollen und enttarnt zum Teil auch Geschlechtsidentitäten, die soziale Praxis mitstrukturieren, als kulturelle und gesellschaftliche Konstruktionen. Er bekämpft die damit legitimierten Herrschaftsverhältnisse und Aufgabenzuweisungen und macht auf den männlich geprägten Blick aufmerksam. Dadurch, und durch den Slogan „Das Private ist politisch", verstört er die „Trennung zwischen ‚Innen' und ‚Außen', ‚Privatem' und ‚Öffentlichem'" (Hall 1994, 199) und „politisiert Subjektivität, Identität und Prozesse der Identifikation" (ebd.) in Bezug auf die Konstruktion geschlechtlicher Subjekte und Identitäten.

Zusätzlich zu diesen fünf theoretisch begründeten Dezentrierungen haben Veränderungen im gesellschaftlichen und kulturellen Bereich die Vorstellung stabiler Identitäten erschüttert. Die Vorstellung stabiler Identität wurde unter anderem durch die großen kollektiven Identitäten von „Nation", „Klasse", „Rasse", „Gender" und „westlicher Welt" gefestigt:

> „Wenn man seine Klasse kannte, kannte man seinen Platz im gesellschaftlichen Universum. Wenn man seine Rasse kannte, kannte man seine rassische Position innerhalb der großen Rassen der Welt in ihrer gegenseitigen hierarchischen Beziehung zueinander. Wenn man sein Geschlecht (*gender*) kannte, konnte man sich in den umfassenden gesellschaftlichen Kategorien zwischen Mann und Frau einordnen. Wenn man seine nationale Identität kannte, wusste man sicherlich von der Hackordnung des Universums." (Hall 1999, 87f.; Hervorhebung im Original)

Doch diese großen kollektiven Identitäten als Strukturierungsprinzipien, auch der individuellen Identitäten, erodieren zunehmend angesichts wachsender Unsicherheiten, die sich zum Beispiel durch das Ende des Ost-West-Block-Systems und die Verunsicherung der unter anderem auf dieser bipolaren Basis aufgebauten natio-

---

274 Dies verweist auf eine weitere wichtige Dezentrierung, nämlich die Dezentrierung des westlichen Blicks durch den Postkolonialismus (vgl. Kap. 2.3), der auch von besonderer Bedeutung im Hinblick auf die Thematik der Konstruktion von Fremdheit ist. Diese Dezentrierung zählt jedoch nicht in gleicher Weise zu der Liste der fünf Beiträge zur Dezentrierung durch Marx, Freud, de Saussure, Foucault und den Feminismus, die Hall zur Dezentrierung von Identität resümiert (vgl. Hall 1994 und Hall 1999), weil Hall hierbei nicht nur auf Beiträge anderer Denker zurückgreift, sondern selbst zu den bedeutendsten Vertretern postkolonialer Theorie zählt.

nalstaatlichen Konzepte äußern sowie durch Grenzüberschreitungen im kulturellen und wirtschaftlichen Bereich, die in Zusammenhang mit zunehmender Mobilität, Migration und Globalisierung zu sehen sind (vgl. Lutter/Reisenleitner 2005, 81 f.). Letztere tragen auch zur Auflösung nationaler und traditioneller Bedeutungszusammenhänge bei und sind Grund für die Veränderung von „Identitätsformationen" (Lutter/Reisenleitner 2005, 82). Nebenbei bemerkt stellen Theorien wie zum Beispiel der Postkolonialismus allerdings infrage, dass die kollektiven Identitäten und Konzepte von (nationaler) Kultur und Identität jemals so homogen waren, wie sie repräsentiert wurden, und zeigen die Mechanismen der Homogenisierung auf, die auf machtvollem Ein- bzw. Ausschluss und Vereinheitlichung vorhandener, (auch) interner Differenzen beruhen, durch die die Vorstellung einheitlicher Nationalkultur und (National-)Identität gespeist wurde (und noch wird).

Das ist grundlegend für das Verständnis dessen, was Hall „Neue Identitäten" bzw. „Neue Ethnizitäten" (vgl. Hall 1994, 66 ff. und Hall 1999, 95 ff.) nennt. Es wird hierbei nicht mehr von einem essenziellen, stabilen Identitätskern ausgegangen, sondern von einer Positionierung. Identitäten bestehen im Zeitalter der Postmoderne, der Migration und der Globalisierung aus einer Vielzahl von teilweise widersprüchlichen Diskursen und Positionen. Trotz aller Zersplitterung und Dezentrierung individueller wie kollektiver Identitäten kann auf Begriffe von Identität und Ethnizität nicht verzichtet werden. Positionierung ist der notwendige Standpunkt, von dem aus jemand spricht. Positionierung hat sowohl einen aktiven als auch einen passiven Aspekt: Einerseits wird das Subjekt durch die historischen, sozialen und kulturellen Verhältnisse positioniert, was aus interaktionistisch-konstruktivistischer Sicht eher den rekonstruktiven Faktoren bzw. Voraussetzungen entspricht, andererseits positioniert es sich selbst, zum Beispiel mithilfe der von Hall unter dem Konzept der Identitätspolitiken beschriebenen Strategien (siehe Kap. 3.3.1.4), was aus interaktionistisch-konstruktivistischer Sicht eher den konstruktiven Anteil bezeichnet.

3.3.1.2   Identität und Differenz

Von besonderer Bedeutung bei der Konstruktion von Identitäten in und durch Kultur ist der Aspekt der Differenz. „Identitäten werden durch, nicht außerhalb von Differenzen konstituiert, mehr noch, die Konstruktion von Identität erfolgt immer durch Differenz, durch die Beziehung zum anderen" (Lutter/Reisenleitner 2005, 85).

Die Zuschreibung von Differenz entsteht allerdings im Rahmen kultureller Repräsentationssysteme, diskursiver Formationen und Machtverhältnisse und ist aus diesem Grund ebenso wenig als natürliche Gegebenheit zu betrachten wie Identität. Dieser Faktor ist nachfolgend auch besonders wichtig für die Betrachtung von Fremdheit, unter anderem weil zum einen die Konstruktion von Fremdheit unter denselben „Rahmenbedingungen" geschieht und zum anderen, da die (Re-/De-/) Konstruktion von Fremdheit stets in Zusammenhang mit bzw. als Ergebnis von Prozessen der Konstruktion und Zuschreibung von Differenz erfolgt (vgl. hierzu auch Kap. 3.4).

Besondere Beachtung bei der Betrachtung von Differenz (und ihrer Wechselwirkung mit Identität) verdient in diesem Zusammenhang Derridas Konzept der *différance*, das sowohl der interaktionistische Konstruktivismus als auch die Cultural Studies rezipieren, um der „modernen Dichotomie von Identität und Differenz" (Supik 2005, 46) zu entkommen und auf dieser Grundlage den konstitutiven Charakter der Differenz für die Konstitution und Konstruktion von Identität zu begründen. Derridas Konzept der *différance* ist eines der wichtigsten Konzepte des Dekonstruktivismus. Es knüpft an de Saussures „Betonung der Differentialität der sprachlichen Zeichen" an und radikalisiert diese (Nünning 2004, 116). Durch den Buchstaben a im Begriff *différance* (statt différence), der in der Aussprache kaum hörbar ist, will Derrida auf eine weitere Bedeutung dieses Begriffs aufmerksam machen. Das französische Verb différer enthält demzufolge neben der Bedeutung „verschieden sein" die Bedeutung „aufschieben", die beide „zu seiner Aussagekraft" beitragen (Hall 1994, 75), beide allein nicht seine ganze Bedeutung erfassen und die unmerklich ineinander übergehen (vgl. Hall 1994, 33 und 75). Derrida macht sich die Doppelbedeutung dieses Verbs zunutze, um durch das Kunstwort der *différance* auf die Instabilität des Systems der sprachlichen Differenzen und auf die endlose Produktion von Differenzen aufmerksam zu machen. Bezogen auf die postkoloniale Situation beschreibt der Übergang von der Differenz zur *différance* die Verstörung binärer Gegensätze, die bisherige vermeintlich eindeutige (kollektive) Identitäten stabilisiert haben (vgl. Neubert 2004a, 94 f.).

Bezug nehmend auf Hall möchte ich auf vier weitere Theorien verweisen, die die immense Bedeutung von Differenz verdeutlichen. Zunächst ist hierzu der bereits mehrfach erwähnte Ansatz von de Saussure anzuführen, der zeigt, dass Bedeutung in der Sprache nur durch die Differenz zwischen Signifikant und Signifikat bzw. durch die Differenzen zwischen Signifikanten entsteht. Gleiches gilt auch für die „Funktionsweise" von Kultur. Des Weiteren ist die Theorie des Sprachwissenschaftlers Mikhail Bakhtins zu nennen. Dieser behauptet, dass „Bedeutung nur durch einen Dialog mit einem Anderen" und folglich nur durch die „Differenz zwischen den Teilnehmern jedes beliebigen Dialogs" (Hall 2004, 118) entsteht. Das bedeutet auch, dass der Sprecher sich nie der Ankunft und der Kontrolle einer von ihm intendierten Bedeutung sicher sein kann.[275] Ebenso bedeutsam sind die Arbeiten der Kulturanthropologin Mary Douglas und ihrer Vorgänger Emile Durckheim und Lévi-Strauss. Ihrer Theorie zufolge ist es ein Grundprinzip menschlicher Kultur, den Dingen durch die Zuweisung meist binärer Positionen innerhalb eines

---

275 Diesen Aspekt betont auch der interaktionistische Konstruktivismus. Dies wird bereits an der Rezeption des Kommunikationsmodells von Watzlawick deutlich, auch wenn dieses von Reich wesentlich erweitert wird. Hierin wird die Beeinflussung der Informationsvermittlung, Informationskodierung und -dekodierung auf der Inhaltsebene durch die Spannung zwischen Sender und Empfänger bzw. die Beziehungsebene allgemein thematisiert. Vgl. hierzu ausführlicher Reich (2000a, 33 ff.).

„klassifikatorischen Systems" (Hall 2004, 119) Bedeutung zu geben. Dieses „klassifikatorische System" (ebd.) als Basis der Bedeutungszuweisung basiert also auf der Konstruktion von Differenz in Form binärer Oppositionspaare, die meist auch mit einer bestimmten Wertung verbunden sind. „Die Kennzeichnung von ‚Differenz' ist also die Basis der symbolischen Ordnung, die wir Kultur nennen", und zugleich ist „Differenz [..] der zentrale Faktor für kulturelle Bedeutung" (Hall 2004, 119). Diese Klassifikationssysteme sorgen für Ordnung und eine gewisse Stabilität, solange nicht Ereignisse oder Menschen in einem kulturellen System auftauchen, die nicht in die bestehenden Kategorien einzuordnen sind. Als solche Störung der kulturellen Ordnung in Form subjektiv empfundener Bedrohung oder auch Faszination kann beispielsweise auch das/der Fremde (zum Beispiel in Gestalt eines Migranten) verstanden werden, insofern er/es die bestehenden symbolischen Grenzziehungen verstört und nicht eindeutig in das bestehende Klassifikationssystem einzuordnen ist.[276] Ähnliches meinte ich mit meiner These in Kap. 3.2.1, dass das Fremde in der Sprache des interaktionistischen Konstruktivismus als Einbruch des Realen, im Sinne des „noch nicht symbolisch Erfassten oder imaginär Erwarteten" (Neubert 2004b, 122), verstanden werden kann.

Der vierte Blick auf die Bedeutung der Differenz erfolgt aus einer psychoanalytischen Perspektive heraus, die sich insbesondere auf die Theorien von Lacan stützt. Seine Weiterentwicklungen der Freud'schen Psychoanalyse beleuchten den konstitutiven Charakter der Beziehung zu einem signifikanten Anderen als Basis für die Bildung der Subjektivität und des Bewusstseins des Selbst. Lacans Theorie des Spiegelstadiums besagt, dass das Selbstbewusstsein bzw. die Wahrnehmung als Subjekt im Kindesalter nur durch „den Blick vom Ort des Anderen" (Hall 2004, 121), das heißt zum Beispiel durch den Blick in den Spiegel, vermittelt zum Beispiel über den Blick der Mutter, entstehen kann. Dies fand, wie bereits mehrfach erwähnt wurde, auch Eingang in den interaktionistischen Konstruktivismus, der Lacans Theorie des Spiegelstadiums auch in sein Interaktionsmodell aufnimmt (vgl. Kap. 1 und das hier dargestellte Modell aus Reich/Wei 1997, 12), um hiermit die Bedeutung des anderen für die Bildung von Identität und im Hinblick auf die Bedeutung des Imaginären zu verdeutlichen und somit eine erweiterte Sicht auf Intersubjektivität zu entwerfen.

Entscheidend ist hierbei, dass nur die Unterscheidung vom Anderen und der Bezug zu ihm die Bildung personaler Identität ermöglicht. Dies impliziert allerdings neben der Erfahrung eigener Unvollständigkeit aufgrund der Trennung zwischen Selbst und Anderem auch die Erfahrung eines Mangels, da das Individuum des Anderen bedarf, um sich selbst als Subjekt imaginieren und konstruieren zu können. Die Erfahrung von Ganzheit ist demnach „illusorisch, denn sie entsteht gerade durch den Mangel an Ganzheit, der […] von außen gefüllt wird" (Krone 2000, 15).

Laut Supik (2005) betonen die beiden erstgenannten sprachwissenschaftlichen Konzepte nach de Saussure und Bakhtin „eher die *Beweglichkeit* und *Willkürlichkeit*

---

276 Diese Thematik wendet zum Beispiel Bauman (1998) auf die Kategorie des Fremden an, der nicht in die Opposition von Freund oder Feind einzuordnen ist (vgl. hierzu Kap. 2.2.5).

von Differenzen, Unterscheidungen und damit festlegbaren Bedeutungen", während der anthropologische sowie der psychoanalytische Ansatz eher „den konstitutiven *Notwendigkeitscharakter* von Differenz" (Supik 2005, 49; Hervorhebungen im Original) hervorheben.[277]

Vor diesem Hintergrund wird die Ambivalenz der aus den vier verschiedenen theoretischen Perspektiven beleuchteten Differenz deutlich, die sowohl positive als auch negative Aspekte aufweist:

> „Sie ist notwendig für die Produktion von Bedeutung, die Formierung von Sprache und Kultur, für soziale Identitäten und ein subjektives Bewusstsein des Selbst als ein sexuelles Subjekt. Und gleichzeitig ist sie bedrohlich, eine Quelle von Gefahr, von negativen Gefühlen, Spaltungen, Feindseligkeiten und Aggressionen gegenüber dem ‚Anderen'." (Hall 2004, 122)

Zusätzlich zu den oben aufgeführten Theorien ergänzt Hall seine Derrida-Rezeption durch Implikationen der Theorie der politischen Philosophen Ernesto Laclau und Chantal Mouffe, die auch im interaktionistischen Konstruktivismus rezipiert werden (vgl. z.B. Neubert 2002).[278] Dies geschieht in der Absicht, einem Verständnis von Derridas Konzept der *différance* im Sinne eines „endlosen Spiels der Differenz" und eines „endlosen […] Gleiten des Signifikanten" entgegenzuwirken (Hall 1994, 75 f.), einer Praxis, die er zum Beispiel bei US-amerikanischen Derrida-Rezeptionen moniert (vgl. ebd.). Ihm zufolge ist es insbesondere für sein Verständnis von Identität wichtig, die Spannung zwischen den beiden Konnotationen „verschieden sein" und „aufschieben" aufrechtzuerhalten (vgl. Hall 1994, 75). Genau dies gelingt seiner Meinung in der Rezeption des Dekonstruktivismus Derridas durch Laclau/Mouffe (vgl. Supik 2005, 49). Diese gehen ebenfalls von der Unmöglichkeit einer völligen Genähtheit bzw. Schließung von Bedeutungen und Identitäten in der Spätmoderne aus, bestreiten aber ebenso wie die „absolute Fixiertheit" die „absolute Nicht-Fixiertheit" (Laclau/Mouffe 2006, 149). Ihnen zufolge bilden sich in diskursiven Formationen „Nahtstellen" bzw. „Knotenpunkte", an denen sich Diskurse und Bedeutungen für eine gewisse Zeit festigen. Diese „partiellen Fixierungen" sind notwendig, denn, so argumentiert Laclau, „gerade um sich zu unterscheiden, um Bedeutungen zu untergraben, muss es *eine* Bedeutung geben" (Laclau/Mouffe 2006, 150; Hervorhebung im Original), wenn auch nur eine vorläufige. Im Zentrum dieser Knotenpunkte stehen die „privilegierten Signifikanten, die die Bedeutung einer Signifikantenkette [vorübergehend; Anm.: A.W.] fixieren" (ebd., 151). Diese „privilegierten Signifikanten" (ebd.) bezeichnen nicht mehr „differentielle Elemente einer diskursiven Formation", sondern sie stellen „Äquivalenzen zwischen solchen Elementen" her (Supik 2005, 50 f.). „Die Äquivalenzrelation besteht dann zu einem antagonistischen Äußeren, das vom System, um dessen Einheit es geht, ausgeschlossen wird." (Supik 2005, 51) Auf dieser Grundlage entsteht laut Supik die „Fiktion" kol-

---

277 Die Konzepte von Lacan und Derrida erachtet sie hierbei als die bedeutsamsten für Halls Identitätsbegriff (vgl. Supik 2005, 49).

278 Die Theorie von Laclau/Mouffe wird ausführlich in Kapitel 3.6 behandelt.

lektiver und sozialer Identität, die, ebenso wie andere Identitätsmerkmale, wie zum Beispiel Hautfarbe, Religionszugehörigkeit oder Nationalität, in bestimmten Situationen, in der Konfrontation mit „dem Anderen" als privilegiertes Merkmal in den Vordergrund treten kann (vgl. ebd., 50). Ein Beispiel für eine solche Äquivalenzkette ist die Identifikation afro-karibischer und asiatischer Menschen in Großbritannien mit der „schwarzen Identität". Hierbei treten kulturelle, ethnische und sprachliche Differenzen dieser Gruppen untereinander zugunsten des Kampfes gegen Rassismus und den verobjektivierenden, weißen, hegemonialen Blick in den Hintergrund. Diese Maßnahme war notwendiger Teil der ersten Identitätspolitik (vgl. Hall 1994, 81 ff.).[279]

Die Konstruktion von Knotenpunkten ist somit die Basis von Artikulation (Laclau/Mouffe 2006, 151), was als zusätzlicher Beleg für die oben beschriebene These Halls gewertet werden kann, dass Identität als Artikulation zu verstehen ist.

Ziel dieser Darstellung im Anschluss an die Differenzkonzeptionen ist, zu verdeutlichen, dass keiner der genannten Aspekte von Identität allein gesehen und überbetont werden darf. Es ist für dieses „neue" Verständnis von Identität wichtig, Positionierung und Bewegung, Differenz und Positionierung sowie Identität und Differenz stets zusammen und gleichzeitig zu denken. Dies sind jeweils die „beiden notwendigen Enden der Kette" (Hall 1994, 77).

Nebenbei bemerkt ist genau das der Unterschied zur Vorstellung mancher postmoderner Theorien, die Identität im Sinne eines nomadischen Umherwanderns von Subjekten verstehen, die frei von kulturellen Bindungen zu sein scheinen.

3.3.1.3   Kulturelle Identität

Da, wie oben beschrieben, die Konstruktion von Identität (und Differenz) immer im Rahmen von Kultur erfolgt und in Zusammenhang mit der Einbindung in kulturelle und gesellschaftliche Kontexte zu betrachten ist, sensibilisiert dies einerseits für die Verschränkung von individueller und kultureller Identität und erklärt andererseits den Versuch der Übertragung individueller Identitätskonzepte auf Kollektive (vgl. Schmidt 2005, 28 ff.).[280] Im Hinblick auf kollektive Identitäten macht insbesondere die postkoloniale Theorie darauf aufmerksam, dass diese die „Verdrängung von politisch und sozial bedingten Spaltungsphänomenen" voraussetzen und „durch die bewusste […] oder unbewusste […] Übernahme von fremdbestimmten Kollektivbildern geprägt" sind (Nünning 2004, 276).[281]

---

279 Vgl. Kapitel 3.3.1.4

280 Letzteres gilt übrigens auch für das Konzept des (individuellen) Unbewussten, das ebenfalls, in Form des kollektiven Unbewussten, auf das Kollektiv bezogen wird. Hierbei stellt das kollektive Unbewusste in C.G. Jungs „dreiteiligem Schichtenmodell" (Nünning 2004, 680) neben Bewusstsein und individuellem Unbewussten einen der drei Teile des Individuums dar (vgl. ebd.).

281 Hieran wird ein weiteres Mal der Zusammenhang von (der Konstruktion) kollektiver Identität und (kollektivem) Unbewussten deutlich.

Kulturelle Identität ist ein Beispiel bzw. eine Form von kollektiver Identität.

Prinzipiell gelten – und hiermit beziehe ich mich auf die Auffassung Stuart Halls – für kulturelle Identitäten dieselben Merkmale wie die, die oben bereits in Bezug auf Identität im Allgemeinen genannt wurden. Trotzdem möchte ich hierzu einige Punkte in einem eigenen Kapitel zusammenfassen. Das Konzept der kulturellen Identität beleuchtet die Aspekte der kulturellen Ressourcen und Kontexte sowie – interaktionistisch-konstruktivistisch gesprochen – die rekonstruktiven Voraussetzungen, die in jede Konstruktion von Wirklichkeit mit eingehen. Diese Faktoren sind somit, wie bereits mehrfach verdeutlicht wurde, auch die Grundlage für jede Identitätskonstruktion (sowohl von persönlichen als auch kollektiven und kulturellen Identitäten), da diese im öffentlichen Raum diskursiv ausgehandelt und vermittelt wird. Auch die kulturelle Identität ist – so betont Hall – nicht im Sinne eines „kollektiven, einzig wahren Selbstes" zu verstehen, sondern als „instabile Identifikationspunkte oder Nahtstellen, die innerhalb der Diskurse über Geschichte und Kultur gebildet werden" (Hall 1994, 30). Kulturelle Identität basiert nicht auf einem tatsächlichen gemeinsamen Ursprung, sondern „sie wird immer durch Erinnerungen, Phantasie, Erzählungen und Mythen konstruiert" (ebd., 30) und durch den Rückgriff auf ein vermeintlich einheitliches „kulturelles Gedächtnis" (vgl. Assmann 2010) und die hiermit verbundenen Rituale, Mythen, Narrationen und Symbole stabilisiert. Trotz dieser Konstruiertheit hat sie reale Auswirkungen und Effekte auf die Subjekte, denn die Repräsentation kultureller Identität ist keine nachträgliche Darstellung gegebener Verhältnisse, sondern konstitutiv für ihre Entstehung bzw. Bildung. Diese Repräsentationen werden generell und auch in Bezug auf kulturelle Identitäten im Rahmen kultureller Kontexte und Machtverhältnisse gebildet, wobei der Aspekt der Hegemonie eine bedeutende Rolle spielt (vgl. hierzu auch Kap. 3.6). Hall rezipiert hierzu Gramscis marxistische Auslegung des Hegemoniebegriffs. Dieser versteht Hegemonie „als die Dominanz einer bestimmten kulturellen oder ideologischen Auffassung in einer Gesellschaft, die nicht durch [direkten; Anm.: A.W.] Zwang, sondern durch das ‚Einverständnis' ihrer, durch die Intellektuellen der ‚zivilen' Gesellschaft bereits überzeugten Mitglieder, herrscht" (Nünning 2004, 250).[282] Innerhalb dieses hegemonialen Systems werden auch die Festlegungen über das Dazugehörige und das Ausgeschlossene, über Grenzziehungen sowie über die Konstruktion von Differenzen und die damit verbundenen Bewertungen getroffen. Dies hat wiederum die besagten realen Konsequenzen, insbesondere für die durch dieses System Stereotypisierten, Marginalisierten und Ausgeschlossenen, und dient gleichzeitig der Stabilisierung des vermeintlich in sich einheitlichen „inneren Kreises". Ein Beispiel für eine hegemoniale Konstruktion einer Gruppe bzw. Identität wird in Edward Saids Werk „Orientalismus", das von Do Mar Castro Varela/Dhawan (2005, 31) als „Gründungsdokument postkolonialer Theorie" bezeichnet wird, themati-

---

282 Eine ausführliche Darstellung der Rezeption Gramscis durch Hall ist in Hall (1989, 56 ff.) zu finden; eine Darstellung des marxistischen Hegemoniebegriffs in Laclau/Mouffe (2006).

siert.[283] Hierin beschreibt Said die hegemoniale Konstruktion des Orients bzw. der Orientalen und des Orientalismus als akademische Disziplin durch den Westen sowie die damit verbundenen Wertungen als primitiv und irrational im Vergleich zum überlegenen Westen. Er zeigt, wie die europäische Repräsentation nicht eine tatsächliche Essenz des Orients darstellt und abbildet, sondern diesen „politisch, soziologisch, militärisch, ideologisch, wissenschaftlich und imaginativ" erst erzeugt (Said 1981, 10). Diese westliche Imagination und Repräsentation des Orients geht einher mit der realen, materiellen Herrschaft des Okzidents über den ihm unterworfenen Orient, was wiederum als Begründung für oben genannte hegemoniale Darstellung bzw. Repräsentation herangezogen wird, die der Okzident vom Orient entwirft. Hegemonie dient somit der Herrschaftsstabilisierung, indem „der unterdrückten Bevölkerung durch Erziehung und kulturelle Praxen eine Einwilligung in hegemoniale Ordnungsverhältnisse abgerungen wird" (Do Mar Castro Varela/Dhawan 2005, 35). Dies ist meiner Meinung nach in gewisser Hinsicht vergleichbar mit aktuellen Darstellungen und Repräsentationen des Islams und der Muslime in westlichen Medien.[284]

Die hierdurch konstruierte Differenz ist in die kulturellen Identitäten eingeschrieben. Dies ist wiederum (möglicher) Ausgangspunkt für die Intervention Marginalisierter in die herrschenden hegemonialen *Repräsentationsregime*, wie Hall es beispielsweise in seinem Konzept der Identitätspolitiken (vgl. Kap. 3.3.1.4) beschreibt und wie zum Beispiel die Theorien der Cultural Studies und des Postkolonialismus generell eine Verstörung hegemonialer Perspektiven, Narrationen und Repräsentationen sowie eine Formulierung einer Gegen-Artikulation darstellen.

Abschließend möchte ich ein weiteres Beispiel für die Konstruktivität kultureller Identität auf Basis von Erzählungen und Mythen anführen, das auch den Wandel von der modernen zur postmodernen Vorstellung von kultureller Identität einläutet:

Dieses Beispiel betrifft die nationale Kultur, die in der Moderne „zu den Hauptquellen kultureller Identität" (Hall 1994, 199) zählt. Doch diese Nationalkulturen und nationalen Identitäten werden von Hall als diskursiver Entwurf, als in Repräsentation entstanden, und in Anlehnung an Benedict Anderson als „vorgestellte Gemeinschaften" (Hall 1994, 201) dekonstruiert, deren interne Differenzen und Spaltungen nur durch die „Ausübung kultureller Macht ‚vereinigt'" (ebd., 206) und vereinheitlicht werden konnten. Im postmodernen Kontext der Globalisierung werden vermeintlich geschlossene und zentrierte (kollektive) Identitäten, wie auch die nationale Identität, zunehmend fragmentiert und zerstreut. Das Ergebnis sind Identitäten, die sich im Übergang zwischen verschiedenen Positionen und verschiedenen kulturellen Traditionen bewegen. Es sind hybride und uneinheitliche Identitä-

---

283 Analog dazu hat sich mittlerweile übrigens im Ausgang von Hasan Hanafi auch ein Konzept, eine Theorie des Okzidentalismus entwickelt. Vgl. hierzu Hildebrandt (1998) und Hijiya-Kirschnereit (1997).

284 Eine ausführliche Untersuchung hierzu bietet zum Beispiel Edward Said (1997) in seinem Werk „Covering Islam: How the Media and the Experts determine how we see the rest of the world".

ten, die aus verschiedenen „Heimaten", Geschichten und Kulturen zusammengesetzt sind und zwischen diesen vermitteln und übersetzen.

3.3.1.4 Identitätspolitiken

Auch wenn die Identitätspolitiken Stuart Halls, die im Verlauf dieser Arbeit bereits mehrfach als Beispiele erwähnt wurden, nicht das zentrale Thema dieser Arbeit sind, möchte ich sie dennoch an dieser Stelle wenigstens knapp skizzieren, da sie sowohl einen bedeutenden Teil der Arbeit Halls ausmachen als auch den aktiven Teil der Positionierung darstellen, die seinem Identitätskonzept inhärent sind. Außerdem ist hierin nach meinem Verständnis der praktische Teil der Cultural Studies, nämlich die Umsetzung der politischen Intention der Veränderung kultureller, gesellschaftlicher, hegemonialer Verhältnisse, enthalten und analysiert. Hall unterscheidet zwei verschiedene Momente von Identitätspolitiken, die nachfolgend als Identitätspolitik 1 und 2 gekennzeichnet werden. Diese sind jedoch zeitlich nicht eindeutig voneinander trennbar, sondern sind im Sinne zweier „sich beständig überschneidende[r] und ineinander verwobene[r] Phasen derselben Bewegung" zu verstehen, die beide „ihre Wurzeln in der antirassistischen Politik und der Erfahrung der Schwarzen im Nachkriegsbritannien" haben (Hall 1994, 15). Identitätspolitik „ersten Grades" erläutert Hall anhand von Beispielen aus der Bewegung „schwarzer Identitäten" (Hall 1994, 79), die eine Reaktion auf die britische Politik des Rassismus war (vgl. Hall 1994, 78 ff.). Die Kategorie „schwarz" steht hierbei nicht für eine Hautfarbe, sondern für „eine historische, eine politische und eine kulturelle Kategorie" (Hall 1994, 79). Die Identifikation Marginalisierter aus verschiedenen Gesellschaften, aus der Karibik, Afrika und Asien, mit dieser „schwarzen Identität" (Hall 1994, 79) – trotz aller tatsächlichen Differenzen – ist die Basis für den antirassistischen Widerstand. Auf Grundlage dieser Solidarisierung innerhalb einer Gruppe und der Vereinheitlichung gruppeninterner Unterschiede zugunsten des Widerstands gegen hegemoniale Positionen und Repräsentationen erfolgt als weiteres Merkmal, als weitere Strategie das Aufgreifen und Hervorheben des Stigmatisierungsmerkmals und dessen Umwertung, wie zum Beispiel durch den Slogan „Black is beautiful" (Hall 1999, 86). Antirassistische Strategien dieser Art beruhen oft auf „einer bloßen Umkehrung" (Hall 1994, 20). Mit den genannten Merkmalen dieser Identitätspolitik ist die Vorstellung einer gemeinsam zu bildenden Front gegen den Feind verbunden. Dies geht wiederum mit der Fortschreibung bestehender essenzialistischer Vorstellungen und eines „Schwarz-Weiß-Denkens" (Supik 2005, 82) einher. Hauptziel dieser Art der Identitätspolitik ist es demnach, „die Unterdrückung der Schwarzen durch die Weißen zu bekämpfen, nicht jedoch notwendigerweise, die Unterscheidung aufzuheben" (Supik 2005, 82). Zur Beschreibung dieser Identitätspolitik verwendet Hall das Bild des „Bewegungskrieges" nach Gramsci (Hall 1989, 75). Hierbei stehen sich zwei in sich geschlossene, feindliche Heere auf einem überschaubaren Kampfplatz gegenüber, die jeweils auf einen blitzartigen und endgültigen Sieg spekulieren. Im Gegensatz dazu steht das Bild des „Stellungskrieges" (ebd.) für das, was Hall als Identitätspolitik 2 bezeichnet. Hiermit beschreibt Gramsci einen Krieg, der auf längere Zeit angelegt ist und der an verschiedenen Fronten geführt wird. Entscheidend ist hierbei „die gesamte Gesellschaftsstruktur, einschließlich der Strukturen und Institutionen der Zivilgesellschaft" (Hall 1989, 75). In der Identitätspolitik 2 wird dem Umstand der Heterogenität der Subjektpositionen und den unterschiedlichen Identitäten und Erfahrungen derer, die die Kategorie „des Schwarzen" bilden, Rechnung getragen, ebenso wie dem Umstand der Durchkreuzung der Kategorie des Schwarzen durch „Dimensionen von Klasse, Geschlecht, Sexualität und Ethnizität" (Hall 1994, 19). Damit verbunden ist die Erkenntnis, dass die Strategien der Identitätspolitik 1 letztlich die „Kernaussage des Rassismus" (ebd.) wiederholen und nicht nur zur Stabilisierung der eigenen Front beitragen, sondern auch zu der der Gegner. Ein „Stellungskrieg" (Hall 1989, 75) hingegen wird von einzelnen Stellungen bzw. Subjektpositionen aus geführt, die sich jedoch immer noch im vorherrschenden hegemonialen Rahmen befinden. Diese (vorläufigen, nicht-fixierten) Positionierungen, über die das Subjekt aktiv mitentscheidet, sind jedoch notwendig, um überhaupt sprechen zu können (vgl. Hall 1994, 61). Zusammengefasst ist das Ziel dieser Identitätspolitik zweiten Grades, „sich eine Repräsentation zu geben, aus dem Zustand des Gegenstandseins für den Anderen – also dem selbst immer nur derdiedas [!] Andere sein – herauszutreten und den eigenen Standpunkt in den ‚Stellungskrieg' um hegemoniale Positionierung einzubringen" (Supik 2005, 15). Diese beiden Momente von Identitätspolitik bestehen nebeneinander, wobei sich allerdings laut Hall, der sich auch hier auf Gramsci bezieht, eine Verlagerung zugunsten des Stellungskrieges feststellen lässt, in dem Strategien des Bewegungskrieges im Sinne einer „taktische[n] Funktion" (Hall 1989, 76) beibehalten werden (vgl. ebd.).

Diese aus Platzgründen stark verkürzte Darstellung von Halls Identitätspolitik ist für das Verständnis der vorliegenden Arbeit insofern von Bedeutung, dass (kulturelle) Identität im Sinne einer „dezentrierten Positionierung" (vgl. Supik 2005) nur durch das Zusammenspiel der passiven Aspekte der Positionierung, was aus interaktionistisch-konstruktivistischer Sicht eher den rekonstruktiven Faktoren bzw. Voraussetzungen entspricht, und der in diesem Kapitel dargestellten aktiven Aspekte, was aus interaktionistisch-konstruktivistischer Sicht eher den konstruktiven Anteil bezeichnet, begriffen werden kann.

3.3.2 Die Bedeutung des Anderen

An diesen Ausführungen zur Identität und Differenz wird zusammengefasst auch die Bedeutung des Anderen für das Selbst, für die Identität des Eigenen deutlich. Der Andere ist konstitutiv für die Genese des Eigenen, er ist immer schon im Eigenen, im Selbst enthalten. Selbst bzw. Eigenes und Anderer sind stets untrennbar miteinander verbunden und bringen sich wechselseitig hervor. Das Selbst ist definiert durch die Differenz und die Beziehung zu einem Anderen und umgekehrt. Dies ist auch die Quintessenz der in Kapitel 2 beschriebenen unterschiedlichen theoretischen Ansätze: So betont beispielsweise neben den hier in diesem Zusammenhang schwerpunktmäßig rezipierten Cultural Studies und dem Postkolonialismus, die auf die konstitutive Bedeutung des „Rests" für den „Westen" und sein Selbstverständnis, auf den Aspekt der doppelten Einschreibung und der *différance* fokussieren, Sartre den (ent-fremdenden) Blick des Anderen, durch den Subjekt-Werdung und der Zugang zum Selbst erst ermöglicht wird, was wiederum durch die Perspektive der Psychoanalyse[285] ergänzt wird, die unter anderem den konstitutiven Blick des Dritten, des signifikanten Anderen thematisiert. Hierauf greift auch der interaktionistische Konstruktivismus zurück, der das Verhältnis von Selbst und Anderem im Kontext verschiedener Interaktionstheorien, vor allem im Rahmen der zweiten Kränkungsbewegung, die im Zentrum der Begründung des interaktionistischen Konstruktivismus steht, beleuchtet (vgl. Reich 1998a, 219 ff.).

Auch Agamben macht aus seiner Perspektive der politischen Philosophie mit seinem Begriff der *einschließenden Ausschließung* auf die Verbindung und die konstitutive Bedeutung des „Außen" bzw. des Ausgeschlossenen für das Innere, für das bzw. die in die Ordnung Eingeschlossene(n) aufmerksam. Weiterhin argumentieren auch soziologische Perspektiven mit dem Verhältnis zur Ordnung, in deren Rahmen die Konstruktion von Fremdem wie auch Eigenem erfolgt und die Zuordnung (zu Eigenem und Fremdem) bestimmt wird, deren Differenz wiederum grundlegend für die Herstellung und Stabilisierung eben dieser Ordnung ist.

Zentral ist in jedem Fall die Beziehung und Verbindung zu dem Anderen, dem Fremden in seinen unterschiedlichen (theoretischen) Fassungen und Ausprägungen, die den Anderen erst zu etwas anderem und das Selbst, das Eigene erst zum (vermeintlich klar abgegrenzten) Eigenen macht. Wichtig aus interaktionistisch-konstruktivistischer Sicht ist die Reflexion dieser Verbindung und des Anderen als (vorgängiger) „rekonstruktiver" Voraussetzung für die Bildung des Eigenen, wie auch die Reflexion der Konstruktion des Eigenen und des Anderen in und durch diese Verbindung, auch durch die Re-/De-/Konstruktion von Differenz. Gleichzeitig ist zu beachten, dass zusätzlich zu dem Aspekt der wechselseitigen Verflechtung von Eigenem und Fremdem und dem Konstruktionscharakter von Identität, Differenz und Fremdheit, der hier hervorgehoben werden soll, der Andere nicht auf das Selbst zu reduzieren ist, sondern der Andere als *absolut Anderer* (Lévinas), der Andere in seiner *radikalen Fremdheit* (Waldenfels), der nie vollständig (symbolisch und imaginär) zu erfassen ist, belassen wird.[286]

Die Differenz zum Anderen ist einerseits konstitutiv für das Selbst, für die Identität des Eigenen; andererseits wird gleichzeitig durch die Re-/Konstruktion von Dif-

---

285 Die Psychoanalyse wurde zwar nicht in einem eigenen Kapitel thematisiert, wurde aber an verschiedenen Stellen, zum Beispiel zur Thematik der Identität, bereits mehrfach angeführt und wird nachfolgend im Hinblick auf die Dimension des Imaginären bei der Re-/De-/Konstruktion von Fremdheit aufgegriffen (vgl. Kap. 3.7).
286 Dies werde ich in Kapitel 3.8 aufgreifen.

ferenzen, ihre hegemonialen Setzungen und ihre Zementierung Andersheit bzw. Fremdheit erst hergestellt.

Hiermit komme ich zu einem weiteren Punkt, der Abgrenzung von Anderem und Fremdem.

3.4 Die Abgrenzung „Fremd/Anderer"

Bereits in Kapitel 2 dieser Arbeit war auffällig, darauf habe ich eingangs bereits hingewiesen, dass in einigen theoretischen Perspektiven, die im Verlauf dieser Arbeit im Hinblick auf ihre Implikationen zur Thematik der Fremdheit hin betrachtet wurden, teilweise vom „Anderen" bzw. von „Andersheit" die Rede ist, in anderen Theorien jedoch explizit „Der Fremde" bzw. „Fremdheit" thematisiert wird. Der/Das Andere bzw. der/das Fremde werden oftmals synonym verwendet, ohne eine genaue Abgrenzung vorzunehmen.[287] Doch worin genau bestehen der Zusammenhang und die Gemeinsamkeiten und worin liegt der Unterschied bzw. inwiefern lässt sich das eine vom anderen abgrenzen?

Wie an den vorangegangenen Ausführungen, insbesondere zu Identität und Differenz, bereits deutlich wurde, ist die Beziehung von Selbst bzw. Ich und Anderem ein generelles Interaktionsverhältnis, das grundlegend für die Bildung von Identität, ist, die erst durch die (Konstruktion von) Differenz zum (individuellen wie auch generalisierten) Anderen in seinen je unterschiedlichen theoretischen Fassungen ermöglicht wird.

Werden diese Grundannahmen auf die Thematik des Fremden bezogen, so wird deutlich, dass, ähnlich wie bei dem hierfür grundlegenden Verhältnis von Selbst und Anderem, die wechselseitig aufeinander verwiesen sind, auch bei dem Gegensatz von Eigenem und Fremdem der eine des jeweils anderen bedarf und sich anhand dieser Differenz erst konstituiert.

Allerdings schwingt bei dem Begriff des Fremden mehr mit als bei dem im Vergleich hierzu neutraler anmutenden Begriff des „Anderen". Während der Andere ein (für die Bildung und Einbettung des Selbst) notwendiges, selbstverständliches Interaktionsverhältnis bezeichnet, so ist mit dem Fremdem oftmals eher etwas assoziiert, mit dem das Ich vermeintlich nicht in Verbindung steht und mit dem es nichts zu tun hat, das nicht dazu gehört oder nicht passt, das sich dem Zugriff entzieht, dem Eigenen nicht vertraut und unbekannt ist und Unbehagen, Angst oder auch Faszination auslösen kann.[288]

---

287 So bemerken auch König/Siemund (2001, 112) in ihrer Lektüre des Wörterbuchs der deutschen Gegenwartssprache zur Erläuterung des Wortes „fremd", dass „die Bedeutung von *fremd*, z.T. durch *ander*- paraphrasiert wird" (Hervorhebungen im Original).

288 Waldenfels sieht übrigens aus phänomenologischer Perspektive im Vergleich des Verhältnisses von Eigenem/Fremdem und Selbst/Anderem dahingehend einen Unterschied, dass Ersteres nicht, wie Selbes und Anderes, in ein „dialektisch zu vermittelndes Ganzes" (Waldenfels 2006, 20) mündet.

Die wechselseitige Verwiesenheit von Eigenem und Fremdem, auf die im Verlauf dieser Arbeit mehrfach hingewiesen wurde, ist hinsichtlich der Beziehung von Eigenem und Fremdem zunächst (noch) weniger offensichtlich und bewusst als beim Verhältnis von Selbst und Anderem. Auch für die Tatsache, dass hierbei überhaupt ein Beziehungsverhältnis vorliegt, welches der Konstruktion von Fremdheit zugrunde liegt, und dass Fremdheit nicht die Eigenschaft eines anderen oder einer anderen Gruppe ist, muss erst sensibilisiert werden.

Doch worin besteht nun der Zusammenhang zwischen dem Anderen und dem Fremden?

Beide sind in gewisser Hinsicht ein Gegenüber für das Ich/für das Eigene, mit dem dies in Beziehung steht und interagiert. Laut Rommelspacher ist Fremdheit eine spezifische Form von Andersheit (vgl. Rommelspacher 2002, 10 f.) und auch Gebauer/Wulf (1998) betonen, dass der Fremde lediglich eine von vielen möglichen „Figurationen des Anderen" ist:

> „Die Figurationen des Anderen sind vielfältig: der Fremde, der Feind, der Irre, das andere Geschlecht, das Gespenst, das Böse, das Unheimliche, das Heilige. In diesen Fällen kommt es zu Überlagerungen zwischen konkreten Ausprägungen des Anderen und dem ganz Anderen. Jede konkrete Figuration des Anderen verweist auf das sich der Bestimmung und der Festsetzung entziehende ganz Andere." (Gebauer/Wulf 1998, 241)

Aus meiner Sicht lässt sich schlussfolgern, dass jeder Fremde automatisch auch ein Anderer für das Ich ist, aber nicht jeder Andere gleichzeitig auch ein Fremder. Im Gegensatz zum Anderen als (für das Selbst) notwendigem Interaktionspartner ist der Fremde bzw. die Bestimmung des Fremden aufgeladen: Die Konstruktion und die Bestimmung des Fremden als fremd ist aufgeladen durch (Bedeutungs-)Zuschreibungen; sie ist, wie oben bereits ausgeführt wurde, abhängig vom sozialen, historischen und kulturellen Kontext und den jeweils gegebenen Machtverhältnissen. Fremdheit ist ein kulturelles Thema. Der Aspekt der Machtverhältnisse (vgl. hierzu auch Kap. 3.6) bedingt hierbei übrigens auch, dass im Gegensatz zum Verhältnis von Selbst und Anderem, das eine Gleichwertigkeit beider Positionen, eine grundsätzliche Möglichkeit der Austauschbarkeit bzw. Umkehrbarkeit der Positionen und hiermit auch eine wechselseitige Abhängigkeit impliziert, in der Beziehung von Eigenem und Fremdem aufgrund der Machtverhältnisse und der Definitionsmacht aufseiten des Eigenen eine Asymmetrie zuungunsten des Fremden markiert ist.

Entscheidend ist nun die Frage wie bzw. an welcher Stelle und wodurch der Andere zum Fremden (gemacht) wird.

Zentral ist hierbei neben der kulturellen Komponente bei der Zuschreibung und Re-/De-/Konstruktion von Fremdheit vor allem das Festschreiben und Zementieren von Differenz, zum Beispiel durch Stigmatisierung, Objektivierung, Stereotypisierung und fixierte hegemoniale Repräsentationen (vgl. Kap. 2.3.3.2) des Anderen, durch die dieser zum „permanenten Anderen" (Bauman 2005, 113) gemacht wird. Dies dient zum einen der (Begründung der) Exklusion des zum Fremden gemachten Anderen:

> „Das Stigma scheint eine bequeme Waffe für die Verteidigung gegen die unwillkommene Ambiguität des Fremden zu sein. Das Wesen des Stigmas ist die Betonung der Differenz, einer Differenz, die im Prinzip unaufhebbar ist und infolgedessen eine permanente Ausgrenzung rechtfertigt." (Bauman 2005, 114)[289]

Die Differenz des Anderen, deren Anerkennung und Akzeptanz grundlegend sowohl für die Genese des Selbst als auch für die Begegnung mit dem (radikal) Anderen ist (ohne diesen zu vereinnahmen), wird sozusagen instrumentalisiert und umgekehrt, indem Differenzen als „natürliche Attribute" des Anderen herausgestellt, betont und festgeschrieben, vor allem aber negativ besetzt werden. Damit verbunden ist neben der Ausgrenzung auch eine Abwertung des Fremden und hiermit eine Aufwertung des Eigenen und ein Versuch, dessen Überlegenheit zu sichern (vgl. Kap. 2.2.4).

Gleichzeitig bedingt die Exklusion des Fremden für diesen auch den Ausschluss von Wissensbeständen und die Unzugänglichkeit des *Common-Sense-Knowledge* und Rezeptwissens (vgl. Kap. 2.2). Die Zuschreibung von Fremdheit und der dadurch begründete Ausschluss wird auf diesem Weg zu einer *self-fulfilling-prophecy* mit realen Auswirkungen für den Fremden, der zum einen dieser Position somit nicht selbstständig entrinnen kann, was zum anderen die Wahrnehmung des Fremden als Fremden verfestigt und als Bestätigung und Begründung für die Exklusion und deren Fortsetzung dient.

Damit einher geht weiterhin auch der Versuch des Eigenen, sich vom Fremden, der durchaus auch Zielscheibe von Projektionen unerwünschter Anteile des Eigenen sein kann (vgl. Kap. 3.7), abzugrenzen und eine Distanz und Trennung zu ihm herzustellen, eine (vermeintlich) klare Grenze zwischen Selbst und Fremdem zu ziehen und die Beziehung und wechselseitige Verwiesenheit zu leugnen. Hiermit soll der Fremde gemäß der ursprünglichen Wortbedeutung des Wortes „fremd", das sich aus dem germanischen Wort „fram" ableitet, was soviel wie „weg von" bzw. „fern von" bedeutet (Münkler/Ladwig 1998a, 13), wieder in die Ferne „verbannt"[290] und so die „Synthese aus Nähe und Ferne" (Bauman 2005, 102), die der Fremde darstellt, durchbrochen und der Fremde aus dem Bereich des Eigenen, des Inneren

---

289 Vgl. hierzu auch Goffman (1975).
290 Die Nähe zur Terminologie Agambens ist in diesem Zusammenhang bewusst gewählt (vgl. Kap. 2.5).

„verdrängt" werden.[291] Dies dient wiederum der Sicherung der Identität des Eigenen und seiner Privilegierung. Indem der Andere als Fremder deklariert wird, wird versucht zu verhindern, dass seine Ambivalenz und „Ambiguität [...] die Klarheit der [..] [eigenen; Anm.: A.W.] Identität beschmutzt" (Bauman 2005, 113) und dass das vermeintlich mit sich selbst identische Eigene ebenso wie die hiermit verbundenen Normalitätserwartungen und -vorstellungen durch das Fremde infrage gestellt werden.

Entscheidend bei der Konstruktion des Fremden ist aus meiner Sicht somit vor allem die Intention (bzw. interaktionistisch-konstruktivistisch gesprochen auch das Begehren) bei der Konstruktion von Differenz, bei der Grenzziehung zwischen Selbst und Anderem bzw. Eigenem und Fremdem sowie die Art der Beziehung.

Fremdheit wird demzufolge erst in der Interaktion und durch die Beziehung zwischen Eigenem und Fremdem definiert und zugeschrieben; Fremdheit ist ein „Beziehungsmodus" (Schäffter 1991, 12), eine „spezifische Beziehungsdynamik" (Rommelspacher 2002, 12) bzw. stellt eine „Qualifizierung von Beziehungen" (Münkler/Ladwig 1998a, 12) dar.

Trotz der beschriebenen Versuche, das Fremde aus dem Bereich des Eigenen auszuschließen, ist dieses – gerade auch durch diese *einschließende Ausschließung* (vgl. hierzu Kap. 2.5) – ein Teil der Ordnung, die auf eben diesem Ausschluss und auf der Unterscheidung von Eigenem und Fremdem basiert und die wiederum der Bezugsrahmen für die Konstruktion von Fremdheit ist. Dieses Spannungsverhältnis ist charakteristisch für Fremdheit bzw. für das/den Fremde(n), der sich – im Gegensatz zum Anderen – durch einen Prozess der gleichzeitigen Ein- und Ausschließung auszeichnet und hieraus hervorgeht (vgl. Waldenfels 1997a, 21 und 146; Waldenfels 2007, 202 ff., Waldenfels 1990, 32 ff.).

Ziel dieser Arbeit ist es, dies sowie die wechselseitige Verwiesenheit von Eigenem und Fremdem sowie den Konstruktionscharakter von Fremdheit aufzuzeigen. Grundlage für ein derartiges verändertes Verständnis von Fremdheit als Konstruktion sind wiederum die oben dargestellten Perspektiven über die Bedeutung von Kultur und die in ihr wirkenden Machtverhältnisse (vgl. auch Kap. 3.6) und rekonstruktiven Voraussetzungen für die Zuschreibungen und Konstruktionen (kultureller) Identität und Differenz (sowie von Ethnizität und Nation) und die hierin definierten Grenzziehungen von Eigenem und Fremdem.

Hierdurch wird ein veränderter Diskurs über Fremdheit möglich, der wiederum auf die Perspektive, die Wahrnehmung und den Umgang von bzw. mit Fremdheit einwirkt und diese beeinflusst.

---

291 Gleichzeitig ist es so, darauf habe ich bereits eingangs mit dem Verweis auf Rommelspacher (2002, 9) hingewiesen, dass der Fremde erst „nah genug sein [muss; Einschub: A.W.], um fremd sein zu können".

3.5 „Sprache, Diskurse und Repräsentation" – Die symbolische Dimension der Re-/De-/Konstruktion von Fremdheit

> *Die Sprache aber ist, als ein Werk der Nation und der Vorzeit,*
> *für den Menschen etwas Fremdes.*
> *(Wilhelm von Humboldt)*

Diese Ordnung, in der die Konstruktion des Fremden erfolgt und zu der das Fremde (durch *einschließende Ausschließung*) in Beziehung gesetzt wird, ist unter anderem symbolisch erzeugt (vgl. Reich 2000a, 84). Mit dem Begriff des Symbolischen bezeichnet der interaktionistische Konstruktivismus Zeichen, Begriffe und Regeln mit festgelegten Bedeutungen, auf die sich innerhalb von Verständigungsgemeinschaften auf Zeit geeinigt wurde, so zum Beispiel Sprache und Verhaltensregeln. Das Symbolische ist notwendig, um sich überhaupt (mit anderen) verständigen und etwas bezeichnen zu können. Hierbei wird bei der Verwendung von Zeichen in Verständigungen immer „zugleich ein symbolischer Sinn, eine Bedeutung, eine Ordnung oder ein symbolisches Weltbild sichtbar" (Reich 2000a, 82), die hiermit automatisch aktiviert und transportiert werden.

Auch das Spiegeln des Anderen als Grundvoraussetzung für die Ausbildung einer eigenen Identität des Selbst (vgl. Kap. 3.3) „vermittelt sich in symbolischen Systemen über Sprache" (Reich 2000a, 84.). Gemäß Meads Theorie des symbolischen Interaktionismus ist die „Position des [generalisierten; Anm.: A.W.] Anderen [...] immer eine übergreifende Position" und ein „Ort symbolischer Ordnungen" (Reich/ Wei 1997, 10), insofern dieser als Vermittler symbolischer Leistungen, Ordnungen, kultureller Normen, Werte, Regeln und Rollen fungiert. Diese symbolischen Ordnungen enthalten einerseits die rekonstruktiven und dem Subjekt vorgängigen Voraussetzungen und Vorverständigungen (zum Beispiel Sprache), die, vermittelt über den (generalisierten) Anderen, Eingang in die Identität des Selbst finden und diesem erst die Artikulation und Positionierung innerhalb eines kulturellen und diskursiven Rahmens ermöglichen; das Subjekt, auch das fremde Subjekt als fremd, wird durch und innerhalb von (ihm vorgängigen) Diskursen konstituiert. Gleichzeitig werden hierin innerhalb dieses (notwendigen) Rahmens, auf den sich das Subjekt bezieht, gesellschaftlich geteilter Sinn, Bedeutungen, Wirklichkeit, Wissen und Wahrheit innerhalb von Verständigungsgemeinschaften auf Zeit konstruiert. Das Symbolische ist aus Sicht des interaktionistischen Konstruktivismus kein Abbild von Realität, sondern Realitäten werden (von Subjekten intersubjektiv) symbolisch konstruiert. Diesen Aspekt betonen insbesondere auch die Cultural Studies. Ähnlich wie eingangs in Kapitel 3.3.1 erwähnt, möchte ich auch an dieser Stelle nochmals auf die Gemeinsamkeiten von interaktionistischem Konstruktivismus und den Cultural Studies hinweisen, die sich auch im Hinblick auf die Dimension von *Sprache, Diskurse und Repräsentation* auf dieselben Theorien beziehen (darunter zum Beispiel Derrida und Foucault) und diesbezüglich zu ähnlichen Schlussfolgerungen,

Deutungen und Konsequenzen hinsichtlich der symbolischen (bzw. diskursiven) Re-/De-/Konstruktion von Wirklichkeit und Bedeutung kommen.

Diese symbolische Re-/De-/Konstruktion von Wirklichkeit, auf die sowohl der interaktionistische Konstruktivismus als auch die Cultural Studies fokussieren, betrifft auch die (Re-/De-/)Konstruktion von Fremdheit. Die Bestimmung und Zuschreibung von Fremdheit erfolgt, ebenso wie alle Produktionen, Repräsentationen und Kommunikationen von Bedeutungen, innerhalb des jeweiligen sozio-kulturellen Rahmens symbolisch in Diskursen. Unter Diskursen versteht der interaktionistische Konstruktivismus „jede Form von symbolischer Ordnung intentionaler Verständigungsprozesse, die in Verständigungsgemeinschaften auf Zeit bestehen und in denen es um die symbolische Konstruktion von Wirklichkeit als Ausdruck dieser Verständigungsgemeinschaften geht" (Neubert 2002, 65). Weiterhin sind Diskurse dadurch gekennzeichnet, dass sie als „symbolische Formationen [...] ein wiederkehrendes Muster von *Regeln, Verteilungen und Anordnungen* aufweisen [...], um sich festzuschreiben und zu einem Modell für andere Diskurse zu werden", und sich hierin gleichzeitig auch „Bewegungen innerhalb solcher Festschreibungen, in denen sich *Kontingenzen, Verschiebungen und Ersetzungen* geltend machen", ereignen (Neubert/Reich 2000, 44; Hervorhebungen im Original).

Auch die Setzung von Differenzen erfolgt diskursiv. Diese entscheiden über Ein- und Ausschluss, Zugehörigkeit und Nicht-Zugehörigkeit, Vertrautheit und Unvertrautheit sowie über Normalität und die Zuordnungen zu bzw. die Zuschreibungen von Fremdem und Eigenem. Der Diskurs ist, wie auch Hall betont, eine Form der Repräsentation (auch) dieser Verhältnisse (vgl. Hall 1994, 150). In Diskursen wird Fremdheit bzw. der Fremde diskursiv produziert; der Diskurs bringt (hegemoniales) „Wissen" über den Fremden hervor. Dieses findet Eingang in das allgemeine Rezeptwissen, das wiederum als (rekonstruktiver) Rahmen bzw. Voraussetzung für nachfolgende Konstruktionen von Fremdheit bzw. dem Fremden fungiert und auch die Wahrnehmung und den Umgang mit dem Fremden beeinflusst, ebenso wie den Raum, die Rolle und die Funktion, die diesem auf dieser Grundlage zugeteilt wird. Aufgrund der bis zu diesem Punkt vielfach erwähnten Überdeterminiertheit, Mehrdeutigkeit und Kontingenz des Symbolischen, der Nicht-Fixiertheit von Bedeutungen und der daraus resultierenden Offenheit und Nicht-Genähtheit von Diskursen ergeben sich Räume für Umdeutungen, Neuinterpretationen und Gegenartikulationen. Nicht zu vergessen ist jedoch auch hierbei der Aspekt der Macht(-Verhältnisse) (vgl. hierzu auch Kap. 3.6), der die Möglichkeit von Veränderungsoptionen beeinflusst.[292] Die diskursive Re-/De-/Konstruktion von Fremdheit und die bereits er-

---

292 Die beiden letztgenannten Aspekte der Überdeterminierung und der Macht werden insbesondere von den Cultural Studies hervorgehoben und herausgearbeitet. Sie stellen theoretische Schwerpunkte ihrer Auseinandersetzung dar und wurden hierdurch überhaupt in den Fokus gerückt. Hiermit lieferten sie wichtige Anschlussmöglichkeiten, auch für den interaktionistischen Konstruktivismus, und sind Wegbereiter und (Mit-)Initiatoren eines neuen, veränderten Verständnisses von Kultur, Identität, Differenz und auch Fremdheit, die diese als Konstrukt versteht.

wähnte Überdeterminiertheit von Diskursen bedingt auch, dass Fremdheit im Sinne der Ethnomethodologie ein indexikalischer Begriff ist. Das bedeutet, dass jegliche Äußerung, Repräsentation, Sinn und Bedeutung von Fremdheit auf den jeweiligen sozialen, historischen, kulturellen und situativen Kontext und Bedeutungszusammenhang bezogen werden muss und auch nur hieraus verständlich wird.

Ähnlich formuliert dies Reich (2002, 175):

> „Solch ‚verwickelte' Wörter sind auch Fremde oder Fremder, Fremdheit oder abstrakte Wörter wie ‚Ethnien' oder ‚Ethnozentrismus', die im sprachlichen Gebrauch variieren und sich je nach Kontext verwandeln. Solche Wörter sind nicht durch eine Rekonstruktion eines ‚Dings da draußen' aufzuhellen, sondern in unserem sprachlichen Gebrauch und Konsens, den wir als Beobachter mit einem bestimmten kulturellen Verständnis bilden, eingeschlossen und nur durch eine komplexe Reflexion auf diese Ausgangspunkte in ihren jeweiligen Kontexten zu bestimmen." (Reich 2002, 175)[293]

Diese Kontextabhängigkeit des Begriffs der Fremdheit begründet auch die Vielzahl an unterschiedlichen Bestimmungen, Vorstellungen und Konzepten von Fremdheit.[294] Sei es Fremdheit als das Anders-Artige, das Unvertraute, das Unbekannte, das Nicht-Zugehörige, das Ausländische, das Unheimliche, das Außerirdische, das Exotische, der von außen Kommende, der Gast, der Ausgeschlossene, der Barbar und viele weitere Facetten von Fremdheit oder Versuche, das Fremde zu beschreiben und zu konkretisieren, die sich wiederum im Lauf der Zeit und in Abhängigkeit von den historischen Gegebenheiten entwickelt und verändert haben.[295] Hierin spiegeln sich räumliche (nah/fern; von außen kommend), zeitliche (zum Beispiel modern/postmodern) und normative Differenzierungen und Bestimmungen von Fremdheit (vgl. Stagl 1997, 88 ff.). Ähnliche Differenzierungen und auch eine ähnliche Heterogenität des Fremdheitsbegriffs findet sich nebenbei bemerkt auch in anderen Sprachen: So wird im Englischen zwischen *foreigner, stranger* und *alien* zur Bezeichnung des Fremden unterschieden, während im Französischen die Begriffe *étranger* und *autre* verwendet werden, die allesamt aus dem Lateinischen abgeleitet sind (vgl. ebd.). Auch Untersuchungen zum Fremdheitsbegriff in anderen Sprachen, wie zum Beispiel im Griechischen, im Romani, in uralischen Sprachen, im Japanischen, in verschiedenen afrikanischen Sprachen und im Arabischen, förderten eine Vielfalt von Bedeutungen, Vorstellungen, Wahrnehmungen und Definitionen von

---

293 Die Formulierung „verwickelte Wörter" entlehnt Reich einem Zitat von Wittgenstein (vgl. Wittgenstein; zit. nach: Reich 2002, 175).

294 Diese Vielzahl von Bedeutungen von Fremdheit, die jeweils aus dem Zusammenspiel verschiedener Faktoren und Kontexte zusammengesetzt und verständlich sind, kann im Sinne Wittgensteins als *Familienähnlichkeit* bezeichnet werden.

295 Letzteres wird ausführlicher zum Beispiel in Kristeva (1990) dargestellt.

Fremdheit zutage, die in den verwendeten Begriffen ausgedrückt werden (vgl. hierzu vor allem Jostes/Trabant 2001).[296]

Nochmals zurückkommend auf den deutschsprachigen Raum sind diese unterschiedlichen Bedeutungen Grundlage für verschiedene Theorien über Formen und Grade von Fremdheit, die zum Beispiel zwischen sozialer und kultureller/lebensweltlicher Fremdheit (vgl. Münkler/Ladwig 1997a) oder zwischen alltäglicher, struktureller und radikaler Fremdheit (vgl. Waldenfels 1997a; vgl. auch Kap. 2.1.2) u.v.m., unterscheiden und hiermit das Phänomen der Fremdheit zu be-greifen, zu fassen und zu konzeptionalisieren versuchen und hiervon auch Möglichkeiten der Bewältigung von Fremdheit ableiten (vgl. zum Beispiel Münkler/Ladwig 1997a). All dies sind aus meiner interaktionistisch-konstruktivistischen Sicht letztlich Versuche, etwas (symbolisch) nicht (vollständig) Fassbares zu erfassen und zu be-greifen. Dies ist einerseits notwendig, um sich verständigen und handlungsfähig bleiben zu können. Gleichzeitig sind hiermit Auslassungen und Komplexitätsreduktionen verbunden, die wiederum abhängig vom Beobachter und seinem jeweiligen Kontext sind und dem Fremden in seiner Komplexität nicht gerecht werden können. Während einige Theorien, wie zum Beispiel die interkulturelle Hermeneutik, davon ausgehen, das mit einem gelungenen Verstehen des Fremden das Fremde verschwindet, da es verständlich wird, und hiermit aus meiner Sicht unter anderem teilweise den eigenen ethnozentrischen Blick vernachlässigen, betonen zum Beispiel Autoren wie Lévinas, aber auch Vertreter der „kritischen Ethnologie" (Münkler/Ladwig 1997a, 37), dass mit dem Moment des Verstehen-Wollens des Fremden eine Bemächtigung und Beherrschung des Fremden einhergeht. Auch Scherr sieht unter Bezugnahme auf Tzvetan Todorovs „historische Studie über die Eroberung Amerikas" das Verstehen als Beginn eines Zirkels von „Verstehen, Nehmen und Zerstören" (Scherr 1999, 62):

> „Insofern kann das Verstehen machtunterlegener Fremder als eine kommunikative Praxis charakterisiert werden, die gerade nicht wechselseitige Verständigung im emphatischen Sinne ist, sondern eine kommunikative Markierung von Differenz, die Eigenschaften zuweist, die dann die Grundlage weiteren Handelns sind. Je besser man solche Fremde verstehen kann, desto geeignetere Mittel ihrer Beherrschung kann man entwickeln. Und: je genauer sie verstanden werden, umso fremder erscheinen sie. Denn der ethnologische Blick sensibilisiert für Unterschiede, macht sie sichtbar." (Scherr 1999, 63; Hervorhebungen im Original)

---

296 Interessant ist hierbei aus meiner Sicht vor allem die Wahrnehmung des Fremden, die sich im klassischen Arabisch zeigt und die vor allem auf den Aspekt des subjektiven Fremderlebens fokussiert (vgl. hierzu Bauer 2001). Dies bedingt laut Bauer (2001, 104) neben einer anderen Wahrnehmung des Fremden auch einen unterschiedlichen Umgang mit dem Fremden in der islamischen Kultur als in der westlichen Moderne üblich: „Der Wunsch nach Beseitigung der Fremdheit hat hier nicht das Bestreben, die Andersartigkeit der Objekte zu beseitigen, sondern eine im Subjekt vorhandene Leere zu füllen. Fremdheit ruft nicht nach aggressivem Vorgehen gegen das Nichtvertraute, sondern nach der Herstellung einer neuen Vertrautheit, etwa der Gewinnung von neuen Freunden, die am Grab des bislang Fremden weinen werden, oder von Vertrautheit mit Wörtern, die durch ihre Fremdartigkeit bislang eine Lücke im Verständnis der Welt gelassen haben."

Hiermit wird zum einen hinsichtlich der Konstruktion von Fremdheit der Zusammenhang von Macht und dem Verstehen von Fremdheit deutlich, ebenso wie die Bedeutung der Intention und des Begehrens; auf beide Aspekte werde ich in den beiden nachfolgenden Kapiteln nochmals gesondert eingehen. Dem setzen Münkler und Ladwig (1997a, 37) das Argument entgegen, dass es einen Unterschied zwischen Verstehen und Aneignen gibt:

> „Eine Sprache lernen heißt, sich die Sprache aneignen. Doch was ich mir aneigne, ist per se nur das Wissen über eine Sache, nicht die Sache selbst. […] Nicht alles, was wir verstehen, besitzen wir auch, nicht alles, was wir begreifen, halten wir als Besitz in Händen." (Münkler/Ladwig 1997a, 37)[297]

Zu diesem berechtigten Einwand möchte ich anmerken, dass zum einen die Aneignung und die Vermittlung von Wissen, wie auch die Produktion von Wissen selbst, nicht neutral ist und nicht in neutralem Raum auf „ebenem Spielfeld" (Bhabha; zit. nach: Neubert 2004b, 127) erfolgt, und dass zum anderen gerade dieses Wissen über Fremdes von hegemonialen Machtverhältnissen und Deutungen geprägt ist und eben jenes Wissen reale Auswirkungen hat und sich in hegemonialen Repräsentationen manifestiert, die wiederum die Selbst- und Fremdwahrnehmung des Fremden und den Umgang mit ihm beeinflussen (vgl. Kap. 2.3.3.2). Gebauer/Wulf (1998, 244), die von einer „Nicht-Verstehbarkeit des Fremden" ausgehen, betonen hingegen, dass vor diesem Hintergrund gelungene Prozesse der Beschäftigung, Thematisierung und Verständigung mit dem Fremdem nicht nur Auswirkungen auf das (Selbst- und Fremd-)Bild des Fremden haben, sondern auch „Prozesse der Selbstthematisierung, Selbstbildung und Selbstfremdheit" (ebd.) bewirken.

Dieses Zitat ist auch aber auch in der Hinsicht interessant, insofern die Bemerkung, dass Aneignung sich auf das „Wissen über eine Sache, nicht [auf; Anm.: A.W.] die Sache selbst" (Münkler/Ladwig 1997a, 37) bezieht, nicht nur für das Aneignen von Wissen *über* etwas gilt, sondern auch auf die (diskursive) Produktion des Wissens, das ebenso wenig mit der Sache selbst zu verwechseln ist, bezogen werden kann.

In diesem Zusammenhang möchte ich anmerken, dass es auffällig ist, dass zwar das Fremde symbolisch nicht kontrollierbar und nicht (be-)greifbar ist, dass jedoch im Gegensatz dazu ein „exorbitantes Wissen über den/die Fremden" (Höhne 1998, 7) existiert, dessen vermeintliche Gewissheit (des Fremdbildes) „in einem eigenartigen Kontrast zur Unbekanntheit des Fremden" (Rommelspacher 2002, 10) steht.

---

297 In Bezug auf den hier zitierten Passus möchte ich darauf hinweisen, dass die Formulierung „nicht die Sache selbst" (Münkler/Ladwig 1997a, 37) aus interaktionistisch-konstruktivistischer Sicht problematisch ist und wohl so weder von Reich noch von Hall geteilt werden würde, da hiermit ein Realismus bzw. Naturalismus suggeriert wird, von dem sich sowohl der interaktionistische Konstruktivismus als auch die Cultural Studies distanzieren.

Aus Sicht des interaktionistischen Konstruktivismus existieren, wie schon in meiner Einführung in den interaktionistischen Konstruktivismus deutlich wurde, bereits in der Begegnung, Kommunikation und Interaktion von Mitgliedern einer Verständigungsgemeinschaft mit dem gleichen kulturellen Verweisungshorizont Verstehensgrenzen, die durch die symbolische Überdeterminiertheit, die imaginäre Unabgeschlossenheit bzw. durch die *Sprachmauer* (vgl. Reich 2000a, 94) begründet sind. Diese Problematik wird im Umgang mit dem Fremden noch verstärkt. Dies verdeutlicht nochmals die Notwendigkeit der Kenntnis der gemeinsamen symbolischen Ressourcen und der hierin eingeschriebenen Bedeutungen sowie der damit verbundenen Regeln, ebenso wie die Notwendigkeit eines gemeinsamen Verweisungs- und Verwendungshorizonts, unter anderem in Form des sozialisierten Rezeptwissens, der Kultur- und Zivilisationsmuster und des intersubjektiv geteilten Orientierungs- und Wissenssystems einer bestimmten Verständigungsgemeinschaft, als Grundvoraussetzung für Verstehen und Verständigung, Partizipation und Inklusion sowie für die viable Re-/De-/Konstruktion kultureller Wirklichkeiten in Diskursen, zu denen auch das Phänomen der Fremdheit zählt. Gleichzeitig sind genau diese symbolisch und diskursiv produzierten Vorannahmen und Re-/De-/Konstruktionen des Fremden aus interaktionistisch-konstruktivistischer Sicht kritisch zu reflektieren und zu dekonstruieren.

Daran anschließend möchte ich nun auf drei wichtige Punkte eingehen:

Der Diskurs über Kultur

Der erste Punkt betrifft den *Diskurs über Kultur*, den ich gesondert von Kapitel 3.2, das sich mit der *Bedeutung der Kultur* beschäftigt, behandeln möchte.

Das Fremde, bzw. das diskursiv konstruierte Fremde, ist einerseits eingebettet in den Diskurs um Kultur (vgl. Kap. 3.2) bzw. Ergebnis dieses Diskurses, insofern die Unterscheidung von Fremdem und Eigenem „die Grunddifferenz eines wesentlichen Teils des Kulturdiskurses" (Höhne 2001, 199) bildet. Gleichzeitig besteht Höhne (2001, 200) zufolge die zentrale Funktion des Kulturdiskurses in der „Definition des ‚Anderen' respektive des ‚Fremden'".

> „Diese Fremddefinition („Rasse", „Klasse", „Nation", „Frau" als das Andere des Eigenen) kann daher historisch als ein Proprium des Kulturdiskurses angesehen werden, das auf der Haltung des Vergleichs beruhte und zugleich eine Definitionsmacht darstellte." (Höhne 2001, 200)

Diese Grunddifferenz ist laut Höhne (1998, 2) in verschiedensten Wissenschaftsdisziplinen „strukturell im Diskurs [über Kultur; Anm.: A.W.] verankert" und stellt „ein konstitutives Element bzw. eine bestimmende Differenz dieses Kulturdiskurses" (Höhne 1998, 12) dar. Gleichzeitig ist andererseits ein Diskurs selbst eine „Art kultureller Praktiken, die [erst; Anm.: A.W.] die Voraussetzung dafür darstellt, dass wir überhaupt sinnvoll als Beobachter über kulturelle Praktiken sprechen und als Akteure an ihnen teilnehmen können" (Neubert 2002, 65) und die hierin stattfindenden Re-/De-/Konstruktionen von Fremdheit vornehmen und thematisieren können. Höhne betont, dass das Fremde, auch in seiner Grunddifferenz zum Eigenen, „nur im ‚Medium' bzw. innerhalb eines Diskurses über Kultur zur Darstellung kommen" (Höhne 1998, 12) kann.[298] Dies wird dann einerseits in Kultur selbst wirksam (vgl. Kap. 3.2), während gleichzeitig der Diskurs über Kultur selbst und die in ihm stattfindenden Unterscheidungen und Re-/De-/Konstruktionen von Fremdheit nur vermittelt über Kultur erfolgen kann. Weiterhin betont Höhne, dass die Grunddifferenz von Eigenem und Fremdem auch „nur innerhalb des Kulturdiskurses funktional ist" (ebd., 14). Der *cultural turn* in den Human-, Sozial- und Kulturwissenschaften, der maßgeblich auch durch die Cultural Studies angestoßen wurde (vgl. Winter 2001, 20), hat somit einerseits für die Bedeutung der Kultur bei der Re-/De-/Konstruktion von Wirklichkeit (und demzufolge auch Fremdheit) sensibilisiert, und in diesem Zusammenhang auch für eine „grundlegende Neubewertung von Symbolisierung, Sprache und Repräsentation" (Bachmann-Medick 2007, 13) gesorgt.[299] Auch die Entwicklung des interaktionistischen Konstruktivismus ist im Zusammenhang des hierdurch ausgelösten Paradigmenwechsels zu verorten. Gleichzeitig ist dieser Diskurs über Kultur zum dominanten Diskurs geworden, der mit seiner Grunddifferenz von Eigenem und Fremden „andere Unterscheidungen", wie zum Beispiel soziale, klassengesellschaftliche oder ökonomische, „überlagert" (Höhne 1998, 15) bzw. ablöst. Innerhalb des Diskurses um Kultur erfolgt die Bestimmung von Fremdheit, ebenso wie die Möglichkeit des Annulierens dieser Zuschreibungen durch die diskursive „Definition des ‚lediglich Kulturellen' im Unterschied zum Ökonomischen, Politischen oder, ja, *Sozialen*" (Bauman 2005, 119; Hervorhebung im Original).

Höhne kritisiert hierbei vor allem, dass mit der „Kulturalisierung [..] zumeist ein ‚Verschwinden des Sozialen' assoziiert" (Höhne 2001, 201) ist, insofern Migranten weniger „im Zusammenhang mit ihrer politischen, rechtlichen, ökonomischen Situ-

---

298 In diesem Zusammenhang betont Höhne, dass es einen unabhängig vom Diskurs der Kultur existierenden Fremden, zum Beispiel den „ökonomisch Fremden" (Höhne 1998, 12), nicht gibt. Dies ist interessant, insofern demzufolge mit Geld als verallgemeinerndem Äquivalent nur die Differenz von Ich und Anderem bleibt, der Andere jedoch nicht zum Fremden wird. Gleichzeitig ist anzumerken, dass auch auf dieser Ebene innerhalb der heterogenen gesellschaftlichen Gruppen selbst Differenzierungen und Spaltungen, zum Beispiel zwischen Arm und Reich, erfolgen. Ähnlich formulieren auch Münkler/Ladwig (1997a, 29) die Bedeutung des Geldes, das als Medium „das Gelingen von Austauschbeziehungen zwischen [einander; Anm.: A.W.] Fremden [..] erleichtert" ebenso wie die „Abstraktion von der Fremdheit des Fremden" (ebd., 30): „In der Form des Äquivalenztausches bildet es [das Geld; Anm.: A.W.] das gemeinsame Dritte, das die Überbrückung von Unterschieden nicht nur zwischen den getauschten Gütern, sondern auch zwischen den Vertragsparteien ermöglicht." (ebd.) In diesem Sinne wirkt das Geld als „Schleuse zwischen Eigenem und Fremdem" (ebd.). Gleichzeitig möchte ich in diesem Zusammenhang darauf hinweisen, dass Kapital in seinen unterschiedlichen Formen und Ausprägungen Fremdheit und die Distanz zwischen Eigenem und Fremden auch erst erschaffen kann, und dass im Rahmen von Kapitalisierungsprozessen neue (Formen von) Fremdheiten erst entstehen (vgl. hierzu Kap. 4 und Reich 2013).

299 Interessant ist in diesem Zusammenhang, dass Bachmann-Medick darauf hinweist, dass der *Cultural Turn* durch den *Linguistic turn*, der aus der Sprachphilosophie hervorging, erst ausgelöst wurde (Bachmann-Medick 2007, 33).

ation [..], sondern als eigene kulturell homogene Einheiten und ‚Soziotope‘" (Höhne 2001, 204) betrachtet werden. Dies basiert wiederum auf einem „ethnologischen Kulturbegriff", dessen „unreflektierte [...] Aufnahme" „in den Sozial- und Erziehungswissenschaften" (ebd., 201) er ebenfalls beanstandet, was er am Beispiel des „Ethnizitätsbegriffs" unter Bezugnahme auf Dittrich/Radtke illustriert:

> „Sein Re-Import [aus den USA, T.H.] konnte deshalb umstandslos gelingen, weil die Beobachtung ethnischer Differenzierung als empirische Realitäten und nicht als kategoriale Konstruktionen präsentiert werden. Die scheinbar empirische Evidenz der Phänomene macht die theoretischen Konzepte, mit deren Hilfe sie auch im Alltag erst hergestellt wurden, vergessen. Während biologische Gruppenmerkmale, wie Blutzusammensetzung und Hautfarbe als determinierende Faktoren aus der wissenschaftlichen Diskussion genommen wurden, kann der Kulturdeterminismus im neuen Gewande fortwirken. An die Stelle des Rassenkonflikts [...] ist der ‚Kulturkonflikt‘ getreten." (Dittrich/Radtke; zit. nach: Höhne 2001, 201 f.)

Durch den Kulturdiskurs, auf den laut Höhne die Merkmale des „diskreditierten [...] Rassediskurses" (Höhne 2001, 202) übergegangen sind (vgl. ebd.), konnten die hierin konstruierten Vorstellungen und Deutungen von Kultur und (kultureller) Fremdheit zu einem zentralen (und dominanten) Erklärungs-, Beschreibungs- und Deutungsmuster werden. Aufgrund dieses Aspekts der diskursiven Konstruiertheit von Kultur, Differenz und (kultureller) Fremdheit, die laut Höhne (2001) im Diskurs über Kultur zu verorten ist, können diese selbst Teil einer diskursanalytischen Betrachtung sein, auch insofern, da die Konstruktion, Bestimmung, Wahrnehmung und Bedeutung von Fremdheit immer in Relation zu der jeweiligen Diskurs- und Wissensordnung zu sehen und zu analysieren ist (vgl. Höhne 2001, 210).[300]

Es bleibt festzuhalten, dass im Diskurs über Kultur das Fremde eine Grundvoraussetzung darstellt und Fremdes in und durch diesen und andere Diskurse erst gebildet wird. Fremdheit und Kultur existieren demnach nicht „an sich [...], sondern nur als Objekt eines Diskurses" (Höhne 2001, 210).

Hiermit möchte ich überleiten zum angekündigten zweiten wichtigen Punkt:

Die Konstruktion von Fremdheit als Selbstlegitimierung von Wissenschaften

Fremdheit bzw. das Fremde ist Gegenstand vor allem der Sozial-, Kultur- und Erziehungswissenschaften. Eigene Teildisziplinen, zum Beispiel die interkulturelle Pädagogik, aber auch die interkulturelle Hermeneutik, beschäftigen sich explizit mit dem Fremden. Wichtig hierbei ist, und hiermit komme ich auf den Beginn meiner Argumentation in diesem Kapitel zurück, dass Wissen und Wissenschaft, auch bezo-

---

300 Die interaktionistisch-konstruktivistische Diskurstheorie bietet hierzu viable Positionen und Perspektiven zur Beleuchtung der hierin eingehenden Mechanismen und der daraus hervorgehenden Effekte an (vgl. hierzu Reich 1998b, 288 ff.).

gen auf das Wissen über und die Wissenschaft des bzw. vom Fremden, diskursiv im Rahmen von Machtverhältnissen erst re-/de-/konstruiert werden. Aber auch der/das Fremde selbst wird, wie oben erläutert, im Rahmen von Diskursen, zum Beispiel über Kultur, erst erzeugt.

Problematisch ist, dass in einigen theoretischen Ansätzen, die sich der Erforschung des Fremden widmen, dies, das heißt sowohl die eigenen wissenschaftlichen Vorannahmen und Bedingungen sowie die Positionierung als Beobachter, Teilnehmer und Akteur in historisch-sozio-kulturellen Kontexten als auch die Vorstellung von Wissenschaft als (vermeintliches) Aufdecken und nicht als Konstruktion von Wahrheit, Erkenntnis und Wirklichkeit sowie der eigene konstruktive Anteil an dem durch Wissenschaft hervorgebrachten Wissen, in diesem Fall über Fremde und Fremdheit, nicht reflektiert wird. So wird Fremdheit „nicht als Effekt wissenschaftlicher Diskurse, sondern als diesen vorgängige, zu erforschende, an sich seiende Entität und Essenz begriffen" (Höhne 1998, 11). Dies führt dazu, dass sich einige Ansätze auf die scheinbar objektive Beschreibung von „Lebensweisen, Sitten, religiösen Praktiken", zum Beispiel von „Ausländern" (Höhne 1998, 11)[301], beschränken und nicht die Konstruktion dieser Beobachtung selbst und die hierfür relevanten Faktoren berücksichtigen.[302]

Ähnliches wird auch an Höhnes kritischer Analyse der Repräsentation von „MigrantInnen in deutschen Schulbüchern der 1980er und 90er Jahre" (Höhne 2001, 206) deutlich:

> „Präsentiert als ‚die Fremden', die es zu verstehen gilt, so die dahinter stehende Interkulturelle Didaktik, werden MigrantInnen qua Arbeitsaufgaben zum Objekt von Befragung durch deutsche Schüler. Diese sollen etwas erfahren über die ‚andere Kultur', die multikulturell-folkloristisch aufgewertet und nicht mehr als vormodern abgewertet wird: Essen, Feste, Heimat, Religion, Sitten und Gebräuche werden zu festen Topoi von Schulbuchwissen über MigrantInnen. Durch die derart in den Unterricht induzierte interkulturelle Logik geraten Migrantenkinder in die Position der ‚Berichterstatter' über ‚ihre Kultur' – eine Rolle, die sie einnehmen müssen, um als Mitspieler im interkulturellen Spiel anerkannt zu werden. Ein wesentlicher Teil dieses Spiels besteht in der Opferrolle, in welche die Migrantenkinder aufgrund der Texte und Arbeitsaufgaben gerückt werden. Die deutschen SchülerInnen werden aufgefordert, zu überlegen, in welcher Weise nun geholfen werden kann. […] Deutsche Kinder werden […] gerade durch die handlungsorientierte Didaktik buchstäblich in

---

301 Interessant ist hierbei schon eine Betrachtung der Entwicklung der Bezeichnungen für die „kulturell Fremden", die vom „Gastarbeiter" über den „Ausländer" hin zum „Migranten" und zum „Deutschen/Bürger mit Migrationshintergrund" reichen. Hieran wird ein Bewusstsein erkennbar, dass symbolische Beschreibungen und Bezeichnungen Realität konstituierend und konstruierend sind.

302 Dies ist auch der Grund, warum ich in dieser Stelle auf die Darstellung und Untersuchung von (vermeintlichen) Merkmalen des Fremden verzichtet habe.

die Fremdwahrnehmung wie in die Helferpose eingeübt." (Höhne 2001, 207)[303]

Zentral ist hierbei zweierlei: Zum einen wird das Fremde im Kulturdiskurs, in dem Fremdheit bestimmt wird und eine konstitutive Funktion einnimmt, und somit auch in den Wissenschaften, die sich bei der Untersuchung des Fremden hierauf beziehen, „der zu entdeckende/verstehende/integrierende Fremde stets schon kategorial vorausgesetzt" und erhält „somit den Charakter eines Substanzbegriffs" (Höhne 1998, 11), der je nach Intention und Machtposition positiv oder negativ verwendet werden kann.

Hierbei besteht jedoch zum anderen die Gefahr, dass in dem Versuch, das Fremde zu beschreiben oder symbolisch zu fassen, dieser „aufs neue reproduziert und ‚festgeschrieben'" (ebd.) wird. So führt die (symbolische) Beschäftigung mit dem Fremden im Bereich der Wissenschaften zur Produktion von Wissen über den Fremden, das gleichzeitig den Fremden erst als Fremden re-/de-/konstruiert, den Rahmen für die Wahrnehmung und Erfahrung des Fremden sowie für nachfolgende Re-/De-/Konstruktionen von Fremdheit bildet, den Fremden als fremd markiert und in dieser Position festschreibt. Hierin wird ein Widerspruch deutlich: Die Wissenschaften, die sich mit dem Fremden beschäftigen und oftmals von der Intention des besseren Verstehens, der Annäherung, Integration und Inklusion oder auch des Ent-Fremdens des Fremden geleitet sind, bringen gerade dadurch den Fremden immer wieder überhaupt erst als „fremd" bzw. als „Fremden" hervor. Höhne (1998, 11) sieht hierin einen Versuch der „Selbstlegitimierung von Sozial- und Erziehungswissenschaften […], die in dem Aufweis der sozialen Relevanz des von ihnen produzierten Wissens liegt". Dies lässt auch zum Beispiel die interkulturelle Pädagogik in einem anderen Licht erscheinen, da sich diese mit einer solchen Vorgehensweise gewissermaßen ihr Arbeitsfeld, kulturelle Differenzen und kulturell Fremde, selbst schafft:

> „Eine Gesellschaft, die sich als multikulturell, modern, plural und individualisiert verstand, erhielt eine passende Beschreibungskategorie, indem sozial- und erziehungswissenschaftlich abgestütztes Wissen um die ‚kulturell Anderen' entwickelt wurde, wobei deren Fremdheit immer vorausgesetzt wurde und wird. Daraus ging eine normativ geprägte Interkulturelle Pädagogik hervor, die, Konzepte sogenannter ‚Ausländerpädagogik'

---

303 Interessant ist in diesem Zusammenhang auch die am 15.09.2011 im Auswärtigen Amt vorgestellte Studie des Georg-Eckert-Instituts zur Darstellung von Islam und Muslimen in europäischen Schulbüchern. Ergebnis dieser Studie ist, dass diese Darstellungen von Muslimen oftmals vereinfachend, homogenisierend, pauschalisierend und zu wenig differenziert sind. Angesichts der „Breitenwirkung" (Radkau 2011) des durch Schulbücher vermittelten Wissens plädiert Studienautorin Susanne Kröhnert-Othman für die Revision insbesondere der Inhalte zu „Migration": „Hier sollte vermieden werden […], Muslime als Sondergruppe außereuropäischer Zuwanderer zu präsentieren, deren mitgebrachte Traditionen per se eine Integration in europäische Einwanderungsgesellschaften verhindern" (Radkau 2011).

der 1970er Jahre ablösend, Topoi wie ‚Toleranz', ‚Anerkennung', ‚Verstehen' und ‚Empathie' einführte, um eine gegenseitige ‚Kennenlern-Kultur' deutscher und nicht-deutscher Schüler zu begründen. Diese floss in Form Interkulturellen Lernens und entsprechend ausgerichteter Didaktik auch in Schulbücher ein, die verstärkt MigrantInnen unter dem Vorzeichen kultureller Differenz thematisierten." (Höhne 2001, 205)

Die interaktionistisch-konstruktivistische Perspektive kann helfen, das jeweilige Verständnis von Wissen und Wissenschaft des Fremden und ihre Rolle, den Fremden hierdurch letztlich diskursiv erst hervorzubringen, kritisch zu reflektieren, ebenso wie die Verwendung des wissenschaftlichen Wissens und dessen Auswirkungen, zum Beispiel in Alltagswelt und Politik, zu hinterfragen und generell die Einsicht in die diskursive Konstruiertheit von Fremdheit zu fördern. Hierfür zu sensibilisieren, ist ein Ziel dieser Arbeit.

Fremdheit als Sprachspiel

Das, was ich zuvor aus interaktionistisch-konstruktivistischer Sicht als symbolische und diskursive Konstruktion des Begriffs, der Bedeutung und der Bestimmung von Fremdheit in Abhängigkeit von Beobachter und Kontext im Rahmen einer Verständigungsgemeinschaft auf Zeit thematisiert habe, möchte ich in nun um die Sicht der Sprachphilosophie und ihren Begriff des *Sprachspiels* ergänzen.

Nach Wittgenstein erlangen sprachliche Äußerungen und Ausdrücke ihre Bedeutung erst durch ihre Einbettung in die Welt, „nur im Zusammenhang mit nichtsprachlichen Aspekten des Weltverhältnisses" (Bertram 2011, 100) und „nur als Elemente einer ‚Lebensform'" (Bertram 2011, 101); sie sind nur aus dem Kontext heraus verständlich. Wittgenstein fasst dies in dem Begriff des *Sprachspiels* zusammen: „Bedeutung haben sprachliche Ausdrücke in Sprachspielen. Sprachspiele sind Zusammenhänge von sprachlichen und nichtsprachlichen Tätigkeitsformen" (Bertram 2011, 99). Hiermit argumentiert er gegen die Vorstellung „einer Identität von Zeichen und Sachen selbst" (Reich 1998a, 87) und gegen ein Verständnis von Sprache als Abbildung von Sachen und Wirklichkeit. Hiermit macht er auf den Zusammenhang und die Wechselwirkung von Sprache, Welt und Wirklichkeit aufmerksam. Demnach werden Bedeutungen und Realität erst im Sprachspiel erschaffen. Dies gilt auch für den Begriff der Fremdheit.

Auch Kultur kann verstanden werden als „ein bestimmtes Sprachspiel, also die gemeinsame Benutzung eines bestimmten Vokabulars, das uns gewohnt und vertraut ist und mit denen verbindet, die sich desselben Vokabulars bedienen" (Schmidt 2005, 267). Darin klingt auch die Notwendigkeit der Kenntnis der hiermit verbundenen Regeln und des jeweiligen Verweisungshorizonts von Sprechakten an (vgl. Münkler/Ladwig 1997a, 13), um an diesen teilnehmen und diese verstehen zu können. Gemäß diesem Verständnis ist bereits derjenige fremd, der eben diese symbolischen Ressourcen nicht teilt, ihrer nicht mächtig ist oder sie nicht versteht.[304] Weiterhin wird innerhalb dieses symbolischen, kulturellen, diskursiven Rahmens Fremdheit re-/de-/konstruiert. Fremdheit selbst ist in diesem Sinne zu verstehen als Sprachspiel, dessen Bedeutung sich nur innerhalb dieses Gesamtkontextes erschließt und hierin konstruiert wird. Doch auch der Diskurs über Kultur, in dem Fremdheit eine Schlüsselrolle einnimmt, und auch der Diskurs über Fremdheit ist ein Sprachspiel. Sämtliche hier vorgestellte Theorien zum Fremden sind in diesem Sinne auch als Sprachspiele zu verstehen, die das Fremde bzw. Fremdheit je nach Kontext und Verwendung von symbolischen Vorräten so oder anders deuten, ihm Bedeutungen zuweisen, die dann als „Wirklichkeit" zirkulieren und das Fremde somit letztlich erst als Fremdes produzieren und hervorbringen.[305] Aus dieser Perspektive betrachtet, untersucht diese Arbeit die Re-/De-/Konstruktion von Fremdheit in und durch unterschiedliche Sprachspiele bzw. unterschiedliche Sprachspiele als Re-/De-/Konstruktion von Fremdheit. Gleichzeitig erscheint vor diesem Hintergrund auch die vorliegende Arbeit selbst als Sprachspiel, in dem eine bestimmte Perspektive auf Fremdheit entworfen wird, während andere ausgelassen werden. Es ist notwendig, diese, wie auch die rezipierten Theorie(n) selbst, als ein Sprachspiel über Fremdheit zu relativieren, in dem ein bestimmtes Wissen und eine Wirklichkeit von Fremdheit erzeugt wird, das auf die Praxis zurückwirkt.

Wichtig ist jedoch, dieses Sprachspiel als solches zu reflektieren und dies, sowie das hierin erzeugte Wissen, nicht als absolute Wahrheit oder als wissenschaftliche Kategorie (voraus-) *zu setzen*, sondern als einen Diskurs, in dem (eine) Wirklichkeit (von Fremdheit) erzeugt wird.

Jeder Diskurs über Fremdheit ist kritisch im Hinblick darauf zu reflektieren, dass Fremdheit erst diskursiv erzeugt wird, bestimmte Funktionen erfüllt und Wissen legitimiert, das dieser erst geschaffen hat. Hiervon sei der hier vorliegende Diskurs über Fremdheit aus interaktionistisch-konstruktivistischer Perspektive explizit nicht ausgenommen; er verfolgt jedoch das Ziel, genau hierauf hinzuweisen und mit der Metaperspektive des interaktionistischen Konstruktivismus hierzu viable Möglichkeiten zur Reflexion des jeweiligen Standpunkts und der Positionierung und zu Perspektivenwechseln anzubieten.

---

304 Doch auch derjenige, der diese „Voraussetzungen" erfüllt, ist nicht automatisch davor gefeit, als „fremd" deklariert zu werden.

305 Hierbei ist zu beachten, dass gemäß der interaktionistisch-konstruktivistischen Diskurstheorie die Wirklichkeit „nur ein Platz in dem Sprachspiel, das wir Diskurs nennen" (Reich 1998b, 324), ist.

3.6 Die Dimension „Macht – Hegemonie – Politik"

Das vornehme Wort Kultur tritt anstelle des verpönten Ausdrucks Rasse, bleibt
aber ein bloßes Deckbild für den totalen Herrschaftsanspruch.
(Theodor W. Adorno)

Einen zentralen Stellenwert bei der Betrachtung von Diskursen und der diskursiven Re-/De-/Konstruktion von Fremdheit nimmt, hierauf wies schon die in Kap. 2.2.4 erläuterte Studie von Elias/Scotson hin, der Aspekt der Macht ein. Wie bereits mehrfach betont wurde, sind Diskurse untrennbar mit Macht verwoben. Diskurse sind nicht „unschuldig" (Hall 1994, 153 ff.), da in ihnen Macht zirkuliert. Gleichzeitig wird in ihnen Wissen über etwas, in diesem Fall über den/das Fremde(n), produziert, das wiederum „eine Art von Macht" konstituiert, „die über jene ausgeübt wird, über die ‚etwas gewusst wird'" (Hall 1994, 154). Verbunden mit der Zuschreibung von Fremdheit ist immer auch ein Machtgefälle:

> „Denn als fremd, andersartig und minderwertig müssen sich nur diejenigen darstellen lassen, die ihrerseits nicht in der Lage sind, Stigmata abzuwehren und Regeln der Zugehörigkeit sowie Kriterien der Unterscheidung von Fremdem und Vertrautem in ihrem eigenen Interesse zu ändern, und die auch nicht in der Lage sind, soziale Beziehungen aufzukündigen, in denen sie als Fremde betrachtet und behandelt werden." (Scherr 1999, 61)[306]

Die Produktion von Wissen und die Bestimmung von Wahrheit innerhalb von Diskursen und diskursiven Formationen und den hierin wirkenden Machtverhältnissen bezeichnet Foucault, der eben jene Verquickung untersucht, mit dem Begriff des *Wahrheitsregimes*.

In diesem Sinne wird Wissen und Wahrheit über Fremdheit in Diskursen generiert; dies ist einerseits abhängig von den vorherrschenden Machtverhältnissen, und erzeugt diese andererseits zugleich.

Zentral hierbei ist, dass innerhalb von Diskursen festgelegt wird, was Gegenstand des Diskurses ist, wer rede- bzw. teilnahmeberechtigt ist, in welcher Form der Diskurs geführt wird und welche Vorannahmen und Schlussfolgerungen, welche Aussagen und Artikulationen, welche Sinnproduktionen und (Subjekt-)Positionen zulässig sind und welche nicht.

Dies ist wiederum Ausdruck bzw. abhängig von den hegemonialen Verhältnissen einer Gesellschaft. Hegemonie ist gemäß Gramcis marxistischer Auslegung, die neben Hall auch Laclau/Mouffe rezipieren und erweitern, definiert als „Dominanz

---

306 Vgl. hierzu auch die Studie von Elias/Scotson (1993); (vgl. hierzu Kap. 2.2.4). Interessant ist hierbei, dass das in diesem Zitat angedeutete Abhängigkeitsverhältnis auch umgekehrt gilt, insofern das Eigene sich nur in Abgrenzung zum Fremden definiert. Auf diese wechselseitige Abhängigkeit haben insbesondere die Cultural Studies und der Postkolonialismus hingewiesen.

einer bestimmten kulturellen oder ideologischen Auffassung in einer Gesellschaft" (Nünning 2005, 62 f.). Die hiermit verbundenen Herrschafts-, Dominanz- und Machtverhältnisse kommen wiederum in Diskursen und ihren unterschiedlichen Ausprägungen sozialer und kultureller Praktiken zur Wirkung und werden hierin (re-)produziert. Aus diesem Grund ist der Diskurs auch Ausgangspunkt der Kritischen Kulturtheorie von Ernesto Laclau (vgl. Reckwitz 2006, 341) und seiner Theorie hegemonialer Diskurse:

> „Aus Laclaus [..] Perspektive ist das, was die moderne Sozialtheorie das ‚Soziale' und die ‚Gesellschaft' nennt, nichts anderes als eine Agglomeration von ‚Diskursen'. Den Leitbegriff des Diskurses definiert Laclau [...] als ein differentielles Ensemble von Bedeutungssequenzen: Als strukturelle Totalität stellt ein Diskurs ein spezifisches System von Differenzen, von Unterscheidungen dar, die eine diskursspezifische Sinnwelt, eine ‚Ordnung der Dinge' produzieren, in deren Zusammenhang den Dingen erst bestimmte Bedeutungen zugeschrieben wird und bestimmtes Handeln möglich ist." (Reckwitz 2006, 341)[307]

Jede Form von diskursiven, kulturellen und sozialen Praktiken, jede Repräsentation ist somit durchzogen von bzw. „Ausdruck einer hegemonialen Entscheidung" (Neubert 2002, 89).[308]

Das Feld des Kampfes um (kulturelle) Hegemonie ist die Kultur, die Ort und Schauplatz des Kampfes um Bedeutungen ist (vgl. Kap. 3.2.1). Gleichzeitig ist auch der Diskurs über Kultur (vgl Kap. 3.5) selbst ein hegemoniales Projekt.

Entscheidend ist hierbei der Umgang mit durch den – bis zu dieser Stelle bereits mehrfach erwähnten – Aspekt der Überdeterminierung begründeten Mehrdeutigkeiten und der Offenheit für andere Bedeutungen und Artikulationen, die sowohl den Bereich des Kulturellen als auch das Symbolische und das Diskursive kennzeichnen. Merkmal und Ausdruck von Hegemonie ist nach Laclau/Mouffe der Versuch der Schließung dieser Offenheit und des Bedeutungsüberschusses durch Festschreibung und Fixierung von bestimmten Bedeutung(en) durch die Besetzung von „leeren Signifikanten"[309] bzw. „Knotenpunkten" (vgl. Kap. 3.3.1.2), mit dem Ziel, einen bestimmten Sinn und einen bestimmten Diskurs „zumindest vorübergehend

---

307 Zentral an dem Diskursverständnis von Laclau/Mouffe ist, dass dies nicht nur den auf den Bereich des Sprachlichen begrenzt ist, wie zum Beispiel bei Wittgenstein oder auch Foucault.

308 Hiervon ist auch der interaktionistische Konstruktivismus selbst explizit nicht ausgenommen.

309 „Ein leerer Signifikant ist genau genommen ein Signifikant ohne Signifikat" (Laclau 2010, 65); er ist „chronisch unterbestimmt durch ein fixes Signifikat" und liefert „gerade dadurch [..] einen ‚Knotenpunkt' für eine ‚imaginäre Einheit' des Diskurses" und „dem Diskurs den Schein einer Fundierung" (Reckwitz 2006, 344). Aus diesem Grund bezeichnet Laclau (2010, 74) „die Präsenz leerer Signifikanten [...] [als; Einschub: A.W.] die eigentliche Bedingung für Hegemonie". Als Beispiele für solche „leeren Signifikanten" nennt Reckwitz Wörter wie „Zivilisation", „Freiheit", „Gerechtigkeit", „Nation" und „Selbstverantwortung" (Reckwitz 2006, 344.). Laclau und Mouffe selbst führen auch „Demokratie" als Beispiel für einen leeren Signifikanten an (vgl. Laclau/Mouffe 2006, 27). Dies ist auch bedeut-

als universal und alternativlos zu präsentieren und zu instituieren" (Reckwitz 2006, 343) und hierüber „soziale Objektivität" (Laclau/Mouffe 2006, 26 f.)[310] herzustellen, zu suggerieren, zu universalisieren, zu stabilisieren und den Anschein einer quasi-natürlichen Gegebenheit zu verleihen.

Dies geschieht vor allem durch die Abgrenzung zu einem antagonistischen Außen, das durch den hegemonialen Diskurs erst konstruiert wird. Der hegemoniale Diskurs erhält seine Bedeutung, seine vermeintliche Einheit, Identität und Universalität erst durch seine Beziehung zu einem ausgeschlossenen Anderen, das somit aus meiner Sicht mit Agamben im Sinne einer *einschließenden Ausschließung* verstanden werden kann (vgl. Kap. 2.5) und als „konstitutives Außen" fungiert:

> „In our conception of antagonism [...] we are faced with a 'constitutive' outside. It is an 'outside' which blocks the identity of the 'inside' (and is, nonetheless, the prerequisite for its constitution at the same time)." (Laclau; zit. nach: Distelhorst 2007, 106)

Der Grenzziehung zwischen dem „'innerhalb' der intelligiblen Sphäre der Gesellschaft [..] und dem, was als bedrohliches, inakzeptables und kaum begreifbares Anderes außerhalb der Grenzen der Gesellschaft [...] situiert wird" (Reckwitz 2006, 345) durch den Antagonismus ist laut Reckwitz den „Universalisierungsprojekten der Hegemonien inhärent": „Universalisierungen sind paradoxerweise auf ein Anderes jenseits der Universalität angewiesen, gegen das sie ankämpfen" (Reckwitz 2006, 345).

Paradox ist hierbei die Doppelfunktion des Antagonismus: Einerseits ermöglicht die Abgrenzung zu einem Außen die vorübergehende Fixierung von Bedeutung und Schließung eines mit sich selbst identischen Diskurses, Systems oder auch die Herstellung einer (auch kollektiven) Identität mit dem Anspruch auf Universalität und „Alternativlosigkeit" (Reckwitz 2006, 345). Zentral ist in diesem Zusammenhang übrigens, dass hierbei zu der „Logik der Differenz" eine „Logik der Äquivalenz" (Laclau 2010, 69) hinzutritt, bei der sich die einzelnen Elemente eines Systems nicht mehr nur durch die Differenzen zu anderen Elementen des Systems bestimmen, sondern auch durch ihre differenzübergreifende Äquivalenz in der Abgrenzung gegenüber einem (ausgeschlossenen) Anderen. Dies ist die Basis für die Herausbildung kollektiver, nationaler und sozialer Identitäten, aber auch Grundlage für den Kampf gegen (hegemoniale) Darstellungen, wie zum Beispiel in den Identitätspolitiken (vgl. Kap. 3.3.1.4.).

Andererseits wird im hegemonialen Diskurs „durch das sinnhafte Präsenthalten eines Außens, das sich nicht in die [konstruierte; Anm.: A.W.] universale Ordnung einfügt, seine Kontingenz und Partikularität" (Reckwitz 2006, 345) demonstriert.

---

sam für das im weiteren Verlauf erläuterte Konzept der radikalen Demokratie von Laclau und Mouffe.

310 Das „Zusammenfließen [...] von Objektivität und Macht" bezeichnet Laclau als Hegemonie (Laclau/Mouffe 2006, 27).

Das bedeutet, dass die Markierung einer Grenze von einem Außen durch den Antagonismus einerseits eine notwendige Möglichkeitsbedingung zur Konstitution von Differenz und somit auch Identität (auch kollektiver Art), die ebenfalls nur in Differenz bzw. Relation zu(m) Anderen entsteht (vgl. Kap. 3.3.1), sowie von Hegemonie ist, und gleichzeitig, dass das hierfür konstitutive Außen andererseits eine vollständige Schließung und Universalisierung von Diskursen, Systemen, Ordnungen und auch Identitäten sowie die endgültige Fixierung von Bedeutungen verhindert und eine „Grenze aller [re-/de-/konstruierten; Anm.: A.W.] Objektivität" (Laclau/Mouffe 2006, 161) darstellt. Es stellt – konstruktivistisch gesprochen – eine Lücke, einen Riss bisheriger Konstruktionen von Wirklichkeit, Ordnung, Identität u. Ä. dar, der in Form des Realen ereignishaft einbricht. Laclau bezeichnet dies mit dem Begriff der *Dislokation*[311]:

> „However, that which is excluded manages to emerge, even if through a remote derivative: this is the moment of dislocation. [...] This is the paradoxical signifier which marks the limit to any totality because something will always be lost ... until it erupts." (Laclau/Zac; zit. nach: Distelhorst 2007, 76)

Laut Reckwitz sind Hegemonie und Dislokation als „zwei Seiten der gleichen Medaille zu analysieren" (Reckwitz 2006, 347).

Letztere, das heißt die Destabilisierung von (hegemonialen) Diskursen durch das ausgeschlossene und gleichzeitig konstitutive Außen, machen sich vor allem die Cultural Studies zunutze, deren Ziel das Aufdecken, (Ver-)Stören und Verändern von Macht- und Herrschaftszusammenhängen ist. Sie nutzen hierzu die Unmöglichkeit der vollständigen Fixierung, Schließung und Totalisierung von (hegemonialen) Bedeutungen und Diskursen und die damit verbundenen Kontingenzen, Ambivalenzen, Unschärfen und Mehrdeutigkeiten, die „offenen Nähte" (Neubert 2004a, 90), für Gegen-Artikulationen, Neu-Interpretationen und Interventionen durch marginalisierte Akteure und Diskurse, wie in Kap. 2.3 erläutert. Hierin deutet sich bereits die politische Dimension an, auf die ich nachfolgend noch näher eingehen werde.

Vorab möchte ich jedoch die bis hierhin aufgeführten Grundbegriffe der Laclau'schen Theorie auf die Thematik des Fremden beziehen:

---

311 Hiermit lehnt sich Laclau übrigens an Lacans Kategorien des Symbolischen und Realen, auch hinsichtlich seiner „Struktur und Wirkungsweise" (Distelhorst 2007, 76), an, verwendet jedoch explizit den Begriff der Dislokation (vgl. Distelhorst 2007, 75 f. und 127), um „die durch das Reale abgesteckte Grenze des Diskurses zu bezeichnen" (Glynos/Stavrakakis; zit. nach: Distelhorst 2007, 123). Letzteres wird übrigens auch an der Unmöglichkeit der sprachlichen Erfassung des Antagonismus deutlich: „Wenn Sprache ein System von Differenzen ist, so ist der Antagonismus das Scheitern dieser Differenz; in diesem Sinne richtet er sich innerhalb der Begrenzungen der Sprache ein und kann nur als ihre Zerspaltung existieren – also als Metapher. [...] Der Antagonismus entzieht sich der Möglichkeit, durch Sprache erfasst zu werden, da ja Sprache nur als Versuch einer Fixierung dessen existiert, was der Antagonismus untergräbt." (Laclau/Mouffe 2006, 165)

Mit Laclau gesprochen, verstehe ich den Begriff der Fremdheit zunächst als „leeren Signifikanten", insofern er zur „Einschreibefläche für andere Signifikanten eines Systems wird" (Distelhorst 2007, 81) und eine vorübergehende „Schließung im Imaginären ermöglicht" (Stäheli; zit. nach: Distelhorst 2007, 81).

Wie oben (vgl. Kap. 3.5) bereits erläutert, ist der Begriff des Fremden ein indexikalischer Ausdruck, der, abhängig vom jeweiligen historischen, kulturellen und sozialen Kontext, für eine Vielfalt unterschiedlicher Bedeutungen, Vorstellungen und Konzepte von Fremdheit stehen kann, die jeweils nur aus dem konkreten Kontext ersichtlich und verständlich werden.

Interessant ist hierbei weiterhin, dass das Fremde genau das mittels *einschließender Ausschließung* ausgeschlossene Außen repräsentiert, von dem die Abgrenzung – und zu diesem Zweck der Zusammenschluss in einer Äquivalenzkette – erfolgt, um erst einen vermeintlich einheitlichen Diskurs, eine in sich geschlossene Identität oder eine festgelegte Bedeutung zu erzeugen.

Vor diesem Hintergrund ist nach meinem Verständnis all jenes, was hinsichtlich Laclaus Sicht auf ein (antagonistisches) Außen gesagt wurde, übertragbar auf die Funktion und auf die Konstruktion des Fremden. Die Beziehung und Abgrenzung zu einem diskursiv und hegemonial erzeugten und ausgeschlossenen Anderen bzw. Fremden ist die Voraussetzung für die Herausbildung einer Identität des Eigenen, für die eigene Positionierung (vgl. Kap. 3.3). Gleichzeitig ist hierdurch der Andere jedoch im vermeintlich mit sich selbst identischen und in sich abgeschlossenen Eigenen im Sinne einer *einschließenden Ausschließung* bzw. im Sinne einer *différance* (Derrida; vgl. Kap. 3.3.1.2) enthalten:

> „Die Präsenz des ‚Anderen' hindert mich daran, gänzlich Ich selbst zu sein. Das Verhältnis entsteht nicht aus vollen Totalitäten, sondern aus der Unmöglichkeit ihrer Konstitution." (Laclau/Mouffe 2006, 164)

Der ausgeschlossene und gleichzeitig konstitutive Andere, der Fremde, offenbart den stets präsenten Riss, die Lücke und die Unmöglichkeit der vollständigen Schließung und endgültigen Stabilisierung der Identität des Eigenen. Vor diesem Hintergrund verstehe ich den Fremden mit Laclau auch als *Dislokation* im Sinne einer Verstörung bzw. „Zerrüttung" einer mit sich selbst einheitlichen Identität „durch ein Außen" (Stäheli 2009, 265). Dies verweist auf den Mangel in der Identität des Subjekts, den Laclau im Zuge der Veränderung bzw. Erweiterung seiner Subjekttheorie, die vor allem durch die Auseinandersetzung mit bzw. die Kritik von Žižek motiviert ist, herausstellt. Unter Bezug auf Lacans psychoanalytische Sicht versteht Laclau das Subjekt als durch eine innerpsychische Instabilität, als durch einen Mangel ausgezeichnet[312], den es durch die „Unterwerfung unter symbolische Ordnungen" (Reckwitz 2006, 346) zu stillen versucht. Hiermit geht jedoch ein Moment der Entfremdung einher:

---

312 Vgl. hierzu auch die Erläuterungen zum Spiegelstadium in dieser Arbeit (Kap. 3.3).

„Seinen Platz in der symbolischen Ordnung einzunehmen ist für das Subjekt eine zwiespältige Angelegenheit. Zwar verschafft sie ihm die unentbehrliche symbolische Repräsentanz, doch entfremdet sie es auch, da sie ihm als äußerliche Macht ihre Gesetze (kulturelle und sprachliche) auferlegt. Zumal das Subjekt um den Preis seiner Entfremdung keine vollkommen stabile Repräsentation erlangt, da den Signifikanten der symbolischen Ordnung immer etwas entgeht, das sie nicht darstellen können." (Distelhorst 2007, 270)

Gleichzeitig ist auch das Symbolische bzw. das Diskursive durch einen Mangel bzw. durch die Unmöglichkeit zur Schließung gekennzeichnet. Insofern ist der innerpsychische Mangel des Subjekts (auch bzw. gerade symbolisch) nicht aufzuheben.

Hieraus ergibt sich auch eine erweiterte Sicht auf hegemoniale Diskurse:

„Sie stellen sich als kulturelle Versuche dar, die Identitätshoffnungen des Subjekts zu befriedigen, sie stülpen dem Einzelnen nicht nur gesellschaftliche Subjektivationszumutungen über, sondern erweisen sich als attraktive, psychisch positiv aufgeladene, am Ende libidinös besetzte Projektionsflächen von Subjekten, als eine Serie ‚ideologischer Fantasien' (Žižek), von Formen eines mythischen ‚sozialen Imaginären'. Umgekehrt wird nun deutlich, dass die Abgrenzung von einem Außen, einem Anderen außerhalb der diskursiven Ordnung mit Ausschlussfantasien – bis hin zu Vernichtungsfantasien – verknüpft ist, da dieses Andere die Komplettierung der eigenen geschlossenen Identität zu bedrohen scheint." (Reckwitz 2006, 347)

Das Andere, das Fremde, das Ausgeschlossene, erscheint somit einerseits als Bedrohung einer in sich geschlossenen Identität des Eigenen und „Grund" für den Mangel und die Entfremdung des Subjekts, andererseits ist die Abgrenzung von bzw. Beziehung zu diesem ausgeschlossenen (konstruierten)[313] Anderen gleichzeitig auch Bedingung für die Herausbildung einer (wenn auch nicht geschlossenen) Identität.

Das Andere bzw. Fremde ist somit negativ und positiv konstitutiv; die Konstruktion des Anderen, des Fremden hat somit in gewisser Hinsicht einen „Notwendigkeitscharakter", was bedeutet, dass Fremdheit nicht, zum Beispiel durch die Bildung von Vertrautheit, gänzlich aufgehoben werden kann[314], sondern dass eine Produktion immer neuer Anderer und immer neuer Fremder „erforderlich" ist, von deren Abgrenzung eine Definition des Eigenen ausgehen kann.

---

313 Gemeint ist hiermit in diesem Zusammenhang, dass der Ausschluss des Anderen eine Konstruktion ist bzw. durch bestimmte Konstruktionen (zum Beispiel von Differenz) begründet wird.

314 Eine Aufhebung der Fremdheit ist – wie bereits erläutert wurde – auch aus anderen Gründen nicht (abschließend) möglich, da dies zum Beispiel den Aspekt der *absoluten Andersartigkeit des Anderen* (Lévinas) und der *radikalen Fremdheit* (Waldenfels) vernachlässigen würde.

Es bleibt an dieser Stelle zusammenfassend festzuhalten, dass die Konstruktion des Anderen, des Fremden sowie auch von Identitäten diskursiv im Rahmen hegemonialer Verhältnisse erfolgt und hiermit ebenso uneindeutig und unabgeschlossen ist wie das Feld des kulturellen Horizonts, vor dessen Hintergrund Fremdheit definiert wird. Aus diesem Grund sind Identität(en) und Fremdheit(en), ebenso wie Bedeutungen, Diskurse, soziale Wirklichkeit(en) und Ordnungen, Ergebnis hegemonialer Aushandlungsprozesse und hiermit nicht nur kontingent, macht- und kontextabhängig, sondern auch veränderbar und hiermit politisch.

Bevor ich auf die Theorie des Politischen nach Ernesto Laclau und Chantal Mouffe eingehe, möchte ich in diesem Zusammenhang vorab nochmals an Agamben erinnern, der ebenfalls, wenn auch vor anderem theoretischen Hintergrund, auf die Verknüpfung von Macht und (Bio-)Politik und Recht bzw. auf den Zusammenhang von biopolitischer und juridisch-institutioneller Macht (vgl. Scheu 2006, 359) und die konstitutive Bedeutung von Exklusion hierfür, die wiederum den Fremden erst als solchen hervorbringt und konstruiert, aufmerksam macht.[315]

Auch Laclau und Mouffe fokussieren auf die Verknüpfung von Macht und Politik. Ihre Theorie des Politischen nimmt ihren Ausgang jedoch von den oben dargestellten „diskurstheoretischen Grundbegriffen (Diskurs, Differenz, Äquivalenz, Antagonismus und leerer Signifikant" (Stäheli 2009, 264). Das Politische bzw. Politik beschreibt Chantal Mouffe wie folgt:

> „Mit dem Begriff des ‚Politischen' verweise ich auf die Dimension des Antagonismus, die in jeder menschlichen Gesellschaft angelegt ist, wobei Antagonismen jedoch in verschiedenen sozialen Beziehungen auftauchen und viele unterschiedliche Formen annehmen können. ‚Politik' hingegen bezeichnet das Ensemble aus Praktiken, Diskursen und Institutionen, die das menschliche Zusammenleben in einem Umfeld zu organisieren suchen, das stets potenziell konflikthaft ist, weil es von der Dimension des ‚Politischen' affiziert ist. Mit anderen Worten: Politik strebt nach der Errichtung von Ordnung. Nur wenn wir die Dimension des ‚Politischen' anerkennen und begreifen, dass ‚Politik' darin besteht, Feindseligkeit zu domestizieren und den potenziellen Antagonismus, der die menschlichen Beziehungen durchdringt, zu entschärfen, können wir die Frage stellen, die für demokratische Politik fundamental ist." (Mouffe 2007, 44 f.)

Das Politische als die „Welt kontingenter Artikulationen" (Laclau 2007, 36), in der „die Kontingenz hinter dem Sozialen sichtbar wird" (Distelhorst 2007, 185), ist von daher der Ort des Kampfes um Hegemonie, und der Kampf um die Stabilisierung der Hegemonie ist der eigentliche „Modus der Politik" (Nonhoff 2007, 12).

---

315 Auf die Schwachstellen in Agambens Argumentation, die aus interaktionistisch-konstruktivistischer Sicht auch durch seine Abstraktion von konkreten situativen Machtzusammenhängen und Machtverhältnissen begründet sind, habe ich in Kap. 2.5.4.1 bereits hingewiesen.

Hiermit findet Laclaus Diskurs- und Hegemonietheorie, die zunächst als „kulturwissenschaftlicher Analyserahmen" auftrat, Eingang in eine „normative Politische Philosophie, in deren Zentrum das Konzept einer radikalen, pluralen Demokratie steht" (Reckwitz, 2006, 348). Radikale Demokratie ist laut Nonhoff „die einzige politische Verfassung, die den Antagonismus produktiv" (2007, 11), als „Motor der demokratischen Auseinandersetzung" (Stäheli 2009, 273) integriert hat:

> „Gesellschaftliche Ordnung gründet auf antagonistischem Ausschluss; der Ausschluss wiederum ist eine Folge von kontingenten Machtunebenheiten. Damit ist aber der Grund jeder gesellschaftlichen Ordnung kontingent, er ist, mit anderen Worten, ein Nicht-Grund. Demokratie als Volksherrschaft ist in dem Maß eine *radikale Demokratie*, wie sie ihre eigene Grundlosigkeit anerkennt, ja sie sogar zu ihrem Kernprinzip macht […]. Denn in ihrem Zentrum befindet sich ein leerer Ort; ein leerer Ort der Macht, um dessen Besetzung legitimerweise gestritten wird." (Nonhoff 2007, 11; Hervorhebungen im Original)

Anstelle von rein konsensorientierten Ansätzen verteidigt Mouffe eine Demokratie, die dem Antagonismus Rechnung trägt und „im Rahmen einer demokratischen Verfassung pointierte Alternativen und echte Gegnerschaften" (Nonhoff 2007, 11) ermöglicht.

Die zentrale Frage ist aus Mouffes Sicht somit „nicht, wie man einen rationalen Konsens ohne jede Exklusion herstellen kann" (Mouffe 2007, 45), sondern „wie sich die Unterscheidung von ‚wir' und ‚die anderen' so einrichten lässt, dass sie mit der pluralistischen Demokratie kompatibel ist" (ebd.).

Dies ist auch von Bedeutung hinsichtlich des (auch politischen) Umgangs mit dem Fremden bzw. mit Fremdheit, insofern die Herstellung eines einheitlichen ‚wir' immer in Abgrenzung von dem Anderen, dem Fremden, erfolgt.

Die Lösung kann somit nicht in der Abschaffung der Grenze zwischen Eigenem und Fremden und in der Einebnung und Assimilierung des Fremden bestehen, auch da, wie oben bereits erwähnt, das Verschwinden des einen Fremden die (hegemoniale) Konstruktion eines neuen Fremden nach sich ziehen würde, von dem die notwendige Abgrenzung erfolgen kann. Des Weiteren wird vor diesem Hintergrund auch ein Widerspruch der modernen demokratischen Politik mit seinem Konzept der Integration des Fremden deutlich, auf den ich an dieser Stelle mit Bauman hinweisen möchte: Der „liberale Aufruf zur Assimilation" (Bauman 2005, 117), „die ‚liberale Lösung' des Problems der Heterogeniät", der Versuch und der Druck, „die ethnischen, religiösen oder – allgemeiner – *kulturellen* Fremden" (ebd., 119; Hervorhebung im Original) durch Assimilierung zu integrieren, steht im Widerspruch zu den Prinzipien der modernen Gesellschaft von „Chancengleichheit, Freiheit der Selbstbestimmung, Verantwortung für sein eigenes Schicksal" (ebd., 116) und läuft dem offiziell bekundeten Interesse und Auftrag der Politik hinsichtlich der Integration zuwider.

Es ist zu beachten, dass die Angleichung und „Integration" des Fremden bzw. das Angebot und die Beurteilung dessen von demselben diskursiven und hegemonial geprägten Ort erfolgt, der die Fremden permanent als fremd markiert, um sich so seiner eigenen Einheit, Geschlossenheit und Identität in Abgrenzung zum Anderen zu versichern. Damit verbunden ist immer ein Moment der Dominanz und Beherrschung der hegemonialen Mehrheit gegenüber denen, die sich um „eine Assimilation-durch-Akkulturation" (Bauman 2005, 121) bemühen und hierdurch die von der dominanten Mehrheit proklamierte „Minderwertigkeit, Unerwünschtheit und die Deplaziertheit der Lebensform des Fremden [letztlich; Einschub: A.W.] erneut [..] bestätigen" (Bauman 2005, 121).

Bauman verweist hier auf Sander L. Gilman, die von einem „konservativen Fluch" des „liberalen Projekts" schrieb:

> „Je mehr du so bist wie ich, desto mehr kenne ich den wahren Wert meiner Macht, die du teilen willst, und desto mehr erkenne ich, dass du nur ein schäbiges Abbild, ein Außenseiter bist." (Gilman; zit. nach: Bauman 2005, 120)

Ähnlich äußert sich auch Žižek mit seiner These, dass „der multikulturalistische Respekt vor der Besonderheit des Anderen [..] eigentlich die Behauptung der eigenen Überlegenheit" (Žižek; zit. nach: Hetzel 2006, 243) sei. Hieran wird deutlich, dass der Umgang mit Heterogenität, der Umgang mit dem Anderen, dem Fremden, eine zentrale Frage für Demokratie ist:

Carl Schmitt[316] betont die Herstellung von Homogenität als grundlegend für Demokratie, die nötigenfalls durch die „Ausscheidung oder Vernichtung des Heterogenen" (Schmitt; zit. nach: Höhne 1998, 13) bzw. des Fremden (vgl. ebd.) sichergestellt werden müsse. Nach seinen Vorstellungen kann Demokratie nur auf einer „Substanz der Gleichheit" (ebd.) beruhen: „Jede wirkliche Demokratie beruht darauf, dass nicht nur Gleiches gleich, sondern mit unvermeidlicher Konsequenz, das Nichtgleiche nicht gleich behandelt wird." (Schmitt; zit. nach: Mouffe 2010, 76) Wichtig hierbei ist, dass auch Carl Schmitt diesbezüglich die Bedeutung des Politischen hervorhebt, allerdings vor dem Hintergrund, dass aus seiner Sicht die zentrale „Freund-Feind-Bestimmung" sowie die „Ausstoßung des Heterogenen" „nur und auch nur auf dem Feld des Politischen bzw. über einen geeigneten Begriff des Politischen möglich" (Höhne 1998, 14) ist.[317]

Im Gegensatz dazu plädiert Mouffe für einen neuen Umgang mit dem Anderen, mit Heterogenität und Pluralität. Zentrales Merkmal von Demokratie ist die Möglichkeit, auch widersprüchliche Ansichten und Meinungen zu diskutieren. Vo-

---

316 Auch Agamben bezog sich übrigens in seiner Politischen Philosophie auf Carl Schmitt (vgl. Kap. 2.5).

317 Interessant ist, dass hiermit (mit der Ausstoßung) zum einen ein gängiges Prozedere hinsichtlich des Umgangs mit dem Anderen, dem Fremden, beschrieben wird, und zum anderen, dass dies über den Ausschluss somit genau zu dem konstitutiven Außen wird, über das die Identität und Homogenität des „Eingeschlossenen" erst hergestellt und stabilisiert wird.

raussetzung hierfür ist aus Mouffes Sicht, dass der Andere „im Reich der Politik nicht als Feind [wie bei Carl Schmitt; Anm.: A.W.] betrachtet wird, den es zu zerstören gilt, sondern als ein ‚Gegner', d.h. als jemand, dessen Ideen wir bekämpfen, dessen Recht, seine Ideen zu verteidigen, wir aber nicht in Frage stellen" (Mouffe 2007, 45). Damit verbunden ist eine geringst mögliche Konsenserwartung und eine größtmögliche Dissenstoleranz bzw. eine Offenheit für „eine weitestmögliche Artikulation von Dissens […], um Pluralität und Meinungsstreit auf breiter Ebene zu gewährleisten" (Neubert 2002, 91). Gleichzeitig erachtet auch Mouffe Homogenität und einen gewissen Konsens als notwendig für eine radikale „pluralistische Demokratie" (Mouffe 2007, 46), die jedoch aus ihrer Sicht nicht, wie bei Carl Schmitt, durch „Ethnie oder Nationalität" (Stäheli 2009, 272) bestimmt wird, sondern durch die „Zustimmung zu den demokratischen Prinzipien von Freiheit und Gleichheit" (ebd.) und den Konsens hinsichtlich der damit verbundenen „konstitutiven ethisch-politischen Prinzipien" (Mouffe 2007, 46).

Hierin liegt aus meiner Sicht eine der entscheidenden Schwierigkeiten: Ist es aus interaktionistisch-konstruktivistischer Sicht nicht ein Widerspruch, einerseits offen gegenüber anderen Perspektiven und Artikulationen zu sein und andererseits einen Konsens zu fordern, bzw. wie und auf welcher Grundlage kann/soll dieser legitimiert werden? Gleichzeitig erscheint es nachvollziehbar, dass – ähnlich wie bei Kommunikation generell – ein „gemeinsamer Nenner" Voraussetzung ist, um überhaupt Verständigung, Artikulation und Aushandlung realisieren zu können. Doch wo und wie wird die Grenze gezogen zwischen dem Aufoktroyieren bzw. der Unterwerfung unter die geforderten Werte durch die dominante Mehrheit und einer gleichberechtigten Aushandlung bzw. Einigung auf einen notwendigen Konsens, wie zum Beispiel grundlegende politische Prinzipien, zwischen Mehr- und Minderheiten? Weiterhin stellt sich die Frage nach dem Verwischen eben dieser Grenze und danach, wer diese Grenze und die Einhaltung von (demokratischen) Regeln definiert, bewertet und überwacht, insofern es aus interaktionistisch-konstruktivistischer Sicht einen unbeteiligten Beobachter ja nicht geben kann. Eine weitere Frage ist die der „Freiwilligkeit" hinsichtlich der Anerkennung und Zustimmung zu bestimmten Werten innerhalb von durch Macht geprägten Beziehungen, wie zum Beispiel anhand der oben bereits angeführten Thematik der Integration und Assimilation deutlich wird.

So macht Žižek in seiner Kritik des Multikulturalismus darauf aufmerksam, dass dieser „Annerkennung implizit an die Bedingung" knüpft, „dass sich der Andere Werten und Forderungen unterwirft, die wir für verbindlich erachten" (Hetzel 2006, 242): „Was dann bleibt, ist ein folkloristischer Anderer; wir akzeptieren die Verkleidung, wenn wir sicher sein können, dass sich der ‚Kern der Person' nach unseren Werten ausrichtet." (Hetzel 2006, 242)

Des Weiteren erfährt „dieser immer neu auszuhandelnde Spannungsbogen von Konsens und Dissens im multikulturellen Kontext durch die Erfahrungen kultureller Hybridisierungen", durch die Vermischung von Eigenem und Fremdem und die

Verwischung dieser Grenzen, „zusätzlich an Dynamik" (Neubert 2002, 91), was eine zusätzliche Herausforderung darstellt:

> „Das Hybride als die Außenseite im Inneren, die Faltung im kulturellen Raum, erschwert zunächst […] die Dialektik demokratischer Anerkennung, weil es zugleich als das Anerkannte und das Unbekannte, das ‚Selbe' und das Fremde, das Ähnliche und das Divergente erscheint. Die kulturellen Zwischenräume, in denen es nistet, bleiben in ihrer Ambiguität unscharf, nur sehr bedingt durch Prozesse gleicher Verständigung auslotbar. […] Diese Grenze im Inneren, die sich als ‚Teil-des-Ganzen' artikuliert und erfahrbar macht, ist nicht einfach die Artikulation eines Dissens. Sie markiert eine viel grundlegendere Unsicherheit und Unbestimmtheit in Bezug auf die zu erwartende Bedeutung und Interpretation auch eines festgestellten Konsens oder Dissens. Mit anderen Worten erscheint in der Begegnung des Hybriden auch schon die Verständigung darüber, welcher Konsens oder Dissens herrscht und wie er zu artikulieren ist, als grundlegend gebrochen." (Neubert 2002, 91 f.)

Zentral ist also die Frage, wie vor diesem Hintergrund ein solcher Konsens, diese Einigung und Zustimmung bezüglich. demokratischer Grundwerte hergestellt werden soll, die die Voraussetzung für radikale Demokratie und ihren dementsprechenden Umgang mit Heterogenität, Pluralität und dem Fremden ist, ohne hierbei möglicherweise demokratische Grundwerte selbst zu verletzen.[318] Weiterhin schließt sich hieran die Frage an, wie damit umzugehen ist, wenn in diesen Diskussionen und Aushandlungen auf gleicher Augenhöhe unter „Gegnern" (Mouffe 2007, 45) Ansichten und Forderungen vertreten werden, die demokratischen Grundprinzipien widersprechen bzw. diese verletzen, wie zum Beispiel die Gleichberechtigung zwischen Männern und Frauen.[319] Wie soll in einem solchen Kontext eine Anerkennung bzw. der Umgang mit anti-demokratischen Tendenzen aussehen, die die radikale Demokratie selbst in Gefahr bringen würden?

Wo liegen hier, auch interaktionistisch-konstruktivistisch gesehen, die Grenzen der Verhandlungsbereitschaft, wie werden diese Grenzen des Verhandelbaren legitimiert und widerspricht dies der radikalen Demokratie? Mouffe würde hierauf wahrscheinlich antworten, dass es auf die Anerkennung des Anderen als gleichberechtigter „Gegner" (Mouffe 2007, 45) ankommt und damit nicht zwangsläufig die Anerkennung seiner Ideen verbunden ist.

---

318 Interessant sind in diesem Zusammenhang übrigens Mouffes Ausführungen zum „demokratischen Paradox" (vgl. Mouffe 2008).

319 Dies ist auch interessant für die immer wiederkehrende Diskussion über die Vereinbarkeit von westlich-demokratischen und, im aktuellen Fall, streng islamischen Lebensweisen. Am Beispiel Kopftuch tragender Lehrerinnen an staatlichen Schulen, der Frage nach der Zulässigkeit der Vollverschleierung im öffentlichen Raum, der Thematik arrangierter Ehen und sogenannter „Ehrenmorde" sowie der damit verbundenen festgelegten Rollenmodelle für Männer und Frauen zeigt sich die Relevanz, Aktualität und der Klärungsbedarf dieser Frage, was erneut die Diskussion über die Interpretation und Trennung von Privatem und Politischem initiiert.

Gleichzeitig, und hier möchte ich mit Žižeks „Plädoyer der Intoleranz" (Žižek; zit. nach: Hetzel 2006, 243) argumentieren,

> „erkenne ich den anderen als Anderen nur dann an, wenn ich ihn nicht einfach nur toleriere, sondern mich mit ihm auf einen (hegelschen) Kampf des Anerkennens – auf Leben und Tod – einlasse, d.h. meine partikulare Perspektive zu universalisieren suche, obwohl ich weiß, dass jeder Anspruch auf Universalität scheitern muss." (Žižek; zit. nach: Hetzel 2006, 243)

Hieran zeigt sich unter anderem, dass eine Trennung zwischen dem Anderen und den von ihm vertretenen Ideen letztlich nicht möglich ist.

Die hier von mir nur angerissene Diskussion kann an dieser Stelle nicht abschließend gelöst, sondern lediglich argumentiert werden, um auf diese Problematik aufmerksam zu machen. So erscheint es zusammengefasst gleichermaßen als Stärke und als Schwäche, dass das Konzept der radikalen Demokratie notwendigerweise einen Konsens hinsichtlich demokratischer Prinzipien voraussetzt, während dies gleichzeitig die Frage aufwirft, wie und auf welchem Weg dieser erreicht werden soll, wie mit anti-demokratischen Artikulationen innerhalb der Demokratie selbst zu verfahren ist und mit welcher Begründung, ohne den gesetzten demokratischen Prinzipien selbst zu widersprechen, aber auch gleichzeitig ohne die Demokratie in Gefahr zu bringen.

Liegt hierin letztlich nicht auch eine, wenn auch aus meiner Sicht notwendige und nachvollziehbare, Bedingung für Anerkennung und Teilnahme? Folgt aus dieser Bedingung nicht auch eine Form von Ausschluss, wenn die demokratischen Werte nicht geteilt werden?

Welche Konsequenzen folgen daraus und inwiefern sind diese aus Sicht der radikalen Demokratie und des interaktionistischen Konstruktivismus legitimier- und begründbar, ohne sich in Widersprüche zu den eigenen Prinzipien und Forderungen zu verwickeln? Ist dies letztlich nicht auch ein antagonistisches Außen, in diesem Fall ein nicht-demokratisches, von dem sich radikale Demokratie durch Abgrenzung erst erschafft und sich ihrer selbst versichert?

Hieran wird deutlich, dass letztlich auch das Konzept der radikalen Demokratie (ebenso wie auch der interaktionistische Konstruktivismus) in letzter Konsequenz selbst ein hegemoniales Projekt ist.[320]

Die Stärke des Konzepts der radikalen Demokratie liegt darin, dass sie genau dies – ähnlich wie auch der interaktionistische Konstruktivismus – thematisiert und sich nicht davon frei spricht, sondern die „Allgegenwärtigkeit von Machtverhältnissen und Antagonismen anerkennt" (Stäheli 2009, 274), und die Tatsache, dass mit dem Fokus und der (temporären) Entscheidung und Durchsetzung des einen (hege-

---

320 Vgl. hierzu auch Reich (2012).

monialen) Diskurses automatisch eine Marginalisierung anderer Diskurse und Positionen verbunden ist, auch auf sich selbst bezieht:

> „Es [das Projekt der radikalen Demokratie; Anm.: A.W.] wird nicht, wie etwa in den Vorstellungen deliberativer Demokratie (vgl. Benhabib, Habermas), die theoretische Möglichkeit eines machtfreien Raums rationalen Aushandelns vertreten. Vielmehr kann radikale Demokratie (wie jedes andere politische Programm) nur durch den Einsatz von Macht verwirklicht werden. Auch ein solches Projekt ist auf Grenzziehung angewiesen und muss andere Projekte ausschließen oder diese re-artikulieren, um sich als hegemonialer Diskurs installieren zu können. Die radikale Demokratie nimmt die Einsicht ernst, dass der Ort der Macht ‚leer‘ geworden ist, d.h. dass jede politische Gruppe den Platz der Macht nur zeitweilig besetzen kann. Gerade dadurch, dass die Konzeption radikaler Demokratie sieht, dass es sich auch bei ihr um ein hegemoniales Projekt handelt, entzieht sie sich nicht dem Spiel um die zeitweise Besetzung des ‚leeren Ortes‘ der Macht. Indem sie sich selbst als einen derartigen – letztlich kontingenten – Besetzungsversuch der Macht versteht, verabsolutiert sie sich nicht zur einzig richtigen Position." (Stäheli 2009, 275)

Die Diskurs- und Hegemonietheorie von Laclau/Mouffe sensibilisiert letztlich genau für die Aspekte von Machtzusammenhängen und Hegemonie und gleichzeitig für die Überdeterminierung, Kontingenz und Veränderbarkeit von Bedeutungen, Diskursen und Machtverhältnissen.

Hieraus ergeben sich wichtige Ansatzpunkte und wertvolle Implikationen auch für eine kritische Wissenschaft, genau diese Aspekte zu thematisieren und auch im Hinblick auf die eigene Position und Theorie kritisch zu reflektieren und hiermit die Möglichkeit von Neu-Interpretationen und Gegen-Artikulationen zu schaffen. Diese Aspekte und Ziele finden sich auch im interaktionistischen Konstruktivismus und in den Cultural Studies, die beide die Theorie von Laclau/Mouffe rezipiert haben.

Auch für eine interaktionistisch-konstruktivistische Perspektive auf Fremdheit ist dieser Ansatz von Bedeutung, insofern hiermit einerseits die Machtzusammenhänge hinsichtlich der Re-/De-/Konstruktion sowie der Funktion, die das hegemonial konstruierte Fremde – wie oben beschrieben – erfüllt, kritisch zu reflektieren sind, und andererseits gleichzeitig der Blick auf die Möglichkeiten der Veränderung dieser zugeschriebenen, aber kontingenten Bedeutungen eröffnet wird.

Bedeutsam ist in diesem Zusammenhang weiterhin auch die durch eine grundsätzliche Offenheit geprägte Grundhaltung gegenüber anderen Anschauungen, Diskursen und Bedeutungen, gegenüber dem Anderen, dem Fremden und Heterogenität und Pluralität im Allgemeinen sowie die Bereitschaft zu gleichberechtigter Partizipation und Inklusion.

3.7 „Das Unbewusste" und die Dimension des Imaginären bei der Re-/De-/Konstruktion von Fremdheit

> *Fremde sind wir uns selbst.*
> *(Julia Kristeva)*

Das Fremde findet sich nicht nur im äußeren Ausland, sondern ist, hierauf wies bereits Freud hin, auch Teil des eigenen „inneren Auslands" (Freud; zit. nach: Erdheim 1993, 167) und Bestandteil des psychischen Innenlebens des Eigenen.

Mit dem Blick auf das Fremde im Inneren bzw. auf das/die innere Fremde soll nun nochmals die Perspektive erweitert werden. Hierbei möchte ich vorab darauf hinweisen, dass die nun folgenden Ausführungen zur Dimension des Unbewussten und des Imaginären keinerlei Anspruch auf Vollständigkeit erheben, da diese allein aufgrund des Umfangs und der Komplexität der hier rezipierten Arbeiten im Rahmen dieses Kapitels schlicht nicht möglich ist. Es sollen lediglich einige aus meiner Sicht relevante Aspekte herausgegriffen und in ihrer Bedeutung für die Konstruktion des Anderen, des Fremden skizziert werden.[321]

Diese Dimension des Fremden bzw. des Anderen im Inneren ist an einigen Stellen dieser Arbeit bereits angeklungen:

So wurde zum Beispiel bereits in Kapitel 3.3.1 die Bedeutung des Spiegelstadiums im Sinne Lacans und die Bedeutung des Unbewussten als einer der Beiträge zur Dezentrierung des Subjekts für eine Neufassung der Vorstellungen und des Verständnisses von Identität und Differenz dargelegt. Es wurde zum einen deutlich, dass das Subjekt nie vollständig „Herr im eigenen Hause ist" (Waldenfels 1997a, 11), und zum anderen, dass das Subjekt nie völlig mit sich selbst identisch ist, sondern immer schon über den (Blick des) Anderen gespiegelt, und der Andere somit stets intergraler Teil der Identität des Eigenen, die zudem „in andauernd wirksamen unbewussten Prozessen über die Zeit weg gebildet wird" (Hall 1994, 195), ist. Hieraus ergibt sich einerseits, dass eine Identität des Subjekts erst in Interaktion mit dem Anderen ermöglicht wird, wodurch gleichzeitig die so entstandene Identität „uns selbst zum Fremden" (Böttcher 1993, 195) macht. Ähnliches besagt auch die phänomenologische Perspektive, die betont, dass sich durch die Beziehung und Interaktion mit dem Anderen, dem Fremden, ein „Spalt" bzw. eine „Vervielfältigung" (Meyer-Drawe/Waldenfels; zit. nach: Bittner 1993, 209) im Ich vollzieht, so wie Rimbaud es mit dem Ausspruch „Je est un autre" zum Ausdruck bringt.

Andererseits erklärt sich hierdurch auch, dass im Sinne Lacans „das Unbewusste als Diskurs des Anderen" (Reich 1998b, 458), oder umgekehrt mit Kristeva ausgedrückt, dass der Andere auch als das „(eigene) Unbewusste" bzw. als „unbewusstes (Eigenes)" (Kristeva 1990, 200) zu verstehen ist, worauf ich nachfolgend zurückkommen werde.

---

321 Eine ausführliche Herleitung zum Unbewussten und Imaginären aus interaktionistisch-konstruktivistischer Sicht findet sich im Rahmen der von Reich formulierten dritten Kränkungsbewegung in Reich (1998a, 358 ff.).

Nicht nur dieser vermeintlich von außen kommende Andere, der im Subjekt enthalten und mit diesem verwoben ist, stellt ein Moment der Entfremdung bzw. Fremdheit im Selbst dar, sondern auch das Unbewusste an sich als Teil der psychischen Struktur eines jeden Subjekts kann als eine Form von Fremdheit verstanden werden. Aus diesem Grund bezeichnet das Unbewusste „den zentralen Topos der Fremdheitserfahrung im psychoanalytischen Denken […], auch wenn der Begriff des Fremden in der Psychoanalyse Freuds keine größere Rolle spielt" (Quindeau 1999, 169).

Erdheim beschreibt diesen Zusammenhang wie folgt:

> „Der Begriff des Fremden deckt sich in vielerlei Hinsicht mit dem Unbewussten; ebenso wenig wie das Unbewusste bloß das Nichtgewusste ist, ist nämlich das Fremde nur das Unbekannte. Freuds Begriff des Unbewussten zeichnet sich durch seine aufs Bewusstsein bezogene Dynamik aus: was unbewusst ist, tendiert zum Bewusstsein, das sich dagegen wehrt und dennoch davon geprägt wird. Fremd ist nicht einfach das, was ich nicht kenne und wovon ich nichts weiß, fremd ist vielmehr das, was mich auf eine merkwürdige Weise betrifft, obwohl ich es nicht kenne. Die Ambivalenz von Angst und Faszination prägt mein Verhalten gegenüber dem Fremden und bestimmt zugleich meine Haltung zu mir selbst. Das Fremde und das Eigene stehen also in einem ähnlichen Verhältnis zueinander wie das Unbewusste und das Bewusste." (Erdheim 1993, 167)

Das, was in dieser Beschreibung im Hinblick auf die Dynamik des Unbewussten gesagt wird, ist aus meiner Sicht auch übertragbar auf das Verhältnis von Eigenem und Fremdem, das sich nach meinem Verständnis, wie bereits in Kapitel 3.4 beschrieben, auch durch eine andere Dynamik zueinander auszeichnet, als die Beziehung von Selbst und Anderem. So „umschreibt das Fremde all das, was zwar nicht zu uns gehört, uns aber doch auf eine spezifische Art und Weise betrifft" und uns nie gleichgültig lässt (Erdheim 1993, 180).

Charakteristisch hierfür sind vor allem die Reaktionen, die der/das Fremde vermeintlich im Selbst auszulösen vermag und die zwischen Furcht und Faszination oszillieren:

> „Wir verhalten uns ihm [dem Fremden; Anm.: A.W.] gegenüber immer ambivalent: es erweckt einerseits Angst und treibt uns in unsere Welt zurück, andererseits vermag es uns auch zu faszinieren und aus unserer Welt herauszulocken. Lassen wir uns auf das Fremde ein, kommt es zu Grenzverschiebungen, und wir müssen uns ändern. Gehorchen wir der Angst, so werden wir unsere Grenzen stärken und befestigen. Der Fremde wird dann zum Feind, der mit Gewalt abgewehrt werden muss und dessen Gegenwart uns ängstlich und starr macht." (Erdheim 1993, 180)

Diese Reaktionen auf das Fremde, die sich zwischen diesen Polen bewegen sind zum einen dadurch begründet, dass der/das Fremde die eigene Welt infrage stellt bzw. hinterfragt, was eigentlich die „eigene" Welt ist.

Dies ist zum anderen wiederum im Zusammenhang mit der Entstehung des Fremden bzw. der Fremdenrepräsentanz zu sehen.[322] Aus Sicht der Psychoanalyse entsteht der/das Fremde durch die Externalisierung und die Projektion unlustvoller und unerwünschter Anteile des Ich ins Außen, das dann als bedrohlich empfunden wird (vgl. Auchter 1993, 228), und an dem „eine projektive Bearbeitung und Bewältigung abgelehnter Selbstanteile (‚Sündenbockfunktion‘) erfolgen" (ebd., 231) kann. Demzufolge wird „das Außen [..] schon bei Freud mit dem *Fremden* und *Feindlichen* gleichgesetzt" (ebd., 228; Hervorhebungen im Original). Das Fremde dient dann als Projektionsfläche, an der oftmals das „erkannt wird, was [..] im Eigenen nicht wahrzunehmen gewagt" (Erdheim 1993, 168) wird.[323]

Beachtenswert ist hierbei zweierlei: Zum einen ist „sowohl dieser Mechanismus der Verlagerung unbewusst, dem Bewusstsein nicht zugänglich [..] als auch der unlustvolle Teil" (Quindeau 1999, 171) selbst. Zum anderen wird deutlich, dass in dieser psychoanalytischen Perspektive das Fremde vormals zunächst das Eigene war: „Das Schlechte, das dem Ich Fremde, das Außenbefindliche ist ihm zunächst identisch." (Freud; zit. nach: Quindeau 1999, 171); es ist „etwas dem Seelenleben von alters her Vertrautes, das ihm nur durch den Prozess der Verdrängung entfremdet worden ist" (Kristeva 1990, 201). Vor diesem Hintergrund erscheint – bezogen auf die Rolle des Fremden – die Identität des Subjekts als eine Kombination von Entfremdungen bzw. Abspaltungen des ursprünglich Eigenem als nun Fremdes ins Außen und der Integration, Introjektion und Identifikation von bzw. mit Anteilen des Anderen, des Fremden ins Eigene.

Durch die Abwehrmechanismen der Projektion und auch der Verdrängung (zum Beispiel von unerlaubten Wünschen) erfolgt ein Übergang vom *Heimlichen*, im Sinne des Vertrauten, ins *Unheimliche*. Gleichzeitig macht Freud darauf aufmerksam, dass schon dem Begriff „heimlich" neben der Bedeutung „vertraut" auch weitere Bedeutungen wie „geheim", „verborgen", „undurchdringlich" und „hinterlistig" anhaften und dieser sozusagen auf sein Gegenteil verweist:

---

322 Eine Zusammenfassung der Entwicklung und des Entwicklungsverlaufs der Fremdenrepräsentanz aus psychoanalytischer Sicht findet sich in Auchter (1993, 227 ff.) sowie in Waldeck (2001).

323 Das Pendant zur Projektion ist die Introjektion. Dieser Begriff wurde von Ferenci in die Psychoanalyse eingeführt und später von Freud übernommen und auf die „Genese des Gegensatzes von Subjekt (Ich) und Objekt (Außenwelt)" (Laplanche/Pontalis 1973, 236) angewendet, der mit dem Gegensatz von „Lust und Unlust" korreliert: „das ‚purifizierte Lust-Ich‘ bildet sich durch Introjektion von allem, was eine Lustquelle darstellt, und durch Projektion von allem nach außen, was Gelegenheit zur Unlust gibt" (ebd.). Hierauf stützt sich eine weitere mögliche Betrachtung des Fremden aus psychoanalytischer Sicht, in der dieser verstanden wird als „unassimiliertes Introjekt" im Sinne eines „Fremdem im Selbst", wie es beispielsweise Freuds *Über-Ich* darstellt (vgl. hierzu Hirsch 1993), das „als ein gelungener Fall von Identifizierung mit der Elterninstanz beschrieben werden kann" (Freud 1991, 66).

> „So verkehren sich in dem Wort *heimlich* selbst das Vertraute und Intime in ihr Gegenteil und fallen mit dem entgegengesetzten Sinn von ‚beunruhigender Fremdheit' zusammen, der in *unheimlich* steckt. (Kristeva 1990, 199; Hervorhebungen im Original)

Demnach ist das *Unheimliche* das dem Ich entfremdete und hieraus verdrängte Eigene und Vertraute, welches wiederum in Form des Unheimlichen zutage tritt; das Unheimliche ist die „Wiederkehr des Verdrängten" (Kristeva 1990, 200). Außerdem wird hieran deutlich, dass eine vollkommene Verdrängung nicht möglich ist, sondern dass das Verdrängte in unterschiedlichen Formen und Varianten wieder hervortritt.

Dies geschieht in der Begegnung mit dem Fremden, der/das einerseits durch die „Verdrängung und ihre Durchlässigkeit" erst konstruiert wird (Kristeva 1990, 201), während andererseits in der durch ihn ausgelösten Angst, Ablehnung und/ oder Faszination stets „ein Moment jenes Unheimlichen" (Kristeva 1990, 208) zum Vorschein kommt, das zu den „infantilen Wünschen und Ängsten gegenüber dem anderen [..] – dem anderen als Tod, als Frau als unbeherrschbarer Trieb" (ebd.) – zurückführt.

Am Fremden „erkennt" das Ich das, was es bei sich selbst nicht zu erkennen wagt und verleugnet und verdrängt.

Darüber hinaus wiederholen „die Varianten des Unheimlichen, der beunruhigenden Fremdheit […] meine Schwierigkeit, mich im Verhältnis zum anderen zu situieren, und eröffnen noch einmal den Weg der Identifikation-Projektion, der am Grund meines Aufstiegs zur Autonomie liegt" (Kristeva 1990, 203).

> „Angesichts des Fremden, den ich ablehne und mit dem ich mich identifiziere, beides zugleich, lösen sich meine festgefügten Grenzen auf, meine Konturen zerfließen, Erinnerungen an Erlebnisse, in denen man mich fallengelassen hat, überfluten mich, ich verliere die Haltung. Ich fühle mich ‚verloren', ‚konfus'." (Kristeva 1990, 203)

In dieser Beschreibung wird nochmals der Zusammenhang von Fremdem und Eigenem deutlich: Einerseits verhält sich das Eigene zum Fremden ambivalent, insofern die Identität des Subjekts sich einerseits in Beziehung zum Anderen bildet und dieser aus psychoanalytischer Sicht andererseits aus entfremdeten und verdrängten Anteilen des Ich als Fremder konstruiert wird. Die Begegnung mit dem Fremden ist dann eine „Erinnerung" an die verdrängten Teile des Ich und stellt die so konstruierte Basis des Eigenen infrage, ebenso wie die Konstruktion eines vom Eigenen abgetrennten Fremden sowie die (vermeintlich klare) Grenze zwischen beiden an sich. Hieraus folgt, dass der Andere nicht (nur) im Außen verortet werden kann, sondern auch schon im „Kern" des Eigenen, des Selbst zu finden ist.

Dies ist auch übertragbar auf Kultur: So bezieht beispielsweise Bhabha (2000), der ebenfalls auf Freuds Konzept des *Unheimlichen* zurückgreift (vgl. Kap. 2.3.3.2), dies auch auf kulturelle Systeme und die hierin abgesteckten Grenzen und Diskurse, wie zum Beispiel die Konstruktion nationaler Identität. Auch Erdheim (1993) stellt den Bezug her, indem er ausgehend vom Fremden ein neues Verständnis von Kultur entwirft: Für ihn entsteht Kultur immer dort, „wo es zu einer Begegnung mit dem Fremden kommt", was bedeutet, dass auch der „eigenen" Kultur „immer etwas Fremdes, zugleich Angsterregendes und Faszinierendes, anhaften" (Erdheim 1993, 178) wird.

Aus einem anderen Blickwinkel macht Devereux auf diesen Zusammenhang aufmerksam, wenn er betont, dass „die Quelle der Angst" (Devereux; zit. nach: Waldeck 2001, 35), die in Begegnung mit einer fremden Kultur auftrete, nicht durch diese Kultur selbst begründet sei, sondern „im Seelenleben" der betreffenden Person zu finden sei:

> „Was er [der Forscher; Anm.: A.W.] in seiner Kultur zu verdrängen genötigt war, werde bei der Begegnung mit dem Fremden wieder lebendig und dränge ins Bewusstsein. Dieses Erwachen verdrängter Anteile könne die Begegnung mit dem Fremden zugleich als verlockend und als ängstigend erscheinen lassen." (Devereux, zit. nach: Waldeck 2001, 35)

Die Projektion verdrängter Anteile auf den Fremden, der hierdurch (erst) als solcher konstruiert wird, kann demnach nicht nur auf individueller, sondern auch auf kollektiv-gesellschaftlicher Ebene erfolgen, indem das, was in einer Gesellschaft nicht bewusst werden darf, zum Beispiel auf die hier lebenden Migranten projiziert wird. So wird, um ein Beispiel zu nennen, von einer „Gesellschaft die Aggression, die ihr (Herrschafts-) Gefüge in Frage stellen könnte" (Erdheim, zit. nach: Holzbrecher 1997, 191), verdrängt und unbewusst gemacht, ebenso wie die Aggression gegen Andere, die zur Herstellung dieser Herrschaft nötig war. Letztere wurde zum Beispiel durch die Artikulationen der Cutural Studies und des Postkolonialismus thematisiert.

Zentral ist hierbei, dass zum einen das gesellschaftlich Verdrängte und Unbewusste, dass im Fremden wieder „auftaucht", Eingang findet in das allgemeine Rezeptwissen und in allgemeine symbolische Vorräte, die über den generalisierten Anderen in die Identität des Eigenen eingehen und dort wirken und auch die Wahrnehmung des so konstruierten Anderen bzw. Fremden beeinflussen. Zum anderen können diese Prozesse der Verdrängung und der Projektion genutzt und instrumentalisiert werden, um beispielweise Verteilungskämpfe, Fremdenhass o. Ä. zu provozieren oder auch um politische Entscheidungen, zum Beispiel im Umgang mit Migrant/inn/en, durchzusetzen. An dieser Stelle wird bereits die Verbindung der Dimension des Unbewussten und des Imaginären mit der Dimension von Macht, Hegemonie und Politik deutlich.

Dies sowie die nachfolgende Zusammenfassung einer psychoanalytischen Perspektive auf das Fremde liefert wichtige Anhaltspunkte für eine weitergehende Reflexion der Re-/De-/Konstruktion des Fremden aus interaktionistisch-konstruktivistischer Sicht:

Aus Sicht der Psychoanalyse ist „das Fremde in uns selbst"; es wurde vom Eigenen als Fremdes abgespalten, projiziert und externalisiert und kehrt in Form des *Unheimlichen* zu uns zurück. „Und wenn wir den Fremden fliehen oder bekämpfen, kämpfen wir gegen unser Unbewusstes – dieses ‚Uneigene' unseres nicht möglichen ‚Eigenen'." (Kristeva 1990, 209)

Hieraus ergibt sich, dass einerseits das Unbewusste selbst eine Stelle des Fremden innerhalb des psychischen Apparates darstellt, und dass andererseits die Konstruktion des Fremden in Zusammenhang mit unbewussten Motiven und Vorgängen erfolgt. Die damit verbundenen Abwehrmechanismen, mittels derer die Konstruktion von Fremdheit einerseits erfolgt, beeinflussen andererseits gleichzeitig die Wahrnehmungen, die Konzeptionen und Diskurse über Fremdheit bzw. über den Fremden.[324]

Dies bewusst zu machen, ist ein erster Schritt dahin, die eigenen Motive bei der jeweiligen Re-/De-/Konstruktion von Fremdheit zu hinterfragen.

Darüber hinaus wird eine Parallele von Unbewusstem und Fremdem deutlich, die darin liegt, dass das Subjekt über das Fremde ebenso wenig verfügen kann wie über das Unbewusste und umgekehrt.

Des Weiteren gehen von beiden Ansprüche an das Ich aus: Beim Unbewussten geschieht dies beispielweise in Form von Triebanforderungen; im Hinblick auf den Fremden ist es in phänomenologischer Terminologie gesprochen zum Beispiel der Anspruch auf Antwort (vgl. Kap. 2.1.2) oder der Anspruch auf Verantwortung (vgl. Kap. 2.1.3).

Vor diesem Hintergrund kann letztlich auch die „Entstehung des Unbewussten in der Sozialisation als ein Prozess verstanden werden, der von einem Anderen – der Bezugsperson des Kindes – seinen Ausgang nimmt" (Quindeau 1999, 179).

Hiermit wird wiederum die zirkuläre Verwobenheit und Wechselseitigkeit der Konstruktion des Fremden durch das Unbewusste und der Genese des Unbewussten durch den Anderen bzw. den Fremden deutlich. Dies ist aus meiner interaktionistisch-konstruktivistischen Sicht einer der zentralen Aspekte dieser Dimension.

Zusätzlich dazu deutet sich hierin die Bedeutung des Unbewussten „als soziales Phänomen" an, „das sich nicht auf den Innenbereich einzelner, außergesellschaftlicher, psychischer Monaden reduzieren lässt" (Stäheli 2000, 54). Insgesamt wird hiermit die Perspektive erweitert auf die „soziale Relevanz des Unbewussten" (ebd.), das bedeutsam für die Konstitution einer Identität des Eigenen und auch für die Konstruktion von Fremdheit ist.

Es bleibt an dieser Stelle festzuhalten, dass das individuelle wie auch das gesellschaftliche Unbewusste eine entscheidende Rolle bei der Konstruktion von Fremdheit spielt.

Somit kann eine interaktionistisch-konstruktivistische Perspektive auf Fremdheit von der psychoanalytischen Theorie mit ihrem Konzept des Unbewussten profitie-

---

324 Diese Abwehrmechanismen sind oftmals Grundlage und Ausgangspunkt für eine von Stereotypen und Vorurteilen geprägte Wahrnehmung und Konzeption des Fremden, wie zum Beispiel in Kapitel 2.3.3.2 beschrieben.

ren um den Einfluss, die Bedeutung und die Wirkungen des Unbewussten bei der Konstruktion von Fremdheit in die Betrachtung mit einzubeziehen und kritisch zu reflektieren.

Der interaktionistische Konstruktivismus fasst einige der oben genannten relevanten Aspekte auch in seinem Register des Imaginären. Das Imaginäre beinhaltet sämtliche Begierden, Bedürfnisse, Motivationen, Vorstellungen, die in Vorgängen des Unbewussten ihren Ursprung haben.

Aus interaktionistisch-konstruktivistischer Sicht ist das Imaginäre der Antrieb für Kommunikation und Verständigung; es ist Motor des Symbolischen und findet hierüber Eingang in Diskurse. Demnach finden auch die oben beschriebenen Aspekte des Unbewussten und auch die hiermit in Zusammenhang stehenden Abwehrmechanismen und Reaktionen, zum Beispiel der Angst und der Faszination, Eingang in (auch wissenschaftliche) Diskurse und Repräsentationen über den Fremden, die diesen, wie in Kap. 3.5 beschrieben, erst produzieren und auch die Wahrnehmung des Fremden und die Selbstwahrnehmung des so Deklarierten, also den Fremden in Selbst- und Fremdbeobachterperspektive, prägen. Vor dem Hintergrund der hier dargelegten Ausführungen über den Einfluss des Unbewussten erscheinen nebenbei bemerkt auch die im vorangegangenen Kapitel 3.6 erläuterten Aspekte der Macht und Hegemonie, die Eingang in Diskurse über den Fremden und seine Re-/De-/Konstruktion finden, in einem neuen, einem weiteren Licht, insofern dies nach meinem Verständnis – ohne dies an dieser Stelle ausführlicher darzulegen und diskutieren zu wollen – die Frage aufwirft, inwieweit diese Kämpfe einerseits als Spiegel(-bild) und andererseits als Folge unbewusster Kämpfe im Inneren verstanden und interpretiert werden können.

Gleichzeitig geht das Imaginäre, das sich nur über das Symbolische artikulieren lässt, in diesem Symbolischen nicht vollständig auf, was den Aspekt der Überdeterminierung und der Unmöglichkeit der endgültigen Fixierung von Bedeutungen auf der Ebene des Symbolischen begründet und Möglichkeiten zu Neu-Artikulationen und Neu-Interpretationen bietet. Insofern ist das Imaginäre einerseits Antrieb des Symbolischen und wird andererseits zugleich hierdurch begrenzt, wobei gleichzeitig das Symbolische die einzige Möglichkeit darstellt, die Inhalte des Imaginären überhaupt zum Ausdruck zu bringen und – gemäß der Vermittlung symbolischer Leistungen und Vorverständigungen wie zum Beispiel kultureller Ordnungen, Normen und Werte durch den generalisierten Anderen – zu strukturieren.

Dieses Spannungsverhältnis zeigt sich, und hiermit komme ich auf einen weiteren zentralen Aspekt des Imaginären, auch in der Begegnung mit dem Anderen, der – wie bereits ausgeführt wurde – konstitutiv für die Identitätsbildung eines Subjekts bzw. einer Identität des Eigenen ist. Dies wurde bereits anhand von Lacans Theorie des Spiegelstadiums deutlich, das exemplarisch und „grundlegend für ein Verständnis der imaginären Begegnung zwischen einem Ich und einem anderen" (Neubert

1998, 22) ist.[325] Mit den Prozessen des Spiegelstadiums beschreibt Lacan, wie das (kindliche) Ich sich im Erblicken seiner selbst im Spiegel erstmalig als abgeschlossene, vollständige und mit sich einheitliche Ganzheit erfährt und über die Identifikation mit diesem Spiegelbild ein Bild seiner Selbst und die Vorstellung einer kohärenten Identität entwickelt.[326]

Zentral hierbei sind nun folgende Punkte:

Lacan betont, dass das so entstandene Selbstbild und die so gebildete Identität in ihrer vorgestellten Einheit und Ganzheit immer etwas „Imaginäres, Phantasiertes" (Hall 1994, 195) enthält; das Ich ist demnach „vorrangig eine imaginäre Konstruktion" (Lacan; zit. nach: Reich 2000a, 93). Genau genommen ist das Bild, mit dem sich das Kind identifiziert, außerhalb seiner selbst verortet.[327] In der Identifikation mit diesem Bild, das die Vorstellung einer mit sich einheitlichen Identität erst ermöglicht, liegt somit bereits ein Moment der Entfremdung; gleichzeitig ist dies Ausdruck eines Mangels, den das Subjekt von Außen zu füllen sucht. Eine entscheidende Funktion nimmt hierbei des Weiteren der Blick des Anderen ein, auf den sich das Subjekt bezieht[328]:

> „Denn es reicht nicht hin, in diesem Geschehen nur das Kind in seinem Spiel vor dem Spiegel zu beobachten. Ein Dritter, sagen wir die Mutter, oder eine andere wichtige Bezugsperson, ist notwendig in dieses Spiel mit involviert. In diesem Blick aber drückt sich das imaginäre Begehren dieses anderen als eine Spiegelung des Begehrens des Subjekts aus. Hier kommt es zu einer Begegnung, durch die der imaginär andere (a') auf die imaginäre Gestalt des Ichs (a) zurückwirkt. Denn von der Spiegelung, von den fragenden und antwortenden, bestätigenden oder verwerfenden Blicken, die hierin zirkulieren, wird es abhängen, ob das Kind sein eigenes Bild in ausreichendem Maße zur vollkommenen Gestalt wird idealisieren können." (Neubert 1998, 23 f.)

Das Kind identifiziert sich also nicht nur mit seinem Spiegelbild, sondern gleichzeitig auch mit den Spiegelungen und dem „Begehren der Anderen" (Hipfl 2009, 89), die im Blick des Anderen zum Ausdruck kommen.[329] Das bedeutet, dass das Begehren des Kindes „sich nicht einfach nur auf die Gestalt richtet, die im Spiegel erscheint (a), sondern zugleich auf das Begehren, das ein imaginär anderer dieser Ge-

---

325 Vgl. hierzu ausführlicher auch Reich (1998a), auf den sich Neubert (1998) bezieht.

326 Interessant erscheint mir in diesem Zusammenhang, darauf möchte ich vorab hinweisen, ein Vergleich mit Husserl, der den Anderen als Spiegelung, als Analogon des Selbst versteht (vgl. Husserl 1995, 96).

327 Hierin liegt auch das „dekonstruktivistische Potential des Lacanschen Modells", das „in der Umkehrung des Verhältnisses von Repräsentation und Repräsentiertem" zu sehen ist: „Das Bild entsteht vor dem Original" (Nünning 2004, 615).

328 Vgl. hierzu auch Sartres Theorie über den Blick des Anderen und seine Bedeutung (vgl. Kap. 2.4.1).

329 Pohlmann (1993) macht darauf aufmerksam, dass sich in diesem Blick, zum Beispiel der Mutter als Bezugsperson, „auch immer das Verdrängte ihrer Triebnatur, das Unheimliche im Vertrauten, Heimischen" (Pohlmann 1993, 243) zeigt.

stalt entgegenbringt (a')" (Neubert 1998, 24)[330], wie es zum Beispiel der Wunsch der Mutter, „ein schönes und intelligentes Baby zu haben" (ebd.), darstellt. Demnach erfolgt die Entwicklung des Ich auf der Grundlage dessen, was ihm durch den Blick des Anderen gespiegelt wird, was auch bedeutet, dass das „Ich nur das sein [kann; Einschub: A.W.], was es in den Anderen findet" (Hipfl 2009, 89 f.).[331] Dies verdeutlicht die Abhängigkeit des „Subjekts vom *imaginären anderen* und dessen Begehren, in dem sich sein eigenes imaginäres Begehren in einem Wechselspiel der imaginären Spiegelungen verankern muss, um eine erste Gestalt, ein inneres Bild seiner selbst erhaschen zu können" (Neubert 1998, 22; Hervorhebungen im Original).[332]

Das bedeutet, dass das Subjekt letztlich nie mit sich selbst identisch ist[333], sondern immer schon über den Blick des Anderen gespiegelt ist und seine imaginierte Ganzheit und Einheit nur über den entfremdenden Blick des Anderen konstruiert. Jedoch sind dieser Andere und sein Begehren dem Subjekt nicht direkt zugänglich, sondern stets vermittelt über die imaginäre Achse. In diesem Sinne bleibt der Andere ein Fremder: „Er ist z.B. abgegrenzt durch seine Haut, seine für mich äußere Gestalt, seinen anderen Körper und besonders sein anderes, fremdes Vorstellen und Begehren." (Reich 2000a, 87)

Diese Abhängigkeit des Subjekts vom (Blick des) Anderen bezieht sich jedoch nicht nur auf die Phase der Subjektbildung[334], sondern ist auch grundlegend für spätere Identifikationen, bei denen nicht mehr nur die einzelne Bezugsperson, sondern auch der generalisierte Andere oder abstrakte Symbolisierungen (vgl. Reich 2000a) als Gegenüber fungieren. Dieser Andere, der nur vermittelt über den „imaginären Fluss" (Reich 2000a, 89) erfahren, wahrgenommen und konstruiert (vgl. ebd.) werden kann, ist somit auch ein symbolisch Anderer. Dieser „symbolisiert eine Welterklärung, die für das Subjekt vorgängig die Realität strukturiert" (Reich 2000a, 88), und ist Repräsentant und Vermittler von Symbolvorräten und symbolischen Ordnungen, zum Beispiel in Form von kulturellen Werten, Normen und Regeln, aber auch von Sprache, die für das Subjekt die rekonstruktiven Voraussetzungen zur Verständigung, Artikulation und Positionierung innerhalb eines kulturellen und diskursiven Rahmens darstellen und die im Rahmen des Sozialisationsprozesses Ein-

---

330 Vgl. hierzu auch das Schaubild von Reich (aus: Reich / Wei 1997, 12) in Kapitel 1.

331 Mit Husserl gesprochen, der den Anderen als Spiegelung, als Analogon des Selbst versteht, gilt Selbiges auch umgekehrt (vgl. Husserl 1995, 96).

332 Reich (2000a, 85) bezeichnet das Zusammenspiel von „Kind, Spiegelbild und dem Dritten" mit dem Begriff der „Triangulation": „Es gibt gar nicht das Spiel zwischen Ich und bloßem Du, zwischen Selbst und Anderem, oder wie immer wir die vereinfachenden dialogischen Knoten weiterknüpfen könnten, denn in diesem dialogischen Spiel zwischen einem Subjekt und einem Anderen ist immer schon ein weiterer Anderer über seinen anerkennenden Blick eingeschlossen [...], denn keine Interaktion fängt frei von Interaktionen an." (Reich 2000a, 85)

333 Dies beschreibt auch Waldenfels in seiner phänomenologischen Perspektive als Konsequenz der Verflechtung von Eigenem und Fremdem.

334 An dieser Stelle bietet sich wieder ein Vergleich mit der phänomenologischen Perspektive Lévinas' an, der ebenfalls die Abhängigkeit des Subjekts vom Anderen hervorhebt, insofern ihm zufolge die Subjektwerdung des Subjekts nur über den Anruf und den Anspruch des absolut Anderen auf Antwort und Verantwortung möglich ist.

gang in die Identität des Subjekts finden. Das in diesem interaktiven Wechselspiel durch den Blick des (generalisierten) Anderen gebildete Ich ist Voraussetzung und Grundlage für den „Eintritt" zu „äußeren Symbolwelten" und „in die vielfältigen Systeme der symbolischen Repräsentation [wie zum Beispiel; Anm.: A.W.] der Sprache, der Kultur und der Geschlechterdifferenzen" (Hall 1994, 195). Dies ermöglicht auch erst die Verständigung mit dem (symbolischen) Anderen, die nur über die Sprache möglich ist.

Erst über die symbolvermittelte Kommunikation mit dem Anderen ist ein Austausch und die Artikulation des imaginären Begehrens und die Anerkennung als Subjekt möglich, derer sich das Subjekt durch den Anderen versichern will, auch wenn dieses Begehren „durch symbolische Formen der Verständigung und Anerkennung niemals vollständig aufgelöst bzw. in ihnen aufgehoben werden kann" (Neubert 2004b, 121):

> „Die Suche nach Antworten, die im Spiegelstadium nicht endgültig abgeschlossen werden konnte, setzt sich im Symbolischen fort. ‚Es wird zu einer Schranke des Subjekts, sich der Welt der Symbole zu nähern, um hierüber seine Anerkennung zu finden.' (Reich 1996, 98) Das Urteil der Anderen, ihr Ausdruck der Anerkennung, Geborgenheit und Liebe, all dies sind Gelegenheiten, die Erfahrung des Spiegelstadiums zu wiederholen und zu vertiefen." (Neubert 1998, 25)

Diese „Abhängigkeit" des Subjekts „vom symbolisch Anderen" (Neubert 1998, 27) bildet „eine grundlegende Grenze menschlicher Autonomie" (ebd.). Somit ist der (im Außen verortete) Andere einerseits Möglichkeitsbedingung der „Selbstkonstruktion des Einzelnen als Subjekt" (Nünning 2004, 615) und ist zugleich derjenige, der das Subjekt begrenzt, indem er als symbolischer Anderer einen sozialisierenden Zwang auf das Subjekt ausübt. Hierin liegt in mehrerer Hinsicht bereits ein Moment der Entfremdung, insofern das Subjekt sich einerseits nur vermittelt über Symbolvorräte verständigen kann, was ich auch im Sinne einer Entfremdung vom eigenen Imaginären verstehe, und andererseits diese Symbolvorräte durch einen Anderen vermittelt wurden und Eingang in die Identität und Sozialisierung des Eigenen fanden und somit ein Fremdes im Eigenen darstellen. Außerdem wird in diesem Zusammenhang das imaginäre Begehren des Subjekts „an den verinnerlichten Sprachhaltungen, Beschreibungsformen, Verhaltenskontrollen, Leistungserwartungen usw. der symbolischen Welt ausgerichtet" (Neubert 1998, 26).[335]

Gleichzeitig, so betont Neubert (1998, 26), um die „positive Seite des Symbolischen hervorzuheben", wird durch das „symbolische Register […] erst die Bildung subjektiver Vorstellungswelten ermöglicht, indem es den Imaginationen Struktur, Gestalt und Ausdruck verleiht" (ebd.).

---

335 Dies zeigt sich auch daran, dass im Laufe des Zivilisationsprozesses Fremdzwänge, über den sozialisierten Anpassungsdruck des Anderen, zunehmend zu Selbstzwängen wurden (vgl. Reich 2000a, 159 ff.).

Darüber hinaus wird das Subjekt durch den Anderen auch in Frage gestellt, insofern in dieser Abhängigkeit – wie oben bereits erwähnt – ein Mangel offensichtlich wird, den das Subjekt von außen zu füllen versucht, und insofern „mit dem Eintritt in die Sprache" als einzigem Mittel der – wenn auch nur eingeschränkt möglichen – Verständigung über das Imaginäre ein „symbolischer Mangel" entsteht (Neubert 1998, 21).

> „Die Sprache bietet […] keine Möglichkeit, aus dem Kreis unserer Imaginationen herauszutreten und einen direkten Einblick in die inneren Vorstellungen, Wünsche und Gedanken eines anderen zu erhalten. Wir sprechen daher auch von einer *Sprachmauer*, um deutlich zu machen, dass die Sprache in unsere imaginäre Vorstellungswelt den symbolisch Anderen als die grundlegende Erfahrung einer Differenz einführt." (Neubert 1998, 29; Hervorhebung im Original)

Ein weiterer zentraler Aspekt ist in diesem Zusammenhang, dass nicht nur das eigene Begehren nur über die durch den Anderen vermittelten Symbolvorräte artikuliert werden kann, sondern dass im Zusammenhang mit den oben geschilderten Interaktionen und Wechselwirkungen das durch die Sprache artikulierte Begehren des anderen, das nur symbolisch, aber hierin gleichzeitig nur in eingeschränkter Form fassbar ist, über die Sprache ins Subjekt, ins Ich, eingeht. „Die Wünsche, Hoffnungen und Fantasien [..], die in den Gesprächen der Anderen geäußert und vom Subjekt gehört und verdrängt wurden" (Hipfl 2009, 88), „kehren in den diversen Ausprägungen des Unbewussten wieder zurück" (ebd.). Dies begründet Lacans These, dass „das Unbewusste nichts Innerliches, Ursprüngliches oder Instinktives, sondern der ‚Diskurs des Anderen'" (Hipfl 2009, 88) ist, „der sich als ‚Summe der Wirkungen des Sprechens auf das Subjekt' bemerkbar macht" (Hipfl 2009, 88).

Hieran wird deutlich, dass letztlich auch die imaginäre Achse, über die – wie bereits gezeigt wurde – die Begegnung und der Zugang zum bzw. mit dem Anderen, dem Fremden, vermittelt möglich ist, sich jedoch selbst wiederum nur in Interaktion mit dem Anderen entwickeln kann und von diesem beeinflusst ist. Auf diese Weise kehrt der „verinnerlichte Blick des Dritten in jede Interaktion zwischen einem Subjekt und einem Anderen zurück" (Neubert 1998, 26). Der Andere, der Blick des Dritten, ist eingeschrieben sowohl in die Identität als auch in das Imaginäre des Eigenen und wirkt gleichzeitig auf die Wahrnehmung des Anderen zurück.

All die beschriebenen, sehr komplexen Wirkungsweisen des Imaginären, die an dieser Stelle nur in begrenztem Rahmen dargestellt werden konnten, gelten natürlich auch im Hinblick auf die Interaktion mit dem Fremden als einer „Variante" des Anderen (vgl. Kap. 3.4). Bezogen auf die Begegnung und Wahrnehmung des bzw. mit dem Fremden bedeutet das, dass auch der Fremde nie direkt, sondern nur vermittelt über die eigene imaginäre Achse vermittelt wahrgenommen und konstruiert wird. Das Subjekt erfährt den Fremden als seine vom Unbewussten und Imaginären geprägte und gefärbte Vorstellung von ihm.[336] Wir erreichen somit nicht den realen Fremden, sondern letztlich nur unser Bild und unsere Imaginationen von ihm (vgl. Reich 2000a, 95). Vor diesem Hintergrund kann aus meiner Sicht der Fremde, wie er dem Eigenen erscheint, auch verstanden werden als eine ebenso „imaginäre Konstruktion" wie das Subjekt und seine Identität selbst (vgl. Lacan; zit. nach: Reich 2000a, 93), das den Fremden erst als fremd konstruiert.

Hieraus ergibt sich für mich die Schlussfolgerung, dass die Konstruktion des Anderen als Fremden und die Definition des Fremden mehr mit dem Eigenen zu tun hat als mit dem Fremden „an sich", wie üblicherweise angenommen wird. Aus interaktionistisch-konstruktivistischer Sicht ist eine dahingehende Erweiterung der Perspektive auf diesen Zusammenhang bei der Betrachtung von Fremdheit von nicht zu vernachlässigender Bedeutung. Zentral ist, den Fokus auch auf den Einfluss und die Wirkungen des Eigenen bei der Re-/De-/Konstruktion von Fremdheit und ihre Wechselwirkungen zu legen und in diesem Zusammenhang auch alle genannten Aspekte dieser *Dimension des Unbewussten und des Imaginären* zu berücksichtigen und zu reflektieren.

Die Genese dessen ist allerdings – und hier tritt wieder der Aspekt des Symbolischen hinzu – auch im Zusammenhang mit dem (symbolisch) Anderen zu sehen.

Der Fremde existiert nicht nur in der Imagination des Subjekts, auch wenn dieses ihn nur hierüber vermittelt erfahren kann, sondern er ist auch ein realer Anderer, der sich unabhängig in der symbolischen Ordnung artikuliert.

Aus diesem Grund erscheint mir übrigens aus meiner interaktionistisch-konstruktivistischen Sicht auch eine ausschließliche Fokussierung auf die Behauptung, das Fremde sei stets ein ursprünglich Eigenes und das Fremde somit letztlich immer auf das Eigene rückführbar, wie es in der Deutung einiger psychoanalytischer Theorien erscheint, verkürzt.[337] Gleichzeitig ist eine „Brücke zum Fremden" nur möglich über symbolisch und imaginär Bekanntes. Ohne solche vertrauten Punkte, die ein Herantasten, eine Annäherung an und Verständigung mit dem Fremden erst ermöglichen, wäre dieser ein vom „Bereich möglicher Verständigung" (Waldenfels 1997a, 37) Ausgeschlossener, ein unerreichbar Fremder im Sinne einer „absoluten" bzw. „totalen Fremdheit", wie Waldenfels es nennt.[338] Zugleich liegt diesem „Erkennen" des Fremden immer auch ein Moment des Verkennens inne, das durch die eigene imaginäre „Brille" begründet ist. Auf diese Aspekte werde ich im folgenden Kapitel zurückkommen.

---

336 Ein „extremes Beispiel" hierfür ist neben dem bereits erläuterten Beispiel des Orientalismus (vgl. Kap. 3.3.1.3) auch das Werk „Andorra" von Max Frisch. Hierin werden diese Wirkungen des Unbewussten und des Imaginären, hier auf die Spitze getrieben in Form von Projektionen und Vorurteilen, auf die Wahrnehmung und auf das imaginäre Bild des Anderen, aber auch auf das Selbstbild und die Identität der betreffenden Person veranschaulicht (vgl. Frisch 1975).

337 Auch die Phänomenologie, insbesondere im Ausgang von Lévinas, widerspricht einer solchen Interpretation.

338 Vgl. hierzu und auch zur Problematik dieser Begrifflichkeit Kapitel 2.1.2 und Fußnote 64.

Ein Austausch, eine Verständigung mit diesem „realen" Fremden ist nur auf der symbolischen Ebene möglich, die, wie oben beschrieben, das Imaginäre und die Prozesse des Unbewussten, die in die Re-/De-/Konstruktion des Fremden einwirken, nur begrenzt vermitteln kann.[339]

Ähnliches betont nebenbei bemerkt übrigens auch Lévinas, der die Hinwendung und Beziehung zum Anderen als nur über die Sprache vollziehbar betrachtet und gleichzeitig anmerkt, dass sich hierdurch die Andersheit des Anderen nicht aufheben lässt.

Hierbei greift das Subjekt jedoch auf die ihm durch den Anderen vermittelten Symbolvorräte und symbolische Ordnungen zurück, die aber auch rekonstruktive Vorannahmen über das/den als fremd zu Definierende(n) bzw. vorgängige Repräsentationen des Fremden beinhalten und hiermit die Vorstellung, Wahrnehmung und den Umgang mit dem Fremden beeinflussen. Das heißt, dass das, was als fremd wahrgenommen und vorgestellt wird, anhand dieser symbolischen „Vorgaben" bereits (vor-)strukturiert und (mit-)bestimmt wird (vgl. hierzu Kap. 3.5). Auf diese Weise wird hierdurch der Andere erst als Fremder konstruiert (vgl. hierzu Kap. 3.4). Unter dem Einfluss der damit verbundenen (Bedeutungs-)Zu- und Festschreibungen und Interpretationen und in Kombination mit oftmals unterschiedlichen Verweisungshorizonten symbolischer Art – sei es in Form tatsächlich vorhandener oder auch unterstellter Unterschiede – erscheint die (symbolische) Verständigung mit dem Fremden zusätzlich erschwert. Dies ist wiederum in Zusammenhang zu sehen mit den erläuterten Mechanismen von Projektion und Abwehr, die in die Ebene des Symbolischen eingehen und somit die Kluft, die Distanz zum Fremden vergrößern.

Dennoch, und hiermit komme ich nochmals auf den Aspekt der Anerkennung und der Abhängigkeit vom (Blick des) Anderen zurück, ist nach meinem Verständnis der Fremde auch solch ein Anderer, über den sich das Eigene seiner selbst versichert. Hierbei stehen jedoch vergleichsweise eher Mechanismen der Abwehr, der Ausgrenzung, des Ausschlusses und der Abwertung des Fremden im Vordergrund, die unter anderem durch Prozesse des Imaginären begründet sind.

Gleichzeitig gilt diese Abhängigkeit wechselseitig, das heißt, der Fremde als Anderer ist ebenfalls ein Selbst, das sich im Spiegel des Ich, des Subjekts, seiner/s Selbst zu vergewissern versucht. In dem Blick des Subjekts wird dieser Andere jedoch als Fremder konstruiert und gespiegelt.

Diesbezüglich möchte ich einige Denkanstöße geben und Fragen aufwerfen, die an dieser Stelle jedoch nicht abschließend diskutiert und beantwortet werden können:

Für mich stellt sich im Anschluss an den letztgenannten Punkt der Anerkennung die Frage, inwiefern dem Fremden die Anerkennung verweigert werden kann.

---

339 Zu den „Voraussetzungen" und Bedingungen für eine solche symbolische Verständigung mit dem Fremden vergleiche Kapitel 3.5.

Ich möchte an dieser Stelle keine ethisch-moralischen Forderungen entwerfen und schon gar keine universell gültigen Antworten formulieren, aber für mich stellt sich an dieser Stelle die Frage der Verantwortung gegenüber diesem Anderen. Diesen Aspekt der Verantwortung betont vor allem Lévinas, allerdings vor einem anderen theoretischen Hintergrund. Mir erscheint es aus meiner interaktionistisch-konstruktivistischen Perspektive vor dem Hintergrund einer (radikal) demokratischen Grundhaltung als Mindestanforderung, den Fremden als gleichberechtigten Anderen anzuerkennen, mit dem Verständigungs- und Aushandlungsprozesse stattfinden. In diesem Zusammenhang sehe ich als weitere notwendige Mindestforderung, jeweils zu hinterfragen, wieso ein Fremder als fremd empfunden wird, und die in diese Konstruktion des Anderen als Fremden eingehenden Aspekte kritisch zu reflektieren. Hierzu will die vorliegende Arbeit anregen und dementsprechend mögliche Perspektiven anbieten, die jedoch in sich selbst notwendigerweise Komplexität reduzierend und unabgeschlossen und somit erweiterbar sind.

Anhand der vorangegangenen Ausführungen zum Interaktionsverhältnisses von Selbst und Anderem wurde deutlich, dass die Anerkennung durch den Anderen für das Ich, das Subjekt, konstitutiv ist, aber gleichzeitig einen Moment der Entfremdung beinhaltet. Das Verhältnis von Ich und Fremdem ist dagegen vor allem durch Ablehnung und Ausschluss des Fremden gekennzeichnet, da dieser aus Sicht der Psychoanalyse als abgelehntes und externalisiertes Eigenes zu verstehen ist. Auch wenn aus meiner Sicht diese Interpretation des Fremden als letztlich auf das Eigene rückführbar nur eingeschränkt bzw. nicht ausschließlich in eine interaktionistisch-konstruktivistische Perspektive auf Fremdheit übernommen werden kann, möchte ich vor dem Hintergrund dieser Argumentation die Frage in den Raum stellen, ob mit einer Anerkennung des so verstandenen Fremden in letzter Konsequenz nicht auch eine Anerkennung dieses externalisierten Eigenen einhergehen würde. Dies würde einer Aufhebung des Moments der Entfremdung im Selbst und einer Aufhebung der Grenze zwischen Eigenem und Fremdem gleichkommen.

Diese Schlussfolgerung lässt sich jedoch nur aufrechterhalten, solange das Fremde als ausschließlich als aus dem Eigenen hervorgegangen und somit als hierauf rückführbar verstanden wird. Hiermit wird jedoch sowohl der Aspekt des realen Fremden, des *radikal* Fremden vernachlässigt, auf den ich im folgenden Kapitel eingehen werde, als auch die Aspekte der in der Postmoderne fortschreitenden inneren Fremdheit, der inneren Pluralität, der inneren Ambivalenz und der Verflüssigung und Dezentrierung von Identitäten.

Darüber hinaus käme die Annahme einer Aufhebung von Fremdheit, die auch Kristeva mit ihrer Schlussfolgerung „Das Fremde ist in mir, also sind wir alle Fremde. Wenn ich Fremder bin, gibt es keine Fremden." (Kristeva 1990, 209) behauptet, aus interaktionistisch-konstruktivistischer Sicht einer Utopie gleich, die nur vom Standpunkt einer unabhängigen und neutralen Beobachterposition möglich wäre, die es nicht gibt. Es verhält sich hierbei ähnlich wie beispielsweise mit dem ethnozentrischen Blick: Der interaktionistische Konstruktivismus macht auf die Bedeutung des ethnozentrischen Blicks bei der Konstruktion von Wirklichkeit aufmerksam und betont die Notwendigkeit der Reflexion, allerdings in dem Bewusstsein und dem Wissen, dass ein gänzliches Heraustreten, eine vollständige Unabhängigkeit und Vermeidung dessen nicht abschließend möglich ist, da auch Konstruktivisten eingebunden sind in soziale und kulturelle Kontexte. Dennoch eröffnet die Einsicht und Reflexion dieses ethnozentrischen Blicks die Möglichkeit „Schwächen [zu; Einschub: A.W.] erkennen und uns danach bewusster [zu; Einschub: A.W.] verhalten" (Reich 2000a, 23). Dies gilt auch für die Re-/De-/Konstruktion von Fremdheit: So kann, auch bezogen auf die hier vorgestellte *Dimension des Unbewussten und des Imaginären*, die Einsicht und Reflexion der hierfür relevanten Faktoren helfen, den eigenen Anteil an der Konstruktion des Fremden bewusst zu machen sowie für die Verzerrung der Wahrnehmung des realen Anderen durch die imaginäre Achse zu sensibilisieren, auch wenn ein Heraustreten aus der Sphäre des Imaginären nicht möglich ist. Weiterhin kann hiermit auch der Fokus auf die Funktion, die der/das so konstruierte Fremde einnimmt bzw. einnehmen soll, gelenkt werden.

Hierin liegt ein großes dekonstruktives Potenzial, da hiermit der Anteil zum Beispiel des Eigenen in Form eigener Projektionen und Zuschreibungen an der Konstruktion des Fremden enttarnt werden kann, womit zur gleichen Zeit auch die Dekonstruktion des Eigenen und der angenommenen Unterscheidung von Eigenem und Fremdem einhergeht. Diese „Merkmale" können somit nicht mehr dem Fremden „an sich" zugeschrieben werden aufgrund derer dessen Ausschluss und Ablehnung begründet wird. Dies wiederum bedeutet eine Übernahme von Verantwortung für die eigenen Konstruktionen und hiermit auch ein verantwortlicheres Handeln gegenüber dem Anderen. Eine Betrachtung und Auseinandersetzung mit der Re-/De-/Konstruktion des Fremden beinhaltet demzufolge auch immer die Betrachtung und Auseinandersetzung mit dem Selbst bzw. mit dem Eigenen, zu dem der Zugang jedoch auch nur in eingeschränktem Maße möglich ist.

Gleichzeitig ist auch eine solche Betrachtung, und hierzu zählt auch diese Arbeit, selbst, innerhalb eines bestimmten zeitlichen, sozialen, historischen, gesellschaftlich-kulturellen und theoretischen Rahmens verortet, was wiederum bestimmte Schwerpunktsetzungen und Auslassungen bedingt. Auch dies in die Betrachtung mit einzubeziehen und in Selbst- und Fremdbeobachterperspektiven zu reflektieren, ist ein Ziel und eine Forderung der hier formulierten (interaktionistisch-konstruktivistischen) Perspektive auf Fremdheit.

3.8 Die Dimension des „Realen" bei der Re-/De-/Konstruktion von Fremdheit

Man begegnet dem Anderen, man konstituiert ihn nicht.
(Jean-Paul Sartre)

Die vorangegangenen Ausführungen haben sich überwiegend mit den re-/de-/konstruktiven Aspekten von Fremdheit beschäftigt. Der Schwerpunkt lag vor allem darauf, den Konstruktionscharakter von Fremdheit herauszustellen sowie die Dimensionen und Perspektiven, in denen aus meiner Sicht die Re-/De-/Konstruktion von Fremdheit zirkuliert.

Es wurde gezeigt, dass Fremdheit keine natürliche Eigenschaft eines Anderen oder einer anderen Gruppe oder Kultur ist, sondern dass Fremdheit, ebenso wie andere Konstruktionen von Wirklichkeit auch, ein Konstrukt ist, das diskursiv innerhalb kultureller Kontexte und Machtverhältnisse innerhalb von Verständigungsgemeinschaften auf Zeit verhandelt wird.

Gleichzeitig wurde deutlich, dass auch die hier beschriebenen Dimensionen nur eine Annäherung an die komplexen Prozesse und vielfältigen Ebenen, in denen das Fremde re-/de-/konstruiert wird, sein können.

Eine vollständige und allgemeingültige Erfassung, Bestimmung und Beschreibung der Konstruktion des Fremden scheitert daran, dass es keinen unabhängigen Beobachter gibt, da jeder als Beobachter, Teilnehmer oder Akteur eingeschlossen ist in bestimmte Kontexte, die wiederum in die Konstruktionen von Wirklichkeit und Fremdheit eingehen. Jeder Blick, jeder Zugang und jede Beschreibung von Fremdheit ist somit notwendigerweise immer perspektivisch und beobachterabhängig und bezogen auf eine bestimmte Ordnung und Konstruktion von Wirklichkeit, die bestimmte Wahrnehmungs- und Erfahrungsmöglichkeiten ein-, andere hingegen ausschließt.

Es gibt somit nicht den Fremden „an sich", sondern immer nur den Fremden, der in Relation zu einer bestimmten Ordnung, einem bestimmten Kontext, einer bestimmten Konstruktion von Wirklichkeit gesetzt wird.

Gleichzeitig, dies ist ein weiterer Grund für die Unmöglichkeit eines solchen Erfassens des Fremden, und hiermit möchte ich die Perspektive auf Fremdheit um eine letzte Dimension im Rahmen dieser Arbeit erweitern, ist der Fremde nicht nur eine symbolische oder imaginäre Konstruktion eines Beobachters im Rahmen kultureller Machtverhältnisse, sondern der/das Fremde stellt überdies selbst eine Grenzkategorie bzw. einen Grenzbegriff dar, die/der sich nicht (be-)greifen und nicht bzw. nur bedingt beschreiben lässt.

Hierauf macht bereits die Phänomenologie aufmerksam, die den/das Fremde, und hiermit werfe ich einen Blick zurück auf Husserl, Waldenfels (vgl. Kap. 2.1.2) und Lévinas (vgl. Kap. 2.1.3), als das „originär Unzugängliche" (Husserl), als das

„Außer-Ordentliche" und das „radikal Fremde" (Waldenfels) bzw. als den „absolut Anderen" (Lévinas) beschreibt.

So versteht Waldenfels das Fremde im Sinne eines „Pathos", das jemandem ereignishaft zustößt und das in bestehende Ordnungen und Sinnzusammenhänge verstörend einbricht. Noch radikaler formuliert dies Lévinas, der auf die „radikale Andersheit" des Anderen fokussiert, und diesen als eine „Grenzerfahrung", als ein „reales Ereignis" verstanden wissen will, das „über das Denken hinausgeht" und eben nicht nur eine „Projektion eines Selbst oder seiner Bedürfnisse auf ein Anderes" (Reich 1998a, 260) darstellt. Lévinas spricht sich hiermit klar gegen die Möglichkeit aus, den Anderen auf ein Selbst, auf das Eigene, zurückzuführen. Der Andere kann Lévinas zufolge nicht in ein Selbes integriert oder einverleibt werden; die Exteriorität des Anderen sowie die Distanz zwischen Selbst und Anderem und ihre absolute Trennung voneinander bleiben entgegen jeden Versuch der Einordnung oder Einverleibung unaufhebbar bestehen. Im Gegenteil betrachtet er den Anderen als dem Selben vorausgehend und vorrangig und das Subjekt als nur über diesen Anderen, dessen Anspruch auf Verantwortung er erfüllen muss, zu denken.

Laut Münkler/Ladwig (1998a, 18), die sich hierbei auf Iris Därmann beziehen, erfolgt „erst in dieser ethisch gewendeten und differenztheoretisch radikalisierten Phänomenologie von Levinas, Derrida und Waldenfels" eine Öffnung der „Philosophie für den Anspruch des Fremden, der eben darin besteht, sich nicht abgelten zu lassen."

> „Fremdheit steht für die Möglichkeit der Überraschung, der unerwarteten und unerwartbaren Anfrage, der Überschreitung des Immer-schon-Gewussten und Immer-schon-Gewollten. Auf diese Weise erlangt das Fremde seine Dignität als Außerordentliches zurück, doch ohne die Möglichkeit der Externalisierung. Das Fremde ereignet sich unter der Voraussetzung der Ordnung in der Ordnung gegen die Ordnung. Eben deshalb kann es keine Gegenordnung symbolisieren. Es dezentriert das Eigene, ohne auf ein neues Zentrum zu verweisen." (Münkler/Ladwig 1998a, 18)

Aus interaktionistisch-konstruktivistischer Sicht verstehe ich in Anlehnung an diese phänomenologischen Beschreibungen, ohne jedoch die ethischen Implikationen der Lévinas'schen Theorie übernehmen zu wollen, das Fremde als ein Auftauchen, als ein Erscheinen des Realen.

Mit dem Register des Realen bezeichnet der interaktionistische Konstruktivismus das Abwesende, die Ausschlüsse, die Lücken und Grenzen bisheriger Konstruktionen, symbolischer Ordnungen und imaginärer Vorstellungen. Es bricht als Riss, als Mangel an Sinn und Bedeutung in bisherige Konstruktionen und Ordnungsmuster ein und ist aus diesen heraus zunächst nicht erklärbar und insofern verstörend. Das Reale lässt sich weder vorhersehen oder planen, noch ergreifen oder „ausschalten".

Diese Beschreibung ist aus meiner Sicht übertragbar auf das Fremde, da auch das Fremde als das Außer-ordentliche, als Auslassung und Ausschluss, als Grenze und Lücke, als Mangel an Sinn und Bedeutung bisheriger Konstruktionen in die bestehenden Ordnungen, Wirklichkeitskonstruktionen und Weltbilder einbricht und diese verstört. Es ist aus diesen bisherigen Konstruktionen und Ordnungen heraus zunächst nicht erklärbar und entzieht sich Versuchen des abschließenden Verstehens, (Be-)Greifens oder der Einordnung.[340] Ebenso wie beim Realen bleibt auch beim Fremden lediglich der Versuch einer nachträglichen (kulturellen) Deutung und einer symbolischen Erklärung und Einordnung.

Dies erinnert in ihrer Nachträglichkeit übrigens auch an die Nachträglichkeit der Antwort auf den Fremden, die Waldenfels als Merkmal des Verhältnisses von Anspruch des Fremden und der Antwort hierauf herausstellt und dies als Merkmal der von ihm entworfenen Antwortlogik ausweist.[341] In diesem Zusammenhang betont auch Žižek, dass das symbolisch nicht erfassbare Reale, das „sich nicht ausschalten lässt [..] als Mangel zu immer neuen Symbolisierungsversuchen führt" (Stäheli 2000, 58). Anders ausgedrückt unter Rückgriff auf Waldenfels' Beschreibung des Fremden als Pathos kann das Fremde verstanden werden als „Motor des Antwortens" (Waldenfels 2007, 336).

Natürlich muss hier unterschieden werden zwischen Versuchen der Symbolisierung *des* Fremden und Versuchen der symbolischen Antwort *an* bzw. *auf* den Fremden, wobei diese Antwort, wie in Kap. 2.1.2 erläutert, auch in einem Nicht-Antworten bestehen kann.

Was ich jedoch hervorheben möchte, ist, dass in beiden Darstellungen das Subjekt zunächst jemand ist, dem der/das Fremde widerfährt und auf ihn einwirkt, und auf den/das es erst nachträglich eingehen, antworten und reagieren kann.

Der Fremde als ein Erscheinen des Realen ist somit der Initiator und Antrieb solcher Symbolisierungs-, Einordnungs- und Reaktionsversuche. Die Versuche der symbolischen Erklärung und Einordnung des Fremden bergen allerdings immer die Gefahr, durch Versuche des Erklärens, Begreifens und Verstehens das Fremde letztlich aneignen, aufheben und in das Eigene/Bekannte einordnen und hierauf reduzieren zu wollen.

Aus interaktionistisch-konstruktivistischer Sicht kann dies jedoch aufgrund der symbolischen Überdeterminiertheit und der imaginären Unabgeschlossenheit nur scheinbar gelingen. Das Fremde als ein Erscheinen des Realen lässt sich in seiner Vielschichtigkeit und Komplexität symbolisch und imaginär nicht erfassen. Der-

---

340 Ähnliches gilt, dies möchte ich rückblickend auf Camus anmerken, auch für Camus' Konzept des Absurden, das aus meiner Sicht vergleichbar mit der Ebene des Realen im interaktionistischen Konstruktivismus ist. Da ich nach meiner Interpretation Camus' Roman als Beschreibung des Absurden anhand des Fremden oder umgekehrt als Beschreibung des Fremden unter Bezugnahme auf das Absurde verstehe, lässt sich vor diesem Hintergrund eine Verbindung herstellen zwischen dem Vergleich von Camus' Konzept des Absurden mit dem Register des Realen im interaktionistischen Konstruktivismus und einem Verständnis von Fremdheit als Erscheinen des Realen.
341 Vgl. hierzu Kapitel 2.1.2.

artige Versuche vernachlässigen den Aspekt des Realen und können dem „realen" Fremden nicht gerecht werden.

Das Fremde ist ähnlich einer *einschließenden Ausschließung* im Sinne Agambens als Reales, als das Abwesende und Ausgeschlossene in unseren Konstruktionen enthalten und gerade hierdurch auch Teil unserer Wirklichkeit. Insofern ist es bei jeder Re-/De-/Konstruktion von Wirklichkeit mitzudenken und auch in die Betrachtung der Re-/De-/Konstruktion des Fremden mit einzubeziehen.

Vor diesem Hintergrund möchte ich auch das Spannungsfeld interpretieren, das mit einem Blick zurück auf Agamben und in der Übertragung bzw. dem Bezug seiner Forderung nach Profanierung des Nicht-Profanierbaren bzw. des Abgesonderten auf die Thematik der Fremdheit deutlich wird (vgl. Kap. 2.5.4.2):

So erfolgt die Umkehr der Absonderung bzw. Entfremdung durch die Profanierung, die selbst in Form einer Verfremdung (zum Beispiel des Gebrauchs) auftreten kann, in eine Sphäre, in der die Kennzeichnung und Zuordnung von Differenz, auch anhand der Unterscheidungen, die die Absonderung und Entfremdung erst hervorbrachten, essenziell für die Herstellung von (gesellschaftlicher bzw. gesellschaftlich geteilter, kultureller und individueller) Ordnung, Orientierung und Bedeutung sind und durch die weiterhin Absonderung und Entfremdung erst bedingt und konstruiert wird. Dies macht nach meinem Verständnis übertragen auf die Thematik der Fremdheit die Unmöglichkeit einer Profanierung des Fremden, eines „Ent-Fremdens" des Fremden im Sinne einer Einebnung und eines „Zum-Verschwinden-Bringens" der Fremdheit deutlich, da diese, verstanden als das mittels *einschließender Ausschließung* Ausgeschlossene, als das Reale, in den Konstruktionen von Wirklichkeit (notwendigerweise) stets eingeschlossen ist.

Hiermit kristallisieren sich im Hinblick auf Fremdheit drei Aspekte der Dimension *des Realen* heraus:

Dies ist zum einen der Fremde als realer Fremder, der unabhängig von den symbolischen und imaginären Re-/De-/Konstruktionen existiert und sich artikuliert. Ähnliches drückt übrigens auch Sartre aus existenzialistischer Perspektive mit den Worten „Man *begegnet* dem Anderen, man konstituiert ihn nicht" (Sartre 2009, 452; Hervorhebung im Original) aus. Mit Sartre gesprochen ist der Andere zu verstehen als „konkrete und evidente Anwesenheit" (Sartre 2009, 488), die das Subjekt weder bezweifeln, noch von sich selbst ableiten oder zum Gegenstand einer phänomenologischen Reduktion machen kann; sie ist „weder eine Erkenntnis noch eine Projektion" (Sartre 2009, 489) des Subjekts, sondern „das *Faktum* der Anwesenheit einer fremden Freiheit" (Sartre 2009, 494; Hervorhebung im Original).

Zum anderen ist es ein Verständnis vom Fremden bzw. von Fremdheit als ein Erscheinen des Realen im Sinne des interaktionistischen Konstruktivismus.

Darüber hinaus ist das Reale aber auch bei jeder Re-/De/Konstruktion von Fremdheit wirksam und in diesen als Auslassungen, Ausschlüsse und Lücken dieser

Re-/De-/Konstruktionen des Fremden stets enthalten und insofern bei der Betrachtung von Fremdheit mitzudenken.

Ein Ziel dieser Arbeit ist es, auf diese Auslassungen, auf die Dimension des Realen aufmerksam zu machen.

Gleichzeitig ist jedoch auch die hier vorgestellte Arbeit letztlich ein Versuch der (symbolischen) Darlegung und Beschreibung des Fremden und seiner Re-/De-/Konstruktion. Diese Arbeit will die Re-/De-/Konstruktionen von Fremdheit re-/de-/konstruieren und schafft hierbei im selben Zuge weitere bzw. andere Ausschlüsse, Auslassungen und Lücken, die dann als Reales im Sinne einer *eingeschlossenen Ausschließung* wieder auftreten können. Dies ist aus interaktionistisch-konstruktivistischer Sicht auch nicht vermeidbar, da es keinen Letztbeobachter gibt. Aus diesem Grund erhebt diese Arbeit auch keinen Anspruch auf Vollständigkeit und behauptet keinen Universalisierungs- bzw. Absolutheitsanspruch.

Es ist jedoch wichtig, die jeweilige Beobachterposition, die eigene Positionierung deutlich zu machen und diese hinsichtlich seiner Begrenztheit und seiner Auslassungen (selbst) zu reflektieren sowie die *Dimension des Realen* und seiner Wirkweisen in die Betrachtung mit einzubeziehen.

Das Reale, und die so als Erscheinen des Realen verstandene Fremdheit, das/die verstörend in unsere Konstruktionen einbricht und unsere bisherigen Konstruktionen und Normalitätserwartungen, ebenso wie die vor diesem Hintergrund konstruierte Identität (auch des Eigenen), infrage stellt, birgt jedoch aus interaktionistisch-konstruktivistischer Sicht auch immer die Möglichkeit des Perspektivenwechsels, der Perspektivenerweiterung und der Verschiebung von Positionen, Grenzen und Perspektiven und beinhaltet somit auch immer die Möglichkeit einer Weiterentwicklung. Letztlich stellt auch Erkenntnisgewinnung und „Welterschließung" immer einen „Prozess der Verwandlung von [vormals; Anm.: A.W.] Fremdem in Vertrautes" (Münkler/Ladwig 1997a, 26) dar.

Gleichzeitig ist es jedoch Voraussetzung für die Erweiterung und Verschiebung von Perspektiven, Grenzen und Positionen, den Versuchen der Aneignung, der Einordnung und Einverleibung des Fremden ins Eigene, was letztlich zu einem „Verschwinden" des Fremden führen würde, zu widerstehen und sich stattdessen dem Fremden in seiner Fremdheit ein Stück weit auszusetzen, sich auf ihn einzulassen, Differenz auszuhalten, und hiermit die bestehende Grenze in gewisser Hinsicht zu überschreiten. Dies ist jedoch nur innerhalb eines gewissen Rahmens möglich, da ein vollständiges Heraustreten aus der eigenen Positioniertheit nicht möglich ist und das Fremde nur vor dem Hintergrund des eigenen Horizonts wahrgenommen und erfahren werden kann.

Dies ist das Spannungsfeld, in dem sich die Begegnung mit dem Fremden vollzieht.

Die Reflexion dieses Spannungsfeldes und die Gestaltung der Begegnung mit dem Fremden sowie eine größtmögliche Offenheit gegenüber dem Fremden als Einbruch des Realen, auch im Sinne fremder Perspektiven, verstanden auch als (notwendige) Fremdbeobachterperspektiven, bei gleichzeitiger Reflexion der eigenen Positionierung und Perspektiven ist, so möchte ich aus meiner (interaktionistisch-konstruktivistischen) Sicht schlussfolgern, eine Forderung und ein Ziel, das sich aus dem in dieser Arbeit formulierten Verständnis von Fremdheit als (Re-/De-)Konstruktion ergibt; ein Ziel, das es auch in die Praxis umzusetzen gilt und das hier zu einem veränderten Blick, einer veränderten Wahrnehmung und zu einem veränderten Umgang mit Fremdheit bzw. mit dem Fremden führen kann.

4. Schlussbetrachtung

4.1 Fazit

Die vorangegangene Argumentation zeigt – und hierin liegt auch das dekonstruktive Potenzial dieser Arbeit –, dass Fremdheit keine „natürliche" Eigenschaft eines Anderen, einer anderen Gruppe oder Kultur ist, sondern eine (diskursive) Konstruktion von Beobachtern (Teilnehmern und Akteuren), die jeweils in bestimmten kulturellen, sozialen und historischen Kontexten und Machtverhältnissen situiert sind und sich hierin positionieren. Diese These wurde anhand verschiedener theoretischer Perspektiven, die vor dem Hintergrund einer interaktionistisch-konstruktivistischen Metaperspektive im Hinblick auf ihre expliziten und impliziten Bezüge und Aussagen zu Andersheit bzw. Fremdheit hin betrachtet wurden, begründet und beleuchtet:

So betont Waldenfels' responsive Phänomenologie, dass Fremdheit (ebenso wie Eigenes) Ergebnis von Differenzierungen ist und immer in Relation zu einer bestimmten Ordnung und den hierin vorgenommenen Grenzziehungen zu sehen ist, und hebt hiermit den Aspekt der wechselseitigen Abhängigkeit und Verflechtung von Eigenem und Fremdem hervor.

Auch soziologische Perspektiven beschreiben Fremdheit als stets in Relation zu einer bestimmten Ordnung bestimmt und bezeichnen zugleich den Gegensatz von Eigenem und Fremdem als grundlegend für die Herstellung sozialer „Ordnung", sozialen Sinns und Wirklichkeit, in deren Rahmen wiederum die Bestimmung und Konstruktion von Fremdheit erfolgt.

Die impliziten Darstellungen von Fremdheit in den Kernthesen und -konzepten der Cultural Studies und des Postkolonialismus sensibilisieren für den (kolonialen) Entstehungszusammenhang und die Bedeutung kultureller Machtverhältnisse bei den Repräsentationen und Re-/De-/Konstruktionen von Fremdheit und dekonstruieren hegemoniale Narrationen und Vorstellungen von homogenen Identitäten, Nationen und Kulturen sowie von eindeutigen Grenzziehungen und binären Oppositionen, beispielsweise von Selbst/Anderer und *Westen/Rest*, und fokussieren vor allem auf Aspekte der doppelten Einschreibung, der Hybridität, des Fremden im Eigenen und des kulturellen *Dazwischen-Seins*.

Der Existenzialismus nimmt vor allem den Blick des Anderen in den Fokus und zeigt hieran die Bedeutung der zirkulären Beziehung, die Verwobenheit von Subjekt und Anderem auf, der konstitutiv für die Subjektwerdung des Subjekts ist, das nur vermittelt über den Blick des Anderen ein Bewusstsein seiner selbst erlangen kann.

Mit Agamben wurde nochmals aus anderer theoretischer Perspektive der Blick auf Fremdheit eröffnet. Auch hier wird die Beziehung von Innen und Außen als grundlegend für die Definition von Fremdheit und Ausschluss herausgestellt und hiermit auf die konstitutive Bedeutung des „Außen", des aus der Ordnung Ausgeschlossenen, das gerade hierdurch im Sinne einer *einschließenden Ausschließung* in der Ordnung enthalten ist, aufmerksam gemacht.

Die ausgewählten Perspektiven setzen zwar aufgrund ihrer verschiedenen theoretischen Hintergründe unterschiedliche Akzente, bewirken jedoch zusammengefasst eine Dekonstruktion von Vorstellungen eines ursprünglichen und mit sich identischen bzw. einheitlichen Eigenen in Abgrenzung zu einem als ebenso ursprünglich angenommenen Anderen bzw. Fremden. Sie betonen vielmehr die Aspekte der wechselseitigen Abhängigkeit und Verflechtung von Eigenem und Fremdem und sind somit Wegbereiter für ein verändertes Verständnis von Fremdheit, das das Fremde (ebenso wie das Eigene) als Ergebnis von Differenzierungs- und Konstruktionsprozessen im Rahmen kultureller und sozialer Kontexte und Machtverhältnisse versteht.

Diese und die für die (Re-/De-/)Konstruktion von Fremdheit relevanten Faktoren wurden aus interaktionistisch-konstruktivistischer Sicht reflektiert.

Hierbei wurde weiterhin auch deutlich, dass ein dahingehend verändertes Verständnis von Fremdheit im Zusammenhang mit der Notwendigkeit einer neuen, einer erweiterten Sicht und eines neuen Umgangs auf bzw. mit Kultur, Identität und Differenz steht.

Beides wurde in Kapitel 3 der Arbeit thematisiert, in dem aus den theoretischen Betrachtungen aus Kapitel 2 die für die Betrachtung der Konstruktion von Fremdheit relevanten Aspekte zusammengeführt und zentrale Dimensionen benannt wurden, in denen aus meiner interaktionistisch-konstruktivistischen Perspektive die Re-/De-/Konstruktionen von Fremdheit zirkulieren.

Auffällig ist hierbei aus meiner Sicht, dass die Betrachtungen und Reflexionen von Fremdheit letztlich immer auch auf das eigene Selbst, auf das beobachtende, teilnehmende und agierende Selbst, zurückführen:

Auf die eigenen (unreflektierten) kulturellen Ressourcen, den eigenen ethnozentrischen Blick, die eigenen diskursiven Setzungen, Bestimmungen und Repräsentationen von Differenz und Fremdheit, die innerhalb von Verständigungsgemeinschaften auf Zeit gebildet werden, die (eigenen) hegemonialen Machtinteressen, die eigenen Prozesse des Unbewussten und den Einfluss des Imaginären (vgl. Kap. 3.7) sowie auf die Auslassungen und Lücken der eigenen Re-/De-/Konstruktionen.

Diesen eigenen Anteil, der natürlich ebenfalls in Zusammenhang mit der Einbindung in den jeweiligen kulturellen Kontext zu sehen ist, zu reflektieren, ist eine Hauptforderung, die ich aus interaktionistisch-konstruktivistischer Sicht schlussfolgern möchte. Es ist zwar nie möglich, komplett aus dem eigenen Beobachterstandpunkt herauszutreten, aber die Einsicht in die Konstruktivität von Realitätskonstruktionen und die kritische Reflexion eigener Perspektiven kann helfen, eigene blinde Flecke aufzuspüren, eigene Machtansprüche und Auslassungen zu offenbaren und den eigenen Standpunkt zu relativieren. Dies wiederum ist Möglichkeitsbedingung eines veränderten Verständnisses von und eines anderen Umgangs mit Fremdheit und hiermit auch die Grundlage für die Anerkennung Anderer, anderer Perspektiven und die Akzeptanz von Pluralität und Heterogenität. Außerdem ermöglicht dies eine bewusste und reflektierte Positionierung in dem Bewusstsein der

Unmöglichkeit eines letzten und besten Beobachters und der Unmöglichkeit einer Letztbegründung.

Der Wandel des Verständnisses und der Konzeption von Fremdheit ist in Kontext zu sehen mit den Gegebenheiten und Ansprüchen postmoderner, multikultureller und postkolonialer Gesellschaften und vor dem Hintergrund der damit verbundenen gesellschaftlichen und politischen Veränderungen.

Die hier entwickelte (interaktionistisch-konstruktivistische) Perspektive auf Fremdheit verortet sich selbst einerseits in genau diesem historischen, gesellschaftlichen und sozialen Kontext und ist andererseits gleichzeitig eine Reaktion auf die sich hieraus ergebenden „neuen" An- und Herausforderungen an bzw. für postmoderne Gesellschaften wie auch an bzw. für die einzelnen Beobachter, Teilnehmer und Akteure. Diese betreffen insbesondere die Bereitschaft zu Offenheit und Toleranz gegenüber anderen, fremden Perspektiven sowie zur (kritischen) Reflexion des eigenen (kulturellen) Standpunkts im Allgemeinen und bedingen gleichzeitig auch die Notwendigkeit einer veränderten Sichtweise auf Fremdheit, insofern sich zum Beispiel vormalige hegemoniale, nationale Definitionen von Fremdheit als zunehmend weniger haltbar erweisen. Die in der Einleitung bereits erwähnten gesellschaftlichen Veränderungen weltweiter Migration, Kommunikation und Vernetzung, der zunehmenden Verflechtung von Eigenem und Fremdem sowie multikulturelle und plurale Gesellschaften bestimmen den Alltag und stellen neue Anforderungen und Herausforderungen im praktischen Umgang mit Fremdheit, den es wiederum auch wissenschaftlich aufzugreifen und zu reflektieren gilt. Dem will diese Arbeit mit dem Entwurf und der Formulierung einer (interaktionistisch-konstruktivistischen) Perspektive und Interpretation der Fremdheit, die diese als Konstruktion von Beobachtern versteht, Rechnung tragen und die sich hieraus ergebenden Anforderungen aufgreifen und verschiedene Perspektiven und Dimensionen zur Reflexion der Re-/De-/Konstruktion von Fremdheit und den hierin eingehenden Faktoren anbieten, die auch mögliche Eckpunkte einer interaktionistisch-konstruktivistischen Theorie der Fremdheit darstellen können. Ein zentrales Augenmerk liegt hierbei darauf, einerseits den eigenen Standpunkt, die eigene Positionierung als Beobachter, Teilnehmer und Akteur (und die hierin eingehenden Faktoren) zu reflektieren, auch im Hinblick darauf, dass diese als Ausgangspunkt der Re-/De-/Konstruktionen von Fremdheit fungiert.

Gleichzeitig geht es andererseits nicht darum, die Illusion der Möglichkeit einer vollkommenen Kenntnis und eines vollkommenen Verständnisses des Anderen bzw. des Fremden und der Möglichkeit seiner Rückführung auf das Eigene bzw. auf die Konstruktionen des Eigenen zu suggerieren und anzustreben. Es geht darum, den eigenen Anteil an der Re-/De-/Konstruktion von Fremdheit zu reflektieren und eigene Vorannahmen zu dekonstruieren und sich gleichzeitig auf die Befremdlichkeit des Fremden einzulassen, ohne diesen einerseits durch die Rückführung und Integration ins Eigene zum Verschwinden bringen zu wollen und ohne ihn andererseits in seiner Fremdheit festzuschreiben und zu fixieren.

Dies ist das Spannungsfeld und die Gratwanderung, in dem sich aus meiner Sicht die Re-/De-/Konstruktion von Fremdheit sowie ihre Betrachtung und Reflexion (aus interaktionistisch-konstruktivistischer Sicht) bewegt.

4.2 Ausblick

Die in dieser Arbeit entworfene Perspektive auf Fremdheit ist insofern von Bedeutung, da (die Thematik der) Fremdheit eine enorme praktische und gesamtgesellschaftliche Relevanz aufweist. Im Zeitalter der Postmoderne ist Fremdheit allgegenwärtig geworden (vgl. Bauman; zit. nach: Breckner 2009, 97).

Sie betrifft nicht nur Migranten, auch wenn diese die prominenteste Assoziation bzw. das gängigste Beispiel für das Fremde im Eigenen sind. Das Fremde begegnet uns nicht nur in Form von Migranten im „eigenen“ Land oder bei der Reise durch ferne Länder, sondern durchzieht auch andere Bereiche des menschlichen Daseins. Es ist Teil unseres eigenen Inneren, zum Beispiel der Psyche (vgl. Kap. 3.7), und ist als Anderer auch maßgeblich an der Konstitution der Identität des Eigenen beteiligt. Auch Krankheit kann als ein Beispiel, als eine Form des Fremden im Eigenen verstanden werden. Fremdes bzw. Konstruktionen des Fremden begegnen uns weiterhin aber auch in der Kunst und Literatur. Beispiele hierfür sind neben dem bereits rezipierten Werk „Der Fremde“ von Camus (vgl. Kap. 2.4.3) auch Goethes „West-östlicher Divan“, der aus Goethes Begegnung mit den Werken des persischen Schriftstellers Hafis, das heißt in der Begegnung und in dem Einlassen auf diese fremde orientalische Kultur und Dichtung, entstand.[342] Auch Mérimées Werk „Carmen“, das die Grundlage für Bizets gleichnamige Oper bildet, ist ein Beispiel für eine Repräsentation des Fremden. Bogdal (2011) sieht hierin die (europäische) Erfindung bzw. die Konstruktion einer Zigeunerfigur mit den entsprechenden Klischees, Stereotypen und Fantasien des Exotismus und der Vernichtung.[343]

Es gibt unzählige weitere Beispiele, aber die hier Genannten stehen exemplarisch für verschiedene Facetten der Thematisierung des Fremden in der Literatur, die in unterschiedlicher Form eine Darstellung, eine Auseinandersetzung oder eine Repräsentation des Fremden darstellen.

Doch ein exemplarischer Blick auf das kulturelle Programm der Philharmonie und der Oper der Stadt Köln der letzten Jahre genügt, um festzustellen, dass auch dort „das Fremde“ Einzug gehalten hat. Hier ist aus meiner Sicht ein zunehmendes Angebot an Veranstaltungen zu verzeichnen, die nicht nur Künstler und Künste aller Nationen, sondern auch fremdes kulturell-künstlerisches Erbe vorstellen wollen, wie zum Beispiel die chinesische Kun-Oper (Oper Köln, November 2011) oder klas-

---

342 Aus diesem Werk stammt übrigens auch der bekannte und viel zitierte Ausspruch „Wer sich selbst und andre kennt, wird auch hier erkennen: Orient und Occident sind nicht mehr zu trennen“ (Goethe 1999, 521).

343 Die europäische Erfindung der Zigeuner, die Bogdal untersucht, erscheint mir in vielerlei Hinsicht vergleichbar mit der Erfindung des Orients, die Said beschreibt (vgl. Kap. 3.3.1.3).

sische japanische Trommelmusik, und auch Hybridität im kulturellen Bereich zelebrieren.

Hierzu zählen beispielsweise die Kombination von Bach, arabischer Klassik und Jazz in der „Arabischen Passion nach Johann Sebastian Bach" (Kölner Philharmonie, April 2005), die Kombination von klassischer indischer Musik mit westlicher Konzertgeige in Daniel Hopes Programm „East meets West" (Kölner Philharmonie, April 2009), das an das Zusammenspiel von Yehudi Menuhin und Ravi Shankar erinnert, die afrikanische Version von Mozarts Zauberflöte in „South Africa meets Mozart" (Juli 2011) oder die Integration von klassischem indischen Tanz in den Modern Dance im Stück „Takademe" des Alvin Ailey Dance Theater (Kölner Philharmonie und Hamburgische Staatsoper, August 2009).

Auffällig ist hierbei, dass sich das Fremde im Bereich des Künstlerisch-Kulturellen größter Popularität und größten Interesses erfreut und offensichtlich als kulturelle Bereicherung angesehen wird, wohingegen die Begegnung mit dem Fremden außerhalb dieses Bereichs jedoch nicht immer unbedingt erwünscht zu sein scheint.

Fremdheit erscheint willkommener, solange es einen gewissen Ausstellungs- und Besichtigungscharakter innerhalb des Bereiches von Kunst und Kultur hat, die es als „unbeteiligter" Beobachter/Zuschauer zu konsumieren gilt.[344]

Ähnliches gilt auch für einen weiteren Bereich, in dem uns das Fremde begegnet bzw. in dem fremde Welten erschaffen werden: den virtuellen Welten. Ohne an dieser Stelle auf den Aspekt der Verfremdung eingehen zu können, der meiner Ansicht nach in Zusammenhang mit virtuellen Welten stets eine Rolle spielt, sehe ich in Spielen wie „Grand Theft Auto", „World of Warcraft", „Two Worlds", „Fallout", „X", besonders in der Version „X 3: Reunion", oder auch „Second Life" Konstruktionen von Fremdheit. Dies betrifft sowohl die Spiele an sich als ein Erschaffen fremder Realitäten als auch das hierin zu findende Arsenal einer Vielfalt konstruierter Fremdbilder, aber auch die hierin gebotene Möglichkeit des Hineinschlüpfens in fremde Rollen und Charaktere.

Die Faszination solcher Videospiele ist aus meiner Sicht zum einen darin begründet, dass die reale Welt zu großen Teilen bereits erschlossen ist. Fremdheit vollzieht sich nun weniger in der Begegnung mit fernen Ländern, Kulturen oder Völkern, sondern wird nun in der Erschaffung fiktiver fremder Realitäten, zum Beispiel in Science-Fiction- oder Fantasy-Filmen oder auch Computerspielen, ausagiert. Der Vorteil ist, und hierin sehe ich den anderen entscheidenden Grund für die Faszination, die solche Spiele ausüben, dass insbesondere hier Fremdheit eine zumindest durch den Programmierer selbst Erschaffene ist und zudem eine akzeptierte Form einer äußeren Repräsentanz innerer Vorstellungen und Fantasien des Fremden bzw. von Fremdheit darstellt. Diese Fremdheit ist zudem für den User kontrollierbar, da sich diese Fremdheit innerhalb bekannter und fest definierter Grenzen und Spielräume bewegt und der User sofort aus dieser Begegnung heraustreten kann, spätes-

---

344 Dies bietet jedoch umgekehrt zugleich auch die Möglichkeit, Kunst als Zugang zu Fremdheit zu nutzen, und dies beispielsweise in theaterpädagogischen Projekten zu thematisieren.

tens mit Beendigung des Spiels oder mit dem Abschalten der entsprechenden Hardware. Dies stellt einen Unterschied zur Begegnung mit dem realen Fremden dar, der sich der Kontrolle entzieht. Zum anderen können Videospiele vor diesem Hintergrund auch verstanden werden als eine „Flucht", als eine Rückzugsmöglichkeit vor dem realen Fremden in der realen Welt.

Dies sind nur einige Beispiele, um die Allgegenwärtigkeit des Fremden als Merkmal der Postmoderne zu verdeutlichen, wobei jedes dieser Beispiele für sich jeweils ausreichend Material für eine eigene Arbeit liefern würde.

Ein weiteres Themenfeld, das in diesem Zusammenhang weitere Beachtung verdient und das möglicher Ausgangspunkt weiterer Forschungen ist, ist die Verbindung von Fremdheit und Kapitalisierung; die Schaffung von Fremdheit durch Kapitalisierungsprozesse. Empfehlenswert ist in diesem Zusammenhang Reichs Werk „Chancengerechtigkeit und Kapitalformen" (2013), in dem er Bourdieus Theorie des sozialen, ökonomischen und kulturellen Kapitals aufgreift und um die Kapitalformen des Körper- und des Lernkapitals erweitert. Hierin wird deutlich, dass der interaktionistische Konstruktivismus verstärkt hegemoniale Praktiken analysiert und kritisiert und verstärkt zu sozialen Fragen und zu Fragen der sozialen Gerechtigkeit Stellung bezieht. Ein Hauptanliegen, das der interaktionistische Konstruktivismus in diesem Zusammenhang vertritt und das er zugleich als Gegenstrategie gegen hegemoniale Praktiken und gegen soziale Ungerechtigkeit ansieht, ist die Forderung nach Herstellung und Durchsetzung von Bildungsgerechtigkeit (vgl. ebd.). Dies kann insofern für eine weitergehende Betrachtung von Fremdheit von Bedeutung sein, da durch Kapitalisierungsprozesse Fremdes bzw. die Distanz zwischen Eigenem und (vermeintlich) Fremdem erst erschaffen wird, und die Definition und Zuschreibung von Fremdheit in der (globalisierten) Postmoderne auch in Abhängigkeit von bestimmten Kapitalformen, ihrem Besitz und der veränderten Bedeutung, die ihnen zukommt, erfolgt. Dies stellt eine weitere Form von Fremdheit dar, die weiterer Untersuchungen bedarf.

Das Fremde begegnet uns in unterschiedlichen Formen und durchzieht alle Bereiche. Dies erklärt die Relevanz der in dieser Arbeit entworfenen Perspektive auf Fremdheit als (Re-/De-/)Konstruktion, die auch anschlussfähig für unterschiedliche Disziplinen und übertragbar auf die Praxis ist.

Dies ist von entscheidender Bedeutung, da Kenntnis und Wissen allein nicht ausreichen, sondern auch auf die Handlungsebene übertragen werden müssen. In diesem Zusammenhang bietet sich nochmals ein Verweis auf den interaktionistisch-konstruktivistischen Aspekt der Praktizität an (vgl. auch Kap. 1 und 3.1): Wissenschaft greift stets die Entwicklungen der Praxis, des Alltags auf und orientiert sich hieran. Mit dem Begriff der Praktizität beschreibt der interaktionistische Konstruktivismus die Tatsache, „dass alle Erkenntnisse aus gesellschaftlichen Praxen herrühren" (Reich 2000b, 97), und verweist andererseits darauf, dass sich Konstruktionen stets am Rahmen des Machbaren zu orientieren haben und durch ihren Bestand in kulturellen Routinen, Institutionen und Praxen wiederum auf die beiden Aspekte der Konstruktivität und Methodizität zurückwirken (vgl. ebd.). Die Theorie wird aus der Praxis heraus entwickelt und muss sich wiederum in der Praxis bewähren.

Dies gilt auch für die hier formulierte Interpretation von Fremdheit. Diesbezüglich bietet sich insbesondere eine Übertragung der hier gewonnenen Erkenntnisse auf die pädagogische Praxis an, da die Betrachtung und Reflexion von Fremdheit angesichts der oben beschriebenen gesellschaftlichen Verhältnisse und angesichts zunehmend multikultureller und pluraler Gesellschaften auch für pädagogische Praktiken zunehmend an Bedeutung gewinnt.

Pädagogik ist eine Art kultureller Praktik, in deren Kontext einerseits die Entstehung von Re-/De-/Konstruktionen und Bedeutungen, auch die der Fremdheit, zu verorten ist, und die andererseits auch den Ort für mögliche Veränderungen und den Widerstand gegen vorherrschende Verhältnisse, hegemoniale Deutungen und Deutungshoheiten bietet.

Aus diesem Grund ist es wichtig, dass auch in pädagogischen Prozessen Fremdheit nicht als eine natürliche Eigenschaft des Anderen verstanden wird, die im Sinne der Vermittlung eines eindeutigen, objektiven Wissens an Lernende zu vermitteln ist. Sie muss als eine Konstruktion im Rahmen kultureller Kontexte und Machtverhältnisse reflektiert werden, die zudem einen bestimmten Beziehungsmodus ausdrückt und mit produziert. Ein dementsprechendes Verständnis von Fremdheit kann in der pädagogischen Praxis, zum Beispiel in der Schule, sozusagen „im Kleinen" initiiert werden. Pädagogik als eine Form kultureller Praktik ist in Form des Schulsystems institutionalisiert. Vor dem Hintergrund, dass Schule ein Abbild und zugleich ein Vorbild der Gesellschaft ist, in der Schüler, aber auch Eltern und Lehrer unterschiedlichster, sozialer, kultureller Herkünfte und religiöser und weltanschaulicher Überzeugungen zusammenkommen, bietet sich gerade hier die Möglichkeit, den Grundstein für gelingendes Zusammenleben zu legen. Ausgehend von den persönlichen Erfahrungen und Biografien der Schüler/innen können hier beispielsweise unterschiedliche Fremdheitserfahrungen zum Beispiel im Rahmen von Migration, Schüleraustauschprogrammen, Reisen oder auch innerhalb der vielfach multikulturell zusammengesetzten Klassenverbände erfahren, thematisiert und reflektiert werden. Weitere Möglichkeiten zur Reflexion von Fremdheit und den hiermit zusammenhängenden Faktoren bieten zum Beispiel das Aufgreifen aktueller Diskussionen zum bzw. über den Fremden und die (kritische) Analyse seiner medialen Repräsentationen, zum Beispiel des Islams und der Muslime oder auch in Form des viel zitierten „Schwarzen Mannes" als Inbegriff des Bösen, der Gefahr und der Angst in vielen Kindergeschichten. Diese können auch Ausgangspunkt für die Thematisierung internalisierter kollektiver Fremd- und Feindbilder sein.

Dies sind nur einige Anhaltspunkte; die Ausarbeitung und Entwicklung von konkreten Methoden zur Reflexion und Erfahrung von Fremdheit im pädagogischen Bereich soll Kernstück einer weiteren Arbeit sein, die sich mit der Umsetzung in die Praxis beschäftigt.

Wichtig hierbei ist vor allem auch die Reflexion der Auswirkungen von Fremdbildern in der gesellschaftlichen Praxis, zum Beispiel im Hinblick auf die Diskriminierung von Migrant/inn/en, zum Beispiel im arbeitsmarktlichen Bereich. Hierbei gilt es einerseits, die Chancengleichheit und gleichberechtigte Partizipation zu erhöhen, und andererseits den oftmals negativen Konnotationen von Fremdheit positive entgegenzusetzen, um die Wertschätzung und die Kompetenz im Umgang mit dem Fremden, im Zusammenleben in einer multikulturellen Gesellschaft zu stärken. Ein nennenswertes positives Beispiel, das viele Mitglieder der Gesellschaft, auch außerhalb von Schule, erreicht und vereint hat, ist beispielsweise der Erfolg der deutschen Fußballnationalmannschaft im Jahr 2010, bei der die multikulturelle Zusammensetzung nicht als Hindernis, sondern als Ressource gewertet wurde und vor dem sportlichen Erfolg als Hauptziel in den Hintergrund rückte.

Vor diesem Hintergrund lassen sich, ausgehend von den konkreten Erfahrungen der Schüler/innen, Themenbereiche wie die Definition von Fremdheit und ihr Wandel im Kontext gesellschaftlicher Veränderungen, ebenso wie die damit verbundenen Aspekte von Kultur und Identität behandeln. Ziel ist hierbei, die Reflexion über Fremdheit als vermeintlich „natürlicher" Eigenschaft anzuregen und ein Bewusstsein für den Konstruktionscharakter von Fremdheit als Bedeutungszuschreibung, als im Rahmen gesellschaftlicher Praktiken re-/de-/konstruiert, zu schaffen und gleichzeitig die realen Auswirkungen dessen zu thematisieren. Die Einsicht in die Fremdheit konstruierenden Faktoren kann dann zum Beispiel mit jeweils altersgerechten Methoden die Bedeutung der Relativierung des je eigenen (ethnozentrischen) Standpunkts, die Bereitschaft zur Perspektivenerweiterung und die Verantwortung des Einzelnen verdeutlichen, um hiermit auf das Potenzial der Dekonstruktion vermeintlich eindeutiger Zuschreibungen von Fremdheit und der Veränderung bestehender (Macht-)Verhältnisse, auch „im Kleinen", hinzuweisen. Die Umsetzung von Veränderungen vorherrschender gesellschaftlicher Verhältnisse, ebenso wie ihre Zementierung und Reproduktion, erfolgt immer in kulturellen Praktiken, zu denen auch die pädagogische Praxis zählt. Entscheidend ist aus diesem Grund, dass schon in pädagogischen Praktiken und Institutionen, wie zum Beispiel der Schule, ein Umgang mit dem Fremden gelehrt wird, der Fremdheit als Konstruktion versteht. Dies müssen Vorbilder, wie zum Beispiel eine Lehrkraft, aktiv vorleben. Dies beinhaltet allerdings auch ein verändertes Verständnis von Pädagogik, in dem der Lehrer sich nicht mehr als besser-wissender Vermittler objektiven Wissens ansieht, sondern als „Koordinator" unterschiedlicher Artikulationen, Perspektiven und Diskurse. Grundvoraussetzung für dieses veränderte Verständnis ist weiterhin, neben der Einsicht in den je eigenen Anteil an Konstruktionen von Fremdheit, die Anerkennung von Differenzen.

Diese, sowie das hiermit verbundene veränderte Verständnis von Pädagogik und die veränderte Rolle des Pädagogen, gilt es in eine entsprechende Lehrerbildung zu implementieren, um durch den Wechselbezug von Theorie und Praxis einen Beitrag zu dieser veränderten Sicht auf Fremdheit und den hieraus resultierenden veränderten (gesellschaftlichen) Anforderungen zu leisten und hierfür zu sensibilisieren.

Eine Veränderung hegemonialer Machtverhältnisse kann jedoch nur bewirkt werden, wenn alle Mitglieder zum Beispiel einer multikulturellen Klasse die gleichen Möglichkeiten zur Artikulation eigener Perspektiven und zur Partizipation auf gleicher Augenhöhe haben. So können Bedeutungen (zum Beispiel auch von Fremdheit) verändert werden, wie dies die Cultural Studies als eine Artikulation der Perspektiven marginalisierter Anderer bereits praktizier(t)en. Auf diese Weise können Bedeutungen nicht im Sinne hegemonialer Festlegungen, sondern im Sinne von *Aushandlungsprozessen an den Grenzlinien* (*borderline negotiations* im Sinne von Giroux[345]) verstanden werden. So kann ein Verständnis von Fremdheit, das das Fremde in das eigene kulturelle Ordnungssystem einzuordnen oder es abzuwerten, abzuwehren und zu bekämpfen versucht, hin zu einem postmodernen Verständnis von Fremdheit als Konstrukt, das die Anerkennung pluraler und heterogener kultureller Perspektiven beinhaltet, entwickelt werden. Damit verbunden ist auch ein Anspruch nach radikaler Demokratie (vgl. Kap. 3.6).

Auch wenn die beiden letztgenannten Punkte nie vollständig realisierbar sein werden, so ist die Relativierung des eigenen kulturellen Blicks, die Dekonstruktion hegemonialer Machtverhältnisse und Deutungshoheiten und der damit verbundenen Zuschreibungen von Fremdheit und Ausgrenzungen in Zeiten postmoderner, globaler Multikultur zunehmend erforderlich. Damit verbunden ist allerdings eine Verunsicherung der Annahme „sicheren" Wissens, der eigenen kulturellen Ordnung und auch der Autorität, zum Beispiel der Lehrkraft in pädagogischen Prozessen. Damit dies nicht zu einer absoluten Überforderung führt, die auch Reich als Gefahr der dritten Sichtweise auf Ethnizität anführt (vgl. Reich 2002, 177; vgl. hierzu Kap. 3.2.2), erscheint es sinnvoll, dies erst einmal in einem kleineren überschaubaren Rahmen, wie zum Beispiel einer Schulklasse, der eine gewisse Kontinuität und „Sicherheit" bietet, zu „üben".

Die hierdurch erreichte Reflexion und Perspektivenerweiterung ist wiederum übertragbar bzw. hat weitreichende positive Konsequenzen auf die gelebte gesellschaftliche Praxis und das Zusammenleben in der multikulturellen Gesellschaft. Die hiermit in der Schule vermittelten Kompetenzen im Bereich der Reflexion, zum Beispiel von Fremdbildern und Fremdheit, von der Bedeutung der Fremdheit konstituierenden gesellschaftlichen Faktoren und der Bedeutung jedes Einzelnen hierfür, sowie im Bereich der gleichberechtigten Partizipation, die Erfahrung eines gelingenden (multikulturellen) Miteinanders „im Kleinen", zum Beispiel im Klassenverband, sind die Grundlage und die Voraussetzung für die gesamtgesellschaftliche Integration aller „im Großen".

---

345 Giroux integriert die Theorien der Cultural Studies in ein pädagogisches Konzept der „Border Pedagogy", die laut Neubert (2004a, 99) auf die „gezielte pädagogische Arbeit mit ‚Grenzerfahrungen' kultureller Wirklichkeitskonstruktionen als Ausgangspunkt postmoderner Bildungsprozesse" fokussiert. Interessant ist in diesem Zusammenhang, dass einige der Beiträge zu den Cultural Studies ursprünglich aus dem Bereich der Erwachsenenbildung entwickelt wurden, da diese das ursprüngliche Berufsfeld einiger der Gründer der Cultural Studies, wie zum Beispiel Richard Hoggart, Raymond Williams und E.P. Thompson, war. Dies verdeutlicht wiederum die Wechselwirkungen von Theorie und Praxis.

Hieran wird nebenbei bemerkt auch die Übertragbarkeit auf bzw. die Relevanz dieser Thematik für die politische Ebene deutlich, die im Idealfall für die Realisierung gleichberechtigter Artikulation, Integration, Partizipation und Inklusion aller (auch fremder und gegensätzlicher Perspektiven und Anschauungen) eintreten soll. Zurzeit bedingen sich jedoch noch kulturelle und rechtliche Ungleichheit wechselseitig, indem bestimmte Rechte an bestimmte, zum Beispiel nationalstaatliche, Zugehörigkeiten gebunden sind.

Ein Blick beispielsweise auf die aktuelle Visa- oder auch Abschiebepolitik zeigt, dass Heimat, Zugehörigkeit, das Recht auf Partizipation oder auch nur Erlaubnis zur Einreise symbolisch, imaginär und real immer noch danach bestimmt werden, wo jemand „herkommt". Solange sind Forderungen nach einer Veränderung gesellschaftlicher Machtverhältnisse, die Anerkennung von Differenz, Pluralität und Fremdheit sowie das gleichberechtigte Agieren auf einem pluralistischen Spielfeld, die mit dem hier vorgestellten Verständnis von Fremdheit verbunden sind, noch im Anfangsstadium der praktischen Umsetzung.

Des Weiteren kann die hier vorgestellte Betrachtung der Fremdheit auch eine mögliche Perspektivenerweiterung für die Interkulturelle Pädagogik als wissenschaftlicher Disziplin darstellen, die laut Auernheimer die Betrachtung von Fremdheit und Verstehensgrenzen als einen Hauptaspekt interkultureller Pädagogik beinhaltet (vgl. Auernheimer 1998; zit. nach: Holzbrecher 2004, 87). Die hier vorgelegte Perspektive auf Fremdheit kann den Blick dahingehend erweitern, dass sie zum einen den Konstruktionscharakter von Fremdheit hervorhebt und Möglichkeiten zur Reflexion des je eigenen Anteils, aber auch des Entstehungszusammenhangs innerhalb bestimmter kultureller und gesellschaftlicher Kontexte vorschlägt, und hierbei zum anderen auch auf die Aspekte der Macht und der Ambivalenz, der wechselseitigen Durchdringung und Verflechtung von Eigenem und Fremdem fokussiert. Dies kann auch interessant sein, und hierin sehe ich eine weitere Anschlussmöglichkeit für die hier entwickelte Perspektive auf Fremdheit, zum Beispiel für Konzepte des Diversity-Managements, auch im wirtschaftlichen Bereich.

Das in dieser Arbeit entwickelte Verständnis von Fremdheit, das nicht mehr von der binären Opposition von Eigenem und Fremdem ausgeht, sondern Aspekte der Verflechtung und der Hybridität ebenso wie den Konstruktionscharakter von Fremdheit im Kontext der jeweiligen gesellschaftlichen Kontexte und Machtverhältnisse betont, kann somit in verschiedenen Bereichen weitreichenden Einfluss auf den konkreten Umgang mit dem Fremden beispielsweise in Politik und Wirtschaft, in staatlichen Institutionen, in medialen Repräsentationen, in konkreten Interaktionen, wie auch im Bildungssystem haben.

Ein weiteres Ziel ist es für mich, die Erkenntnisse dieser Dissertation im Rahmen einer weiteren Arbeit in ein Curriculum zu überführen, das, angepasst an das jeweilige Tätigkeitsfeld bzw. den entsprechenden Einsatzort, zum Beispiel im Rahmen der LehrerInnenbildung oder in Form von MultiplikatorInnenschulungen, Anwendungen in verschiedenen praktischen Bereichen ermöglicht und hierfür nutzbar macht. So kann einerseits die Theorie in die Praxis übertragen und umgesetzt werden, und andererseits können gleichzeitig die Erfahrungen aus der Praxis auf die Theorie zurückwirken, die notwendigerweise unabgeschlossen ist, und diese ergänzen und erweitern.

Literatur

Abels, Heinz (2007): Interaktion, Identität, Präsentation. Kleine Einführung in interpretative Theorien der Soziologie. 4. Auflage. Wiesbaden: VS Verlag für Sozialwissenschaften / GWV Fachverlage GmbH Wiesbaden.

Agamben, Giorgio (2002): Homo Sacer – Die souveräne Macht und das nackte Leben. Dt. Erstausg., 1. Aufl., [Nachdr.]. Frankfurt am Main: Suhrkamp (Edition Suhrkamp, 2068).

Agamben, Giorgio (2003): Was von Auschwitz bleibt. Das Archiv und der Zeuge. Dt. Erstausg., 1. Aufl., [Nachdr.]. Frankfurt am Main: Suhrkamp (Edition Suhrkamp, 2300).

Agamben, Giorgio (2004): Ausnahmezustand. Dt. Erstausg., 1. Aufl., [Nachdr.]. Frankfurt am Main: Suhrkamp (Edition Suhrkamp, 2366).

Agamben, Giorgio (2005): Profanierungen. Dt. Erstausg., 1. Aufl., [Nachdr.]. Frankfurt am Main: Suhrkamp (Edition Suhrkamp, 2407).

Antor, Heinz (Hg.) (2007): Fremde Kulturen verstehen – fremde Kulturen lehren. Theorie und Praxis der Vermittlung interkultureller Kompetenz. Heidelberg: Winter (Anglistische Forschungen, 376).

Askani, Thomas (2006): Die Frage nach dem Anderen. Im Ausgang von Emmanuel Lévinas und Jacques Derrida. 2. unveränd. Aufl. Wien: Passagen (Passagen Philosophie).

Assmann, Aleida (2010): Erinnerungsräume. Formen und Wandlungen des kulturellen Gedächtnisses. Univ., Habil.-Schr. – Heidelberg, 1992. 5. durchges. Aufl. München: Beck.

Auchter, Thomas (1993): Die seelische Krankheit „Fremdenfeindlichkeit". In: Streeck, Ulrich (Hg.): Das Fremde in der Psychoanalyse. Erkundungen über das „Andere" in Seele, Körper und Kultur. München: Pfeiffer (Leben lernen, 88).

Auernheimer, Georg (2003): Einführung in die interkulturelle Pädagogik. 2. überarb. u. erg. Aufl. Darmstadt: Wiss. Buchges. (Einführung Erziehungswissenschaft).

Aydin, Yasar (2009): Topoi des Fremden. Zur Analyse und Kritik einer sozialen Konstruktion. Univ., Diss. – Hamburg, 2009. Konstanz: UVK-Verl.-Ges. (Theorie und Methode Sozialwissenschaften).

Bachmann-Medick, Doris (2007): Cultural turns. Neuorientierungen in den Kulturwissenschaften. 2. Aufl. Reinbek bei Hamburg: Rowohlt-Taschenbuch-Verl. (Rororo Rowohlts Enzyklopädie, 55675).

Bauer, Thomas (2001): Fremdheit in der klassichen arabischen Kultur und Sprache. In: Jostes, Brigitte; Trabant, Jürgen (Hg.): Fremdes in fremden Sprachen. München: Fink (Übergänge, 43).

Bauman, Zygmunt (1995): Postmoderne Ethik. Hamburg: Hamburger Edition.

Bauman, Zygmunt (1998): Moderne und Ambivalenz. In: Bielefeld, Ulrich (Hg.): Das Eigene und das Fremde. Neuer Rassismus in der Alten Welt? 1. Aufl. d. Neuausg. Hamburg: Hamburger Edition.

Bauman, Zygmunt (1999): Unbehagen in der Postmoderne. 1. Aufl. Hamburg: Hamburger Edition.

Bauman, Zygmunt (2005): Moderne und Ambivalenz. Das Ende der Eindeutigkeit. Neuausg. Hamburg: Hamburger Edition.

Bauman, Zygmunt (2008): Flüchtige Zeiten. Leben in der Ungewissheit. 1. Aufl. Hamburg: Hamburger Edition.

Bedorf, Thomas; Cremonini, Andreas (Hg.) (2005a): Verfehlte Begegnung. Levinas und Sartre als philosophische Zeitgenossen. München: Fink (Übergänge, 54).

Bedorf, Thomas; Cremonini, Andreas (2005b): Sartre & Levinas: Zeitgenossen, Verwandte, Antipoden. In: Bedorf, Thomas; Cremonini, Andreas (Hg.): Verfehlte Begegnung. Levinas und Sartre als philosophische Zeitgenossen. München: Fink (Übergänge, 54).

Berger, Peter L.; Luckmann, Thomas (2007): Die gesellschaftliche Konstruktion der Wirklichkeit. Eine Theorie der Wissenssoziologie. 21. Aufl. Frankfurt am Main: Fischer-Taschenbuch-Verl. (Fischer, 6623).

Berghahn, Sabine; Rostock, Petra (Hg.) (2009): Der Stoff, aus dem Konflikte sind. Debatten um das Kopftuch in Deutschland, Österreich und der Schweiz.

Bertram, Georg W. (2011): Sprachphilosophie zur Einführung. Hamburg: Junius-Verl. (Zur Einführung, 381).

Bhabha, Homi (1996): Culture's In-Between. In: Hall, Stuart; Du Gay, Paul (Hg.): Questions of cultural identity. London: Sage.

Bhabha, Homi (1997): Verortungen der Kultur. In: Bronfen, Elisabeth; Marius, Benjamin; Steffen, Therese (Hg.): Hybride Kulturen. Beiträge zur anglo-amerikanischen Multikulturalismusdebatte. Tübingen: Stauffenburg-Verl. (Stauffenburg discussion, 4).

Bhabha, Homi (2000): Die Verortung der Kultur. Tübingen: Stauffenburg-Verl. (Stauffenburg discussion, 5).

Bielefeld, Ulrich (1998): Das Konzept des Fremden und die Wirklichkeit des Imaginären. In: Bielefeld, Ulrich (Hg.): Das Eigene und das Fremde. Neuer Rassismus in der Alten Welt? 1. Aufl. d. Neuausg. Hamburg: Hamburger Edition.

Bielefeld, Ulrich (Hg.) (1998): Das Eigene und das Fremde. Neuer Rassismus in der Alten Welt? 1. Aufl. d. Neuausg. Hamburg: Hamburger Edition.

Biemel, Walter (1979): Jean-Paul Sartre. Reinbek bei Hamburg: Rowohlt (rororo Monographien, 50087).

Bittner, Günther (1993): „…nach unseren eigenen psychischen Konstellationen zu deuten" (S. Freud). Psychoanalytisches Verstehen als Scheitern des Eigenen am Fremden. In: Streeck, Ulrich (Hg.): Das Fremde in der Psychoanalyse. Erkundungen über das „Andere" in Seele, Körper und Kultur. München: Pfeiffer (Leben lernen, 88).

Bogdal, Klaus-Michael (2011): Europa erfindet die Zigeuner. Eine Geschichte von Faszination und Verachtung. 1. Aufl. Berlin: Suhrkamp.

Böttcher, Gerd (1993): Identität und Fremdheit. In: Streeck, Ulrich (Hg.): Das Fremde in der Psychoanalyse. Erkundungen über das „Andere" in Seele, Körper und Kultur. München: Pfeiffer (Leben lernen, 88).

Bourdieu, Pierre (1987): Die feinen Unterschiede. Kritik der gesellschaftlichen Urteilskraft. 1. Aufl. Frankfurt am Main: Suhrkamp (Suhrkamp Taschenbuch Wissenschaft, 658).

Bourdieu, Pierre (2005): Die verborgenen Mechanismen der Macht. Unveränd. Nachdr. der Erstaufl. von 1992. Hamburg: VSA-Verl. (Schriften zu Politik & Kultur; 1).

Breckner, Roswitha (2009): Migrationserfahrung – Fremdheit – Biografie. Zum Umgang mit polarisierten Welten in Ost-West-Europa. 2. Aufl. Wiesbaden: VS Verl. für Sozialwiss. (Forschung Gesellschaft).

Brodocz, André; Schaal, Gary S. (Hg.) (2009): Politische Theorien der Gegenwart II. 3., erw. und aktualisierte Aufl. Opladen: Budrich (UTB für Wissenschaft; Politikwissenschaft, 2219).

Bromley, Roger (2002): Das Aushandeln von diasporischen Identitäten. In: Hepp, Andreas; Löffelholz, Martin (Hg.): Grundlagentexte zur transkulturellen Kommunikation. Konstanz: UVK-Verl.-Ges. (UTB für Wissenschaft; Uni-Taschenbücher, 2371).

Bronfen, Elisabeth (2000): Vorwort. In: Bhabha, Homi: Die Verortung der Kultur. Tübingen: Stauffenburg-Verl. (Stauffenburg discussion, 5).

Bronfen, Elisabeth; Marius, Benjamin (1997): Hybride Kulturen. Einleitung zur angloamerikanischen Multikulturalismusdebatte. In: Bronfen, Elisabeth; Marius, Benjamin; Steffen, Therese (Hg.): Hybride Kulturen. Beiträge zur anglo-amerikanischen Multikulturalismusdebatte. Tübingen: Stauffenburg-Verl. (Stauffenburg discussion, 4).

Bronfen, Elisabeth; Marius, Benjamin; Steffen, Therese (Hg.) (1997): Hybride Kulturen. Beiträge zur anglo-amerikanischen Multikulturalismusdebatte. Tübingen: Stauffenburg-Verl. (Stauffenburg discussion, 4).

Bühl, Walter L. (2002): Phänomenologische Soziologie. Ein kritischer Überblick. Konstanz: UVK-Verl.-Ges. (Theorie und Methode Sozialwissenschaften).

Bukow, Wolf-Dietrich; Nikodem, Claudia; Schulze, Erika; Yildiz, Erol (Hg.) (2001): Auf dem Weg zur Stadtgesellschaft. Die multikulturelle Stadt zwischen globaler Neuorientierung und Restauration. Opladen: Leske + Budrich (Interkulturelle Studien, 9).

Bukow, Wolf-Dietrich; Yildiz, Erol (Hg.) (2002): Der Umgang mit der Stadtgesellschaft. Ist die multikulturelle Stadt gescheitert oder wird sie zu einem Erfolgsmodell? Opladen: Leske + Budrich (Interkulturelle Studien, 11).

Burckhart, Holger; Gronke, Horst; Brune, Jens Peter (Hg.) (2000): Die Idee des Diskurses. Interdisziplinäre Annäherungen. Markt Schwaben: Eusl (Philosophisch-pädagogisches Forum, 2).

Burckhart, Holger; Reich, Kersten (Hg.) (2000): Begründung von Moral. Diskursethik versus Konstruktivismus; eine Streitschrift. Würzburg: Königshausen und Neumann.

Busch, Kathrin; Därmann, Iris (2007). Einleitung. In: Busch, Kathrin; Därmann, Iris (Hg.): „pathos". Konturen eines kulturwissenschaftlichen Grundbegriffs. Bielefeld: transcript (Kultur- und Medientheorie).

Busch, Kathrin; Därmann, Iris (Hg.) (2007): „pathos". Konturen eines kulturwissenschaftlichen Grundbegriffs. Bielefeld: transcript (Kultur- und Medientheorie).

Calin, Rodolphe (2005): Die Struktur der Selbstgegenwart bei Sartre und Lévinas. In: Bedorf, Thomas; Cremonini, Andreas (Hg.): Verfehlte Begegnung. Lévinas und Sartre als philosophische Zeitgenossen. München: Fink (Übergänge, 54).

Camus, Albert (2008): Der Fremde. Roman. 61. Aufl. Reinbek bei Hamburg: Rowohlt (Rororo, 22189).

Cengiz Barskanmaz (2009): Das Kopftuch als das Andere. Eine notwendige postkoloniale Kritik des deutschen Rechtsdiskurses. In: Berghahn, Sabine; Rostock, Petra (Hg.): Der Stoff, aus dem Konflikte sind. Debatten um das Kopftuch in Deutschland, Österreich und der Schweiz.

Critchley, Simon (1997): Überlegungen zu einer Ethik der Dekonstruktion. In: Gondek, Hans-Dieter (Hg.): Einsätze des Denkens. Zur Philosophie von Jacques Derrida. 1. Aufl. Frankfurt am Main: Suhrkamp (Suhrkamp-Taschenbuch Wissenschaft, 1336).

Dallmayr, Fred (2001): Dezentrierter Dialog. Waldenfels an vielfachen Diskursüberkreuzungen. In: Fischer, Matthias; Gondek, Hans-Dieter; Liebsch, Burkhard (Hg.): Vernunft im Zeichen des Fremden. Zur Philosophie von Bernhard Waldenfels. 1. Aufl. Frankfurt am Main: Suhrkamp (Suhrkamp Taschenbuch Wissenschaft, 1492).

Danner, Helmut (2006): Methoden geisteswissenschaftlicher Pädagogik. Einführung in Hermeneutik, Phänomenologie und Dialektik; mit ausführlichen Textbeispielen. 5. überarb. und erw. Aufl. München: Reinhardt (UTB Geisteswissenschaften, 947).

Derrida, Jacques (1985): Die Schrift und die Differenz. 2. Aufl. Frankfurt am Main: Suhrkamp (Suhrkamp-Taschenbuch Wissenschaft, 177).

Deuber-Mankowsky, Astrid (2002): Homo sacer, das bloße Leben und das Lager. Anmerkungen zu einem erneuten Versuch der Kritik der Gewalt. Online verfügbar unter http://www.xcult.org/texte/dm/homosacer.html, zuletzt geprüft am 13.04.2011.

Distelhorst, Lars (2007): Umkämpfte Differenz. Hegemonietheoretische Perspektiven der Geschlechterpolitik mit Butler und Laclau. 1. Aufl. Berlin: Parodos Verlag.

Do Mar Castro Varela, María; Dhawan, Nikita (2005): Postkoloniale Theorie. Eine kritische Einführung. Bielefeld: Transcript-Verl. (Cultural studies, 12).

Eberle, Thomas S. (1984): Sinnkonstitution in Alltag und Wissenschaft. Der Beitrag der Phänomenologie an die Methodologie der Sozialwissenschaften. Hochsch. f. Wirtschafts- u. Sozialwiss., Diss. – St. Gallen, 1983. Bern: Haupt (Veröffentlichungen der Hochschule St. Gallen für Wirtschafts- und Sozialwissenschaften Schriftenreihe Kulturwissenschaft, 5).

Eberle, Thomas S. (2008): Phänomenologie und Ethnomethodologie. In: Raab, Jürgen; Dreher, Jochen; Pfadenhauer, Michaela; Schnettler, Bernt; Stegmaier, Peter (Hg.): Phänomenologie und Soziologie. Theoretische Positionen, aktuelle Problemfelder und empirische Umsetzungen. 1. Aufl. Wiesbaden: VS Verlag für Sozialwissenschaften / GWV Fachverlage GmbH Wiesbaden.

Eliade, Mircea (2008): Das Heilige und das Profane. Vom Wesen des Religiösen. Lizenzausg. Köln: Anaconda.

Elias, Norbert (1987): Wandlungen der Wir-Ich-Balance. In: Elias, Norbert (2003): Die Gesellschaft der Individuen. 1. Aufl. Frankfurt am Main: Suhrkamp (Suhrkamp-Taschenbuch Wissenschaft, 974).

Elias, Norbert (1997a): Über den Prozeß der Zivilisation. Soziogenetische und psychogenetische Untersuchungen – Erster Band: Wandlungen des Verhaltens in den weltlichen Oberschichten des Abendlandes. 1. Aufl. Frankfurt am Main: Suhrkamp (Suhrkamp-Taschenbuch Wissenschaft, 158).

Elias, Norbert (1997b): Über den Prozeß der Zivilisation. Soziogenetische und psychogenetische Untersuchungen – Zweiter Band: Wandlungen der Gesellschaft – Entwurf zu einer Theorie der Zivilisation. 1. Aufl. Frankfurt am Main: Suhrkamp (Suhrkamp Taschenbuch Wissenschaft, 159).

Elias, Norbert (2003): Die Gesellschaft der Individuen. 1. Aufl. Frankfurt am Main: Suhrkamp (Suhrkamp-Taschenbuch Wissenschaft, 974).

Elias, Norbert; Scotson, John L. (1993): Etablierte und Außenseiter. 1. Aufl. Frankfurt am Main: Suhrkamp (Suhrkamp-Taschenbuch, 1882).

Engelmann, Jan (Hg.) (1999): Die kleinen Unterschiede. Der cultural studies-reader. Frankfurt am Main: Campus Verl.

Erdheim, Mario (1993): Das Fremde – Totem und Tabu in der Psychoanalyse. In: Streeck, Ulrich (Hg.): Das Fremde in der Psychoanalyse. Erkundungen über das „Andere" in Seele, Körper und Kultur. München: Pfeiffer (Leben lernen, 88).

Erikson, Erik Homburger (1995): Kindheit und Gesellschaft. 12. Aufl. Stuttgart: Klett-Cotta.

Fanon, Frantz (1980): Schwarze Haut, weiße Masken. Frankfurt am Main: Syndikat Autoren- u. Verl.-Ges.

Fanon, Frantz (1981): Die Verdammten dieser Erde. 1. Aufl. Frankfurt am Main: Suhrkamp (Suhrkamp-Taschenbuch, 668).

Fellmann, Ferdinand (2006): Phänomenologie zur Einführung. Hamburg: Junius (Zur Einführung, 316).

Fischer, Matthias; Gondek, Hans-Dieter; Liebsch, Burkhard (Hg.) (2001): Vernunft im Zeichen des Fremden. Zur Philosophie von Bernhard Waldenfels. 1. Aufl. Frankfurt am Main: Suhrkamp (Suhrkamp Taschenbuch Wissenschaft, 1492).

Foerster, Heinz von; Glasersfeld, Ernst von; Heijl, Peter M., et al. (Hg.) (2000): Einführung in den Konstruktivismus. 5. Aufl. München: Piper (Veröffentlichungen der Carl-Friedrich-von-Siemens-Stiftung, 5).

Foucault, Michel (1983): Der Wille zum Wissen. Frankfurt am Main: Suhrkamp-Taschenbuch-Verl. (Suhrkamp-Taschenbuch Wissenschaft, 716).

Foucault, Michel (2001): Die Ordnung des Diskurses. Erw. Ausg. Frankfurt am Main: Fischer-Taschenbuch-Verl. (Fischer-Taschenbücher; Fischer-Wissenschaft, 10083).

Freud, Sigmund (1991): Neue Folge der Vorlesungen zur Einführung in die Psychoanalyse. 2. korrigierte Aufl. Frankfurt am Main: Fischer-Taschenbuch-Verl. (Fischer Taschenbücher Psychologie, 10433).

Frisch, Max (1975): Andorra. Stück in zwölf Bildern. 1. Aufl., [63. Nachdr.]. Frankfurt am Main: Suhrkamp (Suhrkamp-Taschenbuch, 277).

Gebauer, Gunter; Wulf, Christoph (1998): Spiel – Ritual – Geste. Mimetisches Handeln in der sozialen Welt. Orig.-Ausg. Reinbek bei Hamburg: Rowohlt-Taschenbuch-Verl. (Rororo Rowohlts Enzyklopädie, 55591).

Gelhard, Dorothee (2009): Die Adäquatheit des Zeugens. Über Agamben und Lévinas. Online verfügbar unter http://www.reference-global.com/doi/pdf/10.1515/naha.2009.003, zuletzt geprüft am 01.05.2011.

Gelhard, Dorothee (2009): Die Adäquatheit des Zeugens. Über Agamben und Lévinas. Online verfügbar unter http://www.deepdyve.com/lp/de-gruyter/die-ad-quatheit-des-zeugens-ber-agamben-und-l-vinas-Il02bXNSci, zuletzt geprüft am 16.01.2012.

Geulen, Eva (2005): Giorgio Agamben zur Einführung. 1. Aufl. Hamburg: Junius (Zur Einführung, 304).

Giroux, Henry A.; McLaren, Peter (Hg.) (1994): Between borders. Pedagogy and the politics of cultural studies. New York, NY: Routledge.

Goethe, Johann Wolfgang von (1999): West-östlicher Divan. Studienausg., durchges. und bibliographisch erg. Ausg. Stuttgart: Reclam (Universal-Bibliothek, 6785).

Goffman, Erving (1975): Stigma. Über Techniken der Bewältigung beschädigter Identität. 1. Aufl. Frankfurt am Main: Suhrkamp (Suhrkamp-Taschenbuch Wissenschaft, 140).

Goffman, Erving (2010): Wir alle spielen Theater. Die Selbstdarstellung im Alltag. Ungekürzte Taschenbuchausg., 8. Aufl. München: Piper (Serie Piper, 3891).

Gondek, Hans-Dieter (Hg.) (1997): Einsätze des Denkens. Zur Philosophie von Jacques Derrida. 1. Aufl. Frankfurt am Main: Suhrkamp (Suhrkamp-Taschenbuch Wissenschaft, 1336).

Grossberg, Lawrence (1994): Introduction: Bringin' it all back home – Pedagogy and Cultural Studies. In: Giroux, Henry A.; McLaren, Peter (Hg.): Between borders. Pedagogy and the politics of cultural studies. New York, NY: Routledge.

Ha, Kien Nghi (2004): Ethnizität und Migration reloaded. Kulturelle Identität, Differenz und Hybridität im postkolonialen Diskurs. Freie Univ., Diplomarbeit u.d.T.: Kien Nghi Ha: Kulturelle Identitäten von MitgrantInnen und die Multikulturalismus-Debatte – Berlin, 1998. Überarb. und erw. Neuausg. Berlin: wvb Wiss. Verl.

Habermas, Jürgen (1981a): Theorie des kommunikativen Handelns – Band 1: Handlungsrationalität und gesellschaftliche Rationalisierung. 2. Aufl. Frankfurt am Main: Suhrkamp.

Habermas, Jürgen (1981b): Theorie des kommunikativen Handelns – Band 2: Zur Kritik der funktionalistischen Vernunft. 2. Aufl. Frankfurt am Main: Suhrkamp.

Hall, Stuart (1989): Ideologie, Kultur, Rassismus. Ausgewählte Schriften 1. Hamburg: Argument-Verl. (Argument classics; 1).

Hall, Stuart (1994): Rassismus und kulturelle Identität. Ausgewählte Schriften 2. Hamburg: Argument-Verl. (Argument classics; 2).

Hall, Stuart (1996): Cultural studies: two paradigms. In: Storey, John (Hg.): What is cultural studies? A reader. London: Arnold.

Hall, Stuart (1997a): Representation. Cultural representations and signifying practices. London: Sage Publ. (Culture, media and identities).

Hall, Stuart (1997b): Wann war „der Postkolonialismus"? Denken an der Grenze. In: Bronfen, Elisabeth; Marius, Benjamin; Steffen, Therese (Hg.): Hybride Kulturen. Beiträge zur anglo-amerikanischen Multikulturalismusdebatte. Tübingen: Stauffenburg-Verl. (Stauffenburg discussion, 4).

Hall, Stuart (1999): Ethnizität: Identität und Differenz. In: Engelmann, Jan (Hg.): Die kleinen Unterschiede. Der cultural studies-reader. Frankfurt am Main: Campus Verl.

Hall, Stuart (2000): Cultural studies. Ein politisches Theorieprojekt. Ausgewählte Schriften 3. Hamburg: Argument-Verl. (Argument classics, 260).

Hall, Stuart (2002): Die Zentralität von Kultur. In: Hepp, Andreas; Löffelholz, Martin (Hg.): Grundlagentexte zur transkulturellen Kommunikation. Konstanz: UVK-Verl.-Ges. (UTB für Wissenschaft; Uni-Taschenbücher, 2371).

Hall, Stuart (2004): Ideologie, Identität, Repräsentation. Ausgewählte Schriften 4. Hamburg: Argument Verl. (Argument classics; 4).

Hall, Stuart; Du Gay, Paul (Hg.) (1996): Questions of cultural identity. London: Sage.

Hall, Stuart; Höller, Christian (1999): „Ein Gefüge von Einschränkungen" – Gespräch zwischen Stuart Hall und Christian Höller. In: Engelmann, Jan (Hg.): Die kleinen Unterschiede. Der cultural studies-reader. Frankfurt am Main: Campus Verl.

Hartmann, Dirk (1999): Transzendentale Konstitution und methodische Rekonstruktion. Auf dem Weg zu einer kulturalistischen Phänomenologie. In: Janich, Peter (Hg.): Wechselwirkungen. Zum Verhältnis von Kulturalismus, Phänomenologie und Methode. Würzburg: Königshausen & Neumann.

Hasenfratz, Michael (2003): Wege zur Zeit. Eine konstruktivistische Interpretation objektiver, subjektiver und intersubjektiver Zeit. Univ., Diss. – Köln, 2002. Münster: Waxmann (Interaktionistischer Konstruktivismus, 2).

Heiter, Bernd; Kupke, Christian (Hg.) (2009): Andersheit, Fremdheit, Exklusion. Berlin: Parodos-Verl. (Beiträge der Gesellschaft für Philosophie und Wissenschaften der Psyche, Bd. 8).

Hepp, Andreas; Krotz, Friedrich; Thomas, Tanja (Hg.) (2009): Schlüsselwerke der Cultural Studies. 1. Aufl. Wiesbaden: VS Verlag für Sozialwissenschaften / GWV Fachverlage GmbH Wiesbaden (Medien Kultur Kommunikation).

Hepp, Andreas; Löffelholz, Martin (Hg.) (2002): Grundlagentexte zur transkulturellen Kommunikation. Konstanz: UVK-Verl.-Ges. (UTB für Wissenschaft; Uni-Taschenbücher, 2371).

Hepp, Andreas; Winter, Carsten (Hg.) (2003): Die Cultural Studies Kontroverse. 1. Aufl. Lüneburg: zu Klampen.

Hetzel, Andreas; Hetzel, Mechthild (2006): Slavoj Žižek: Psychoanalyse, Idealismus und Populärkultur. In: Moebius, Stephan; Quadflieg, Dirk (Hg.): Kultur. Theorien der Gegenwart. Wiesbaden: VS Verlag für Sozialwissenschaften – GWV Fachverlage GmbH Wiesbaden.

Hickman, Larry A.; Neubert, Stefan; Reich, Kersten (Hg.) (2004): John Dewey. Zwischen Pragmatismus und Konstruktivismus. Münster: Waxmann (Interaktionistischer Konstruktivismus, 1).

Hijiya-Kirschnereit, Irmela (1997): Okzidentalismus. Eine Problemskizze. Online verfügbar unter http://edoc.bbaw.de/volltexte/2007/405/pdf/269fsprTxvBZA_405.pdf, zuletzt geprüft am 06.12.2011.

Hildebrandt, Thomas (1998): Emanzipation oder Isolation vom westlichen Lehrer? Die Debatte um Hasan Hanafis „Einführung in die Wissenschaft der Okzidentalistik“. Univ., Magisterarbeit-Leipzig, 1997. Berlin: Schwarz (Islamkundliche Untersuchungen, 212).

Hipfl, Brigitte (2009): Jacques Lacan: Subjekt, Sprache, Bilder, Begehren und Fantasien. In: Hepp, Andreas; Krotz, Friedrich; Thomas, Tanja (Hg.): Schlüsselwerke der Cultural Studies. 1. Aufl. Wiesbaden: VS Verlag für Sozialwissenschaften / GWV Fachverlage GmbH Wiesbaden (Medien Kultur Kommunikation).

Hirsch, Mathias (1993): Das Fremde als unassimiliertes Introjekt. In: Streeck, Ulrich (Hg.): Das Fremde in der Psychoanalyse. Erkundungen über das „Andere“ in Seele, Körper und Kultur. München: Pfeiffer (Leben lernen, 88).

Hock, Thomas (2005 – 2008): Profile der Gegenwartsphilosophie II. Drei Ergänzungen: Giorgio Agamben – Peter Singer – Wolf Singer. Online verfügbar unter http://fictionnonfiction.de/bilder/Profile_Gegenwartsphilosophie_2.pdf, zuletzt geprüft am 28.06.2011.

Hoffmann, Gisbert (2001): Bewusstsein, Reflexion und Ich bei Husserl. Freiburg (Breisgau): Alber (Phänomenologie 2, Kontexte, 11).

Hoffmann, Gisbert (2005): Heideggers Phänomenologie. Bewusstsein, Reflexion, Selbst (Ich) und Zeit im Frühwerk. Würzburg: Königshausen & Neumann.

Höhn, Hans-Joachim (Hg.) (1996): Krise der Immanenz. Religion an den Grenzen der Moderne. 1. Aufl. Frankfurt am Main: Fischer TB (Philosophie der Gegenwart).

Höhne, Thomas (1998): Kulturelle Fremdheit als Definitionsmacht und diskursiver Effekt in Medien und Wissenschaft. Online verfügbar unter http://www.gradnet.de/papers/pomo98.papers/tshoehne98.htm, zuletzt geprüft am 16.09.2011.

Höhne, Thomas (2001): Kultur als Differenzierungskategorie. In: Lutz, Helma; Wenning, Norbert (Hg.): Unterschiedlich verschieden. Differenz in der Erziehungswissenschaft. Opladen: Leske + Budrich.

Holzbrecher, Alfred (1997): Wahrnehmung des Anderen. Zur Didaktik interkulturellen Lernens. Opladen: Leske + Budrich (Reihe Schule und Gesellschaft, 14).

Holzbrecher, Alfred (2004): Interkulturelle Pädagogik. Identität, Herkunft. 1. Aufl. Berlin: Cornelsen Scriptor (Studium kompaktIdentität, Herkunft).

Hug, Theo (Hg.) (2001): Einführung in die Wissenschaftstheorie und Wissenschaftsforschung. Baltmannsweiler: Schneider-Verl. Hohengehren (Wie kommt Wissenschaft zu Wissen? Bd. 4).

Husserl, Edmund (1980): Ideen zu einer reinen Phänomenologie und phänomenologischen Philosophie. Allgemeine Einführung in die reine Phänomenologie. 4. Aufl., unveränd. Nachdr. der 2. Aufl. 1922. Tübingen: Niemeyer.

Husserl, Edmund (1985): Die phänomenologische Methode. Stuttgart: Reclam (Universal-Bibliothek, 8084).

Husserl, Edmund (1995): Cartesianische Meditationen. Eine Einleitung in die Phänomenologie. 3. durchges. Aufl. Hamburg: Meiner (Philosophische Bibliothek, Bd. 291).

Husserl, Edmund (1996): Die Krisis der europäischen Wissenschaften und die transzendentale Phänomenologie. Eine Einleitung in die phänomenologische Philosophie. 3. Aufl. Hamburg: Meiner (Philosophische Bibliothek, Bd. 292).

Husserl, Edmund (2002): Phänomenologie der Lebenswelt. Bibliograph. rev. Ausg., [Nachdr.]. Stuttgart: Reclam (Universal-Bibliothek, 8085).

Janich, Peter (Hg.) (1999): Wechselwirkungen. Zum Verhältnis von Kulturalismus, Phänomenologie und Methode. Würzburg: Königshausen & Neumann.

Janssen, Paul (1976): Edmund Husserl. Einführung in seine Phänomenologie. Freiburg: Alber (Kolleg Philosophie).

Jostes, Brigitte; Trabant, Jürgen (Hg.) (2001): Fremdes in fremden Sprachen. München: Fink (Übergänge, 43).

Kapsch, Edda (2007): Verstehen des Anderen. Fremdverstehen im Anschluss an Husserl, Gadamer und Derrida. Berlin: Parodos Verl.

Kapsch Edda (2009): Von der Möglichkeit und der Unmöglichkeit, den Anderen zu verstehen – Fremdverstehen im Anschluss an Husserl. In: Heiter, Bernd; Kupke, Christian (Hg.): Andersheit, Fremdheit, Exklusion. Berlin: Parodos-Verl. (Beiträge der Gesellschaft für Philosophie und Wissenschaften der Psyche, Bd. 8).

Karpe, Helmut; Ottersbach, Markus; Yildiz, Erol (Hg.) (2001): Urbane Quartiere zwischen Zerfall und Erneuerung. Köln: Edition Der andere Buchladen (Werkstattberichte der Forschungsstelle für interkulturelle Studien (FiSt).

Keller, Beate (2000): Fremdheit in der Gemeinsamkeit. Zum Verhältnis von PädagogIn und Kind mit schwer(st)er Behinderung im Spannungsfeld zwischen Zugriff und Unverfügbarkeit und der fundamentalen Ambivalenz des Verstehens. Diplomarbeit. Hamburg: Diplomarbeiten Agentur.

Keller, Reiner (2008): Wissenssoziologische Diskursanalyse. Grundlegung eines Forschungsprogramms. 2. Auflage. Wiesbaden: VS Verlag für Sozialwissenschaften | GWV Fachverlage GmbH Wiesbaden.

Keupp, Heiner (2002): Identitätskonstruktionen. Das Patchwork der Identitäten in der Spätmoderne. 2. Aufl. Reinbek bei Hamburg: Rowohlt-Taschenbuch-Verl. (Rororo Rowohlts Enzyklopädie, 55634).

Keupp, Heiner; Höfer, Renate (Hg.) (1997): Identitätsarbeit heute. Klassische und aktuelle Perspektiven der Identitätsforschung. 1. Aufl. Frankfurt am Main: Suhrkamp (Suhrkamp-Taschenbuch Wissenschaft, 1299).

Kiesel, Doron; Messerschmidt, Astrid; Scherr, Albert (Hg.) (1999): Die Erfindung der Fremdheit. Zur Kontroverse um Gleichheit und Differenz im Sozialstaat. 1. Aufl. Frankfurt am Main: Brandes & Apsel (Arnoldshainer interkulturelle Diskurse, 2).

Klun, Branko (2007): Der Tod als Grenze – Zu einer Schlüsselfrage von Emmanuel Levinas. Online verfügbar unter hrcak.srce.hr/file/29765, zuletzt geprüft am 14.04.2010.

König, Ekkehard; Siemund, Peter (2001): Identität und Alterität: Zur Semantik von fremd und ähnlichen Ausdrücken. In: Jostes, Brigitte; Trabant, Jürgen (Hg.): Fremdes in fremden Sprachen. München: Fink (Übergänge, 43).

Kristeva, Julia (1990): Fremde sind wir uns selbst. Dt. Erstausg., 1. Aufl. Frankfurt am Main: Suhrkamp (Edition Suhrkamp, 1604 N.F., 604).

Krone, Verena (2000): Identität, Multikulturalismus und Konstruktivismus. Eine exemplarische Analyse unter besonderer Berücksichtigung des Identitätsdiskurses der Migration. Online verfügbar unter http://www.uni-koeln.de/hf/konstrukt/texte/download/krone_diplarbeit.pdf, zuletzt geprüft am 23.07.2010.

Kunzmann, Peter; Burkard, Franz-Peter; Wiedmann, Franz; Weiß, Axel (1995): Dtv-Atlas Philosophie. 5. Aufl. München: Dt. Taschenbuch-Verl. (dtv, 3229).

Laclau, Ernesto (2007): Ideologie und Post-Marxismus. In: Nonhoff, Martin (Hg.): Diskurs – radikale Demokratie – Hegemonie. Zum politischen Denken von Ernesto Laclau und Chantal Mouffe. Bielefeld: transcript-Verl. (Edition moderne Postmoderne).

Laclau, Ernesto (2010): Emanzipation und Differenz. 2. unveränd. Aufl., Nachdr. 2010. Wien: Turia + Kant.

Laclau, Ernesto; Mouffe, Chantal (2006): Hegemonie und radikale Demokratie. Zur Dekonstruktion des Marxismus. Dt. Erstausg., 3. Aufl. Wien: Passagen-Verl. (Passagen Philosophie).

Laplanche, Jean; Pontalis, Jean-Bertrand (1973): Das Vokabular der Psychoanalyse. Nachdr. Frankfurt am Main: Suhrkamp (Suhrkamp-Taschenbuch Wissenschaft, 7).

Lemke, Thomas (2008): Gouvernementalität und Biopolitik. 2. Aufl. Wiesbaden: VS Verl. für Sozialwissenschaften.

Lévinas, Emmanuel (1983): Die Spur des Anderen. Untersuchungen zur Phänomenologie und Sozialphilosophie. Freiburg (Breisgau): Alber (Alber-Reihe Philosophie).

Lévinas, Emmanuel (1987): Totalität und Unendlichkeit. Versuch über die Exteriorität. 2., unveränd. Aufl. Freiburg: Alber (Alber-Reihe Philosophie).

Lévinas, Emmanuel (1989): Die Zeit und der Andere. 2. Aufl. Hamburg: Meiner.

Lévinas, Emmanuel (1995): Zwischen uns. Versuche über das Denken an den Anderen. München: Hanser (Edition Akzente).

Lévinas, Emmanuel (1997): Vom Sein zum Seienden. Freiburg (Breisgau): Alber (Phänomenologie 1, Texte, 1).

Lévinas, Emmanuel (1998): Jenseits des Seins oder anders als Sein geschieht. Studienausg., 2. Aufl. Freiburg: Alber.

Lévinas, Emmanuel (2004): Wenn Gott ins Denken einfällt. Diskurse über die Betroffenheit von Transzendenz. 4., unveränd. Aufl., Studienausg. Freiburg (Breisgau): Alber (Alber-Studienausgabe).

Lévinas, Emmanuel (2005a): Humanismus des anderen Menschen. Hamburg: Meiner (Philosophische Bibliothek, 547).

Lévinas, Emmanuel (2005b): Ausweg aus dem Sein. Französisch – deutsch. Hamburg: Meiner (Philosophische Bibliothek, 567).

Luckmann, Thomas (1996): Religion – Gesellschaft – Transzendenz. In: Höhn, Hans-Joachim (Hg.): Krise der Immanenz. Religion an den Grenzen der Moderne. 1. Aufl. Frankfurt am Main: Fischer TB (Philosophie der Gegenwart).

Lutter, Christina; Reisenleitner, Markus (2005): Cultural studies. Eine Einführung. 2. unveränd. Aufl. Wien: Löcker (Cultural studies, Bd. 0).

Lutz, Helma; Wenning, Norbert (Hg.) (2001): Unterschiedlich verschieden. Differenz in der Erziehungswissenschaft; [… und den Studierenden des Seminars „Differenzdebatten in der Erziehungswissenschaft", das im Wintersemester 1999/2000 an der Westfälischen Wilhelms-Universität Münster stattfand]. Opladen: Leske + Budrich.

Maletzke, Gerhard (1996): Interkulturelle Kommunikation. Zur Interaktion zwischen Menschen verschiedener Kulturen. Opladen: Westdt. Verl.

Mall, Ram Adhar (Hg.) (1993): Philosophische Grundlagen der Interkulturalität. Amsterdam: Rodopi (Studien zur interkulturellen Philosophie, 1).

Marchart, Oliver (2010): Die politische Differenz. Zum Denken des Politischen bei Nancy, Lefort, Badiou, Laclau und Agamben. Orig.-Ausg., 1. Aufl. Berlin: Suhrkamp (Suhrkamp-Taschenbuch Wissenschaft, 1956).

May, David (2001): Die Etablierten-Außenseiter-Beziehung als Grammatik des urbanen Zusammenlebens. In: Bukow, Wolf-Dietrich; Nikodem, Claudia; Schulze, Erika; Yildiz, Erol (Hg.): Auf dem Weg zur Stadtgesellschaft. Die multikulturelle Stadt zwischen globaler Neuorientierung und Restauration. Opladen: Leske + Budrich (Interkulturelle Studien, 9).

Mayer, Ruth (2005): Diaspora. Eine kritische Begriffsbestimmung. Bielefeld: Transcript-Verl. (Cultural studies, 14).

Meleghy, Tamás; Niedenzu, Heinz-Jürgen (2001): Prozess- und Figurationstheorie: Norbert Elias. In: Morel, Julius; Bauer, Eva; Meleghy, Tamás; Niedenzu, Heinz-Jürgen; Preglau, Max; Staubmann, Helmut (Hg.): Soziologische Theorie. Abriss der Ansätze ihrer Hauptvertreter. 7. bearb. und erw. Aufl. München: Oldenbourg.

Merleau-Ponty, Maurice; Böhm, Rudolf (1974): Phänomenologie der Wahrnehmung. 6. Aufl. [Nachdr.] Berlin: de Gruyter (Phänomenologisch-psychologische Forschungen, 7).

Métraux, Alexandre; Waldenfels, Bernhard (Hg.) (1986): Leibhaftige Vernunft. Spuren von Merleau-Pontys Denken. München: Fink (Übergänge, 15).

Miller, Toby; MacHoul, Alec (1998): Popular culture and everyday life. London: Sage.

Moebius, Stephan (2001): Postmoderne Ethik und Sozialität. Beitrag zu einer soziologischen Theorie der Moral. Stuttgart: Ibidem-Verl.

Moebius, Stephan (2003): Die soziale Konstituierung des Anderen. Grundrisse einer poststrukturalistischen Sozialwissenschaft nach Lévinas und Derrida. Univ., Diss. Bremen, 2002. Frankfurt am Main: Campus-Verl. (CampusForschung, 834).

Moebius, Stephan; Quadflieg, Dirk (Hg.) (2006): Kultur: Theorien der Gegenwart. Wiesbaden: VS Verlag für Sozialwissenschaften | GWV Fachverlage GmbH Wiesbaden.

Morel, Julius; Bauer, Eva; Meleghy, Tamás, et al. (Hg.) (2001): Soziologische Theorie. Abriß der Ansätze ihrer Hauptvertreter. 7. bearb. und erw. Aufl. München: Oldenbourg.

Mouffe, Chantal (2007): Pluralismus, Dissens und demokratische Staatsbürgerschaft. In: Nonhoff, Martin (Hg.): Diskurs – radikale Demokratie – Hegemonie. Zum politischen Denken von Ernesto Laclau und Chantal Mouffe. Bielefeld: transcript-Verl. (Edition moderne Postmoderne).

Mouffe, Chantal (2008): Das demokratische Paradox. durchges. Aufl. Wien: Turia + Kant.

Mouffe, Chantal (2010): Inklusion/Exklusion: Das Paradox der Demokratie. In: Weibel, Peter; Žižek, Slavoj (Hg.): Inklusion: Exklusion. Probleme des Postkolonialismus und der globalen Migration. 2. überarb. Aufl. Wien: Passagen-Verl. (Passagen Kunst).

Mührel, Eric (2004): Gehören Menschen sich selbst? Infragestellungen der Selbstbestimmung und -verfügung des Menschen im Rahmen der Debatte über den „guten Tod" anhand der Philosophie Emmanuel Lévinas' und der Theologie Karl Rahners. Online verfügbar unter http://www.fh-oow.de/people/muehrel/inhalte/artikel.php?id=222, zuletzt geprüft am 13.04.2011.

Münch, Richard (2007): Soziologische Theorie – Band 2: Handlungstheorie. Studienausg., korrigierte Aufl. Frankfurt am Main: Campus-Verl. (Soziologische Theorie, / Richard Münch; Bd. 2).

Münker, Stefan; Roesler, Alexander (2000): Poststrukturalismus. Stuttgart: Metzler (Sammlung Metzler, 322).

Münkler, Herfried (Hg.) (1998b): Die Herausforderung durch das Fremde. Berlin: Akad.-Verl. (Forschungsberichte / Interdisziplinäre Arbeitsgruppen, Berlin-Brandenburgische Akademie der Wissenschaften, 5).

Münkler, Herfried; Ladwig, Bernd (1997a): Dimensionen der Fremdheit. In: Münkler, Herfried; Ladwig, Bernd (Hg.): Furcht und Faszination. Facetten der Fremdheit. Berlin: Akad.-Verl. (Studien und Materialien der Interdisziplinären Arbeitsgruppe „Die Herausforderung durch das Fremde" der Berlin-Brandenburgischen Akademie der Wissenschaften).

Münkler, Herfried; Ladwig, Bernd (1998a): Einleitung: Das Verschwinden des Fremden und die Pluralisierung der Fremdheit. In: Münkler, Herfried (Hg.): Die Herausforderung durch das Fremde. Berlin: Akad.-Verl. (Forschungsberichte / Interdisziplinäre Arbeitsgruppen, Berlin-Brandenburgische Akademie der Wissenschaften, 5).

Münkler, Herfried; Ladwig, Bernd (Hg.) (1997b): Furcht und Faszination. Facetten der Fremdheit. Berlin: Akad.-Verl. (Studien und Materialien der Interdisziplinären Arbeitsgruppe „Die Herausforderung durch das Fremde" der Berlin-Brandenburgischen Akademie der Wissenschaften).

Nassehi, Armin (1997): Der Fremde als Vertrauter. Soziologische Beobachtungen zur Konstruktion von Identitäten und Differenzen. In: Wolf, Andrea (Hg.): Neue Grenzen. Rassismus am Ende des 20. Jahrhunderts. Wien: Sonderzahl-Verl.-Ges.

Neubert, Stefan (1998): Erkenntnis, Verhalten und Kommunikation. John Deweys Philosophie des „experience" in interaktionistisch-konstruktivistischer Interpretation. Univ., Diss. – Köln, 1997. Münster, New York, München, Berlin: Waxmann (Internationale Hochschulschriften, 274).

Neubert, Stefan (2002): Konstruktivismus, Demokratie und Multikultur: Konstruktivistische Überlegungen zu ausgewählten theoretischen Grundlagen der anglo-amerikanischen Multikulturalismusdebatte. In: Neubert, Stefan; Roth, Hans-Joachim; Yildiz, Erol (Hg.): Multikulturalität in der Diskussion. Neuere Beiträge zu einem umstrittenen Konzept. Opladen: Leske + Budrich (Reihe: Interkulturelle Studien, 12).

Neubert, Stefan (2003): Some perspectives of Interactive Constructivism on the Theory of Education. Online verfügbar unter http://www.uni-koeln.de/ew-fak/paedagogik/dewey/texte/texte/introduction.pdf, zuletzt geprüft am 15.07.2010.

Neubert, Stefan (2004a): Eine neue Allgemeinbildung? Herausforderung durch die Cultural Studies. In: Wenning (Hg.) – Tertium Comparationis.

Neubert, Stefan (2004b): Pragmatismus, Konstruktivismus und Multikultur. In: Hickman, Larry A.; Neubert, Stefan; Reich, Kersten (Hg.): John Dewey. Zwischen Pragmatismus und Konstruktivismus. Münster: Waxmann (Interaktionistischer Konstruktivismus, 1).

Neubert, Stefan; Reich, Kersten (2000): Die konstruktivistische Erweiterung der Diskurstheorie: eine Einführung in die interaktionistisch-konstruktive Sicht von Diskursen. In: Burckhart, Holger; Gronke, Horst; Brune, Jens Peter (Hg.): Die Idee des Diskurses. Interdisziplinäre Annäherungen. Markt Schwaben: Eusl (Philosophisch-pädagogisches Forum, 2).

Neubert, Stefan; Reich, Kersten (2001): The Ethnocentric View: Constructivism and the Practice of Intercultural Discourse. In: International Journal or Learning, Volume 8.

Neubert, Stefan; Reich, Kersten (2004): Zum impliziten Konstruktivismus in Wolf-Dietrich-Bukows Urbanitätsforschung – eine kritische Würdigung aus Sicht des interaktionistischen Konstruktivismus. In: Ottersbach, Markus; Yildiz, Erol (Hg.): Migration in der metropolitanen Gesellschaft. Zwischen Ethnisierung und globaler Neuorientierung; [Festschrift zum 60. Geburtstag für Wolf-Dietrich Bukow]. Münster: Lit (Soziologie, 15).

Neubert, Stefan; Reich, Kersten (2006): The Challenge of Pragmatism for Constructivism: Some Perspectives in the programme of Cologne Constructivism. In: Journal of Speculative Philosophy, Vol. 20. No. 3.

Neubert, Stefan; Roth, Hans-Joachim; Yildiz, Erol (Hg.) (2002): Multikulturalität in der Diskussion. Neuere Beiträge zu einem umstrittenen Konzept. Opladen: Leske + Budrich (Reihe: Interkulturelle Studien, 12).

Nonhoff, Martin (Hg.) (2007): Diskurs – radikale Demokratie – Hegemonie. Zum politischen Denken von Ernesto Laclau und Chantal Mouffe. Bielefeld: transcript-Verl. (Edition moderne Postmoderne).

Nünning, Ansgar (2004): Metzler-Lexikon Literatur- und Kulturtheorie. Ansätze – Personen – Grundbegriffe. 3. aktualisierte und erw. Aufl. Stuttgart: Metzler.

Nünning, Ansgar (2005): Grundbegriffe der Kulturtheorie und Kulturwissenschaften. Stuttgart: Metzler (Sammlung Metzler, 351).

Ottersbach, Markus; Yildiz, Erol (Hg.) (2004): Migration in der metropolitanen Gesellschaft. Zwischen Ethnisierung und globaler Neuorientierung; [Festschrift zum 60. Geburtstag für Wolf-Dietrich Bukow]. Münster: Lit (Soziologie, 15).

Pohlmann, Werner (1993): Das Andere und das Fremde in uns. Zum Begriff der Einfühlung. In: Streeck, Ulrich (Hg.): Das Fremde in der Psychoanalyse. Erkundungen über das „Andere" in Seele, Körper und Kultur. München: Pfeiffer (Leben lernen, 88).

Poulain, Jacques; Sandkühler, Hans Jörg; Triki, Fathi (Hg.) (2009): Menschheit – Humanität – Menschlichkeit. Transkulturelle Perspektiven. Frankfurt am Main: Lang (Philosophie und Transkulturalität, 4).

Prechtl, Peter (2006): Edmund Husserl zur Einführung. 4. erg. Aufl. Hamburg: Junius.

Quindeau, Ilka (1999): Psychoanalytische Sicht auf Fremdheit: Fremde – Andere – Dritte. In: Kiesel, Doron; Messerschmidt, Astrid; Scherr, Albert (Hg.): Die Erfindung der Fremdheit. Zur Kontroverse um Gleichheit und Differenz im Sozialstaat. 1. Aufl. Frankfurt am Main: Brandes & Apsel (Arnoldshainer interkulturelle Diskurse, 2).

Raab, Jürgen; Dreher, Jochen; Pfadenhauer, Michaela, et al. (Hg.) (2008): Phänomenologie und Soziologie. Theoretische Positionen, aktuelle Problemfelder und empirische Umsetzungen. 1. Aufl. Wiesbaden: VS Verlag für Sozialwissenschaften | GWV Fachverlage GmbH Wiesbaden.

Radkau, Verena (2011): „Modernes Europa" versus „Antiquierter Islam" – Die Darstellung von Islam und Muslimen in europäischen Schulbüchern. Online verfügbar unter http://www.gei.de/aktuelles/mitteilungen/mitteilung-details/article/modernes-europa-versus-antiquierter-islam-die-darstellung-von-islam-und-muslimen-in-1.html, zuletzt geprüft am 30.09.2011.

Radtke, Olaf (1998): Lob der Gleich-Gültigkeit. Die Konstruktion des Fremden im Diskurs des Multikulturalismus. In: Bielefeld, Ulrich (Hg.): Das Eigene und das Fremde. Neuer Rassismus in der Alten Welt? 1. Aufl. d. Neuausg. Hamburg: Hamburger Edition.

Reckwitz, Andreas (2006): Ernesto Laclau: Diskurse, Hegemonien, Antagonismen. In: Moebius, Stephan; Quadflieg, Dirk (Hg.): Kultur: Theorien der Gegenwart. Wiesbaden: VS Verlag für Sozialwissenschaften | GWV Fachverlage GmbH Wiesbaden.

Reich, Kersten (1998a): Die Ordnung der Blicke. Perspektiven des interaktionistischen Konstruktivismus. Band 1. Neuwied: Luchterhand (Beobachtung und die Unschärfen der Erkenntnis; Bd. 1).

Reich, Kersten (1998b): Die Ordnung der Blicke. Perspektiven des interaktionistischen Konstruktivismus. Band 2. Neuwied: Luchterhand (Beziehungen und Lebenswelt; Bd. 2).

Reich, Kersten (2000a): Systemisch-konstruktivistische Pädagogik. Einführung in Grundlagen einer interaktionistisch-konstruktivistischen Pädagogik. 3. überarb. Aufl. Neuwied: Luchterhand (Pädagogik – Theorie und Praxis).

Reich, Kersten (2000b): Interaktionistisch-konstruktive Kritik einer universalistischen Begründung von Moral. In: Burckhart, Reich (Hg.): Begründung von Moral. Diskursethik versus Konstruktivismus; eine Streitschrift. Würzburg: Königshausen und Neumann.

Reich, Kersten (2001): Konstruktivistische Ansätze in den Sozial- und Kulturwissenschaften. In: Hug, Theo (Hg.): Einführung in die Wissenschaftstheorie und Wissenschaftsforschung. Baltmannsweiler: Schneider-Verl. Hohengehren (Wie kommt Wissenschaft zu Wissen? Bd. 4).

Reich, Kersten (2002): Fragen zur Bestimmung des Fremden im Konstruktivismus. In: Neubert, Stefan; Roth, Hans-Joachim; Yildiz, Erol (Hg.): Multikulturalität in der Diskussion. Neuere Beiträge zu einem umstrittenen Konzept. Opladen: Leske + Budrich (Reihe: Interkulturelle Studien, 12).

Reich, Kersten (2004a): Konstruktivismus – Vielfalt der Ansätze und Berührungspunkte zum Pragmatismus. In: Hickman, Larry A.; Neubert, Stefan; Reich, Kersten (Hg.): John Dewey. Zwischen Pragmatismus und Konstruktivismus. Münster: Waxmann (Interaktionistischer Konstruktivismus, 1).

Reich, Kersten (2004b): Wahrheits- und Begründungsprobleme konstruktivistischer Didaktik. Online verfügbar unter http://www.uni-koeln.de/hf/konstrukt/reich_works/aufsatze/reich_46.pdf, zuletzt geprüft am 22.07.2010.

Reich, Kersten (2007): Verstehen des Fremden in den Kulturen und situiertes Lernen: Zu Grundsätzen einer interkulturellen Didaktik. In: Antor, Heinz (Hg.): Fremde Kulturen verstehen – fremde Kulturen lehren. Theorie und Praxis der Vermittlung interkultureller Kompetenz. Heidelberg: Winter (Anglistische Forschungen, 376).

Reich, Kersten (2009a): Die Ordnung der Blicke. Perspektiven des interaktionistischen Konstruktivismus Band 1. Online verfügbar unter http://www.uni-koeln.de/hf/konstrukt/reich_works/buecher/ordnung/band1.html, zuletzt geprüft am 22.07.2010.

Reich, Kersten (2009b): Die Ordnung der Blicke. Perspektiven des interaktionistischen Konstruktivismus Band 2. Online verfügbar unter http://www.uni-koeln.de/hf/kon strukt/reich_works/buecher/ordnung/band2.html, zuletzt geprüft am 22.07.2010.

Reich, Kersten (2012): Inklusion und Bildungsgerechtigkeit. Standards und Regeln zur Umsetzung einer inklusiven Schule. 1. neue Ausg. Weinheim Bergstr: Beltz J.

Reich, Kersten (2013): Chancengerechtigkeit und Kapitalformen. Gesellschaftliche und individuelle Chancen in Zeiten zunehmender Kapitalisierung. 1. Ausg. Wiesbaden: Springer VS.

Reich, Kersten; Wei, Yuqing (1997): Beziehungen als Lebensform. Philosophie und Pädagogik im alten China. Münster, New York, München, Berlin: Waxmann.

Reschika, Richard (2006): Mircea Eliade interkulturell gelesen. Nordhausen: Bautz (Interkulturelle Bibliothek, 47).

Rommelspacher, Birgit (1997): Identität und Macht. Zur Internalisierung von Diskriminierung und Dominanz. In: Keupp, Heiner; Höfer, Renate (Hg.): Identitätsarbeit heute. Klassische und aktuelle Perspektiven der Identitätsforschung. 1. Aufl. Frankfurt am Main: Suhrkamp (Suhrkamp-Taschenbuch Wissenschaft, 1299).

Rommelspacher, Birgit (1998): Dominanzkultur. Texte zu Fremdheit und Macht. 2. Aufl. Berlin: Orlanda-Frauenverl.

Rommelspacher, Birgit (2002): Anerkennung und Ausgrenzung. Deutschland als multikulturelle Gesellschaft. Frankfurt am Main: Campus-Verl.

Rushdie, Salman (1992): Heimatländer der Phantasie. Essays und Kritiken 1981–1991. München: Kindler.

Said, Edward W. (1981): Orientalismus. Frankfurt am Main – Berlin – Wien: Ullstein.

Said, Edward W. (1997): Covering Islam. How the media and the experts determine how we see the rest of the world. Rev. ed., 1st Vintage Books ed. New York: Vintage Books.

Sandkühler, Hans Jörg; Triki, Fathi (Hg.) (2003): Der Fremde und die Gerechtigkeit. L' étranger et la justice. Frankfurt am Main: Peter Lang Verlag (Philosophie des Zusammen-Lebens, 2).

Sartre, Jean-Paul (1981): Vorwort. In: Fanon, Frantz (Hg.): Die Verdammten dieser Erde. 1. Aufl. Frankfurt am Main: Suhrkamp (Suhrkamp-Taschenbuch, 668).

Sartre, Jean-Paul (1988): Wir sind alle Mörder. Der Kolonialismus ist ein System. Artikel, Reden, Interviews 1947–1967. Dt. Erstausg. Reinbek bei Hamburg: Rowohlt (Rororo, 12271).

Sartre, Jean-Paul (2009): Das Sein und das Nichts. Versuch einer phänomenologischen Ontologie. 15. Aufl. Reinbek bei Hamburg: Rowohlt-Taschenbuch-Verl. (Rororo, 13316).

Sartre, Jean-Paul (2010): Situations. Nouvelle Édition revue et augmentée par Arlette Elkaïm-Sartre. Paris: Gallimard.

Schäffter, Ortfried (Hg.) (1991): Das Fremde. Erfahrungsmöglichkeiten zwischen Faszination und Bedrohung. Opladen: Westdt. Verl.

Schami, Rafik (1998): Damals dort und heute hier. Über Fremdsein. Orig.-Ausg. Freiburg im Breisgau: Herder (Herder-Spektrum, 4609).

Scherr, Albert (1999): Die Konstruktion von Fremdheit in sozialen Prozessen. Zur Kritik und Weiterentwicklung soziologischer und erziehungswissenschaftlicher Fremdheitsdiskurse. In: Kiesel, Doron; Messerschmidt, Astrid; Scherr, Albert (Hg.): Die Erfindung der Fremdheit. Zur Kontroverse um Gleichheit und Differenz im Sozialstaat. 1. Aufl. Frankfurt am Main: Brandes & Apsel (Arnoldshainer interkulturelle Diskurse, 2).

Scheu, Johannes (2006): Giorgio Agamben: Überleben in der Leere. In: Moebius, Stephan; Quadflieg, Dirk (Hg.): Kultur: Theorien der Gegenwart. Wiesbaden: VS Verlag für Sozialwissenschaften | GWV Fachverlage GmbH Wiesbaden.

Schilling, Johannes (2008): Didaktik/Methodik sozialer Arbeit. Grundlagen und Konzepte. 5. durchges. Aufl. München: Reinhardt (utb.de Bachelor-Bibliothek, 8311).

Schlippe, Arist von; Hachimi, Mohammed el; Jürgens, Gesa (2004): Multikulturelle systemische Praxis. Ein Reiseführer für Beratung, Therapie und Supervision. 2. Aufl. Heidelberg: Carl-Auer-Systeme Verl.

Schmidt, Stephan (2005): Die Herausforderung des Fremden. Interkulturelle Hermeneutik und konfuzianisches Denken. Freie Univ., Diss. – Berlin, 2004. Darmstadt: Wiss. Buchges.

Schneck, Peter (1997): ,Unity in Difference?'. Cultural Studies als Herausforderung der Geistes,- Kultur- und Medienwissenschaften. Online verfügbar unter http://www.montage-av.de/pdf/061_1997/06_1_Peter_Schneck_Unity_in_Difference.pdf, zuletzt geprüft am 21.07.2010.

Scholz, Roswitha (2007): Homo sacer und „Die Zigeuner". Antiziganismus – Überlegungen zu einer wesentlichen und deshalb vergessenen Variante des modernen Rassismus. Online verfügbar unter http://www.exit-online.org/link.php?tabelle=schwerpunkte&posnr=184, zuletzt geprüft am 13.04.2011.

Schütz, Alfred (1972): Gesammelte Aufsätze. Band 2. Studien zur soziologischen Theorie. Den Haag: Nijhoff.

Schütz, Alfred; Luckmann, Thomas (2003): Strukturen der Lebenswelt. 1. Aufl. Stuttgart: UVK Verl.-Ges. (UTB, 2412).

Schwingel, Markus (2009): Pierre Bourdieu zur Einführung. 6. erg. Aufl. Hamburg: Junius (Zur Einführung, 280).

Siebert, Horst (1999): Pädagogischer Konstruktivismus. Eine Bilanz der Konstruktivismusdiskussion für die Bildungspraxis. Neuwied: Luchterhand (Pädagogik – Theorie und Praxis).

Simmel, Georg (1992): Soziologie. Untersuchungen über die Formen der Vergesellschaftung. 1. Aufl. Frankfurt am Main: Suhrkamp (Suhrkamp-Taschenbuch Wissenschaft, 811).

Srubar, Ilja; Vaitkus, Steven (Hg.) (2003): Phänomenologie und soziale Wirklichkeit. Entwicklungen und Arbeitsweisen. Opladen: Leske + Budrich.

Stagl, Justin (1997): Grade der Fremdheit. In: Münkler, Herfried; Ladwig, Bernd (Hg.): Furcht und Faszination. Facetten der Fremdheit. Berlin: Akad.-Verl. (Studien und Materialien der Interdisziplinären Arbeitsgruppe – Die Herausforderung durch das Fremde der Berlin-Brandenburgischen Akademie der Wissenschaften).

Stäheli, Urs (2000): Poststrukturalistische Soziologien. Bielefeld: Transcript-Verl. (Einsichten).

Stäheli, Urs (2009): Die politische Theorie der Hegemonie: Ernesto Laclau und Chantal Mouffe. In: Brodocz, André; Schaal, Gary S. (Hg.): Politische Theorien der Gegenwart II. 3. erw. und aktualisierte Aufl. Opladen: Budrich (UTB für Wissenschaft; Politikwissenschaft, 2219).

Storey, John (1996): Cultural studies: an introduction. In: Storey, John (Hg.): What is cultural studies? A reader. London: Arnold.

Storey, John (Hg.) (1996): What is cultural studies? A reader. London: Arnold.

Störig, Hans Joachim (2003): Kleine Weltgeschichte der Philosophie. Überarb. Neuausg., 4. Aufl. Frankfurt am Main: Fischer-Taschenbuch-Verl. (Fischer, 14432).

Strasser, Stephan (1998): Emmanuel Levinas: Ethik als Erste Philosophie. In: Waldenfels, Bernhard (Hg.): Phänomenologie in Frankreich. 2. Aufl. Frankfurt am Main: Suhrkamp (Suhrkamp Taschenbuch Wissenschaft, 644).

Streeck, Ulrich (Hg.) (1993): Das Fremde in der Psychoanalyse. Erkundungen über das „Andere" in Seele, Körper und Kultur. München: Pfeiffer (Leben lernen, 88).

Ströker, Elisabeth; Janssen, Paul (1989): Phänomenologische Philosophie. Freiburg im Breisgau: Alber (Handbuch Philosophie).

Suhr, Martin (2004): Jean-Paul Sartre zur Einführung. 2. Aufl. Hamburg: Junius (Zur Einführung).

Supik, Linda (2005): Dezentrierte Positionierung. Stuart Halls Konzept der Identitätspolitiken. Bielefeld: transcript (Kultur und soziale Praxis).

Taureck, Bernhard H. F. (2006): Emmanuel Lévinas zur Einführung. 4. Aufl. Hamburg: Junius-Verl. (Zur Einführung, 329).

Turki, Mohamed (2003): L'étranger dans l'existentialisme sartrien. In: Sandkühler, Hans Jörg; Triki, Fathi (Hg.): Der Fremde und die Gerechtigkeit. L'étranger et la justice. Frankfurt am Main: Peter Lang Verlag (Philosophie des Zusammen-Lebens, 2).

Turki, Mohammed (2009): Humanismus im postmodernen Zeitalter. In: Poulain, Jacques; Sandkühler, Hans Jörg; Triki, Fathi (Hg.): Menschheit – Humanität – Menschlichkeit. Transkulturelle Perspektiven. Frankfurt am Main: Lang (Philosophie und Transkulturalität, 4).

Vetter, Helmuth (2004): Wörterbuch der phänomenologischen Begriffe. Hamburg: Meiner (Philosophische Bibliothek, 555).

Waldeck, Ruth (2001): Zur Entstehung von Fremdenfeindlichkeit. Ethnopsychoanalytische Deutungsmuster. Online verfügbar unter http://www.ssoar.info/ssoar/files/2008/594/zur%20entstehung.pdf, zuletzt geprüft am 06.12.2011.

Waldenfels, Bernhard (1990): Der Stachel des Fremden. Frankfurt am Main: Suhrkamp.

Waldenfels, Bernhard (1992): Einführung in die Phänomenologie. München: Fink (UTB für Wissenschaft; Uni-Taschenbücher, 1688).

Waldenfels, Bernhard (1993): Verschränkung von Heimwelt und Fremdwelt. In: Mall, Ram Adhar (Hg.): Philosophische Grundlagen der Interkulturalität. Amsterdam: Rodopi (Studien zur interkulturellen Philosophie, 1).

Waldenfels, Bernhard (1995): Deutsch-französische Gedankengänge. 1. Aufl. Frankfurt am Main: Suhrkamp.

Waldenfels, Bernhard (1997a): Topographie des Fremden. Studien zur Phänomenologie des Fremden 1. 1. Aufl. Frankfurt am Main: Suhrkamp (Suhrkamp-Taschenbuch Wissenschaft, 1320).

Waldenfels, Bernhard (1997b): Phänomenologie des Eigenen und des Fremden. In: Münkler, Herfried; Ladwig, Bernd (Hg.): Furcht und Faszination. Facetten der Fremdheit. Berlin: Akad.-Verl. (Studien und Materialien der Interdisziplinären Arbeitsgruppe „Die Herausforderung durch das Fremde" der Berlin-Brandenburgischen Akademie der Wissenschaften).

Waldenfels, Bernhard (1998a): Phänomenologie in Frankreich. 2. Aufl. Frankfurt am Main: Suhrkamp (Suhrkamp Taschenbuch Wissenschaft, 644).

Waldenfels, Bernhard (1998b): Antwort auf das Fremde. Grundzüge einer responsiven Phänomenologie. In: Waldenfels, Bernhard; Därmann Iris (Hrsg.): Der Anspruch des Anderen. Perspektiven phänomenologischer Ethik. München: Fink (Übergänge, Bd. 32).

Waldenfels, Bernhard (1999): Sinnesschwellen. Studien zur Phänomenologie des Fremden 3. Frankfurt am Main: Suhrkamp (Suhrkamp-Taschenbuch Wissenschaft, 1397).

Waldenfels, Bernhard (2002): Bruchlinien der Erfahrung. Phänomenologie, Psychoanalyse, Phänomenotechnik. Frankfurt am Main: Suhrkamp (Suhrkamp-Taschenbuch Wissenschaft, 1590).

Waldenfels, Bernhard (2003): Der Fremde und der Heimkehrer. Fremdheitsfiguren bei Alfred Schütz. In: Srubar, Ilja; Vaitkus, Steven (Hg.): Phänomenologie und soziale Wirklichkeit. Entwicklungen und Arbeitsweisen; für Richard Grathoff. Opladen: Leske + Budrich.

Waldenfels, Bernhard (2005a): Freiheit angesichts des Anderen. Levinas und Sartre: Ontologie und Ethik im Widerstreit. In: Bedorf, Thomas; Cremonini, Andreas (Hg.): Verfehlte Begegnung. Levinas und Sartre als philosophische Zeitgenossen. München: Fink (Übergänge, 54).

Waldenfels, Bernhard (2005b): Idiome des Denkens. Deutsch-französische Gedankengänge II. 1. Aufl. Frankfurt am Main: Suhrkamp (Suhrkamp-Taschenbuch Wissenschaft, 1777).

Waldenfels, Bernhard (2005c): In den Netzen der Lebenswelt. 3. Aufl. Frankfurt am Main: Suhrkamp (Suhrkamp-Taschenbuch Wissenschaft, 545).

Waldenfels, Bernhard (2006): Grundmotive einer Phänomenologie des Fremden. 1. Aufl. Frankfurt am Main: Suhrkamp.

Waldenfels, Bernhard (2007): Antwortregister. 1. Aufl. Frankfurt am Main: Suhrkamp (Suhrkamp-Taschenbuch Wissenschaft, 1838).

Waldenfels, Bernhard (2008): Grenzen der Normalisierung. Studien zur Phänomenologie des Fremden 2. 2. erw. Ausg. Frankfurt am Main: Suhrkamp (Suhrkamp-Taschenbuch Wissenschaft, 1351).

Waldenfels, Bernhard (Hg.) (1998): Phänomenologie in Frankreich. 2. Aufl. Frankfurt am Main: Suhrkamp (Suhrkamp Taschenbuch Wissenschaft, 644).

Waldenfels, Bernhard; Därmann Iris (Hrsg.) (1998): Der Anspruch des Anderen. Perspektiven phänomenologischer Ethik. München: Fink (Übergänge, Bd. 32).

Weibel, Peter; Žižek, Slavoj (Hg.) (2010): Inklusion: Exklusion. Probleme des Postkolonialismus und der globalen Migration. 2. überarb. Aufl. Wien: Passagen-Verl. (Passagen Kunst).

Weingarten, Elmar; Sack, Fritz (1976): Ethnomethodologie. Die methodische Konstruktion der Realität. In: Weingarten, Elmar; Sack, Fritz; Schenkein, Jim (Hg.): Ethnomethodologie. 1. Aufl. Frankfurt am Main: Suhrkamp.

Weingarten, Elmar; Sack, Fritz; Schenkein, Jim (Hg.) (1976): Ethnomethodologie. 1. Aufl. Frankfurt am Main: Suhrkamp.

Wenning, Norbert (Hg.) (2004): Tertium Comparationis. Journal für International und Interkulturell vergleichende Erziehungswissenschaft. Innovationen in der Bildung durch Migration und Globalisierung – Folge, Versprechen, Herausforderung? Vol. 10; No. 1.

Wierlacher, Alois (Hg.) (2001): Kulturthema Fremdheit. Leitbegriffe und Problemfelder kulturwissenschaftlicher Fremdheitsforschung. 2. unveränd. Aufl. München: Iudicium (Kulturthemen, 1).

Winter, Rainer (2001): Die Kunst des Eigensinns. Cultural Studies als Kritik der Macht. Techn. Hochsch., Habil.-Schr. – Aachen, 2000. 1. Aufl. Weilerswist: Velbrück Wiss.

Wogau, Radice von; Eimmermacher, Hanna; Lanfranchi, Andrea (2004): Therapie und Beratung von Migranten. Systemisch-interkulturell denken und handeln. 1. Aufl. Weinheim: Beltz PVU.

Wolf, Andrea (Hg.) (1997): Neue Grenzen. Rassismus am Ende des 20. Jahrhunderts. Wien: Sonderzahl-Verl.-Ges.

Yildiz, Erol (1999): Fremdheit und Integration. Ausführungen zum besseren Verständnis, Anregungen zum Nachdenken. Orig.-Ausg. Bergisch Gladbach: BLT (BLT, 93026).

Zahavi, Dan (2007): Phänomenologie für Einsteiger. Paderborn: Fink (UTB Philosophie, 2935).

Zakravsky, Katherina (2005): Enthüllungen. Zur Kritik des „nackten Lebens". Online verfügbar unter http://platform.factlink.net/fsDownload/Katherina%20Zakravsky-Enthuellungen.Zur%20Kritik%20des%20nackten%20Lebens.pdf?forumid=336&v=1&id=235172, zuletzt geprüft am 28.06.2011.

Interaktionistischer Konstruktivismus

herausgegeben von Kersten Reich und Stefan Neubert

Band 11

Ralf W. Westhofen

Zwischen Realismus und Konstruktivismus

Beiträge zur Auseinandersetzung mit
systemischen Theorien Sozialer Arbeit

2012, 520 Seiten, br., 44,90 €
ISBN 978-3-8309-2732-7

Das zentrale Anliegen dieses Buches besteht darin, sich auf einer metawissenschaftlichen Ebene mit drei der wirkmächtigsten Theorien des systemischen Diskurses Sozialer Arbeit auseinanderzusetzen: dem systemistisch-emergentistischen Ansatz von Werner Obrecht, Silvia Staub-Bernasconi u.a., dem radikalkonstruktivistischen Ansatz von Björn Kraus und dem postmodernistisch-systemtheoretischen Ansatz von Heiko Kleve. Die ausgewählten Ansätze werden in den ersten drei Kapiteln übersichtlich dargestellt und ausführlich diskutiert. Orientiert an der Referenztheorie des Interaktionistischen Konstruktivismus entwirft der Autor im vierten Kapitel die Umrisse einer alternativen systemischen Theorie Sozialer Arbeit.

WAXMANN
Münster · New York · München · Berlin

Interaktionistischer Konstruktivismus

herausgegeben von Kersten Reich und Stefan Neubert

Band 10

Stefan Neubert

Studien zu Kultur und Erziehung im Pragmatismus und Konstruktivismus

Beiträge zur Kölner Dewey-Forschung und zum interaktionistischen Konstruktivismus

2012, 336 Seiten, br., 34,90 €,
ISBN 978-3-8309-2645-0

Die in diesem Buch versammelten Studien thematisieren Implikationen des an John Dewey anschließenden Pragmatismus für heutige Ansätze des Konstruktivismus in der Pädagogik sowie den Sozial- und Kulturwissenschaften. Ein besonderes Augenmerk liegt auf Fragen der Demokratie und des Umgangs mit Diversität in Erziehung und Gesellschaft.

Das Buch richtet sich insbesondere an Pädagog/inn/en, Sozial- und Kulturwissenschaftler/innen sowie an Studierende und Lehrende in humanwissenschaftlichen Studiengängen.

WAXMANN
Münster · New York · München · Berlin